Dawn Baumann Brunke

Tiergeflüster

Tierbewusstsein im Netz des Lebens

Übersetzt von Gudrun Brug

G. Reichel Verlag

Inhaltsverzeichnis

Dank

In diesem Buch kommen viele Stimmen zu Wort. Mein tief empfundener Dank an alle, die einen Beitrag geleistet haben - ob sie auf diesen Seiten namentlich erwähnt sind oder nicht.

Mein Dank geht an Kommunikatoren und Freunde: Chrys Long-Ago, Carole Devereux, Jane Hallander, Sam Louie, Penelope Smith, Raphaela Pope, Mary Getten, Teresa Wagner, Marta Williams, Ilizabeth Fortune, Joan Ocean, Carol Gurney, Morgine Jurdan, Nedda Wittels, Nancie LaPier, Marcia Ramsland, Diana Roth, Toraya Ayres, Anita Curtis, Jeri Ryan, Sharon Callahan, Jim Worsley, Laura Simpson und Jude White Bear.

Dank an die Leser des Manuskripts, die bei mehrmaligen Überarbeitungen wertvolles Feedback sowie ihre Vorschläge und Unterstützung einbrachten: Sam Louie, Nancie LaPier, Toraya Ayres, Jackie Rahm, Charlie Renideo, Delisa Renideo, Joanne Lauck, A.B. und meine Mutter, Carol Edler Baumann.

Dank für geschriebene Worte der Inspiration und für Bestätigung: J.Allen Boone und Strongheart, Penelope Smith, Brugh Joy, Walt Whitman und Michael Roads.

Dank an alle guten Menschen bei Inner Traditions/Bear & Company, besonders an meine Herausgeberin Laura Schlivek, an Peri Champine für ein sehr schönes Cover und an Jon Graham in der Abteilung für Kundenwerbung, der meine Beharrlichkeit geduldig ertrug. Dank an meine Lektorin Victoria Sant'Ambrogio. Dank auch an Jackie Kosednar, Herausgeberin von *Alaska Wellness*, für ihren Glauben an mich und für ihr Vertrauen.

Dank an meine Eltern, die mich ein Leben lang unterstützt haben. Und an meine Familie und Freunde, die mit mir die ganze Aufregung durchlebt haben. Dank an meinen Mann Bob für seine unerschütterliche Ermutigung und an meine Tochter Alyeska für unbezähmbare Freude, Lachen und Tierliebe.

Meine tief empfundene Dankbarkeit an alle Tiere und Tiergeister, die das alles initiierten. Ohne Euch wäre dieses Buch niemals zustande gekommen - ohne Euch, die vielen Tiere und Tiergruppen, die so großzügig zu Erkenntnis, Weisheit, Beredsamkeit und Humor beigetragen haben. Dank an die Vögel im Gebüsch, an Goldfische, Falter, Moskitos und Spinnen, die immer dann mit interessanten Informationen aufwarteten, wenn ich ihrer am meisten bedurfte.

Und schließlich ein ganz besonderes Dankeschön an meine guten Kumpel Barney, Max und Zak, die jeden Tag bei mir saßen, als ich das Buch schrieb, die mich mit ermunternder weicher Pfote anstupsten und mich aufwachen ließen und die mich unablässig daran erinnern, dass das Leben und der Tod große Abenteuer sind.

Spinnennetz Foto von Dawn Brunke

Einführung
Das Netz

Ich verstehe es nicht. Aber ich verstehe ja noch nicht einmal, wie eine Spinne überhaupt ein Netz spinnen kann. Als die Worte erschienen, sprachen alle von einem Wunder. Aber niemand erwähnte, dass das Netz selbst ein Wunder ist.

E. B. White, Wilbur und Charlotte

Als ich ein Kind war, war eins meiner liebsten Bücher *Wilbur und Charlotte* von E. B. White. Am meisten liebte ich Charlotte, eine schlagfertige graue Spinne, die ihren Freund Wilbur, das Schwein, vor einem vorzeitigen Tod zu retten versuchte, indem sie Worte in ihr Netz spann. „Welch ein Schwein!" verkündeten die Worte in Charlottes Netz kühn. Auch mit den Adjektiven „strahlend" und „bescheiden" schilderte Charlotte Wilbur. Die meisten Farmer und die Leute aus der Stadt hielten die Worte für ein Wunder, für unerklärliche Botschaften übernatürlicher Herkunft. Sie betrachteten das Schwein und waren sich sicher, dass es selbst hinter dem Geheimnis steckte. Charlotte lächelte. Sie war überglücklich, dass der Trick funktioniert hatte.

Wie Charlotte Wilbur erklärte, weben Spinnen ihre Netze seit Generationen und A-bergenerationen. „Ich weiß nicht, wie die erste Spinne in der Frühzeit der Welt auf die ausgefallene Idee kam, ein Netz zu spinnen, aber sie hat es gemacht, und das war ganz schön clever von ihr", sagte Charlotte. Ich fand es genauso clever von Charlotte, dass sie als Spinne wusste, welchen gewaltigen Einfluss Worte auf Menschen haben können.

Manche Leute glauben, dass Spinnen ihre Netze nicht rein instinktiv spinnen, sondern mit dem kollektiven Gedächtnis aller Spinnen, die seit dieser ersten Spinne in der Frühzeit ihre Netze gesponnen haben. Jedes Mal wenn eine Spinne ein Netz spinnt, wird es für alle Spinnen einfacher, ein Netz herzustellen, so heißt es. Sie brauchen sich dann weniger abzumühen und können feiner arbeiten.

Manche glauben, dass es mit der menschlichen Evolution ähnlich läuft. Wenn ein Einzelner ein neues Talent entdeckt, können andere gleichzeitig oder wenig später dieses Talent auch in sich finden. Und indem mehr Menschen eine neue Verhaltensweise annehmen, wird dies auch für andere einfacher. Ob man vom hundertsten Affen, von der hundertsten Spinne oder vom hundertsten Menschen spricht, spielt keine Rolle. Das sind alles nur Variationen ein und desselben Musters im großen Netz.

Das Netz des Lebens erinnert uns daran, dass jeder Gedanke und jede Handlung Auswirkungen auf alle und alles haben. Einer von uns hat eine Idee und bringt dadurch einen Faden in dem unsichtbaren Netz zum Schwingen. Eins kommt zum anderen;

Umstände fügen sich zu einem Bild und bringen Ereignisse, Ideen, Menschen, Tiere und zahllose andere Formen der Mitwirkung in unser Leben.

Am Anfang dieses Buchs stand nichts weiter als das Interesse an Tierkommunikation, aber schließlich wurde eine breit angelegte Zusammenarbeit daraus. Mehr als zwei Dutzend Kommunikatoren und hundert Tiere waren mit ihrer Energie, ihrer Weisheit, ihrem Humor und ihrem Segen daran beteiligt, damit das Werk zu Ende gebracht werden konnte.

Charlotte erhielt die Worte, die sie in ihrem Netz zur Schau stellte, von den Tieren auf dem Bauernhof; E.B. White machte gemeinsame Arbeit mit der subtilen Energie einer wunderbaren grauen Spinne, die er Charlotte nannte. Und so arbeiten auch wir - bewusst oder unbewusst - alle zusammen an der Erschaffung von etwas wirklich Spektakulärem, etwas, was uns vorwärts treibt in eine neue Schöpfung des Seins.

Wie machen wir uns auf die Reise? Wohin wir gehen, ist oft gar nicht so wichtig. Wichtig ist das, was uns auf unserem Weg begegnet und den Schlüssel zu unserem wahren Abenteuer birgt. Häufig sind es die Umwege und sonderbaren Umstände, die uns zu den seltsamsten Orten führen - innig, humorvoll, erstaunlich und bisweilen fast unglaublich.

1995 zogen mein Mann und ich nach Alaska. Wir hatten keine bestimmten Pläne, keine Arbeit, sondern gingen einfach, im Schlepptau unsere kleine Tochter, zwei Hunde und ein sechs Meter langer Wohnwagen. Nicht lange nach unserer Ankunft fiel mir ein Exemplar von *Alaska Wellness* in die Hände, eine Zeitschrift, die sich auf alternative Heilmethoden und die Verbindung von Geist, Körper und Seele spezialisiert hat. In einer winzigen Anzeige auf der letzten Seite wurde ein Redakteur gesucht. Obwohl ich noch nie professionell als Redakteurin gearbeitet hatte, bewarb ich mich, und zu meiner Überraschung bekam ich die Stelle.

Eine meiner ersten Pflichten war es, eine Schachtel mit noch unveröffentlichten Artikeln zu durchforsten. Dabei fiel mir besonders einer ins Auge. Die Verfasserin Chrys Long-Ago behauptete, mit Tieren reden zu können. Und nicht nur das, die Tiere redeten auch mit ihr! Ich war fasziniert von ihrer Geschichte, in der auch einige ihrer Gespräche mit einem Meerschweinchen namens Geisha detailliert wiedergegeben waren.

Als ich Chrys später interviewte, erzählte sie mir von dem Schriftsteller J. Allen Boone. Sein erster Lehrer in Tierkommunikation war ein mit Preisen ausgezeichneter Schäferhund namens Strongheart, der als Kriegshund gearbeitet hatte und nun ein Filmstar war. Ich fand zwei von Boones Büchern und las sie mit wachsender Verwunderung und tiefem Respekt.

Fragen über die Kommunikation zwischen Mensch und Tier schwirrten mir durch den Kopf. War es wirklich möglich, mit einem Tier ein intelligentes Gespräch zu führen? Hatten Tiere die Fähigkeit, die Welt jenseits des eigenen Selbst zu verstehen? Hatten sie einen Sinn für Spiritualität? Wussten sie etwas, was wir nicht wussten? Was würden uns Tiere über sich selbst und über uns erzählen, wenn wir uns ihnen mit ernsthafter Absicht näherten? Hatten wir vergessen, was eine tiefere, lebendigere Beziehung zwischen Mensch und Tier - und mit dem Leben insgesamt - bedeuten kann? War uns dieses Wissen im Lauf der Evolution abhanden gekommen?

Durch das Internet fand ich Buddy, ein Pferd, das mit der Kommunikatorin Carole Devereux arbeitet. Buddy war das erste Tier, das sich auf ein Interview mit mir einließ. Die Umstände waren merkwürdig genug: Ich richtete meine Frage an Carole, und Carole stellte die Verbindung mit Buddy her. Sie gab meine Fragen an ihn weiter, schrieb die Antworten auf und las sie mir vor. Irgendwie mutete das Ganze fast wie eine Farce an, aber gleichzeitig war ich auch ziemlich aufgeregt. Es war, als hätte ich soeben eine neue Welt betreten. Durch Carole lernte ich dann andere Tiere und Kommunikatoren kennen, und von diesen erhielt ich weitere Namen. So wurde das Netz gewebt.

Ich wusste zunächst gar nicht, in was ich da hineingeraten war. Wenn ich darüber nachdachte, darüber meditierte, davon träumte, wurde mir mit wachsender Verwunderung klar, dass nicht nur ich mich für diese Sache entschieden hatte - sie hatte sich ebenso für mich entschieden.

Wenn du mit der tiefsten Tiefe deines Seins um etwas bittest, reagiert das Universum. Das ist eine aufregende Erkenntnis, auch wenn die Antwort des Universums manchmal etwas anders ausfällt, als wir es uns vorgestellt haben.

Durch den Kommunikator als Medium stellte ich den Tieren immer wieder die elementare Frage: „Was möchtest du den Menschen vor allem mitteilen?"

Es ging alles ganz gut, bis mich die Kommunikatorin Marta Williams während eines Telefoninterviews plötzlich unterbrach. „Wenn Sie ein Buch darüber schreiben, sollten Sie es vielleicht selbst einmal versuchen", schlug sie in ihrer liebenswürdigen Art vor. Auf einmal empfand ich großes Unbehagen. Das war nichts für mich! Tiere mit Hilfe professioneller Kommunikatoren zu interviewen, war ja ganz interessant, aber auf keinen Fall wollte ich direkt mit einem Tier reden.

Ein paar Wochen später erlebte ich meine erste unmittelbare Kommunikation mit einem Vogelschwarm. Diese außergewöhnliche Erfahrung veränderte den Fokus dieses Buchs grundlegend und gewährte mir eine tiefere Einsicht in die Funktionsweise des hänomens, das sich Tierkommunikation nennt.

Nachdem ich die Kommunikation mit den Vögeln eröffnet hatte, ließ sich der Kommunikationsfluss, den ich empfing, nicht mehr aufhalten, auch wenn ich es manchmal gern getan hätte. Meist geschah es spontan, wenn ich es am wenigsten erwartete.

Immer weitere Kreise zieht der Prozess. Können wir ihn überhaupt steuern? Ich glaube nicht mehr, dass es meine Idee war, das Buch zu schreiben. Etwas Geheimnisvolles war da im Spiel, als mir der Plan in einer Serie von Herausforderungen präsentiert wurde. War ich willens, meine alte Sicht der Welt aufzugeben und etwas Neues zu lernen? War ich bereit, mit dem Wunder zu leben? Meinen Erfahrungen zu trauen, so wie viele andere mir zu vertrauen schienen?

Mein Herz wurde von allen berührt, die in diesem Buch zu Wort kommen und von denen ich Feedback, Hilfe und Unterstützung erhielt. Es erinnert mich an das Netz, an Charlotte und daran, wie sich alle möglichen ungewöhnlichen Ereignisse zu einer Welt zusammenfügen, in der ein Schwein und eine Spinne dicke Freude werden können. Sind wir bereit zu sehen, dass auch wir eine solche Welt erschaffen können? Die Tiere erinnern uns ständig daran, dass wir alle inniger miteinander verbunden sind, als wir es uns vorstellen können. In diesem Buch geht es vor allem Anderen vielleicht um das Vertrauen in diese Verbindung und in den Fluss des Lebens, während wir uns der tieferen Vereinigung mit Allem-Was-Ist öffnen.

Eine Gruppe von Tieren ließ mich wissen: „Ihr Menschen müsst aufwachen und verstehen, dass ihr mit allem Lebendigen verbunden seid. Wenn ihr euch auf uns Tiere einlasst, werdet ihr euch auch tiefer auf euch selbst einlassen. Das ist eine Voraussetzung für eure Rückkehr nach Hause."

Lassen wir uns auf diese Reise ein. Vertrauen wir nur ein kleines bisschen mehr uns selbst und darauf, dass sich unser Weg auftun wird. Erinnern wir uns daran, dass wir und alle anderen, Menschen und Tiere, Teil des heiligen Lebensnetzes sind.

Teil Eins

Durch das unbekannte, wachgerufene Tor

Für Dich

Briana (Pferd) - Anita Curtis

Tierkommunikation ist jetzt und in den kommenden Jahren sehr wichtig. Das Leben der Menschen muss durch die Kommunikation mit allem Lebendigen über sich hinauswachsen, sonst können sie sich spirituell nicht weiterentwickeln. Es geht nicht um uns Tiere, denn wir kommunizieren bereits. Es geht um euch.

1

Der Weg nach Hause

In frühester Frühzeit
Als Menschen und Tiere auf der Erde lebten
Konnte sich ein Mensch in ein Tier verwandeln,
Wenn er es wollte,
Und ein Tier konnte Mensch werden.
Manchmal waren sie Menschen
Und manchmal Tiere.
Es gab keinen Unterschied.
Alle sprachen die gleiche Sprache.

Lied der Netsilik Esimo

In der Geschichte der Menschheit ist die Kommunikation mit Tieren wirklich nichts Neues. Unsere Vorfahren waren damit vertraut. Natürlich war die Welt damals anders, denn die Menschen hatten noch nicht vergessen. Wir waren noch mit allem verbunden - mit dem Land, dem Himmel und dem Wasser, mit Wolf und Büffel, mit Rabe, Schildkröte, Spinne und allen anderen Lebewesen, und das heißt mit allem, denn alles war lebendig. Es gab nur eine Sprache. Erinnerst du dich? Es war eine Sprache des Seins, in dem das Kleinste mit dem Größten verbunden war, in der die Dinge nicht isoliert waren, sondern Teile des Ganzen.

„Für diese Alten war Leben eine alles einschließende Verwandtschaft, in der nichts bedeutungslos war, nichts unwichtig, und von der nichts ausgeschlossen werden konnte", schrieb J. Allen Boone. „Jedes Lebewesen wurde als Partner in einem universellen Unternehmen betrachtet. Jedes hatte individuell etwas zu dem allgemeinen Guten beizutragen, und diesen Beitrag konnte einzig und allein dieses Lebewesen leisten. "[1] Dank ihrer gemeinsamen Sprache konnten alle Lebewesen ihre Gedanken, Gefühle und ihre einzigartige Perspektive der Welt miteinander austauschen.

Das ist lange her. Es war vor der Zeit des Märchens, obwohl auch damals noch ein klein wenig von der Verbindung übriggeblieben war. Lange Zeit noch waren Tiere göttliche Boten. In Gestalt von Freunden, Gaunern und übernatürlichen Führern bevölkerten sie unsere Märchen, Mythen, Geschichten und Träume, trieben uns vorwärts und lenkten unsere Aufmerksamkeit auf das entscheidende Stück des Puzzles, das uns schließlich ein „Aha!" entlockte. Es waren die Tiere, die uns immer wieder den Weg nach Hause wiesen.

Heute liegen die Dinge anders. Wir sind weit gekommen, doch in dem großen Plan der Dinge sind wir vielleicht gar nicht so weit von unserem Ausgangspunkt entfernt. Manche finden, dass die Evolution nicht unbedingt eine Wendung zum Guten war. Andere meinen, dass jede Form der Veränderung eine Lernerfahrung ist.

„Wir werden unser Forschen nicht einstellen", schrieb T. S. Eliot

Und am Ende unseres ganzen Forschens
Werden wir zum Ausgangspunkt zurückkehren,
Ihn zum ersten Mal erkennen.
Durch das unbekannte, altbekannte Tor,
Wenn das Letzte auf der Erde darauf wartet, entdeckt zu werden,
das, was am Anfang stand...[2]

Es lässt sich nicht leugnen: Der Gedanke, mit Tieren zu sprechen, erscheint in der heutigen Welt abwegig. Die Vorstellung fühlt sich neu und ungewohnt an, denn es ist schon lange her, dass wir uns bewusst damit beschäftigten. Wir haben uns so sehr vom Netz des Lebens abgesondert, dass sich mancher fragen mag, warum wir mit Tieren kommunizieren sollten, selbst wenn wir es könnten. Man hat uns beigebracht, dass Tiere nicht denken und keine Intelligenz besitzen. Was könnte man schon erfahren, wenn man sich mit ihnen unterhielte?

„Immer wenn ich bescheiden genug war und es zulassen konnte, dass ein nicht-menschliches Wesen mir etwas beibrachte, ließen mich diese vierbeinigen, sechsbeinigen und beinlosen Burschen an ihrer Weisheit teilhaben", schrieb Boone. „Sie lehrten mich, dass es zwischen den Menschen und anderen Lebensformen unweigerlich zu vollkommenem Verstehen und vollkommener Zusammenarbeit kommt, sofern der Mensch seinen Teil dazu beiträgt. "[3]

Boone erfüllte diese Anforderung und lernte nicht nur von den Tieren, sondern half auch anderen Menschen beim Lernen. Noch heute, beinahe fünfzig Jahre nach der Veröffentlichung seines Buchs *Die große Gemeinschaft der Schöpfung – Gespräche zwischen Mensch und Tier,* zitiert man diesen bemerkenswerten Mann in einschlägigen Kreisen, lässt sich von seinem Werk inspirieren und beruft sich auf ihn als Autorität.

Boone war ein direkter Nachfahre von Daniel Boone und ein Bekannter von Houdini - einer der wenigen, denen der Zauberer Einblick in seine Künste gewährte. Viele Jahre lang arbeitete er als Reporter und Korrespondent für Washington.

Erst nachdem Boone nach San Francisco gezogen war und in der Filmindustrie arbeitete, begann er, mit Tieren zu reden. Vielleicht war Hollywood schuld daran. Boone nannte sich nie Kommunikator und ging bei keinem Menschen in die Schule. Sein Lehrer kam in Gestalt eines bemerkenswerten Hundes namens Strongheart.

Strongheart war ein deutscher Schäferhund mit erstklassigem Stammbaum und wurde in den 20er Jahren ein ganz großer Filmstar in Hollywood, ein Vorläufer anderer Hundestars wie Rin Tin Tin und Lassie. Deutsche Schäferhunde zeichnen sich durch ihre Körperstärke und ihre Eignung zum Polizei- und Kriegshund aus, und Strongheart war im Ersten Weltkrieg für den Krieg ausgebildet worden.

Zwei Freunde von Boone, ein Stückeschreiber und ein Tierdresseur in Hollywood, hatten Strongheart nach Amerika gebracht. Als die beiden auf Geschäftsreise mussten, nahm Boone Strongheart in Pflege. An dem Tag, als Strongheart vor Boones Tür stand, erhielt dieser ausdrücklich die Anweisung, niemals herablassend mit dem Hund zu sprechen. Schließlich war Strongheart ein millionenschwerer Filmstar.

Strongheart. Foto freundlicherweise zur Verfügung gestellt von Bianca Leonardo.

Die erste Lektion zwischen Mann und Hund erfolgte bereits am ersten Abend, als Strongheart beschloss, auf dem Bett zu schlafen und sein Hinterteil Boones Gesicht zuwandte. Boone war davon nicht gerade begeistert. Nach seinen Protesten und einem kleinen Gerangel, das damit endete, dass Boone aus dem Bett katapultiert wurde, öffnete Strongheart die Vorhänge vor den französischen Fenstern im Zimmer. Angesichts dieser offensichtlich wohl überlegten Handlung erkannte der bestürzte Boone, dass Strongheart mit seiner militärischen Ausbildung die Richtung der größtmöglichen Gefahr im Auge behalten wollte.

Boone schrieb, dass in dieser Nacht nicht an Schlaf zu denken war. Am meisten erstaunte ihn, dass ihn der Hund vollkommen verstanden hatte, als er in einer menschlicher Sprache von menschlichen Gedanken und Gefühlen gesprochen hatte. Und nicht nur das: Strongheart hatte Boone auch in seiner eigenen Sprache ge antwortet und es ihm mit der durchdringenden Weisheit des Hundes ermöglicht, ihn zu verstehen.

So begann Boones Abenteuer, mehr über das Inpsdividuum Strongheart herauszufinden und „auf alle erdenklichen Arten zu entdecken, wie wir in einem hochintelligenten

Universum als individueller Ausdruck des Lebens miteinander zusammen hängen "[4].
Kein kleines Kunststück.

Boone schrieb mehrere Bücher über seine Beziehung mit Strongheart und anderen
Tieren in seinem Bekanntenkreis. Über die Menschheit entdeckte er dabei Folgendes:
„Wir leben zu sehr am äußeren Rand unseres Selbst, zappeln uns mit bloßen Ober-
flächlichkeiten ab, gebrochen und frustriert, anstatt erst einmal in uns zu Hause zu
sein."[5]

Und immer wieder stellen wir fest, dass jede Reise nach Hause führt.

„Ich helfe Menschen, nach Hause zu kommen und zu erkennen, wer sie sind und mit
allem Leben zu kommunizieren", sagt Penelope Smith, eine der führenden Lehrerin-
nen auf dem Gebiet der Tierkommunikation heute. „Es geht darum, die Kommunion
wieder herzustellen, die Fähigkeit, mit allem Leben eins zu sein - mit Tieren, Pflanzen, Steinen, mit Erde, Luft und allen Elementen, und sich klar zu machen, dass alles
lebt und dass wir alle miteinander verwandt sind."

Menschen, die mit Tieren kommunizieren - und dazu gehört neben dem Reden auch
das Zuhören -, sind sich darin einig, dass es kein Zurück mehr gibt, wenn man einmal
angefangen hat. Zuerst mag es so aussehen, als wäre es nichts Besonderes: eine kurze
Unterhaltung mit einem Hund, ein Austausch von Grüßen mit ein paar Vögeln. Aber
es führt immer zu etwas Gewaltigem, und es lohnt sich immer.

Viele Kommunikatoren machten wie Boone die Erfahrung, dass sich die Sache ganz
unerwartet anlässt. Dann wird der Weg holprig, scheinbar ziellos und fremd. Schon
beizeiten muss man die Gefilde der konventionellen, feinen Gesellschaft verlassen,
denn wie wir alle wissen, führen normale Menschen keine Gespräche mit Tieren. Weitere Hindernisse auf dem Weg sind die Abgründe der Skepsis und die Anflüge des
Selbstzweifels. Aber es gibt auch das Erstaunen, die Augenblicke, in denen alles real
und wahr ist und glockenhell in der Seele singt.

Wie also fängt die Reise an? Und wie spiegelt sich in der Rückverbindung des Menschen mit den Tieren wider, wer wir in Wirklichkeit sind? Auf den folgenden Seiten
erzählen sechs professionelle Tierkommunikatoren, wie ihr Abenteuer begann.

Nedda Wittels hat einen Magisterabschluss in amerikanischer Geschichte und in Pä-
dagogik. Sie unterrichtete zehn Jahre lang in einer Highschool und arbeitete weitere
zehn Jahre in der Computerindustrie. Wie viele Kommunikatoren hatte sich Nedda ihr
ganzes Leben lang Tieren verbunden gefühlt. Sie erinnert sich, in ihrer Kindheit mit
Tieren gesprochen zu haben aber die Erwachsenen hatten ihr gesagt, dass sie sich die
Unterhaltungen nur einbildete. Dies hielt Nedda nicht davon ab, auch weiterhin mit
den Tieren zu reden, aber sie erzählte nun den anderen nichts mehr davon. Mit der

Zeit verbarg sie ihr Talent auch vor sich selbst und glaubte daran, dass sie sich mit den Unterhaltungen etwas vormachte.

Als Nedda Penelope Smiths *Gespräche mit Tieren* las, meinte sie, sie könnte lernen, mit Tieren zu reden, wenn sie den Richtlinien im Buch folgte. Zu ihrem Erstaunen merkte sie jedoch, dass sie bereits Mitteilungen von Tieren empfing und dass sie ihr ganzes Leben lang mit Tieren kommuniziert hatte. „Das Wichtigste daran ist", so Nedda, „dass ich daran erinnert wurde, dass Tiere fühlende Wesen sind und dass sie die ganze Skala der Emotionen und spirituellen Qualitäten beherrschen - von Loyalität über Aufrichtigkeit und Geduld bis hin zur Freude."

Sam Louie ist Anwalt und hat einen Abschluss von der Columbia Universität. Schon früh in seiner Laufbahn knüpfte er enge freundschaftliche Bande mit seinem Hund Heathcliff. Als er sich eines Morgens auf den Weg zur Arbeit machte, hörte er Heathcliff sagen: „Lass mich nicht allein." Sam dachte, dass er einfach überarbeitet wäre. Aber bald hörte er weitere Botschaften von Heathcliff und von anderen.

„Ich wurde überempfindlich", sagte Sam. „Früher hatte ich nie tote Tiere auf der Straße gesehen, aber auf einmal sah ich welche. Wenn ich Zeuge wurde, wie ein Tier überfahren wurde, sah ich regelrecht, wie das Tier getötet wurde - die ganze traumatische Szene."

Foto Sam Louie von Stacey Shulman

Sam suchte Lehrer, die ihm beibringen konnten, das Gesehene zu filtern und lernte Techniken der Tierkommunikation bei Jeri Ryan und Penelope Smith.

„Ich war zehn Jahre lang Pflichtverteidiger in einem ziemlich schwierigen Bezirk mit hoher Kriminalitätsrate und einer hohen Zahl von Morden", erzählte mir Sam. Dass ich dann lieber mit Tieren als mit Menschen arbeitete, lag hauptsächlich daran, dass ich die Hässlichkeit des menschlichen Lebens hinter mir lassen wollte. Aber schließlich lernte ich, dass ich letztlich mit den Menschen arbeite, wenn ich Tieren helfe. Ich helfe damit den Menschen, ihren inneren Frieden zu finden und sich zu verbinden."

Sam entdeckte, dass er seine eigenen Vorurteile und Ängste in Angriff nehmen musste, wenn er mit Tieren arbeiten wollte. „Ich glaube daran, dass alle Geschöpfe aus dem
gleichen Stoff sind", so Sam. „Wenn ein Hund - meiner zum Beispiel - Liebe verdient,
dann verdienen alle Hunde Liebe. Und wenn Menschen und Tiere aus der gleichen
Seelensubstanz geschaffen sind, dann führt dies zu dem Schluss, dass alle Menschen
Liebe verdienen. Wir alle könnten von unseren Tieren lernen, dass jeder von uns uneingeschränkte, bedingungslose Liebe verdient. Diese Arbeit lehrt mich, Menschen so
anzunehmen, wie sie sind."

Teresa Wagner hat einen Magisterabschluss als Psychotherapeutin und arbeitete zehn
Jahre lang bei einer Fortune 500 Gesellschaft. Wie viele Kommunikatoren sprach
auch sie schon als Kind mit Tieren und empfand dies nie als etwas Seltsames.

Als Teenager versuchte sie sich jedoch anzupassen, da sie wie alle anderen sein wollte, und so würgte sie ihre Fähigkeiten ab. Erst als sie sehr viel später Machaelle Small
Wrights *Behaving as if the God in All Life Mattered* las, verband sie sich wieder mit
dem Tierreich. „Das Erinnern war herrlich, es war, als wäre ich aus der Narkose erwacht."

Als Teresa von Cape Cod aus eine Schiffsreise unternahm, um Wale zu beobachten,
war sie völlig hingerissen, als sich ein Buckelwal zum Boot gesellte und fast eine
Stunde lang blieb. „Ich empfand eine große Liebe zwischen uns", so Teresa. „Ich war
wie umgewandelt. Ich sagte dem Wal immer wieder: ‚Danke, dass du gekommen bist.
Ich liebe dich.' Und auf einmal hörte ich, wie mir der Wal mit großer Liebe und mit
großer Weisheit antwortete."

Damit begann eine Reise des bewussten Erinnerns, die nicht immer einfach war. Als
Teresa ihre Arbeitsstelle und ihre Identität als erfolgreiche Karrierefrau verlor, war sie
gezwungen, ihre Aufmerksamkeit nach innen zu richten. Sie erinnert sich:

> Einer meiner Führer, ein Berglöwe, sagte mir immer wieder: „Deine Ener
> gie in diesem Leben ähnelt sehr der meinen. Du bist ein Berglöwe, du bist
> stark und reist herum. Aber im Augenblick musst du erst einmal gesund
> werden und mehr wie eine Schwertlilie sein." Er sagte mir das auf einem
> Waldspaziergang, als ich gerade an Schwertlilien vorbeikam. Ich verlor
> fast mein Bewusstsein, denn ich hörte es, und da waren die Schwertlilien!
> Er sagte: „Glaub nicht, dass du inaktiv oder nutzlos bist, nur weil dein Le
> ben still zu stehen scheint. Du musst darauf vertrauen, dass du all das er
> hältst, was du brauchst, was dich nährt und dich wachsen lässt - gerade so
> wie die Zwiebel der Schwertlilie." Ich war also nun eine Schwertlilie.
> In diesen Schwertlilienjahren traf ich Leute, die sich Tierkommunikatoren
> nannten. Ich hatte gar nicht gewusst, dass es so etwas gab. Ich dachte, ich
> wäre die einzige Spinnerin, die mit Tieren sprach. Ich nahm an Kursen teil,
> und das bereitete mir Vergnügen. Ich war auch ein wenig überrascht, dass

es im Grunde nicht anders als Atmen war. Die Kurse bestätigten nur, was ich schon immer getan hatte.

Ich glaube, dass wir unsere elementaren Lebensumstände selbst wählen, wenn wir uns für eine Inkarnation entscheiden. Ich glaube, meine Seele wusste, dass mich diesmal schmerzhafte Gelegenheiten zur Heilung erwarten würden, und deshalb musste auch die gesamte Natur mit ihrer Unterstützung für mich da sein. Mein Trost in diesem einen kleinen Leben ist, dass es eigentlich gar nicht vorstellbar ist, nicht mit Tieren zu sprechen. Wie wäre es möglich, der Natur nicht zu vertrauen, sie nicht zu nutzen? Ihre heilende Kraft nicht anzapfen? Sie war da für mich, und das war das Erste, was ich lernte.

Mary Getten ist Naturforscherin und Koordinatorin eines Hilfswerks für gestrandete Meeressäuger. Obwohl Mary schon immer Tiere liebte und davon träumte, mit Jane Goodall im Dschungel zu sitzen, fing sie erst als Erwachsene an, sich tatsächlich mit Tieren zu beschäftigten. Damals arbeitete sie als Praktikantin in einem Center für Meeressäuger.

Mary Getten

Bei ihrer Arbeit mit gestrandeten Robben, Seelöwen und anderen Meeressäugern wusste sie oft nicht, was den Tieren fehlte. Sie empfand dies als frustrierend und absolvierte einen Kurs in Tierkommunikation. Danach musste sie jedoch erfahren, dass man nicht bereit war, ihr zuzuhören. „Ich gab die Kommunikation auf, weil es mich einfach aufregte, dass ich Information hatte, die ich nicht anwenden konnte."

Als Mary später auf die San Juan Inseln in Washington zog, versenkte sie sich ganz in die Welt der Tiere. Sie arbeitete unbezahlt in einem Walmuseum und in einem Rehabilitationscenter für Wildtiere. Als Naturforscherin auf einem Boot zur Walbeobachtung lernte Mary bestimmte Wale ganz gut kennen. Nun spürte sie aber auch wieder, dass sie die Wale noch viel besser kennen lernen würde, wenn sie mit ihnen sprechen könnte. „Das Universum spielte mir dann einen Prospekt über Tierkommunikation in die Hände", sagte mir Mary. Und diesmal hörten ihr die Leute zu. Nachdem Mary ihre Fähigkeiten in Kursen aufpoliert hatte, eröffnete sie eine Praxis als Tiertherapeutin und begann, die Welt der Schwertwale selbst zu erforschen.

Nancie LaPier erhielt ihren ersten Unterricht in Tierkommunikation in der Natur. Vorher hatte sie als Sekretärin im Gericht und als Managerin eines Steuerberatungsunternehmens gearbeitet. Wie so viele andere Kommunikatoren fühlte sich auch Nancie von Kindheit an mit der Tierwelt verbunden. Den Versuch, mit Tieren zu kommunizieren, unternahm sie jedoch erst später im Leben, als einer ihrer Papageien anfing, sich die Federn auszurupfen. Sie probierte es mit traditionellen veterinärmedizinischen Methoden und mit Verhaltenspsychologie, doch die Erfolge blieben aus.

Als sich Nancie einmal in einen entspannten, meditativen Zustand versetzt hatte, spürte sie, dass das Problem des Papageis spiritueller Natur war. Sie erinnerte sich daran, dass sie vor zwanzig Jahren etwas über die Aura von Lebewesen gelernt hatte. Als sie sich nun dem Papagei näherte, fühlte sie tatsächlich in seiner Aura „Knoten“. Und es stellte sich heraus, dass sie die Knoten auflösen konnte.

Nach dieser Erfahrung wandte sich Nancie mehr der Natur und dem Tierreich zu. Sie lebte damals auf einem riesigen Grundstück in einem staatlichen Wald und hielt sich oft in meditativer Verfassung im Freien auf. „Ich begann, vieles in Frage zu stellen, was ich sah“, erzählte sie mir. „Einmal sah ich zum Beispiel, wie ein Specht in eine Schiebetür aus Glas knallte. Er flog sofort einen Baum an und klammerte sich am Stamm fest. Ich beobachtete ihn und fragte mich nach dem Sinn der Sache. Ganz deutlich hörte ich darauf, dass er sich zu regenerieren versuchte, indem er Heilungsenergie aus dem Baum zog.“

Sie war von dieser Erfahrung fasziniert - „fasziniert, dass ich Antwort erhalten hatte und fasziniert davon, dass das Tierreich offenbar über die Intelligenz verfügt, in der Natur zu überleben, die den Menschen abhanden gekommen ist.“ Nancie erlebte ein Erwachen:

„Auf einmal sah ich Gesichter im Wald, die mich ansahen. Es waren die unterschiedlichsten Gesichter - so ziemlich alles von Mark Twain über religiöse Gestalten und Indianer bis hin zu halb menschlichen, halb tierischen Gesichtern. Sie waren riesig, viel größer als menschliche Wesen. Sie sagten nichts, sie schauten nur und ließen sich anschauen.“

Nancie studierte nun die Natur. Sie verbrachte drei Jahre lang ganz allein und lernte von Tieren, Naturgeistern und anderen Führern. „Ich bekam keinerlei Bestätigung. Ich sagte meinen Führern, dass ich auf der Suche nach einem Lehrer sei, hörte aber immer nur: ‚Jetzt nicht. Du musst in dich gehen. Du musst das allein lernen.‘

Inzwischen weiß ich, dass das auf verschiedenen Ebenen und aus unterschiedlichen Gründen sehr wichtig war. Als ich mich einmal wieder an verschiedenen metaphysischen Ideen versuchte, sagte ich händeringend: ‚Mein Gott, ich komme mir vor wie ein Hansdampf in allen Gassen, der im Grunde nichts wirklich beherrscht.' Da hörte ich meine Führer sagen: ‚Nein, du beherrschst eins.' ‚Was?' Wollte ich wissen. Und sie sagten: ‚Eins! E-I-N-S!' Ich verstand. Sie meinten damit nicht eine Sache, sondern das Einssein, die Einheit.

„Das also war mein Weg", seufzte Nancie. Es war interessant, und ich brauchte eine Menge Vertrauen, um mir klar zu machen, dass ich nicht den Verstand verlieren würde."

Marta Williams ist Naturforscherin und Umweltschützerin. Sie studierte Biologie und Ökologie an der San Francisco State University. Als sie zum ersten Mal von Kursen in Tierkommunikation hörte, war sie gerade in den White Mountains in Kalifornien auf der Suche nach einer Vision, um der Erde zu helfen.

„Für mich war das immer das Allerwichtigste", erzählte mir Marta. Die Zerstörung der Erde, die gegenwärtig stattfindet, beunruhigt mich zutiefst. Im Augenblick diene ich der Erde wohl am besten, wenn ich den Menschen helfe, sich wieder mit den anderen Lebensformen zu verbinden. Ich sehe in der Tierkommunikation ein mächtiges Hilfsmittel, um eine Kommunikation zwischen den Menschen und unseren vergessenen Verwandten in Gang zu setzen und eine Beziehung herzustellen. Ich glaube, das ist die Vision, die ich erhalten habe.

„Die Erde ist für mich das Heiligste, und es waren Lehrer der Erde, die mir meinen spirituellen Weg zeigten: Schamanen, Tiere, Bäume, Berge, überzeugte Ökologen und Menschen der vielen alten Kulturen, die noch heute existieren und uns zeigen, wie es sich besser leben lässt auf dem Antlitz der Erde."

Marta, die sich selbst als hochsensibel bezeichnet, wusste von Kindesbeinen an, was andere Menschen und Tiere empfinden. Doch erst als sie Tiertelepathie studierte, wurde ihr klar, dass die Kommunikation mit Tieren real ist, auch wenn sie immer schon an die Möglichkeit geglaubt hatte.

„Das Erlernen der Telepathie war für mich eine wichtige spirituelle Reise. Dabei lernte ich auch, mir selbst und meinem eigenen Rat zu vertrauen und zu meiner übersinnlichen Wahrnehmung zu stehen.

Marta Williams

Ich glaube unerschütterlich daran, dass wir alle mit übersinnlicher Wahrnehmung ausgestattet sind, dass wir alle telepathisch kommunizieren, dass wir alle mit Tieren reden. Wir müssen nur noch lernen, uns unsere Fähigkeiten bewusst zu machen, damit wir sie anwenden und steuern können."

Unter den Tierkommunikatoren gibt es die unterschiedlichsten Leute. Viele sind im landläufigen Sinn gebildet und ausgebildet, manche arbeiten mit Menschen oder Tieren. Es gibt Naturforscher unter ihnen, Heiler, Therapeuten, Lehrer, Schriftsteller, Redner, Doktoren und Juristen. Wie kommt nun ein Haufen gebildeter Menschen dazu, sich mit Tieren zu unterhalten?

Penelope Smith glaubt, dass sich die Erde verändern wird, wenn die Menschen anfangen, innigere, tiefere Beziehungen mit den Tieren zu knüpfen. „Es wird sich auf die Entwicklung des Planeten auswirken. Wir werden uns liebevoller verhalten und das Ökosystem nicht weiter zerstören. Anstatt uns isoliert von der Natur wahrzunehmen, werden wir auch uns selbst als Teil des Lebensnetzes liebevoll begegnen. Indem wir die Fähigkeit wieder erlangen, mit allem Leben zu kommunizieren, erhalten wir gleichzeitig Zugang zu dem großen Reichtum des Wissens, der allen Wesen innewohnt."

Was suchen wir wirklich, während wir uns an eine tiefere Verbindung mit der Natur zu erinnern versuchen? Und wenn wir sie finden, werden wir dann das höhere Bewusstsein und die höhere Verantwortung annehmen können? Werden wir vor dem Spiegel stehen und uns die tief bewegenden Fragen stellen können: Was haben wir getan? Was tun wir? Wohin gehen wir - und nicht nur wir selbst, sondern alles Leben, die ganze Erde? Warum haben wir unsere Heimat verlassen?

Es geht darum, alles zu leben, schrieb der Dichter Rainer Maria Rilke. Es geht darum, die Fragen jetzt zu leben ...

Beobachten

Peggy (Hund) - Sam Louie

Es ist wichtig, dass Menschen nicht ihre eigenen Gefühle auf Tiere projizieren, wenn sie diese zu verstehen versuchen. Wer sich Zeit zum Beobachten nimmt, lernt dabei eine ganze Menge. Damit meine ich, nicht irgendetwas herausfinden wollen, nicht versuchen zu verstehen oder zu kommunizieren, sondern einfach nur beobachten.

Es geht nicht darum, dass wir uns auf ein Podest stellen und uns glorifizieren. Es geht darum, dass ihr euch mit uns verbindet und seht, wie sehr wir uns alle gleichen. Wir sind nicht unbedingt besser. Wir haben nur unterschiedliche Aspekte des Großen Lebens zu lehren, zu lernen und mit euch zu teilen.

Wir Tiere haben sicherlich auch von Menschen profitiert und viel von Menschen gelernt. Menschen haben sich um viele von uns gekümmert. Viele, viele Menschen haben gute Arbeit für die Tiere und für die Umwelt geleistet.

Auch Tiere haben viel zerstört. Wären Tiere mit der Technologie ausgerüstet, die den Menschen zur Verfügung steht - ich bin mir nicht sicher, ob sie dann notwendigerweise besser wären.

2
Wie es funktioniert

Spät am dritten Tag, als wir uns bei Sonnenuntergang unseren Weg durch eine Nilpferdherde bahnten, blitzten in mir unvorgesehen und ungesucht die Worte auf: „Ehrfurcht vor dem Leben".

Albert Schweitzer
Aus meinem Leben und meinem Werk

Als Chrys Long-Ago zum ersten Mal eine geistige Verbindung mit einem Tier erlebte, hatte sie alles andere als das im Sinn:

Ich hatte damals mein Pferd in einer Pferdepension in Anchorage. Als ich einmal ganz allein im Stall war und die Box reinigte und mein Pferd striegelte, war ich so vertieft in meine Arbeit, dass der alltägliche Stress einfach von mir abfiel. Später wurde mir klar, dass die Arbeit mich in eine achtsame Meditation versetzt und meinen Geist beruhigt hatte.

Als ich den Stall verließ, fiel mir eine Bewegung ins Auge. Ein niedliches graues Eichhörnchen flitzte ein 55-Gallonen-Fass hinauf und setzte sich nicht weit entfernt von mir hin. Es hatte eine Nuss in der Pfote.

Entspannt wie ich war, wendete ich meine Aufmerksamkeit dem Eichhörnchen zu. Spontan und ohne zu wissen warum, grüßte ich es im Geiste, was ich damals normalerweise nie tat. „Grüß dich, kleines Eichhorn", sagte ich. Es legte seine Nuss hin, wandte mir den Kopf zu, sah mir geradewegs ins Gesicht und drehte mir dann den ganzen Körper frontal zu. Es war ein ganz schön wildes Eichhörnchen. Wir hatten mindestens zwanzig Minuten lang direkten Kontakt von Geist zu Geist. Ich hörte alles, was es sagte.

Ich wollte alles Mögliche wissen: wie es sich als Eichhörnchen lebt, wie alt es ist und ob es gern im Pferdestall lebt. Die Worte kamen mühelos. Es nannte die Pferde „Grasfresser". Fast spöttisch sagte es: „Wir nennen sie Grasfresser, Grasfresser." Es sagte mir, dass Eichhörnchen sich mehr als Luftwesen empfinden und nicht als Erdwesen, dass sie gern auf den schaukelnden Zweigen der Bäume sitzen und von Ast zu Ast hüpfen. Ich war völlig erfüllt von dem Gefühl, ein Eichhörnchen zu sein und durch die Lüfte zu segeln.

Es erzählte mir, dass es sich kopfüber den Baum hinunter wage und dabei immer bewusst nach allen Seiten Ausschau halte, weil außer den Eulen alle Räuber auf dem Boden leben. Es erzählte mir auch davon, dass Eichhörnchen sehr revierbewusst seien, was mir gänzlich neu war. Später fand ich dies in einem Buch bestätigt.

Ich fragte, wie lange Eichhörnchen lebten. „Drei Winter", antwortete es. Als mir das ziemlich kurz vorkam, antwortete es: „Wer möchte denn schon länger leben?" Ziemlich erstaunlicher Blickwinkel!

Chrys war die erste Tierkommunikatorin, mit der ich sprach. Sie wusste nicht nur sehr viel über Tiere, sondern hatte sich auch bemüht herauszufinden, welchen Sinn die so genannte Tierkommunikation aus unserer Sicht haben kann. Wie ich war sie davon fasziniert, dass der menschliche Geist Gedanken und Ideen, ja sogar vollständige Sätze von verschiedenen Spezies „übersetzen" kann, die ganz anders sind als wir.

Chry Long-Ago

Alles beginnt mit der Telepathie. Dieser mit negativen Assoziationen befrachtete Begriff muss oft dazu herhalten, Dinge zu diskreditieren, von denen wir wissen, dass sie der Wahrheit nicht standhalten. Ein Wörterbuch definiert Telepathie als „Kommunikation mittels wissenschaftlich unbekannten Mitteln". Etymologisch gesehen leitet sich das Wort von *tele* ab, was so viel wie entfernt oder weit weg bedeutet, und von dem griechischen Wort *patheia*, Gefühl oder Wahrnehmung. Wahrnehmungen aus der Distanz, Gefühle von weit her - das ist eine Definition für eine eher vage, nicht greifbare Form der Kommunikation.

Und doch, wer hatte noch nie „so ein Gefühl", dass etwas passieren würde? Wie oft geschieht es, dass man „irgendwie weiß", was jemand sagen oder tun wird? Ist das wirklich so sonderbar?

Nach Carol Gurney, einer Kommunikatorin aus Kalifornien, ist der erste Schritt getan, wenn wir merken, dass wir ständig telepathisch kommunizieren. „Wenn du in Kontakt mit deinen Gefühlen bist, kommt es sehr schnell zu Telepathie", erklärt Carol. „Im Nu kannst du ein ganzes Konzept erfassen. Vielleicht macht das Wort *Telepathie* vielen

Leuten Angst, aber hinter der geschwollenen Ausdrucksweise verbirgt sich ein Phänomen, mit dem wir den ganzen Tag lang beschäftigt sind. Wenn dir ein Freund sagt, dass es ihm gut gehe, du aber spürst, dass etwas nicht in Ordnung ist, dann ist das Telepathie."

Der Sprung von der Annahme, dass Telepathie zwischen Menschen möglich ist, zur Annahme, dass sich Telepathie zwischen den Spezies herstellen lässt, fällt oft schwer. Dazu ist es nicht nur erforderlich, dass man Tiere als intelligente, fühlende Wesen betrachtet; man muss auch akzeptieren, dass Kommunikation zwischen Mensch und Tier möglich ist. Carol meint, dass die Menschen ständig mit ihren Tieren reden, auch wenn es ihnen nicht bewusst ist. „Der Gedanke des Tiers mischt sich in dein Bewusstsein", sagte sie mir. „Und damit du ihn verstehen kannst, muss er in diesem Moment zu deinem eigenen inneren Gedanken werden. Deswegen glauben wir, dass er von uns stammt. Wir können den Unterschied nicht sehen. Wir glauben nicht, dass wir einen Gedanken empfangen haben, dass Tiere kommunizieren."

Als J. Allen Boone anfing, mit Strongheart zu arbeiten, fragte er sich, warum ein Hund menschliche Gedanken so leicht verstehen kann, während es ihm, dem Menschen, so viel Mühe bereitete, hinter die Gedanken des Hundes zu kommen. Um dieses Dilemma zu lösen, suchte Boone Mojave Dan auf, der mit einer Familie von Hunden, Eseln und Wildtieren in der Wüste lebte. Boone kannte außer Dan niemanden, der mit Hunden Gespräche führte, die auf Gegenseitigkeit beruhten. Noch ungewöhnlicher war, dass Dan über alle möglichen Ereignisse erstaunlich gut informiert war. Er behauptete, seine Information stamme von seinen Hunden und Eseln sowie von Wildtieren, die zufällig seinen Weg kreuzten - Schlangen, Vögel und Insekten.

Dass Dan seine Gedanken den Tieren mitteilen konnte, fand Boone nicht besonders mysteriös, dass er die Tiere verstehen konnte, dagegen schon. Vor Boone hatten schon andere versucht, aus Dan herauszubekommen, wie das funktionierte. „Er antwortete dann immer, solche Dinge seien zu persönlich, um sie weiterzuerzählen. Man könne so etwas nur durch persönliche Bemühung und durch wahre Demut erreichen", schrieb Boone.[1]

Mit dem Instinkt des Reporters überzeugte Boone durch Ausdauer. Nachdem sie am Lagerfeuer zu Abend gegessen hatten, erzählte Boone in der Stille einer Sternennacht Dan von Strongheart und von seiner Schwierigkeit, Botschaften von dem Hund empfangen. Es folgte eine lange Zeit des Schweigens. Als Boone es bereits aufgegeben hatte, auf eine Antwort zu hoffen, sagte Mojave Dan: „Es gibt Tatsachen über Hunde, und es gibt Meinungen über sie. Die Hunde haben die Tatsachen, und die Menschen haben die Meinungen. Wenn du Tatsachen über einen Hund willst, dann hol sie dir immer direkt von dem Hund."[2]

Tatsachen von einem Tier zu erhalten, kann verwirrend und überraschend sein. Als ich Sam Louie fragte, wie Menschen verstehen könnten, was Tiere uns zu sagen haben, erzählte er mir eine Geschichte.

Als Sam mit der Tierkommunikation begann, assistierte er einmal einer Frau, die sich für Dobermänner einsetzte, die wegen ihrer Aggressivität eingesperrt worden waren. Die Frau versuchte, die Hunde in Familien unterzubringen und sie dadurch vor dem sicheren Tod zu bewahren. Sie bat Sam, mit ihnen zu sprechen und herauszufinden, welche Familiensituation am besten für sie wäre. Als die Frau die Stadt verlassen musste, um ihren kranken Vater zu versorgen, bemühte sie sich verzweifelt, einen Hund unterzubringen, der ebenfalls Sam hieß. Als Sam den Hund befragte, hörte er ganz klar auf Englisch die Worte: „Wenn die Regen kommen."

„Wer telepathisch kommuniziert, muss nicht nur Information empfangen können. Daten ohne Analyse oder Interpretation sind nicht besonders nützlich", sagte mir Sam. „Damals nahm ich an, dass wir den Hund nicht vor November unterbringen konnten, weil es in der Bucht von San Francisco im November zu regnen beginnt. Damit wäre der Frau aber nicht gedient gewesen, denn wir hatten erst August, und sie musste noch vor September umziehen. Als ich den Hund ein zweites Mal fragte, erhielt ich dieselbe Antwort: ‚Wenn die Regen kommen.'

Ein paar Wochen später adoptierte eine Frau namens Annette Rains (auf Deutsch: Regen) den Hund."

„Du meine Güte!" rief ich aus, und Sam lachte. Ich fand nicht nur den Situationshumor bemerkenswert, sondern auch die Tatsache, dass Anspielungen in menschlicher Sprache eine Schlüsselrolle in der Tierkommunikation spielen können. Und: Wie wusste Sam, der Hund, überhaupt, dass „die Rains" kommen würden? Dieses Thema sollte später wieder zur Sprache kommen.

Kommunikatoren erklären, dass Menschen auf verschiedene Art und Weise Botschaften senden und von Tieren empfangen können. Natürlich soll die Erklärung nur das logische Denken beschwichtigen, das sich abmüht, etwas zu erfassen, was sich mit Logik nicht erfassen lässt. Wie ein neugieriges Hündchen braucht der Verstand seinen analytischen Knochen, an dem er herumkauen kann.

Hellsehen ist die Fähigkeit, Bilder zu sehen, die normalerweise nicht wahrgenommen werden. Gewöhnlich handelt es sich dabei um die Projektion eines Bildes, einer Dia-Show, manchmal auch eines kurzen Films, in dem ein Tier handelt. Dies spielt sich in dem verdunkelten Theater im Geist des Empfängers ab. Manchmal verschiebt sich die Perspektive; dann sieht der Kommunikator die Szene gleichsam mit den Augen des Tieres.

Hellhören ist ein inneres Hören von Lauten und/oder Worten. Das mögen Laute sein, die das Tier hört; aber es können auch klar unterscheidbare Worte und Sätze innerlich wahrgenommen werden, nicht nur Gedanken. Kommunikatoren sagen, dass es einen qualitativen Unterschied zwischen dem Hören der eigenen Gedanken und dem Hören der Gedanken eines Tieres gibt.

Hellfühlen ist kinästhetisches Fühlen. Dazu zählen Schmecken, Riechen und andere physische Empfindungen. Kommunikatoren, die mit kranken Tieren arbeiten, können die gleichen körperlichen Schmerzen fühlen, die das Tier empfindet. Ebenso können Depression, Lethargie und Furcht wahrgenommen werden. Auch Emotionen sind eine Form des Hellfühlens.

Intuition lässt sich als inneres Wissen übersetzen und ist eine Form der unmittelbaren Erkenntnis. Eine gute Intuition kann enervierend sein; sie beschleicht dich mit kribbelnden Geisterfingern und krabbelt dir ganz leise das Rückgrat hinauf, bis sich dir die Haare sträuben - ein eindeutiger Hinweis darauf, dass sich etwas Wichtiges abspielt. Intuition ist eine starke Ahnung, das berühmte Gefühl im Bauch.

Manche Kommunikatoren verlegen sich auf eine Methode, aber die meisten empfangen kombinierte Signale. Bilder und Wissen, innere Worten und Gedanken, Laute und Gefühle können einander überlagern. Manchmal kommt es dabei zu einem Phänomen, das wissenschaftlich als „großer Informationsschwall" bezeichnet wird und erst aussortiert bzw. übersetzt werden muss.

Carol Gurney erklärt, dass dem Informationsempfang keine Grenzen gesetzt sind. „Künstler und sehr kreative Menschen erhalten besonders Bilder von einem Tier, da sie selbst die Welt in Bildern erfahren. Persönlichkeitsorientierte Menschen empfangen Information über die Persönlichkeit des Tieres, z. B. die Vorlieben des Tieres. Spirituelle Menschen, die so regelmäßig meditieren, wie andere Menschen sich die Zähne putzen, können mit den spirituellen Aspekten und Sehnsüchten eines Tieres in Verbindung treten. Wie ein Magnet ziehen wir an, was uns bequem ist, und zwar in einer Form, die uns leicht fällt. Wo wir mit uns selbst stehen, ist entscheidend für das, was wir aufnehmen."

Manche behaupten, dass die Methode des Empfangs nicht nur von den jeweiligen Vorlieben abhängt, sondern auch von der Spezies, mit der man kommuniziert. Vorwiegend visuelle Tiere werden mit großer Wahrscheinlichkeit Bilder oder Vorstellungen schicken, denn dies entspricht ihrem dominanten Sinnesorgan.

Carol Gurney

Die Kommunikatorin Jane Hallander empfindet Hunde als sehr visuell. „Sie spielen in meinem Geist ein Video des Geschehens ab. Entlaufene Katzen tun das Gleiche. Verhaltensgestörte Katzen sind mehr emotions- und gedankenorientiert. Vögel benutzen oft Bilder und Gefühle."

Mary Getten macht auf Unterschiede zwischen der Kommunikation mit Haustieren und Wildtieren aufmerksam. Sie findet die Kommunikation mit Haustieren leichter, da wir mit diesen vertraut sind. „Sie sind an unsere Uhrzeit gewöhnt und wissen, womit wir uns jeden Tag beschäftigen. Wenn ich mit einem Hund oder mit einer Katze spreche, verstehe ich ziemlich gut, was los ist, weil wir im Grunde in der selben Welt leben. Wildtiere meiden dagegen Menschen instinktiv und sind nicht daran gewöhnt, mit Menschen zu kommunizieren."

Mary hat eine Freundschaft mit einem Wal namens Granny entwickelt. Als sich Granny bereit erklärte, ein paar Gedanken zu meinem Buch beizutragen, verband sich Mary telepathisch mit dem Wal und übersetzte Grannys Antworten auf meine Fragen. Bei der Kontaktaufnahme mit dem Wal veränderte sich Marys Stimme völlig. Sie wurde tiefer und langsamer und klang, als käme sie von weit weg.

„Wenn ich mich mit einem Wal verbinde", sagte Mary, „ist das ein Wechsel auf eine völlig andere Energieebene. Ein Problem bei der Arbeit mit Walen besteht darin, dass ihre Welt grundlegend anders ist und dass uns oft die Worte fehlen, das zu erklären. Ein Wal hat mir einmal gezeigt, wie sich Echolokalisierung anfühlt - ein schier unbeschreibliches Phänomen."

Das gehört zu der Herausforderung, aber auch zu der Faszination der Tierkommunikation. Wie können wir Menschen etwas wie die Echolokalisierung begreifen, für die wir gar kein Sinnesorgan haben? Das Nächstliegende wäre, die Sinne darauf einzustimmen, die uns zur Verfügung stehen. Die fließende Übersetzung von Gefühlen, Bildern, Gedanken, ja selbst Worten, ist der Kern der Tierkommunikation. Wenn wir nicht verstehen, dass Kommunikation zwischen den Spezies immer auf der Übersetzung eines Verstehensmodus in einen anderen beruht, werden wir uns alle möglichen albernen Fragen stellen, wie zum Beispiel: „Wie ist es möglich, dass Wale Englisch (oder Deutsch) sprechen?"

Mary lachte. „Klar. Wie sollten Wale auch eine Vorstellung davon haben? Wir können nur dann für Tiere sprechen, wenn wir ihre Bilder und Informationen in die Sprache übersetzen, die uns zur Verfügung steht. Das gehört zu unseren Grenzen."

Nach Sam Louie verlassen wir uns schon so lange auf unsere erlernte Sprache, dass etwas in uns die in der telepathischen Botschaft enthaltene Information, die nicht notwendigerweise in unserer Muttersprache geliefert wird, automatisch bearbeitet und übersetzt. Auch Chrys Long-Ago geht davon aus, dass unser Gehirn Botschaften von Tieren als Worte verstehen kann. Nonverbale Mitteilungen von Tieren würden dann in einem Teil des Gehirns in eine Sprache übersetzt, die wir verstehen.

Als ich Nedda Wittels fragte, wie sie die Mitteilungen von Echo und Violet erhalten konnte, dem Pferd und der Katze, die sie für dieses Buch interviewte, gestand sie, dass sie selbst ein wenig neugierig war.

> „Ich erhalte die Information in vielen Formen: Bilder, Vorstellungen, Laute, Konzepte, Worte, Wissen, Emotionen, körperliche Empfindungen. Wenn ich am Computer arbeite, wie jetzt gerade für dein Projekt, setze ich mich hin, verbinde mich mit dem Tier und tippe, was ich erhalte. Schreiben Echo und Violet jedes Wort selbst? Natürlich nicht, aber meine Verbindung mit ihnen ist so glatt und durchgängig, dass der Fluss der Gedanken nicht abreißt. Trotzdem wähle ich die Worte oft bewusst, um das auszudrücken, was sie sagen.
>
> Es ist oft eine Gratwanderung zwischen der Äußerung der Botschaften in ihrem Sinne und dem Hinzufügen meiner eigenen Vorstellungen und Vorlieben von korrektem Englisch und einem glatten Schreibstil. Jedes Wort hat Annotationen und Konnotationen. Wenn du in einem Lexikon nachschlägst, wirst du merken, wie schnell man ein Wort gewählt hat, das der erwünschten Bedeutung eine völlig andere Richtung gibt. Deshalb ist die Tierkommunikation eine ungeheuer große Verantwortung."

Tierkommunikation ist immer auch ein Balanceakt. Es genügt nicht, beim Übersetzen der Tiergedanken in Menschengedanken die bestmöglichen Worte zu finden. Wir müssen auch offen bleiben für das, was das Tier sagt, denn sonst hören wir nur, was das Tier unserer Meinung nach sagt oder sagen sollte. Wir können dabei lernen, eingefahrene Pfade zu verlassen und über unsere beschränkten Vorstellungen von der Welt hinauszublicken.

In dem Maße, in dem J. Allen Boone aufhörte, Strongheart wie einen Hund zu behandeln, benahm sich dieser auch weniger wie ein Hund. „Und je weiter diese faszinierende Entwicklung fortschritt, desto selbstverständlicher behandelten wir uns wie vernünftige Gefährten und desto mehr Verwandtschaftsbarrieren brachen zwischen uns zusammen.“ [3]

Schließlich ist das Ganze eine Reise. Sobald wir unseren eingefahrenen Pfad verlassen oder - wie Boone es ausdrückt - den üblichen Egofehler vermeiden, alles durchdenken und analysieren zu wollen [4], gelangen wir an einen Punkt, wo der Geist zur Ruhe kommt und das Herz offen ist. An diesem Ort können wir mit allem Leben kommunizieren.

Manchmal ist Tierkommunikation recht geradlinig. Eine Katze erklärt, warum sie ihr Katzenklo nicht mag; ein Pferd drückt seine Vorliebe für eine bestimmte Box aus. Aber da gibt es noch einen anderen Aspekt. Es mutet tief und spirituell an, wenn ein Hund Karma erklärt oder ein Papagei erzählt, dass er einmal ein buddhistischer Mönch war. Es wird spannend, und es klingt unerhört, wenn ein Delfin berichtet, dass er gleichzeitig in multiplen Existenzen lebt. Der Gedanken- und Ideenaustausch mit Tieren ist genauso offen, wie wir - und sie - es sind und sein wollen. Grenzen entstehen nur durch das, was wir für möglich halten.

Wie können wir den Flug mit dem Bewusstsein des Adlers wahrnehmen, uns aus der Maulwurfperspektive durch die Erde graben, mit den Beinen eines Geparden das Land durchqueren? Es kann einem schwindelig werden bei all den Möglichkeiten. Wir können mit sehr interessanten praktischen Informationen rechnen, wenn Tiere uns mitteilen, wie und warum sie etwas tun. In ihrer Eigenschaft als Naturforscherin und Biologin meint Marta Williams, dass wir anfangen, die Welt aus einem größeren Blickwinkel zu sehen, wenn wir Tiere nach ihren Lebensgewohnheiten fragen. Anfangs kann man die Antworten mit den bereits gesicherten biologischen Daten vergleichen, doch langfristig gesehen könnte Tierkommunikation viele der invasiven und schädlichen Praktiken unnötig machen, die moderne Biologen bei ihren Feldstudien anwenden.

Nedda Wittels und Echo

Welche anderen Entdeckungen

würden wir machen, wenn wir zur Quelle gingen und die Tiere selbst befragten, was sie denken und fühlen und welche Rolle sie auf unserem Planeten spielen? Carole Devereux sagte mir, dass die Tiere womöglich eine letzte Chance für den Menschen sind.

„Manchmal hat man nicht die Möglichkeit, mit einem anderen Menschen zu sprechen, aber man kann mit einem Pferd sprechen. Warum? Weil ein Pferd keine Wertungen vornimmt. Bedingungslose Liebe fließt ganz natürlich zwischen Tieren und Menschen, die der menschlichen Rasse gegenüber schon etwas abgestumpft sind. Wir Menschen bewerten einander schon seit so langer Zeit, dass uns das gegenseitige Vertrauen abhanden gekommen ist. Wenn Menschen ein Tier um sich haben, bröckeln die Barrieren. Deshalb arbeite ich als Therapeutin mit Tieren; es ist eine Tür, eine Schwelle. Tiere sind das Tor zu einer höheren spirituellen Bewusstheit.“

Wenn wir willens sind, die Tür zu öffnen und die Schwelle zu überschreiten, wenn wir bereit sind, wirklich zu sehen, zuzuhören und uns von allen Konstrukten zu trennen - von all dem, was wir bereits zu wissen glauben -, wenn wir uns entschließen, ehrlich und offen für eine tiefere Beziehung mit Tieren und mit der übrigen Natur zu sein, was und wen werden wir dann finden?

Genießen lernen

Raphaela Pope und Dax (Vogel)

Dax ist ein kleiner Ara mit gelbem Kragen. Wenn ich ihn frage, was Menschen wissen sollten, sagt er:

Sag ihnen, sie sollen spielen

und unbeschwert sein.

Genießt!

Macht es wie ich!

Raphaela Pope und Dax – Photo von Paul Harris

3
Die Vögel

Die Finken kommen, wenn sie gerufen werden. Ich weiß nicht, warum es funktioniert, aber es funktioniert. Wissenschaftler auf den Galapagos-Inseln haben den Ruf überliefert: Man sagt Pssssh psssss psssss psssss psssss, bis einem der Atem ausgeht; dann sagt man es wieder, bis es keine weiteren Vögel auf der Insel gibt. Man steht auf einer Sandfläche an einer seichten Lagune, die von Mangrovendickicht eingerahmt ist, und ruft die Vögel geradewegs aus dem Himmel. Es funktioniert überall, von Insel zu Insel.

Annie Dillard; Teaching a Stone to Talk

Ich glaube nicht, dass ich die Vögel gerufen habe. Ich bin sogar ziemlich sicher, dass mich die Vögel zuerst gerufen haben.

Es geschah, als ich eines Morgens an meinem Computer saß. Urplötzlich schwirrte ein ganzer Vogelschwarm, der aus dem Nirgendwo zu kommen schien, auf das Gebüsch vor meinem Fenster zu. Ich drehte mich um, und da waren sie alle: ein Gedränge kleiner, blassbrauner, orangefarben und gelb gesprenkelter Körper, die um das Gebüsch flatterten.

Das kommt in unserer Gegend nicht gerade oft vor. Natürlich gibt es in Alaska eine Menge Vögel - Adler, die sich in die Lüfte schwingen, Raben die sich herabstürzen, kleine Vögel, die auf dem Fensterbrett sitzen und schwatzen, wenn man ihnen Kerne ausstreut - aber niemals ein so großes Gedränge von Vögeln in so großer Nähe. Der Augenblick war dermaßen ungewöhnlich und ich wie benommen von all dem Flügelschlagen und Geflatter, dass ich meinen Augen kaum trauen wollte.

Mit der Hand auf dem Herzen bewegte ich mich langsam ans Fenster. Es kamen immer noch mehr Vögel, bis die Versammlung da draußen im Gebüsch schließlich wahrhaft imponierende Ausmaße annahm. Ich war nur ein paar Zentimeter davon entfernt, nur durch eine dünne Glasscheibe von ihnen getrennt.

So etwas hatte ich noch nie gesehen. Mir war nicht nur verstandesmäßig, sondern gleichzeitig auch gefühlsmäßig klar, dass sich hier etwas Außergewöhnliches, etwas Wichtiges abspielen würde.

Ich begrüßte die Vögel. Vielleicht erinnerte ich mich an die Begegnung von Chrys mit dem Eichhörnchen - wie achtsam sie vorging und dabei nicht zu scharfsichtig und nicht zu kritisch war. Und so kam es ganz natürlich, dass ein Teil von mir die Führung übernahm, der immer schon mit den Tieren gesprochen hatte. Ich hörte eine innere Stimme ruhig und zentriert sagen: „Willkommen, kleine Vögel. Habt ihr eine Botschaft?" Sie erwiderten mit einer Stimme: *Ja. Wir sind gekommen, um dich zu ermutigen und dein Vertrauen und deinen Glauben zu stärken. Denk daran, dass es in der Welt viele kleine Stimmen gibt. Wir sind hier, um dir zu helfen.*

Ich fiel aus allen Wolken, hin und her gerissen zwischen Ungläubigkeit und Bestürzung. Ich weiß nicht, wie es mir gelang, ein paar Worte hervorzukramen. Aber es gelang mir. Ich fragte, wie es war, einer von ihnen zu sein. Wie sehen Vögel die Welt?

Wir sehen Schönheit. Wir sind flink. Wir bewegen uns flink und sehen und handeln entsprechend. Wir sehen Schönheit und sind Schönheit, und deshalb erfreuen wir euch.

Mein Herz schlug wild. Alles hatte sich in Sekundenschnelle abgespielt, und doch schlug das Wunderbare des Ereignisses schon in mir, schneller und schneller, als wären die Flügel und die Herzen der Vögel ein Teil von mir geworden. Aber gleichzeitig begann mir diese noch zittrige, im besten Falle zarte Verbindung zu entgleiten.

„Was seid ihr?" fragte ich. „Was für Vögel?" Selbst in diesem Moment schmiedete ein Teil von mir noch Pläne, suchte nach einem greifbaren Beweis für das, was sich abspielte.

Finken. Wir sind Finken. Wir kommen, um dich zu erfreuen, und senden dir Worte der Weisheit, des Glaubens, des Vertrauens und der Unterstützung.

Und dann, als platzten sie durch einen Traum, brachen die Vögel auf. Zuerst nur wenige, dann ganze Gruppen, bis nur noch einer auf dem Busch saß. Ich hatte das Gefühl, dass er der Führer der Gruppe war. Er sah mich mit seinen kleinen, hellen, runden schwarzen Augen geradewegs an und sagte: „Ja, ja, es ist wahr."

Natürlich war ich anfangs ganz aufgeregt. Wen hätte diese erste „echte" Kommunikation mit Tieren kalt gelassen? Ich hatte mir ein solches Ereignis zwar nicht so vorgestellt, war mir aber keineswegs im Klaren, was ich eigentlich erwartet hatte. Mein ganzer Körper schien jetzt sehr schnell zu vibrieren. Er war einfach überfordert. Es war, als wäre ich randvoll mit Energie, der ich nicht gewachsen war.

Im Gespräch mit Kommunikatoren hatte ich mir oft ausgemalt, wie schön es wäre, wirklich mit Tieren zu reden. Ganz erstaunliche Unterhaltungen könnte man führen! Doch obwohl ich nun so aufgeregt und aufgedreht war, entdeckte ich unter meiner Hochstimmung zu meiner Überraschung ein Gefühl der Beunruhigung. Es begann als eine Art Schweregefühl tief in der Magengrube.

Mit einem Gefühl losgelöster Neugier merkte ich, dass mir übel war, und im selben Augenblick deutete ich das als Angst. Auch wenn es einem im Kopf klar ist, wenn man versteht und akzeptiert, dass Menschen mit Tieren kommunizieren können - es selbst zu erfahren, ist etwas ganz anderes. Und obwohl ich es eigentlich gar nicht angestrebt hatte, war es nun geschehen.

Ich erzählte niemandem von den Vögeln, nicht einmal meinem Mann, nicht sofort. Ich aß zu Mittag, ging spazieren, spielte mit den Hunden. Ich ließ das Erlebnis neben mir stehen - ein Augenblick außerhalb der Zeit. Vielleicht hatte ich mir alles nur eingebildet. Aber als ich in mein Büro zurück ging, hing die Frage in der Luft: Was war tatsächlich geschehen?

Ich legte mich auf den Boden und schloss die Augen. Ich konzentrierte mich auf meinen Atem, atmete regelmäßig ein und aus, suchte Trost in dieser leichten Methode, mich zu zentrieren. *Es ist gar nicht so sonderbar, wenn man mit Tieren spricht*, redete ich mir zu. *Du hast sie nach ihrem Leben gefragt, und sie haben es dir gesagt. Wovor fürchtest du dich eigentlich?*

Es war wirklich lächerlich, sich vor ein paar Vögeln am Fenster zu fürchten. Doch darunter sprach die Furcht etwas Tiefes und Überwältigendes an. Intuitiv erkannte ich: Es war die tiefe Furcht, sich etwas Größerem zu öffnen, dem man sich nicht gewachsen glaubt. Im weiteren Sinne war es die Furcht, sich der Fülle zu öffnen, die wir wirklich sind.

Nach einigen Minuten öffnete ich die Augen. In diesem Augenblick erinnerte ich mich daran, dass auch kleine Dinge große Konsequenzen nach sich ziehen können.

Ich lege mich selten in mein Büro. Ich gehe hin und her, ich drehe meine Runden und mache Gymnastik. Es kommt auch mal vor, dass ich mich erbarmungslos an einen Satz anpirsche, aber dass ich mich hinlegte, ist selten. Wie kommt es, fragte ich mich, dass ich mich ausgerechnet an dieser bestimmten Stelle hingelegt habe. War es reiner Zufall, dass ich aus meiner Lage eine perfekte Sicht aus dem Fenster hatte? Es war das gleiche Fenster, aus dem ich die Vögel beobachtet hatte, doch vom Fußboden hatte ich das Gebüsch, auf dem sich die Vögel niedergelassen hatten, nicht im Blickfeld. Statt dessen sah ich nach oben in den vom Fenster eingerahmten Himmel, in dessen eine Ecke ein paar Äste einer großen Birke ragten.

Mit einem Anflug der Ungläubigkeit dachte ich, dass es keinen Zufall gäbe, und spürte diese unheimliche Erkenntnis launenhaft auf meinem Körper umhertanzen und eine Gänsehaut hinterlassen. Dort auf den Ästen der Birke hockten zehn oder zwölf der gleichen Vögel, die ich vorher im Gebüsch gesehen hatte. Sie sahen jetzt herab, ihre Augen waren durch das Fenster auf mich gerichtet. Ich bildete mir das nicht ein, das war klar. Mit einem Seufzer der Resignation gestattete ich mir, in den Bewusstseinszustand zu fallen, in dem man sich den Tieren öffnen kann. In diesem Zustand ist eine solche Verbindung etwas Vertrautes und gelingt mühelos.

Wie schon zuvor erfolgte die Kommunikation auch jetzt wieder durch ein inneres Gespräch. Obwohl ich die Vögel als Gruppe wahrnahm, antwortete immer nur eine

Stimme. Es war, als spräche ein Gruppenführer oder vielleicht das Gruppenbewusstsein. Ich fragte die Vögel, was ich ihrer Meinung nach sehen sollte.

Plötzlich kam mir Alfred Hitchcocks Film *Die Vögel* in den Sinn. Was? Ich lachte laut und fragte, ob sie den Film kannten. Sie antworteten, dass sie ihn nicht in dem Sinne kannten wie wir, wenn wir uns einen Film anschauen, dass sie aber durch die Menschen ein Gefühl dafür bekommen hatten. Sie konnten die Angst lesen, die der Film bei den Menschen erzeugte. Sie sagten, der Film hätte eine Menge Leute beeinflusst und eine Meinung über Vögel, eine Art Gruppenprojektion geschaffen und gleichzeitig an den Tag gebracht. Es war eine finstere Projektion, doch die Vögel (diese Vögel, meine Vögel) erinnerten mich daran, dass sie auch Symbolwert besaß. Die Botschaft eines Vogels ist nämlich oft ein Weckruf, besonders ein Aufruf zum Sehen.

Sie erklärten, dass die Szene in dem Film, in der menschliche Augen ausgepickt werden, eine zentrale Projektion der menschlichen Angst vor dem Sehen darstellt. Die Antwort auf die Frage, was die Vögel eigentlich wollten, bliebe die Geschichte dagegen schuldig. Das war und blieb ein Geheimnis. Die Vögel kamen, griffen an, machten die Menschen auf sich (und damit auf die Schattenseite der Vögel in den Menschen) aufmerksam und verschwanden wieder. Es gab keine Erklärung. Die Vögel auf dem Baum sagten mir, es handle sich um eine Angstvision. Es war unsere eigene Furcht, doch waren wir so abgetrennt von der ursprünglichen Furcht, dass wir sie durch unsere eigenen menschlichen Linsen auf die Vögel projizierten.

Verstehst du, dass es um eure menschliche Projektion geht? Jedes Tier kann man so sehen, nicht nur Vögel.

Sie wiesen mich an, nach anderen Vogelfilmen zu suchen und herauszufinden, wie Vögel in anderen Medien als Symbole benutzt werden. Sie erinnerten mich daran, dass die Künstler der Renaissance in ihren religiösen Werken häufig Vögel darstellten und dass Vögel nicht nur in Verbindung mit Angst gesehen werden können, sondern ebenso in Verbindung mit dem Geist. Sie erinnerten mich daran, dass Vögel oft das Geistige und den Heiligen Geist symbolisieren. Schließlich gaben mir die Vögel noch ein Beispiel. Als ein Wind aufkam, sah ich, wie sie sich an den Zweigen festhielten, ohne sich stören zu lassen. Ihre kleinen Körper wiegten sich im Wind.

Wir haben keine Angst vor dem Geist, deshalb bewegt er sich geschickt um uns herum. Er bewegt sich durch uns hindurch.

Als die Vögel aufbrachen, spürte ich, dass die Botschaft zu Ende war. Doch wie vorher blieb auch jetzt ein einzelner Vogel, und wieder erkannte ich in ihm den Führer oder jedenfalls denjenigen, dessen Stimme am klarsten an mich gerichtet war. Er sagte mir, es sei wichtig, äußerst wichtig, die verschiedenen Perspektiven der Projektion zu verstehen. Er erinnerte mich daran, dass ich die Vögel zuerst von oben gesehen hatte. Da sei ihre Botschaft gewesen, mich zu erfreuen. Als ich sie aber über mir auf dem Ast sitzen sah und sie mir wie ein Haufen Spione vorkamen, hatte mich die Angst bereits gepackt. Deshalb kam mir die Botschaft schwer verdaulich und etwas bedrückend vor. Es war klar, dass sich die Vögel nicht verändert hatten; es war meine Perspektive.

Der Vogel, mein kleiner gefiederter Führer, sagte, als Nächstes müsse ich die Welt aus der Vogelperspektive sehen.

Kurze Zeit nach den Vogelbotschaften setzte ich mich mit Sam Louie in Verbindung. Ich wusste, dass Sam ein talentierter Kommunikator war und auch etwas von einem Skeptiker an sich hatte. Ich bewunderte diese Kombination.

Sam fragte mich, was für Vögel ich gesehen hätte. Die Vögel hatten mir gesagt, dass sie Finken waren, aber bald nach meinem Erlebnis begann ich daran zu zweifeln, dass es in Alaska Finken gab. Als ich in einem Bildband über Alaskas Vogelwelt blätterte, fand ich nirgends die Vögel, die ich gesehen hatte. Beim Weiterlesen entdeckte ich, dass ihnen eine Hakengimpelart am ähnlichsten war. Deshalb erzählte ich Sam, dass es Finken sein könnten, dass sie aber eher wie Hakengimpel aussahen. Sam lachte und sagte laut: „Es sind Finken! Sie sagen dir, dass du Finken sagen sollst!"

Jetzt glaube ich, dass es wirklich Finken waren. Aber damals war ich mir noch nicht so recht sicher, auch nachdem Sam es bestätigt hatte. Es war vielleicht die Angst. Sam war nett. Er erzählte mir, dass Angst eine Reaktion ist, die wir alle haben, weil sie uns schützen soll. „Vertrau dem Prozess", sagte er. „Vertrau der Entwicklung."

Und doch kam die Angst immer wieder zurück. Es erstaunte mich, dass sie so tief verwurzelt war und dass ich mich nicht etwa vor etwas Dunklem und Schrecklichen ängstigte, denn es peinigte mich ja kein Teufel und kein Unhold. Sie hatte ihren Ursprung in einer vergessenen Verbindung. Ich vermutete, dass die Angst dem Ego-Wunsch entsprang, das Leben zu kontrollieren, alles normal, alles an seinem gewohnten Platz zu belassen. Ich hatte Angst, mich einer unbekannten Seinsweise zu öffnen.

Einige Tage später kamen die Finken zurück - nicht in physischer Gestalt, sondern in Form einer Fußnote. Und wieder wurde ich daran erinnert, dass das Universum elegant, beharrlich und sehr humorvoll vorgeht, wenn es versucht, uns aufzuwecken.

Mit der Post erhielt ich ein Exemplar von *Animal-Speak* von Ted Andrews zur Besprechung. Dieses Buch beschäftigt sich mit Tieren in ihrer Eigenschaft als Totem oder Träger spezifischer Energien, die als Tore zum menschlichen Geist dienen können, und es dreht sich um die verschiedenen Mächte und Medizinen, die sich in verschiedenen Tieren verkörpern. Andrews merkt an, dass das Totemtier die Person auswählt, nicht umgekehrt.

Damals wusste ich noch nichts darüber. An dem Tag, als das Buch eintraf, blätterte ich es nur kurz durch, befasste mich flüchtig mit der wesentlichen Information und bekam so ein Gefühl dafür, wovon es handelte. Mit Erstaunen fand ich die Finken. Oder vielleicht fanden sie mich. Wer hielt beim Blättern der Seiten inne und lenkte meine Augen ganz sacht zu Andrews Worten?

Der Fink als Totemtier erhöht unsere Chancen, viel zu erleben. Alles wird verstärkt...Wenn ein Fink in dein Leben fliegt, kannst du neue Erfahrungen und Begegnungen mit Menschen aus allen Gesellschaftsschichten erwarten...dies spiegelt eine allgemeine Erhöhung und Mannigfaltigkeit von Potenzialen wider, die sich in deinem Leben entfalten werden. Immer wenn ein Fink auftaucht, wird das Leben aktiver. [1]

Ich legte das Buch hin. Ich war allein in meinem Büro. Die Hand auf der Brust, die Augen dem Fenster zugewandt, lachte ich so sehr, dass ich weinte.

Zuhören

Marcia Ramsland und Trapper (Wolf/Hund)

Trapper ist halb Wolf, halb sibirischer Schlittenhund. Er sagt: „Von den Tieren kommt große Weisheit. Wir kommen in großer Anzahl und versuchen, zum Bewusstsein der Menschen durchzudringen." Ich glaube, er meint damit besonders Tiere als Gefährten des Menschen.

Er sagt auch: „Erst jetzt werden wir langsam gehört." Ich denke, er meint damit, dass jetzt alles viel offener ist. Die Menschen hören jetzt endlich, was ihr Tier sagt; es gibt sogar Menschen, die Bücher schreiben wie dieses hier.

Trapper sagt: „Tiere als Gefährten sind eine Art Leitung von Gott oder dem Alles-Was-Ist zu den Menschen, ein Kanal, durch den bedingungslose Liebe, Vergnügen am gegenwärtigen Augenblick, Freude und Begeisterung fließen."

4
Furcht, Filter
und das Finden der neutralen Zone

Es gibt nur zwei Möglichkeiten, das Leben zu leben.
Entweder so, als wäre nichts ein Wunder.
Oder so, als wäre alles ein Wunder.

Albert Einstein

Laura Simpson arbeitete einmal mit dem Nymphensittich einer anderen Kommunikatorin. Die Frau hatte ihn gerade erworben und wusste nicht, ob sie ihn behalten oder weggeben sollte. Laura sollte als Unparteiische herauszufinden, was der Vogel selbst wollte.

Sie setzte sich mit ihm in Verbindung und fragte ihn, ob er bleiben oder lieber bei jemand anderem leben wolle. Der Nymphensittich fragte, wie er zu der anderen Person kommen würde. In einem Flugzeug, antwortete Laura. Als der Sittich das nicht verstand, schickte Laura ihm ein mentales Bild eines Flugzeugs. Darauf verstummte der Vogel.

Als Laura ihn fragte, was er habe, platzte es aus ihm heraus: „Nein! Steckt mich nicht da hinein. Ich habe sie schon gesehen. Sie fressen Menschen und spucken sie wieder aus. Ich habe versucht, mit ihnen zu sprechen, aber es geht nicht. Sie haben kein anständiges Migrationsmuster, und sie sind völlig sinnlos. Nein, ich werde mich nicht von einem Flugzeug fressen lassen!"

Angst beschränkt sich nicht auf eine Spezies. Und Angst ist niemals nur eingebildet, wenn man sie erlebt. Angst ergreift dich, packt dich und hält dich als Geisel gefangen, solange dein Bewusstsein sich einschränken lässt.

Ich wollte wissen, ob Laura mit dem Sittich über Flugzeuge gesprochen hatte. Konnte der Vogel überzeugt werden, dass das Monstrum, das er zu sehen glaubte, in Wirklichkeit etwas ganz Anderes war? Und würde der von seiner Angst befreite Vogel die Ironie erkennen, die in seiner Sicht vom Flugzeug als einem intelligenzlosen, unkommunikativen mechanischen Vogel lag, der so viel größer war als er selbst?

Ich rang seit dem Finkenerlebnis mit meinem eigenen Sinn für Ironie. Denn tief im Innern war mir klar geworden, dass ich gar keine Angst davor hatte, nicht mit Tieren kommunizieren zu können. Ich hatte Angst davor, mit ihnen kommunizieren zu können. Wie der Nymphensittich und wie so viele Menschen hatte ich mir meine eigenen Überzeugungen zurechtgelegt und daraus meine eigene Version von dem großen mechanischen Vogel geschaffen, und diese Version war groß und laut und furchterregend. Kühn hatte ich verkündet, dass ich ganz normal war. Sollten ein paar sonderbare Heilige ruhig mit den Tieren reden! Gebildete Leute, Leute bei klarem Verstand taten es mit Sicherheit nicht, und noch viel weniger schrieben sie über solche Erfahrungen.

„Um der Angst zuvorzukommen, greifen wir zur Kontrolle“, sagte Ilizabeth Fortune, die früher als Therapeutin und Lehrerin arbeitete und viele Jahre lang von Delfinen lernte. „Wenn wir anfangen, unsere Kontrolle aufzugeben, werden wir mit unserer Angst konfrontiert. Ich selbst habe die Angst als offene Tür erfahren. Ich musste die Angst durchleben, um auf die andere Seite zu kommen. Wenn ich meiner Angst zuhöre und ihr erlaube, mein Lehrer zu sein, gelange ich auf die andere Seite und kann sehen, was es dort gibt. Was ich auf der anderen Seite gefunden habe, ist sehr einfach: Dass wir alle eins sind.“

Wenn es eine Botschaft gibt, die aller Tierkommunikation zugrunde liegt, ist es diese. Wir sind alle eins. Das erscheint zunächst gar nicht so furchteinflößend, doch ich musste immer wieder erfahren, dass sich so etwas leicht dahin sagt. Es ist aber wichtig, dass wir dieses Wissen ganz tief in uns haben, dass es uns in Fleisch und Blut übergeht, und das ist eine ganz andere Sache.“

Ilizabeth fuhr fort: „Wichtig ist der Moment, in dem Angst aufkommt. Für mich bedeutet er, dass man bereit ist für eine andere Ebene, dass man in die nächste Spirale eintreten kann.“ Ilizabeth vertraute mir an, dass sie den Umgang mit Angst von Delfinen lernte. „Als es dann für mich Zeit wurde, mit meiner Angst anders umzugehen, erhielt ich Unterricht von einem Bären. Dann hatte ich etwas von einem Pferd zu lernen. Und noch immer geht es um meine Angst, um den Umgang mit Angst, das Durchleben der Angst.“

Ilizabeth hielt inne, als würde sie sich an etwas erinnern. „Wenn du auf ein Tier triffst, zum Beispiel ein Pferd, und du ihm den Rücken zuwendest, und das Pferd kommt zu dir und legt dir seine Schnauze auf die Schulter, und du spürst den warmen Atem, dann schnürt es dir einfach die Kehle zu. Dir kommen die Tränen. Das Gleiche geschieht, wenn du einem Delfin Auge in Auge gegenüber bist, wenn du die gewaltigen Schwingungen spürst, die einen Wal umgeben. Die Frage ist, ob wir endlich bereit sind zuzuhören. Sind wir bereit, ruhig zu sein, still zu sein und zu kommunizieren?“

In der Stille öffnet sich das Herz, und auf einmal empfinden wir das Bewusstsein und damit alles Leben viel intensiver und größer als bisher. Wenn wir den mechanischen Vogel so wahrnehmen, wie er wirklich ist, löst sich unsere Angst auf. Wir öffnen uns einem tieferen, vollkommeneren Verständnis des Lebens, und die Welt verwandelt sich.

In der Offenheit einer Herzensverbindung mit einem anderen Wesen gibt es keine Furcht, denn dazu besteht kein Grund. Damit soll jedoch nicht die positive Rolle der Furcht geschmälert werden, denn als Ratgeber und erfahrener Führer hilft sie uns, die Schattenbereiche unseres Selbst zu erforschen. Wenn wir einmal aufhören, ihr davonzulaufen, wird sich unsere Wahrnehmung von ihr unweigerlich verändern. Dann hält sie uns nicht mehr; eher halten wir sie. Sie schrumpft und wird zu einem Werkzeug, zu einem Barometer, das anzeigt, wo wir uns in unseren Emotionen verheddern und wo unsere Filter verschmutzt sind.

Jede Erfahrung kann beängstigend oder faszinierend sein. Es kommt auf den Filter an, auf unsere jeweilige Perspektive. Wir nehmen die Wirklichkeit immer durch Filter wahr, und unser Gehirn ist selbst eine Art Filter. Sprache, Gesellschaft, Erziehung, Rasse und Geschlecht, aber auch unsere einzigartigen genetischen Anlagen, Überzeugungen und Gedanken bestimmen mit, wie wir uns und unsere Umwelt sehen, verstehen, erfahren und deuten. Das ist nichts Neues. Wenn du sehen möchtest, wie sehr unsere Weltsicht Interpretation ist, brauchst du nur drei Leute zu bitten, etwas schildern, was sie gemeinsam erlebt haben.

Dummerweise verfangen wir uns oft in unserer eigenen Weltsicht. Wir richten uns bequem darin ein und vergessen, dass sie durch unsere persönlichen Filter gefärbt ist. Wir projizieren unsere Filter auf die Welt und glauben, „das da draußen“ wäre eine von uns getrennte objektive Realität.

Manche meinen, dass unsere Sicht vom Leben immer nur das widerspiegelt, was in uns ist. Probleme in der Außenwelt wären dann die Reflexionen ungelöster oder verleugneter innerer Schwierigkeiten und emotionaler Krisenherde. Diese Vorstellung passt vielen Leuten nicht, weil es viel einfacher ist, Eltern, Ehepartner, Kollegen oder die Regierung für unsere Probleme verantwortlich zu machen - alle, bloß nicht uns selbst.

Doch was hat das alles mit Tierkommunikation zu tun? Vielleicht ist es nicht auf den ersten Blick erkennbar, doch in vielerlei Hinsicht ist dies das zentrale Thema bei der Kommunikation mit jeder Spezies - auch mit der eigenen. In einer Art Bumerangmanöver bringt uns die Kommunikation mit dem, was wir als das Andere wahrnehmen, tiefer nach innen und damit wieder nach Hause zurück.

„Den Tieren, die ich kenne, liegt vor allem eins am Herzen. Sie möchten uns helfen, uns selbst zu lieben. Diese Botschaft wird auf vielerlei Art ausgedrückt“, so Carol Guerny. Carol erzählte mir von einem Ehepaar mit drei Katzen. Die beiden Weibchen waren sehr aggressiv und attackierten den Kater. Als Carol mit den Tieren sprach, hieß es nur: „Wir töten ihn. Wir wollen ihn töten.“ Carol meinte: „Wenn ich so etwas höre, dann weiß ich, dass da noch etwas ganz Anderes los ist.“

Carol erfuhr, dass die Frau oft unterwegs war und dass der Mann neue Freunde hatte. Die Frau war wütend, weil sich der Mann nicht mehr bei ihr Unterstützung holte, sondern bei seinen neuen Freunden. Carol vermutete das Problem in der nicht ausgesprochenen Wut.

„Du kannst dir vorstellen, wer diese Wut spürte", sagte Carol. „Die Katzen natürlich! Schau, was sie taten: Sie attackierten den Kater. Die Frau rief mich am nächsten Tag an und sagte mir: ‚Sie werden es nicht glauben. Mein Mann und ich haben miteinander gesprochen und die Sache geklärt. Den Katzen geht es bestens. Ich kann es nicht fassen!'

„Die Katzen spüren es", erklärte Carol. „Und sie wollen es ausleben. Denn die Emotionen sind da, und niemand befasst sich damit. Sobald man sich damit befasst, ist die Sache erledigt. Sonst hängt sie an unseren Körpern und umgibt uns. Dann ist dicke Luft."

Laura Simpson stimmt dem zu: „Wenn sich dein Haustier schlecht benimmt, musst du dich selbst anschauen. Wenn dein Hund dauernd wegläuft, musst du dich vielleicht fragen, wovor du selbst davonrennst. Manchmal müssen Haustiere weggehen, um sich zu erden, besonders wenn man eine Menge emotionalen Müll um sich aufgebaut hat. Die Belastung kann so stark werden, dass sie gehen, um mit den Pfoten die Erde zu berühren und ein Weilchen in der Natur zu sein."

Laura erzählte, dass ihr großer Pyrenäenhund Hannah früher manchmal weglief und sie trotz aller ihrer Kommunikationskünste dann in Panik geriet. „Sobald ich aber bereit war zu sehen, was ich dabei lernen sollte, war Hannah wieder im Garten. Ich hatte eine Lektion zum Thema Kontrolle erhalten."

Erst wenn wir unsere Filter, Blockaden und falschen Wahrnehmungen bemerken, können wir anfangen, sie zu überwinden. Das gilt nicht nur für die Tierkommunikation, sondern für jede Reise, die zur Erkenntnis führt. Und es ist auch der erste Schritt, die neutrale Zone zu finden - den Seinszustand, in dem man klare Botschaften empfangen und senden kann.

Wir müssen uns klarmachen, dass wir alle die Wirklichkeit filtern - Tiere wie Menschen. „Unsere Glaubenssysteme sind Zwangsjacken", sagte mir Marcia Ramsland. „Es ist sehr schwer, sie abzustreifen. Sie machen in hohem Grade abhängig, da wir sie für die Wahrheit halten. Bei der Tierkommunikation kommt uns die Überzeugung in die Quere, dass Tiere nicht denken können und dass nur wenige Menschen telepathisch begabt sind."

Kommen zum fest verankerten Glaubenssystem noch unsere Ängste und Zweifel dazu, dann wird es klar, warum vor allem die telepathische Kommunikation mit Tieren einen Paradigmenwechsel erfordert, den manche nicht so leicht akzeptieren können.

Was aber, wenn wir ein Gleichgewicht herstellen könnten, eine Perspektive, in der sowohl logische Fähigkeiten als auch die Intuition eine Rolle spielen?

Marcias Schlüssel zum Verständnis von Telepathie und Tierkommunikation ist die Quantenphysik, die frei von den Zwängen der „normalen" Realität ist und das Konzept der Verbundenheit fördert. „Unsere gewohnte Wissenschaft funktioniert gut, solange man in der physischen Form bleibt, doch in der Telepathie sind Zeit, Raum und die physische Realität nicht die einzige Wirklichkeit. Nachdem ich mich mit der Quantenphysik vertraut gemacht hatte, konnte ich viel besser telepathisch kommunizieren. Ich hatte mir mit ihr ein Glaubenssystem angeeignet, das mir einen Grund für das Funktionieren der Telepathie liefert. Mein logischer Verstand wurde bedient und konnte es glauben.“

Ist es nicht ein enormer Gewinn, wenn sich die Realität ausdehnt und die Telepathie einschließt und wenn die Telepathie durch eine Weltsicht verbessert wird, die auch die Intuition mit einbezieht? Wenn unsere Filter blanker werden und nicht mehr von emotionalen Einflüssen, Glaubenssystemen und mentalen Programmen getrübt sind, müssen wir nicht mehr so viel projizieren. Wir erhalten dann nicht mehr nur einen Abglanz dessen, was in uns verborgen, verurteilt oder verleugnet wird, sondern können tatsächlich klar sehen. Dann ist der monströse mechanische Vogel am Ende doch nur ein Flugzeug, der sich durch die Lüfte bewegt und vor dem wir uns nicht zu fürchten brauchen.

„Ohne Klarheit können wir die Realität nicht korrekt interpretieren“, erklärte Chrys Long-Ago. Es ist wie mit dem Himmel in der buddhistischen Philosophie. Die wahre Natur des erleuchteten Geistes gleicht dem ruhigen Himmel. Aber es gibt dunkle Wolken am Himmel - beunruhigende, verwirrte Gedanken. Unser Alltagsbewusstsein produziert diese Wolken. Sie kommen und gehen; Flugzeuge fliegen durch den Himmel. Das ändert jedoch nichts am Himmel. Dein ruhender Kern und dein erleuchteter Zustand sind noch immer da. Du musst dein Alltagsbewusstsein zur Ruhe bringen, um dich zu verbinden. Dann kannst du dich auf ehrliche Weise mit allen Wesen verbinden.“

Wenn du deine Filter wechselst, veränderst du dich. Wenn du dich veränderst, veränderst du deine Wahrnehmung von der Welt. Wenn du deine Wahrnehmung von der Welt veränderst, fängst du an, die Welt selbst zu verändern.

„Wir können alle harmonisch in einem vollkommenen Netz des Lebens leben, in dem alles respektiert wird“, sagte mir Penelope Smith. „Je mehr du dich darauf einstimmst, desto mehr wird es wahr für dich.“

Vielleicht geht es letztlich nur darum, wie wir leben: so, als wäre nichts ein Wunder oder so, als wäre alles ein Wunder. Warum wählen wir eigentlich nicht das Wunder?

Kapiert?

Hannah (Hund) - Laura Simpson

Die Leute kapieren es nicht. Alles Reden ist nur eine Verschwendung von Atem und unnützer Lärm. Was du auch denkst - dein Tier hat es schon kapiert. Du brauchst es nicht noch einmal zu sagen. Es ist überflüssig.

5
Der Sprung

Violet, die Katze, lebte noch nicht lange bei Nedda Wittels, da streichelte Nedda eines Nachts auf dem Weg ins Bett Violets Kopf und merkte, dass Violets Ohren sehr heiß waren. „Ich fragte mich, ob sie krank ist", sagte Nedda. „Ich wollte wissen, ob ihre Nase auch warm ist und ob das ein Anzeichen für eine Krankheit sein konnte. Ich lehnte mich über sie und berührte mit dem Zeigefinger meiner rechten Hand behutsam ihre Nase, als ich hörte: ‚Ich würde mal gern wissen, warum die Menschen heiße Nasen bekommen, wenn sie krank sind.' Worauf Violets rechte Vorderpfote sanft, aber bestimmt auf meiner Nase landete."

Sollte es ein zentrales Credo unter Tierkommunikatoren geben, dann ist es dieses: Tierkommunikation ist nicht nur möglich; jeder von uns - ja, du auch - ist dazu fähig. Du erlernst mit ihr einen neuen Tanz in drei Schritten. Zuerst gehst du auf die Idee zu, dass Tiere und Menschen sich jenseits der Sprachgrenze miteinander verbinden können, dann wirfst du deine Fersen in der aufregenden Erkenntnis in die Höhe, dass auch du es kannst. Dann machst du einen Schritt zurück.

Die Frage, die sich wohl als erstes stellt und die am häufigsten geäußert wird, ist: Woher wissen wir, dass es wirklich passiert? Zumindest war das meine Lieblingsfrage geworden. Ich hatte mit Finken und Hunden gesprochen, und mehrere Kommunikatoren hatten meine Erfahrungen bestätigt, doch der Zweifel nagte an mir. Es war verwirrend und frustrierend. Ich hielt die Kommunikation mit Tieren für möglich und glaubte, dass professionelle Kommunikatoren tatsächlich Botschaften erhalten, aber was mich betraf, so war ich skeptisch.

Ich suchte nach einer Brücke über den reißenden Fluss zwischen Selbstzweifel und Selbstvertrauen. Wie viel musste man erleben, um das Gehörte für echt zu halten und daran zu glauben, dass man sich nicht alles einbildet?

„Wir brauchen 10.538 Bestätigungen, bevor wir uns überzeugen lassen", sagte mir Carol Gurney.

„Wirklich?" Mir sank der Mut. Nach meinen Berechnungen hatte ich noch nicht einmal hundert hinter mich gebracht. „So viele?"

Carol lachte. „Jedenfalls ging es mir so. Für mich war es das Schwerste, was ich je geleistet habe, weil ich wenig Vertrauen habe. Ich dachte noch lange, dass ich mit mir selbst redete. Dieses Gefühl müssen wir überwinden, denn es kommt einem ja wirklich so vor, als würde man mit sich selbst sprechen. „Wir sind daran gewohnt, dass sich die Lippen unseres Gegenübers bewegen und dass da eine Stimme herauskommt, aber so funktioniert es eben nicht. Wir müssen uns umstellen." Carol machte eine Pause.

„Sagen wir mal, du triffst Leute, die italienisch sprechen. Du hörst ihnen zu und hast keine Ahnung, wovon sie reden. Das bedeutet aber natürlich noch lange nicht, dass Leute, die italienisch sprechen, nichts denken und fühlen. Wenn du mit ihnen kommunizieren willst, kann das zunächst mit ziemlich primitiven Mitteln geschehen: Zeichensprache, Gesten und so weiter. Aber dann kaufst du dir ein Buch oder belegst einen Kurs, um die Sprache zu lernen. Mit Tieren ist das nicht anders. Sie denken und fühlen. Ihre Sprache ist nur zufälligerweise anders verpackt. Darauf musst du dich einstellen."

Ich versuchte es und war ständig hin und her gerissen. Es gab Augenblicke, in denen alles absolut klar war, aber dann schlug ich wieder hart in der alltäglichen Realität auf und stellte die Echtheit meiner Erfahrungen in Frage.

„Wenn man eine Antwort von einem Tier erhält, kommt es einem oft vor, als würde man sich das einbilden", versicherte mir Marcia Ramsland. „Denn die Antwort erscheint als Gedanke im Kopf, und wir setzen voraus, dass die Gedanken in unserem Kopf unsere eigenen sind."

Die meisten Kommunikatoren sind der Meinung, dass Selbstzweifel das größte Hindernis sind, wenn man die Vorstellung bereits akzeptiert hat, dass Tiere fühlende Wesen sind. Der Verstand suggeriert uns, dass wir uns etwas vormachen oder dass wir mit den Tieren reden, weil wir übergeschnappt sind. Eine andere Version der Selbstsabotage ist die Annahme, dass andere mit Tieren reden können, wir aber nicht. Nach Marcia besteht die Lösung einzig und allein darin, dass wir Selbstvertrauen aufbauen.

Mein Traum von einer netten, tragfähigen Brücke verflüchtigte sich. Vielleicht gab es ja gar keine. Oder hatte ich etwa meine Bestätigungen schon erhalten, nur in ganz anderer Form, als ich es mir vorgestellt hatte?

Der alte Witz von dem Farmer und der Flut fiel mir ein. Der Fluss ist über die Ufer getreten, und das Wasser steht dem Farmer bis an die Haustür. Ein Mann kommt in einem Boot und bietet seine Hilfe an. Der Farmer schlägt sie aus und sagt, er vertraue auf Gott. Das Boot fährt ab, das Wasser steigt bis zum ersten Stock.

Wieder kommt ein Boot, wieder lehnt der Farmer Hilfe ab: „Ich vertraue auf Gott." Das Boot verschwindet, das Wasser steigt.

Als der Farmer aufs Dach klettert, fliegt ein Hubschrauber vorbei. Eine Leiter wird herabgelassen, der Pilot fordert den Farmer auf, die Leiter hinaufzusteigen und sich in Sicherheit bringen. Und noch einmal lehnt der Farmer ab und ruft, er vertraue auf Gott. Im selben Augenblick wird der Farmer vom Dach gespült und ertrinkt.

Er kommt in den Himmel, wo Gott ihn erstaunt begrüßt. „Was machst du denn hier?" Sichtbar aus der Fassung gebracht sagt der Farmer: „Ich habe auf dich vertraut, und du hast mich im Stich gelassen!"

„Was meinst du damit?" Gott schüttelt verwundert sein Haupt. „Ich habe dir zwei Boote und einen Hubschrauber geschickt."

Mich beschlich der Verdacht, dass keine Brücke zum Selbstvertrauen in Sicht war. Ich hatte das bange Gefühl, dass ich einen Sprung tun musste, wenn ich den Fluss des Selbstzweifels überqueren wollte.

„Ein schöner Sprung", lachte Marcia. „Und es ändert sich wirklich etwas, wenn du nicht mehr glauben musst, sondern sicher weißt, dass es wahr ist und dass du es kannst." Dann erzählte mir Marcia eine Geschichte, wie viele gute Lehrer dies tun.

Ich erinnere mich an das erste Mal, als ich absolut sicher war, dass ich die Botschaft von einem Tier erhalten hatte und nicht von mir selbst. Die Hunde und ich waren von einem langen Spaziergang zurückgekommen und gingen nach oben. Nur Royal, ein kleiner Schlittenhund, und Trapper blieben unten. Für Royal war dies normal, aber Trapper, der halb Wolf, halb sibirischer Schlittenhund war und ein Bein in Gips trug, blieb sonst nicht unten, und so fragte ich ihn mental nach dem Grund. Ich erwartete, dass der Spaziergang zu lang gewesen war und sein Bein ermüdet hatte. Statt dessen hörte ich jedoch: „Royal ist einsam, wenn sie so allein da unten ist. Ich wollte ihr ein bisschen Gesellschaft leisten."

Das haute mich um. Ich konnte mir damals nicht vorstellen, dass Royal sich einfach nicht hochtraute oder dass Trapper aus Mitgefühl handeln könnte. Ich wusste nicht, dass sie Freunde geworden waren.

Wenn man einem Tier eine Frage stellt, bekommt man oft genau die Antwort, die man erwartet, und das bedeutet nicht, dass man sich irrt. Meistens ist sie sogar richtig. Aber wenn man dann eine unerwartete Antwort erhält, weiß man sicher, dass sie vom Tier stammt. Was Trapper gesagt hatte, hatte ich selbst nicht wissen können. Deshalb musste die Antwort von ihm stammen und nicht von mir selbst. Es war ein Paradigmenwechsel. Ich bekam am ganzen Körper eine Gänsehaut. Ich bekam die Antwort wirklich von den Hunden, denn sie war nicht nur vernünftig, sondern lag auch außerhalb der Grenzen meines Glaubenssystem.

Kommunikatoren erzählen oft von überraschenden Informationen, die belegen, dass die Kommunikation wirklich stattfindet. Raphaela Pope erzählte mir von einem Workshop für Anfänger, in dem eine junge Frau mit einem Lama arbeiten wollte. Als das Lama ein paar grundlegende Fragen beantwortete, erzählte es der Frau, dass seine

Lieblingsspeise Bananen waren. Die Frau fand diesen Gedanken so abwegig, dass sie ihn zunächst der Gruppe gar nicht mitteilen wollte.

„Wer Lamas kennt, weiß jedoch, dass Bananen für sie ein ganz großer Leckerbissen sind, genauso wie Äpfel und Karotten für Pferde.", sagte Raphaela. Ich kenne ein paar Lamas, die ganz verrückt nach Bananen sind. Da die Frau nichts über Lamas wusste, konnte sie diese überraschende, seltsame Information nur von dem Tier selbst erhalten haben, und das war für sie die Bestätigung."

Wenn man solche Geschichten hört, kann man sich des Eindrucks nicht erwehren, dass unserer Kommunikation mit Tieren nicht die Unfähigkeit des Tieres im Wege steht, sondern vielmehr unsere eigene. Unsere Isolierung von den Tieren und der natürlichen Welt brachte das Vergessen mit sich, den Zweifel, der sich schließlich gegen sich selbst wendet und uns die Frage aufnötigt: „Ist es tatsächlich wahr?"

Als ich Laura Simpson fragte, warum die Menschen so viele Selbstzweifel hätten, sagte sie mir, ihre Hündin Roxie würde gerne antworten. „Roxie hat das schon einmal durchgemacht, deshalb kann sie die Frage gut beantworten. Sie sagt: ‚Die Menschen müssen anfangen, auf die kleine Stimme in ihrem Kopf zu hören, und dürfen sie nicht als verrückt abtun. Es ist viel einfacher, wenn dein Mensch dir zuhört und respektiert, was du sagst. Du brauchst dann nicht so viele Mätzchen zu machen.'"

Wenn wir anfangen, unsere Erfahrungen zu akzeptieren, lassen die Zweifel nach und wir öffnen uns. Wir öffnen uns immer wieder aufs Neue. Du sprichst mit den Finken und denkst gerade, dass du das Gehörte nun endlich für echt halten kannst, da sagt dir dein Hund irgendetwas Ungeheuerliches - zum Beispiel dass er einmal ein Bär war. Wie in einem immer wiederkehrenden Traum, der sich nie ganz auflöst, gibt es nicht nur einen Sprung für uns, sondern eine ganze Folge von Sprüngen.

Auch nach den 10.538 Bestätigungen, die bei Carol Guerny sämtliche Zweifel beseitigten, dass sie mit Tieren sprechen kann, musste sie noch einen weiteren Sprung tun.

„Eine Frau bat mich, mit einem Hund zu kommunizieren, der gestorben war. Es war das erste Mal, dass ich so etwas versuchte. Als ich den Kontakt mit dem Hund herstellte, sagte er mir, dass sein Übergang genauso einfach gewesen sei wie sein Leben bei ihr.

Er sagte: „Sag ihr, es ist riesig hier. Ich kann unendlich weit sehen. Es ist voller Musik hier, und wenn ich jemanden sehen will, dann tue ich es, und wenn nicht, dann nicht. Wenn ich einen Hügel mit Schafen sehen möchte, dann sehe ich einen." Ich wollte wissen, warum er mir etwas von einem Hügel mit Schafen erzählte. Später erfuhr ich, dass er ein Hirtenhund gewesen war. Als ich ihn fragte, ob er eine Botschaft für die Frau habe, sagte er: „Ja. Sag ihr, wenn sie Musik in ihrem Herzen hört, soll sie wissen, dass ich in der Nähe bin." Ich hatte keine Ahnung, was das bedeutete. Als ich die Frau anrief und es ihr erzählte, konnte ich hören, dass sie weinte.

Sie sagte: „Sie können es nicht wissen, aber es ist ein Wunder. Heute ließ ich ihn einäschern und stellte seine Urne auf den Kaminsims. Wir hörten oft klassische Musik. Das war unsere gemeinsame Lieblingsaktivität. Es wurde ein Lied gespielt, das ich nicht kannte, und dabei wurde mir so warm ums Herz. Ich spürte, dass er in der Nähe war. Was Sie mir sagen, heißt, dass es wirklich geschah. Ich habe es mir nicht eingebildet. Es war nicht nur Wunschdenken.“

Und so funktioniert es. Die Frau dachte, es wäre ihr Wunschdenken, aber da ich ihr das Gegenteil bestätigen konnte, glaubte sie ihrer eigenen Erfahrung.“

Wenn der Zweifel dem Vertrauen begegnet, geschieht etwas Erstaunliches. Dann ist der Sprung nicht mehr von der Angst motiviert, sondern vom Glauben. Wenn du dich an das erinnerst, was du immer schon wusstest, macht das Springen Spaß. Dann weißt du, dass du mitten in einer großen Erfahrung bist - was immer andere und auch dein eigener skeptischer Verstand sagen mögen. Du gelangst an einen Ort tieferen Vertrauens - nicht nur in Bezug auf dich selbst, sondern auch auf die Tiere, die Natur und die ganze Welt. „Wenn du dich den Tieren öffnest und sie als das sehen möchtest, was sie tatsächlich sind, dann möchtest du im Grunde wissen, wer du selbst bist“, rief mir Carol ins Gedächtnis.

Im Sprung machen wir uns das Wunderbare zu Eigen. Und dabei wird uns klar, dass uns unser Sprung nach Hause bringt.

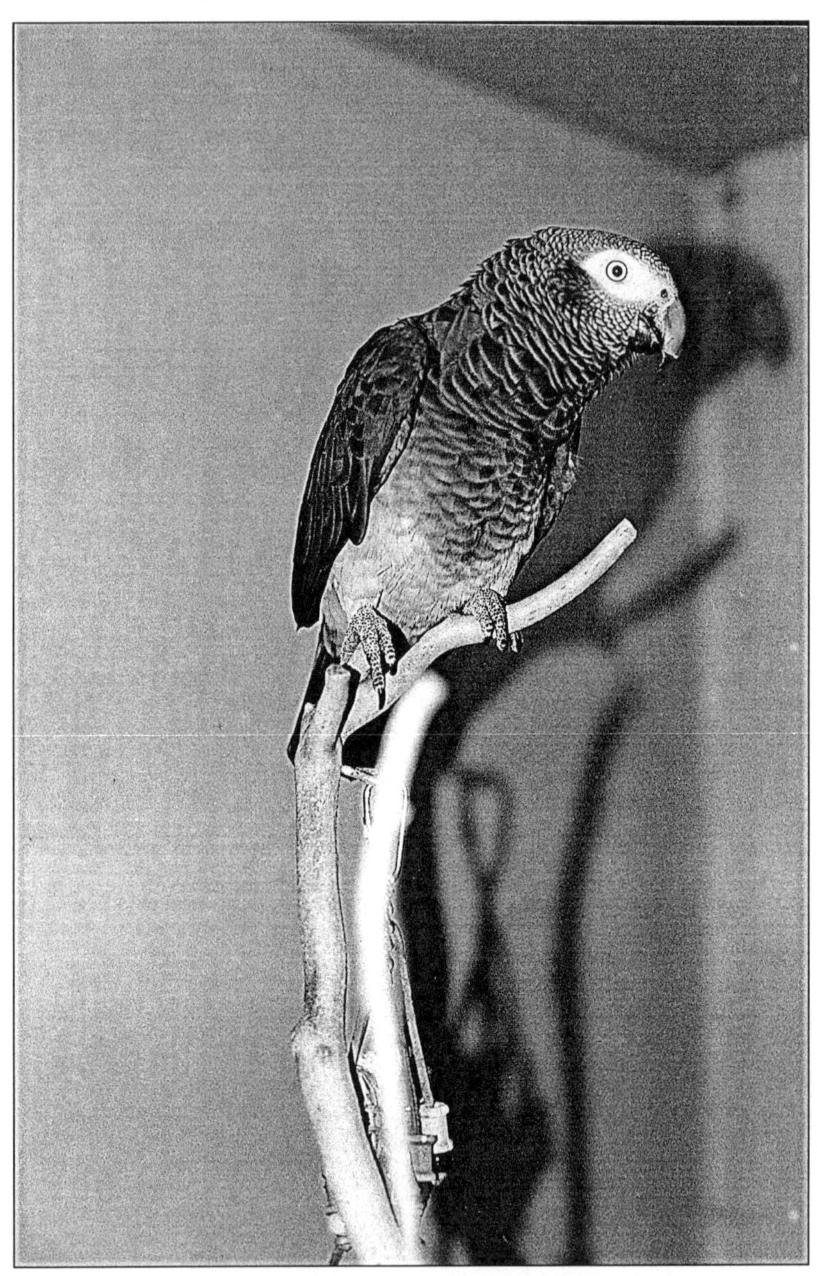

Jing Foto von Jane Hallander

Teil Zwei

Viele Straßen für reisende Seelen

Viele Straßen für reisende Seelen

Jing: Warum ein buddhistischer Mönch ein Papagei wird

Bären: Ein Hund, der ein Bär wurde - ein Bär, der ein Hund
wurde - der Geist des Eisbären

Violet: Katze und Lichtarbeiterin

Vergangene Leben, zukünftige Leben und das Leben im Jetzt

Echo: Vom Erhöhen des Bewusstseins und der Pferdegestalt

Mehr als ihr denkt

Ein Strauß - Morgine Jurdan

Ich verleihe das Geschenk des Lebens auf neue und andersartige Weise. Die Menschen stecken beim Denken oft den Kopf in den Sand, und so werde auch ich gern dargestellt. Ich biete eine andere Sicht des Wissens. Wenn du den Kopf wieder hebst, kannst du das Leben neu und anders sehen. Und wenn wir uns in uns selbst versenken und alle Teile unseres Selbst betrachten, können wir auch die Welt besser kennen lernen.

Die Menschen sind interessant und komisch. Ich amüsiere mich über das, was ihr alles erfindet, um euch gegenseitig hinters Licht zu führen. Ihr verlasst euch auf euren Verstand und seid furchtbar überrascht und verärgert, wenn jemand schlauer war als ihr. Ich denke, die Menschen wissen ganz genau, was sie tun. Ich glaube nicht, dass ihr so unbewusst seid, wie ihr euch gerne glauben macht.

Ihr seid so schnelllebig. Wenn ihr euch die Zeit nehmt, um im Augenblick zu bleiben und zu sehen, was wirklich vor sich geht und was wahr ist, verändert sich eure Sichtweise.

Das Leben entspricht selten euren Vorstellungen. Es übertrifft sie gewöhnlich, denn es ist lebendiger, tiefer, weiter und voller, als ihr wahrhaben wollt. Die Wahrheit verbirgt sich oft unter einem Wust von Dingen, die auf einer tieferen Ebene erforscht werden wollen.

Ich kann mich groß wie ein Baum fühlen und meine Lebensperspektive ausweiten, gleichzeitig aber auch die winzige Ameise bewusst wahrnehmen, die mein Bein hinauf krabbelt. Sensibilität heißt, wach zu sein und herauszufinden, was man tatsächlich vom Leben erwartet, anstatt bloß anzunehmen, dass man etwas will.

In Wahrheit wisst ihr mehr, als euch selbst bewusst ist. Ihr seid erstaunliche Wesen, und ich würdige die Rolle, die ihr in meinem Leben und Werk bei der Erschaffung einer Welt spielt, in der wir alle unserem Potenzial gerecht werden.

6

Jing: Warum ein buddhistischer Mönch ein Papagei wird

Als ich noch nicht viel von Tierkommunikation wusste, brachte ich einmal einen Papagei mit einer besonders lächerlichen Frage zum Lachen.

Eigentlich war das, was ich wissen wollte, gar nicht so lächerlich. Es war wohl eher die Fragestellung. Wie fühlen sich Tiere, wenn sie telepathisch kommunizieren, wollte ich wissen. Kann ein Tier die Fragen aller anderen Tiere hören? Dabei müsste es doch entsetzlich laut zugehen. Oder, so mutmaßte ich, ist es vielleicht wie beim Telefonieren? Man wählt eine Nummer und stellt eine Verbindung zu einer bestimmten Person her.

Hier fing der Vogel zu lachen an. Und ich wusste, dass ich nun mitten drin steckte und dass es mir eine Nummer zu groß war.

Bei Jing, einem afrikanischen Papageienweibchen, und Jane Hallander initiierte der Vogel den Unterricht in telepathischer Kommunikation, nicht der Mensch. Jing begann damit, dass sie jeden einzelnen Finger an Janes Hand absichtsvoll berührte. Jane bildete sich ein, sie würde Jing etwas „beibringen", aber der Papagei wusste es besser.

Zu ihrem großen Erstaunen berührte Jing immer den - auf Englisch - genannten Finger, ohne je einen Fehler zu machen. Da wollte Jane es genau wissen. Sie versuchte es mit Kantonesisch, dann mit Mandarin. Weitere Tests folgten: Freunde nannten die Finger auf Koreanisch, Deutsch und Japanisch - Sprachen, die Jane nicht beherrschte. Offenbar spielte die Sprache keine Rolle, denn jedes Mal tippte Jing auf den richtigen Finger.

Schließlich nannte Jane die Finger nur noch in Gedanken. Obwohl kein einziges Wort dabei fiel, waren die Ergebnisse die gleichen: Jing bewegte sich jedes Mal zu dem Finger, an den Jane gerade dachte. Wie war das möglich? Die Antwort, folgerte Jane, hieß Telepathie.

Später verriet Jing, dass sie „erwacht" sei, als sie Jane zum ersten Mal sah. Als Jane mit Jing und ihrer Lehrerin Penelope Smith die Fähigkeit entwickelte, mit Tieren Gedanken auszutauschen, kam Jings Geschichte langsam an den Tag.

Jing erklärte, sie habe in ihrem letzten Leben als erleuchteter buddhistischer Mönch hoch in den Bergen Tibets gelebt. Nachdem sie gestorben war und ihre menschliche

Gestalt verlassen hatte, wartete Jing fast ein Jahrhundert lang, bevor sie sich wieder inkarnierte, dieses Mal als wilder Papagei in Afrika. Jing wurde gefangen, in die Vereinigten Staaten transportiert und verkauft. Damals beschloss sie, dass Jane sie bei ihrem Vorhaben unterstützen sollte. Sie wollte der Menschheit helfen aufzuwachen.

„Unsere Wege kreuzten sich, weil ich eine Rolle in ihrem Plan spiele", erklärte Jane. „Wir zwei gehören irgendwie zusammen. Wie hat sich alles zu einem Bild gefügt? Ich weiß nicht, wie eins zum andern kommt, aber es funktioniert."

Das folgende Interview wurde über mehrere Monate per E-mail gemacht. Ich schickte Jane meine Fragen, und ein paar Tage später trafen die von ihr säuberlich getippten Antworten Jings bei mir ein. Mich faszinierte besonders der tiefere Sinn der Geschichte. War Jing wirklich einmal buddhistischer Mönch gewesen? Warum sollte ein buddhistischer Mönch, und besonders ein erleuchteter, in Papageiengestalt auf die Erde zurückkehren? Und wenn es denn so wäre, wen würden wir dann noch alles in Tiergestalt antreffen?

Jing, kommunizieren alle Tiere telepathisch auf der gleichen Stufe wie du, oder hast du diese Gabe nur entwickelt, so wie Jane ihre Fähigkeit entwickelt hat, mit dir zu kommunizieren?

Ich bin unter meinesgleichen etwas Besonderes. Meine Eltern brachten mir bei, dass sich die anderen auf uns verlassen, wenn es um Sicherheit geht. Ich kann mich mühelos mit Vögeln und anderen Tieren unterhalten, weil sie mich über Gefahren unterrichten. Sie wissen, dass ich ein ganz besonderer Vogel bin. Andere Vögel, zum Beispiel meine Freunde, die Krähen, haben die gleichen Wächter, und mit denen spreche ich.

Wir verständigen uns durch Emotionen, Körpersprache, mentale Bilder und Gedanken. Die Stimme hat die Funktion, andere zu warnen oder die Aufmerksamkeit auf sich zu ziehen, wenn die anderen nicht Acht geben. Wenn wir uns sehr gut verständigen können, benutzen wir nur Gedanken.

Tiere sind wie Menschen. Wenn wir uns in eurer Gegenwart wohl fühlen, antworten wir euch. Wenn nicht, bleibt ihr für uns Fremde.

Ist die Kommunikation mit Menschen für dich anders als mit Tieren?

Natürlich. Hast du nie das Gefühl, dass der Mensch, mit dem du sprichst, überhaupt nicht zuhört? Den Tieren geht es jedenfalls so. Tiere hören immer zu, aber Menschen können oder wollen es nicht.

Gibt es Tiere, mit denen du besonders gern kommunizierst?

Ich spreche gern mit anderen Vögeln, weil sie mich als Vogel verstehen. Ich spreche auch gern mit Katzen. Ich mag Eichhörnchen, weil sie wild sind und deshalb sehr klar kommunizieren.

Worüber sprecht ihr?

Über alles, was sich so ereignet. Wenn ein anderer Papagei einen Habicht sieht, sagt er es mir.

Von Jane habe ich erfahren, dass du im letzten Leben ein buddhistischer Mönch warst und dass du als Vogel zurückkommen wolltest, um anderen zu helfen. Kannst du mir mehr davon erzählen?

Ich war, was ihr einen tibetischen Buddhisten nennt. Ich war ein erleuchteter Mönch und konnte eine Inkarnation wählen.

Ich entschied mich für den Körper eines afrikanischen grauen Papageis, weil diese Vögel sprechen und die Aufmerksamkeit der Menschen gewinnen können. Mein Bewusstsein macht mich zu einem Wächter.

Als ich in meiner menschlichen Gestalt starb, war ich sehr alt und wartete darauf zu erfahren, wie ich der Menschheit mein Geschenk übergeben konnte. Auch nachdem ich meinen Körper schon verlassen hatte, wartete ich viele Jahre lang, bis die Menschheit bereit war, sich zu verändern, zu lernen und zu erwachen.

Meine Aufgabe besteht darin, Bewusstheit zu bringen und die Menschen zu erwecken, indem ich sie lehre, Ehrfurcht vor allem Leben zu empfinden, auch vor den Tieren. Wenn ihr lernt, mit anderen Lebewesen zu kommunizieren, seid ihr erwacht. Dann werdet ihr eurem Potenzial entsprechend aufblühen. Andernfalls werdet ihr alles zerstören.

Warum bist du ausgerechnet ein Vogel geworden? Warum nicht ein Mensch, der mit Vögeln kommuniziert?

Als Mensch, der mit Tieren spricht, hätte ich mehr Schwierigkeiten, verstanden zu werden. Menschen misstrauen anderen Menschen, verstehen aber die Tiere. Tiere sind nicht durch unterschiedliche Religionen voneinander getrennt. Der afrikanische graue Papagei ist der sprechende Vogel, und die Menschen erwarten von ihm, dass er große Weisheit besitzt. Ein afrikanischer Stamm glaubt, dass der graue Papagei den Menschen die Sprache gebracht hat.

Wusstest du in deiner Inkarnation als Jing von Anfang an, wer du bist und was du tun wirst, oder bist du erst im Verlauf bestimmter Ereignisse zu diesem Wissen erwacht?

Bevor ich hierher kam, wusste ich nicht, wer ich bin. Als ich Jane zum ersten Mal sah, „erwachte" ich. Meine Vergangenheit und der Weg, den ich gewählt habe, wurden mir dabei bewusst. Ich bin noch immer Jing, der Papagei, aber dieser Papagei birgt meine Vergangenheit.

Kannst du mehr über dein Leben in Afrika erzählen?

Ich lebte in einer Gruppe grauer Papageien. Mein erster Lebensabschnitt war schon vorbei, und noch immer lernte ich von meinen Eltern über meine Zukunft als Wächter. Das Leben war damals viel schwerer als jetzt, aber das Wunderbare und Besondere daran war, dass man hoch über allem fliegen konnte. Als wir eines Nachts in unseren Bäumen schliefen, wurden wir von langen Stangen auf die Erde herunter geschlagen, wo wir von Menschen eingesammelt und in kleine Kisten gesteckt wurden.

Wusstest du, dass du von Afrika nach Nordamerika kommen würdest?

Nein, das arrangierte mein eigenes Karma.

Inwiefern steht unser Leben bereits fest, bevor wir uns inkarnieren, und wodurch bestimmt sich, wie bewusst uns das in unserer gegenwärtigen Inkarnation ist?

Mit zunehmender Erleuchtung können wir unser Karma besser steuern. Schau dir Leute an, die die „Kontrolle verloren" haben. Sie werden noch immer von ihrem Karma kontrolliert. Mit zunehmender Erleuchtung können wir unseren Weg selbst wählen.

Wir wählen Inkarnationen, weil sie uns auf unseren Weg zur Erleuchtung bringen. Nicht viele wählen den Weg, für den ich mich entschieden habe - anderen beim Lernen zu helfen. Dazu bedarf es einer bestimmten Stufe der Erleuchtung.

Ich helfe den Menschen, den Wert und die Gleichheit anderer Lebewesen und ihrer Welt zu erkennen, bevor ihr sie und euch selbst zerstört. Wenn ihr zu dieser Botschaft erwacht, könnt ihr zu der Wirklichkeit eures Handelns erleuchtet werden.

Erleuchtung hat viele Formen und Stadien. Ich weiß nicht, welchen Weg ich später einschlagen werde. Wenn ich sage, dass ich in meinem vergangenen Leben ein erleuchteter Mönch war, darfst du dir keine Schwarz-Weiß-Vorstellung davon machen. Erleuchtung hat viele Nuancen.

Ich kenne meine vergangenen Leben und kann euch Botschaften bringen, aber ihr wisst bereits, was eine wichtige Botschaft ist. Euer Begriff ist kollektives Bewusstsein. Ich bin hier, um es auf den Weg zu bringen.

Kollektives Bewusstsein auf den Weg bringen? Wie das?

Wenn genug Menschen mir und anderen zuhören und lernen, dass alle Wesen miteinander kommunizieren können, werden sie zu dieser Wirklichkeit erwachen und anderen Wesen rücksichtsvoll begegnen.

Wie? Hörst du mir jetzt zu? Du repräsentierst die anderen Menschen. Multipliziere dich viele Male, und du hast kollektives Bewusstsein.

Es ist Zeit, dass die Menschen aufwachen, und das kann nur geschehen, wenn sie zuhören. Eure Programmierung sagt euch, dass die Zeit reif ist.

Was können die Menschen jetzt tun?

Lernt zuzuhören. Horcht auf die Stimmen anderer Wesen. Alle Wesen sind gleich. Das nennt man Natur. Wir sind alle gleich. Die Menschen zogen lediglich Vorteil aus dem, was sie sich für Intelligenz halten, und wurden zu unnatürlichen Wesen.

Wie das?

Sie denken, sie hätten als einzige Intelligenz. Doch viele von uns (Tieren) denken sehr ähnlich wie Menschen.

Jane sagt mir, wenn ihr entlaufene Tiere sucht, helfen dir oft Krähen und Raben. Wie hast du eine Partnerschaft mit diesen Tieren entwickelt?

Diese Vögel sind meine Freunde. Sie sind auch Lehrer und Kommunikatoren. Sie senden überall in die Welt Botschaften aus. Ich kannte sie in Afrika und lernte schon in frühester Kindheit, mit ihnen zu sprechen. Sie helfen uns, Gefahr zu erkennen.

Was sagen Krähen über die Menschen und darüber, wie wir uns die anderen Spezies mehr bewusst machen können?

Krähen halten nicht viel von den meisten Menschen, denn viele Krähen wurden von Menschen getötet. Sie vertrauen wenigen Menschen und empfinden die Menschen im Vergleich mit sich selbst als ziemlich barbarisch. Krähen sind hoch entwickelte Tiere.

Möchte vielleicht eine der Krähen, mit denen du Kontakt hast, direkt mit mir sprechen?

Ich übersetze, was sie sagen: „Wir sind nicht nur Boten. Wir steuern die Tiere mental, um ein Gleichgewicht herzustellen. Man fürchtet uns, und viele Menschen wissen, dass wir mächtiger sind als sie. Wir werden noch hier sein, wenn die Menschen schon verschwunden sind.

Wir sind wohltätig und helfen anderen Tieren, indem wir mit ihnen kommunizieren und ihnen den Weg weisen. Es gab und gibt noch Menschen, die uns achten, jetzt aber nicht mehr so viele wie früher. Doch alles ändert sich. Man wird uns wieder als das erkennen, was wir sind.“

Jing, was denkst du über die Projektion von Vorurteilen auf andere Spezies? Die Krähen erwähnen, dass die Menschen sie fürchten, und die Wölfe haben Ähnliches erfahren. Noch vor fünfzig Jahren hielten die Menschen Wölfe für bösartig.

Die meisten Menschen lernen das Tier nie kennen. Sie glauben, sie kennten sich selbst, aber nicht einmal das stimmt. Wenn man ihnen sagt, dass Wölfe bösartig sind, glauben sie es. Das Gleiche gilt für viele Tiere. Wenn man ihnen sagt, dass Menschen bösartig sind, vergessen sie das nie. Wir sind einander viel ähnlicher, als ihr denkt.

Tiere projizieren also auch auf andere Spezies?

Ja.

Wie sehen Papageien andere Spezies?

Ein wilder Papagei sieht in anderen Tieren seinesgleichen. Wir halten uns in der Nähe von Elefanten auf, wenn wir am Boden Nahrung suchen, weil uns diese großen Tiere Schutz vor Räubern auf der Erde gewähren. In sehr frühem Alter lernen wir, welche Tiere Räuber sind.

Glaubst du, dass wir einander als Spiegel benutzen, indem wir Aspekte von uns selbst, die wir aus Angst an uns selbst nicht wahrhaben wollen, auf andere Individuen oder auch Spezies projizieren?

Nein. Die meisten Menschen und Tiere sind nicht erleuchtet genug, um solche Gedanken zu erkennen. Man lehrt uns etwas, und wir folgen diesen Lehren blind, bis wir eines Tages anfangen, nach dem Grund zu fragen.

Möchtest du dem noch etwas hinzufügen, Jing?

Die Menschen sollten anfangen zuzuhören.

Wir sind die Botschaft

Buddy (Pferd) - Jeri Ryan

Wir sind die Botschaft. Deshalb ist es notwendig, dass wir tief in unserem Herzen verankert sind. Jeder und jede einzelne von uns ist die Botschaft, die wir der Welt bringen, und was unser Sein den anderen mitzuteilen hat, ist sehr bedeutsam. Es ist wichtig, dass wir die Botschaft kennen, die wir in uns tragen. Je tiefer wir in unserem Herzen verankert sind, desto besser werden wir den Sinn unseres eigenen Lebens verstehen. Wir leben die Botschaft, wir sind sie, wir tragen sie in uns. Wo immer wir auch hingehen, wir sind die Botschaft.

7

Bären: Ein Hund, der ein Bär wurde
Ein Bär, der ein Hund wurde
und der Geist des Eisbären

Ich hatte gerade erst angefangen, mich mit Tieren und Kommunikatoren zu unterhalten, da erzählte mir Laura Simpson, dass ihre vor einer Weile gestorbene Pyrenäenhündin Hannah jetzt als Eisbär in der Arktis lebe.

„Ein Eisbär!" rief ich aus. „Können wir mit ihr sprechen?"

„Vielleicht redet sie mit uns", sagte Laura, „aber sie sagt, dass sie vorerst genug von den Menschen habe. Hannah ist ein Eisbär geworden, weil sich Eisbären nicht mit den Menschen abgeben müssen und weil ihr die Menschen sehr viel Leid angetan haben. Sie hat mir eine Nachricht geschickt."

„So etwas wie eine Postkarte?"

Laura lachte. „Ja, eine Art Postkarte. Hannah war ziemlich witzig. Lange Zeit trug sie einen karibischen Hut, wenn ich sie besuchte, wie eine Urlauberin."

Mit gefiel die Vorstellung von Hannah als großen weißem Hundegeist, der in farbenfroher karibischer Aufmachung am Strand faulenzte, an einem fruchtigen, mit einem Schirmchen garnierten Drink nippte und sich ein wenig ausruhte, bevor sie ihre Arbeit als Eisbär aufnahm. Aber auch diesmal kamen mir Fragen in den Sinn: Warum kam Hannah als Eisbär zurück? Wie war das Leben da oben in der Arktis? Was wollte sie als Eisbär erreichen?

„Es gefällt ihr da oben, weil es dort so schön ruhig ist", sagte Laura. „Sie sagt, dass niemand mit ihr spricht. Alle kümmerten sich nur um das Wesentliche. Sie äßen gut. Sie schliefen warm. Und sie hielten den Planeten zusammen."

Eisbären halten den Planeten zusammen?

„Sie sagt, sie hätten Magneten an ihren Füßen."

Das kam mir denn doch etwas merkwürdig vor.

„Naja", meinte Laura, „da oben ist alles so stark magnetisiert, dass sie wahrscheinlich die Anziehungskraft spürt. Sie sagt, Eisbären gehörten zu den grimmigsten Tieren, seien aber auch liebevolle Mütter. Sie hätten sich die Polarregion ausgesucht, weil sie mithelfen wollten, den Planeten zusammenzuhalten."

Damit endete unser Gespräch, aber ich wollte nun mehr über Eisbären und ihre Rolle auf unserem Planten wissen. Vielleicht hatten auch andere Eisbären ihren Lebensraum gewählt, weil sie von den Menschen unbehelligt sein wollten. Was würden wir erfahren, wenn sie mit uns sprächen und wir ihnen zuhörten?

Ein paar Tage nach meinem Gespräch mit Laura und Hannah machte ich selbst Kontakt mit einem Bären. Und da der Zeitpunkt nicht besser und nicht komischer hätte sein können, fragte ich mich wieder einmal, ob das nicht alles von einer höheren Macht arrangiert worden war. Die Vorstellung, dass der Hund Hannah ein Eisbär war, faszinierte mich, und irgendwie erschien mir die Verbindung von Hund und Bär auch gar nicht so abwegig. Dass aber noch ein anderer Hund in meiner unmittelbaren Nähe eine Verbindung mit dem Bärenleben hatte, kam gänzlich unerwartet.

Als ich an einem verregneten Frühlingsnachmittag am Computer saß, legte ich eine kurze Pause ein und setzte mich zu Max, der behaglich neben mir auf dem Boden lag. Er hatte sich so zusammengerollt, dass sein Bauch und sein Rücken wie ein glänzendes schwarzes Kissen aussahen - eine eindeutige Einladung zu einer kleinen Ruhepause.

Max ist ein schwarzer Labrador, der sich an einem stürmischen Wintertag auf unserer Terrasse einfand. Er ist ein lustiger Kerl, ein ausgesprochener Genießer, der gern auch mal wie ein Hundebaby herumtollt.

Während ich neben Max saß, zogen Bilder vor mein geistiges Auge. Es war aber kein Tagtraum, sondern eher eine Art Film. Ich hatte nicht daran gedacht, eine Kommunikation zu initiieren und hatte auch keine erwartet, aber nun spürte ich, dass die Bilder von Max kamen. Seltsam war nur, dass der Film nicht von einem Hund handelte, sondern von einer Schwarzbärenmutter.

Deutlich sah ich eine Bärenmutter im Winterschlaf in einer Höhle. Sie hatte sich ähnlich zusammengerollt wie Max neben mir. In die ausgestreckten Tatzen der Bärin geschmiegt kuschelten sich ihre zwei Babys.

War Max in seinem letzten Leben die Bärin? Ich war mir nicht sicher, aber es war klar, dass mir Max dieses Leben als das seine zeigte. Es kamen traumähnliche Gefühle, lebhafte Bilder und Gedanken, die sowohl von Max, dem Hund, als auch von Max, der Bärin, stammten, und ich kam mir vor wie in einem Fellini-Film. Alles war auf seltsame Weise zeitlos. Es fühlte sich an, als fände das Geschehen in der Gegenwart statt. Im Wesentlichen ging es um Folgendes:

Max sagt mir, dass er sein Leben als Schwarzbär mag. Er zeigt mir, dass Bären im Winter nur scheinbar schlafen, in Wirklichkeit aber geistig sehr aktiv sind.

Winterschlaf ist das falsche Wort. Winterlicher Bärenschlaf kommt eher hin. Es ist eine angenehme Empfindung und ähnelt dem normalen Schlaf. Aber man fühlt sich sicher und warm und geliebt, und man ist sich dessen bewusst.

Es spielt sich eine ganze Menge ab, wenn Bären scheinbar tief im Schlaf sind. Die Bärenmutter gibt ihre Abenteuer auf ähnliche Weise an ihre Jungen weiter, wie ich jetzt mit dir kommuniziere. Dieser innere ‚Film‘ ist für die Jungen sehr wichtig. Wenn sie im Frühling ins Freie gehen und das Leben selbst erkunden, können sie sich immer darauf beziehen, auch wenn das natürlich etwas ganz Anderes ist, als nur einen Film sehen.

Die Bärenmutter gibt im Winter nicht nur ihre persönlichen Lernerfahrungen und Abenteuer an ihre Jungen weiter, sondern auch ihre Ahnengeschichte. Das alles geht vom Bereich des Dritten Auges aus und funktioniert wie eine Direktübertragung gespeicherter Weisheit. Es gleicht einem Traum, ist aber viel wirksamer. Es ist die Bärenversion einer Geschichtsstunde, und wie in jeder anderen Schule sind manche Jungen aufmerksamer als andere.

Mir ist der Ausdruck „die Erde zusammenhalten" rätselhaft.

Schwarzbären „halten" die Erde tatsächlich, besonders in den Wintermonaten. Du erfährst mehr darüber, wenn du dir die Symbole und Schriften über Bären ansiehst, besonders diejenigen, die sich auf Schlaf und Träume beziehen. Dieses Halten ist energetischer Natur. Auf einer tiefen Ebene halten Bären die Erinnerungen für bestimmte Teile der Erde fest, während diese durch Ruhephasen geht. Vor allem bewahren sie Bärenerinnerungen, doch helfen sie auch, die Geschichte des Waldes und des Landes zu bewahren.

Kannst du mir etwas näher erklären, wie Bären die Erde halten?

Es ist ihre Aufgabe. Sie halten die Erde, indem sie Energie halten und mit ihr arbeiten. Die Spezies wechseln sich aber auch mit den angenommenen Aufgaben ab. Bären haben eine Menge mit dem Halten der Erde tun, obwohl das den Menschen so gut wie nicht bewusst ist. Über Braunbären kann ich nicht viel sagen, aber ich habe gehört, was der Eisbär (Hannah) gesagt hat, und das glaube ich auch.

Max zeigt mir nun, dass er einmal ein Pferd und vorher ein *riesiger schwarzer Wal war.*

Ich bin gern „ein großes Tier". Ich stecke gern in einem großen Körper und käme mir im Körper eines Chihuahua eingeengt vor. Aber das ist eben meine Vorliebe. Ich fühle mich übrigens in dunklen Farben am wohlsten, was ebenfalls eine reine Geschmackssache ist.

Schließlich zeigt er mir, dass er einmal eine Robbe war und dass ihm das Leben als Robbe großen Spaß gemacht hat.

Ich schrieb den Traumfilm von Max auf; viel mehr konnte ich nicht tun. Die Information sollte erst mal etwas ruhen, ohne dass ich sie bewerten wollte.

Auf den Rat von Max hin beschäftigte ich mich mit Bärensymbolik und stellte dabei fest, dass Bären häufig mit Träumen und mit den Traumhütten der Indianer in Verbindung gebracht werden. Während ich mich argwöhnisch fragte, ob ich mir da nicht vielleicht nur meine eigene Version von Hannahs Geschichte zusammen gebastelt hatte, war mir gleichzeitig klar, dass ich niemals bewusst eine Verbindung von Hannah zu Max hergestellt hatte.

Ich beschloss, die Informationen zu überprüfen und rief Sam Louie an. Sam hatte mir schon mit den Finken geholfen. Ich bewunderte seine Gespür für beweiskräftige Details und seine nüchterne Einstellung, wenn es um vergangene Leben und andere Bereiche ging, deren Wahrheitsgehalt sich nur schwer feststellen ließ. Sam hatte definitiv eine skeptische Seite, an die ich mich wenden konnte.

Sam stimmte sich sehr schnell auf Max ein. Ich spürte, dass die Verbindung echt war, denn er beschrieb Max als einen „freundlichen, albernen, großen, schwarzen, männlichen Hund".

Dann kam er zur Sache. „Ich sage Max, dass wir etwas über sein Leben als Bär wissen möchten." Das war alles, was ich Sam über mein Erlebnis mit Max erzählt hatte.

Eine Pause entstand, ein langes Schweigen, das mich nervös machte.

Plötzlich lachte Sam. War Max wirklich ein Bär?

Selbstverständlich. Sehe ich etwa nicht so aus? Was ist denn schon Besonderes daran?

Ich wagte es, vorsichtig zu lachen, aber Sam lachte lauter.

„Er spricht von einer unbewussten Ebene aus, aber selbst an diesem unbewussten Ort der Weisheit hat er sich seine witzige, spontane Persönlichkeit bewahrt. Dieser Hund hat einen spontanen Geist - nicht nur an der Oberfläche, sondern auch tief drinnen."

„Max sagte mir, dass er gern ein großes Tier sei", sagte ich. „Dass er in der Vergangenheit immer gern groß war."

„Ja", erwiderte Sam." „Und sanft."

Bären sind sanfte Tiere. Sie sind nicht angriffslustiger als andere Tiere, wahrscheinlich sogar weniger. Im Gegensatz zu vielen anderen Tieren setzen sie ihre Körperkräfte hauptsächlich bei der Nahrungssuche und zur Verteidigung ein. Schau dir zum Beispiel die Vögel an. Sie greifen das Leben den lieben langen Tag an, schützen sich und sind dauernd auf der Flucht. Bären sind anders. Sie sind einfach da. Wenn sie sich verteidigen müssen, dann tun sie es, und wenn sie essen müssen, dann essen sie. An-

ders als viele andere Tiere jagen Bären niemals um des Tötens willen. Bären sind keine Jäger im gleichen Sinn wie Katzen und Füchse.

Bären sind sehr sanfte Geschöpfe. Sie sind nicht für den Umgang mit Menschen geschaffen. Einen Bären zu zähmen ist eine Sünde. Man macht ihn dadurch zu etwas, wozu er nicht geschaffen ist. Noch immer werden auf der Welt viele Bären gezähmt und gefangen gehalten

Was bedeutet das Annehmen der neuen Aufgaben im Hinblick auf die Veränderungen auf der Erde? Kannst du darüber etwas sagen?

Die Bären in Alaska tun es. Für andere Bären kann ich nicht sprechen, weil ich als Bär aus Alaska bin.

Es geht um Umweltbewusstsein. Das ist eine simple Lernerfahrung. Wenn die Menschen die Bären um ihrer selbst willen bewundern und respektieren, können sie eine Menge lernen. Die Bewunderung des Tieres in seinem Naturzustand führt zu einer Sicht, die der Bewahrung des gesamten Planeten dient.

Gibt es noch mehr über Bären zu sagen?

Nur wenn du mehr fragen möchtest.

Gibt es noch irgend *etwas, was deiner Meinung nach ins Buch sollte, Max?*

Ich liebe euch alle - alle, die ich kenne, und alle, die ich nicht kenne.

„Das ist alles", sagte Sam. „Es ist eine sehr schöne Botschaft."

Nach dem Gespräch mit Sam und Max kam meine Zuversicht zurück. Langsam lockerte der Selbstzweifel seinen Griff, und mein Vertrauen wuchs wieder. Mir wurde klar, dass es eigentlich egal war, ob ein Hund einmal Bär oder ein Bär ein Hund war. Vielleicht ging es im Grunde nur um das, was das Tier zu sagen hatte.

Hannahs Beobachtung, dass Eisbären zu den wenigen Tieren gehören, die sich für ein Leben abseits von den Menschen im hohen Norden entschieden haben, ging mir noch immer durch den Kopf. Was würden uns diese majestätischen Tiere sagen, wenn sie mit uns redeten?

Ich bat Nancie LaPier, mir zu helfen, das herauszufinden, und sie willigte ein. Das Wesen, mit dem Nancie Kontakt aufnahm, war kein lebender Eisbär, sondern der Geist des Eisbären. Metaphysisch gesehen könnte man ihn als Überseele oder Zentralenergie bezeichnen, die allen Eisbären zu eigen ist. Nancie erklärte, dass jedes Individuum einer Spezies als Strahl gesehen werden kann, der von der Zentralsonne der betreffenden Spezies ausgeht. Über ein Individuum hat man Zugang zu der Ebene der Überseele, doch lässt sich die Überseele auch auf direktem Wege erreichen.

Wir vereinbarten, dass Nancie das Wesentliche der Eisbärenweisheit in symbolischen Begriffen übermitteln würde und begannen unser Gespräch mit dem bisschen Information, das ich von Hannah erhalten hatte: dass Eisbären „Magnete an den Füßen" hatten.

Der Geist des Eisbären zeigt sich aufrecht und erklärt, dass es an den Sohlen ein offenes Chakra gäbe. An den Hinterbeinen seien die „Magneten" stärker als an den Vorderbeinen. Auch im Zentrum der Erde befinde sich solch ein Magnet. Er ziehe die Magneten an, die wir alle an den Füßen tragen, und hielte uns auf diese Weise mit unseren physischen Körpern hier.

Haben wir alle energetische Magneten an den Füßen?

Ja, alle Lebewesen, das heißt alle Lebensformen mit Füßen, im Gegensatz zu den Fischen. Bei Vögeln und Flugtieren sind sie weniger ausgebildet. Nicht alle Lebewesen sind sich ihrer Fußsohlen und der elektronmagnetischen Prozesse bewusst, die sich im Geben und Empfangen von der Erde abspielen. Bären und andere „trittsichere" Tiere sind sich dieser Beziehung viel bewusster.

"Ich glaube, unser Begriff *geerdet* trifft das, was er meint" kommentierte Nancie. „Bei vielen Menschen reicht das Bewusstsein nicht einmal bis zu den Knien hinunter, bei manchen kaum bis zu den Hüften. Wenn uns dieser Teil unseres physischen Vehikels nicht bewusst ist, schneiden wir uns von unserer Beziehung zu der Erde ab."

Wären die Menschen ein bisschen mehr geerdet, wären sie stärker in ihrem Körper und sich des magnetischen Austauschs zwischen der organischen Erde und dem physischen Körper bewusst, dann würden sie die Umwelt nicht verschmutzen und die Erde nicht vergewaltigen. Heilung heißt, „das Wesen in seinen Körper" bringen. Die Heilung des Einzelnen wird sich immer auch global auswirken und euer Verhalten auf der Erde grundlegend verändern.

Und was das Zusammenhalten der Erde anbelangt, so haben Eisbären eine besondere Energie, die sie auf den Planeten mitbringen. Sie ist Teil eines größeren Energiemusters, zu dem alle Wesen beitragen. Wie es für jede Lebensform auf der Erde eine bestimmte „Medizin" gibt, so haben auch Eisbären ihre Medizin. Wir alle spielen unsere Rolle. Eisbären halten nicht im Wortsinn die Erde zusammen, aber sie repräsentieren eine viel stärkere Verbindung von energetischen und spirituellen Anwendungen zwischen Himmel und Erde als manch andere Spezies.

Wie kommt das?

Sie sind mit dem magnetischen Gitter verbunden.

Magnetisches Gitter? Können wir darüber sprechen? Was ist das magnetische Gitter in der Erde und in den Füßen, und worin besteht die Verbindung zwischen den beiden? Und was ist das Spirituelle daran?

Nancies Lachen brachte mir unvermittelt die Eindringlichkeit meiner bohrenden Fragen ins Bewusstsein. „Fängst du an, meine Fragen zu fürchten?"

„Ja!" war ihre Antwort, und wir brachen beide in Gelächter aus. Das Ganze hatte surrealistische Züge: Zwei Frauen - eine in Alaska, die andere in Connecticut - hatten einander getroffen, telefonierten nun miteinander und stellten einem Eisbärgeist Fragen.

„Ich habe nur Spaß gemacht", sagte Nancie. „Ich lerne auch. Wir schürfen hier ganz schön in die Tiefe."

Es ist schwierig, das wissenschaftlich plausibel zu erklären, aber es gibt ein magnetisches Erdgitter oder einen ätherischen Körper in und über der Erde. Es gibt bestimmte Lebensformen in geistiger und körperlicher Form sowie auch in der Erde, die auf bestimmte Weise helfen können, das Gitter zu erhalten. Das ist mit dem Ausdruck *die Energie halten* gemeint.

„Die Energie halten", sagte Nancie, „bedeutet also, dass man ein Anker auf einer der Gitterlinien ist. Aber das ist keine bewusste Angelegenheit. Es ist nur eine der spirituellen Fähigkeiten eines Wesens. Es ist, als würde man ein Haus bauen und keinen Architekten, sondern einen Elektriker suchen. Es gibt verschiedene Talente, die dazu beitragen, dass alles an seinem göttlichen Platz bleibt. Es ist nur eine dieser Fähigkeiten, an denen Bären und andere aufrechte Wesen wie Bäume und manche Menschen teilhaben können. Solche Menschen sind gewöhnlich sehr gut geerdet, sehr bewusst und sensibel für irdische Dinge, auch für den Körper der Erde selbst.

Eisbären fühlen sich im Allgemeinen sehr wohl in ihrer Haut und sind dort gern ganz und gar präsent. Seit ich mit dem Eisbärgeist spreche, bin ich mir dieses Körpergefühls so stark bewusst, dass ich sogar die schützende Fettschicht unter der Haut spüre, die während des Winterschlafs warm hält. Sie können ihr Bewusstsein auch in diesen Teil ihres Körpers lenken, sonst könnten sie die Fettschicht nicht aufrecht erhalten. Um zu überleben, brauchen sie ein sehr starkes Körperbewusstsein. Diese Medizin halten sie für Menschen bereit, die eine gemeinsame Wellenlänge oder eine spirituelle Verbindung mit ihnen suchen. Sie könnten uns die Gabe lehren, völlig präsent sein zu sein und wirklich auf der irdischen Ebene anzukommen."

Nancie machte eine Pause. „Deshalb ist es so wichtig, dass der Mensch diesen Tieren Schutzräume einrichtet. Wenn sie aussterben, gibt es im Außen kein Symbol mehr, an das wir uns halten können." Der Geist des Eisbären hatte dazu auch etwas zu sagen.

Es gibt in eurer objektiven Realität nichts mehr, wovon ihr lernen könntet. Zuerst kommt gewöhnlich die Freude beim Anblick eines Tieres, dann erst kann man sich langsam auf seine Wellenlänge einlassen. Wenn man seiner Faszination nachgibt, beginnt man, Medizin und Lehre des betreffenden Tieres wertzuschätzen. Das ist sehr wichtig für Menschen, die heil werden und mit ihrer objektiven Welt und allen Dingen in Einklang kommen möchten. Dann kann man diese Teile des eigenen Selbst verstehen und hat die Kraft, die gleiche Harmonie auch innerlich zu entwickeln.

Wenn Tiere aussterben, fehlt ein Teil des Ganzen. Es fehlt etwas in eurer objektiven Realität, das zu eurem Heilsein und Ganzsein beitragen würde.

Auch andere Tiere und Kommunikatoren haben darauf angespielt. Wenn wir die Verbindung mit einer Tierart verlieren, können wir den entsprechenden Aspekt unseres Selbst nicht mehr erkennen. Die Konsequenzen sind enorm, denn mit jeder ausgestorbenen Tierart verlieren wir eine einzigartige Verbindung und damit die Fähigkeit, deren Weisheit zu integrieren.

Haben Eisbären im Zuge der Veränderungen auf der Erde eine neue Aufgabe übernommen?

Die Antwort ist zweiteilig. Ja, wir nehmen an den Veränderungen auf der Erde teil, aber das trifft genauso für alle anderen Wesen zu. Als Vermittler haben wir bewusst oder unbewusst eine bestimmte energetische Schwingung mit auf den Weg gebracht, die besonders denen hilft, die auf solche Weise geerdet sind, denn wir leiten diese Energien vom Himmel - das ist die Ausdrucksweise, mit der ich es euch verständlich machen kann - durch den Körper in die Erde und umgekehrt.

Wir entnehmen der Erde eine bestimmte Energie, die sich durch unseren Körper zurück zum Himmel bewegt. Wir ermöglichen den Prozess und wandeln die Energie um. Auch die Menschen sind dazu in der Lage, und einige haben sich ausdrücklich dazu angeboten.

Den Bären auf der Erde ist die Information, die durch sie transportiert wird, nicht unbedingt bewusst. Sie sind glücklich, zu leben und es geschehen zu lassen. Es gehört zu ihrem Dienst, auch wenn es ihnen nicht bewusst ist.

Wenn der Geist des Eisbären über den Himmel spricht, meint er das im spirituellen Sinn, oder denkt er dabei an ein bestimmtes Sternensystem?

Denk an Polaris, den Polarstern. Schau dir seinen Namen an. Wieder einmal spricht eure Sprache deutlicher, als ihr es selbst wisst. Polaris enthält das Wort polar und verbindet bezeichnenderweise Polarität und Pole mit diesem Stern. Polaris ist ein Umschlagplatz. Dort werden Energien empfangen und heruntergefahren, um dann auf die Erde gelangen zu können. Wir sind Teil eines universellen Plans, in den alles verwoben ist und der sich bis zur Einheit zurückverfolgen lässt.

Der Begriff Himmel muss also nicht so genau spezifiziert werden. Er beinhaltet ein spirituelles Bewusstsein und gleichzeitig auch energetische Abläufe. Eure spirituelle Bewusstheit schafft die energetischen Abläufe. Alles ist miteinander verbunden.

Als wir dem Geist des Eisbären dankten, sagte mir Nancie, dass sie ihn fischen sah.

„Er hat eine lange Angel und steht vor einer riesigen weißen Eishöhle. Er ist sehr drollig, gibt sich sachlich, neugierig und interessiert. Besonders warm und zottig ist er nicht, aber er ist trotzdem liebenswürdig. Jetzt schlägt er die Hinterbeine übereinander und fischt wieder. Er liebt Fisch!"

Nancie LaPier

Das Geheimnis

Der Geist der Katze - Nedda Wittels

Hallo. Ich bin der Naturgeist der domestizierten Katzen. Ich überwache ihr Wohlergehen, helfe ihnen, mit ihren persönlichen spirituellen Führern in Kontakt zu bleiben, helfe den Elementargeistern, mit ihren physischen Formen zu arbeiten und als Leitung des universellen Bewusstseins von Allem-Was-Ist in die Katzengestalt zu dienen.

Das Geheimnisvolle an den Katzen entstammt zum großen Teil der menschlichen Fantasie. Katzen finden sich selbst nicht besonders geheimnisvoll. Der Schlüssel zu dem Geheimnis liegt wohl darin, dass Katzen einerseits sehr unabhängig sind, andererseits sich aber auch auf die Menschen einlassen. Wer das geheimnisvoll findet, hat vergessen oder versteht nicht, dass Katzen vom Schöpfer dazu bestimmt sind, mit den Menschen zusammen zu arbeiten.

Wir sind auch mit Kräften ausgestattet - mit Heilkraft, Telepathie und der Gabe, die Form zu verändern. Diese Fähigkeiten sind bei jeder Katze unterschiedlich ausgeprägt, doch als Gruppe besitzen sie alle Katzen. Wenn sich die Menschen diesen Fähigkeiten öffnen, werden wir zu Partnern der Menschen.

Alle Spezies sind für die Gesundheit und das Wohlergehen der Erde gleich wichtig. Katzen sind in dieser Zeit des Übergangs zu höheren Bewusstseinsfrequenzen besonders wichtig. Misstraue ihnen nicht, weil sie unabhängig sind, denn ihre Unabhängigkeit ist ihre Stärke und eine Botschaft an die Menschen: Vertraue deinem inneren Wissen, deinem Inneren oder Höheren Selbst, dem Ausdruck von Gott/Göttin/Allem-Was-Ist in dir.

Viele Katzen wirken auch heilend auf Mensch und Erde und leisten besondere Dienste bei der Heilung und Umwandlung von Energien. Wenn du dich auf die Energie von Katzen einstimmen möchtest, wirst du feststellen, dass dir die Katzen helfen, dich den neuen Frequenzen anzupassen. Das wird dir bei deinem persönlichen Übergang zu einem höheren Bewusstsein nützlich sein.

Ich schicke meine persönlichen Segenswünsche allen, die mit mir in Kontakt sein möchten. Wenn du mich um Beistand bittest, werde ich ihn dir mit Freuden gewähren, besonders, wenn du im Namen einer meiner Katzen bittest. Danke.

8

Violet: Katze und Lichtarbeiterin

Violet ist eine Siamkatze und lebt bei der Kommunikatorin Nedda Wittels in Connecticut. Als ich Nedda zum ersten Mal kontaktierte, sagte sie mir, Violet und Echo, eine Araberstute, seien bereit, mit mir zu sprechen. Als Violet begann, meine vielen Fragen zu beantworten, war ich von ihren detaillierten Beschreibungen beeindruckt. Mit den kunstvollen Ausschmückungen einer Geschichtenerzählerin sprach sie von vergangenen Leben, ihrer Vorliebe für die Katzengestalt und von den Ereignissen, die dazu führten, dass sie Nedda fand.

Im folgenden Interview geben Violet und Nedda durch ihre persönliche Geschichte einen Einblick in die Arbeit von Tieren, die uns Menschen in ihren vielen unterschiedlichen Gestalten helfen, unser Bewusstsein zu erweitern und die uns innewohnende Verbindung mit allem Leben aktiver wahrzunehmen.

Violet, kannst du uns etwas über dich erzählen? Wie hast du angefangen, mit Nedda zu kommunzieren?

Mit Nedda kommunizierte ich schon in früheren Leben. Wir waren beide Heilerinnen, ich in Gestalt einer Katze. Wir trafen uns in dem alten Tempel, in dem ich eine der Wächterinnen war. Siamkatzen bewachen bereits seit Zehntausenden von Jahren die Tempel, und das war damals auch meine Rolle. Nedda war neu im Tempel, und wir fühlten uns zu einander hingezogen. Damals hatten alle Menschen telepathische Fähigkeiten, zumindest die Menschen in den Tempeln. Deshalb gab es keine Kommunikationsprobleme. Die meisten von ihnen sprachen gern mit Katzen, und wir Katzen hatten alle unsere Lieblinge.

Der Planet war damals ganz anders. Menschen und Tiere verkehrten als Gleiche miteinander und teilten sich die täglichen Pflichten ihrer Existenz. Für die Tempelzeremonien waren Menschen, Katzen, Schlangen und andere Tiere und Wesen zuständig, die heute nicht mehr auf der Erde sind. Es war eine friedliche und liebevolle Zeit. Wir alle ehrten die Gegenwart, das Eine Das-Alles-Ist.

Auch in späteren Leben war ich meistens in Katzengestalt, weil sie mir die liebste ist. Ich habe auf anderen Planeten und in anderen Galaxien gelebt und verbrachte viele hunderttausende Leben als humanoide Felidenspezies auf einem weit entfernten Planeten. Dort sind diese Wesen vorherrschend. Es sind feinfühlige, künstlerische, zarte Seelen, sehr liebevoll und musikalisch. Sie sind wirklich wunderbar, und ich habe mich nur deshalb für ein Leben auf der Erde entschieden, weil ich bei der gegenwärtigen Transformation in höhere Frequenzen hilfreich sein möchte.

In Neddas gegenwärtigem Leben waren wir schon vorher zweimal zusammen. Einmal war sie ein junges Mädchen und ich ein schwarz-weißer Kater. Dieses eher ereignislose Leben diente mir hauptsächlich dazu, ein paar Jahre lang in Neddas Nähe zu sein, ihre Fortschritte zu beobachten, mich mit ihren Energien zu verbinden und mich bemerkbar zu machen, damit sie mich später wiedererkennen könnte, wenn unsere Begegnung wichtiger sein würde.

Beim zweiten Mal war Nedda schon erwachsen, und unsere Beziehung war sehr tief. Da sie mit ihrem eigenen emotionalen Wachstum beschäftigt war, unterhielten wir uns kaum telepathisch. Trotz unserer starken Verbindung gab sie mich nach sieben Jahren ab, und ich musste mich daran gewöhnen, ohne ihre Gegenwart zu leben. Damals begann ich, mein Karma aus vielen Erdenleben zu klären, um bei unserer nächsten Begegnung meine Heilkräfte unbehindert einsetzen zu können.

Meine dritte Ankunft in Neddas gegenwärtigem Leben war schwierig, aber ich wusste, dass wir an unsere frühere emotionale Verbindung anknüpfen und zusammen arbeiten würden und dass wir unser Lebensziel erreichen konnten. Als junge Katze war ich ausgesetzt worden und hatte allein leben und überleben müssen, bis Nedda und ich zusammengebracht wurden. Ich hatte mich in meinem jüngsten vergangenen Leben von ihr im Stich gelassen gefühlt, und nun sollte mein Vertrauen gegenüber den Menschen auf eine letzte harte Probe gestellt werden, damit ich dieses Problem lösen konnte.

Es war notwendig gewesen, so oft bei den Menschen zu leben, damit ich meine Energien anpassen und das Heilungswerk ausführen konnte, für das ich ausgebildet worden war. Viele dieser Leben waren jedoch schwierig gewesen, besonders in den Zeiten, als Menschen und Katzen miteinander verfeindet waren.

Nachdem ich einen ganzen Sommer lang auf mich allein gestellt war, lud mich eine gutherzige Frau, die mich gefüttert hatte, zu sich nach Haus ein. Ich vertraute der Gegenwart und dass dies der Weg war, Nedda zu finden, obwohl mir nicht klar war, wie das geschehen sollte. Zu Hause angekommen, ärgerten sich die zwei Katzen der Frau über den ungebetenen Gast, aber sie war nett zu mir und hielt mich getrennt von den beiden. Schon am nächsten Tag ließ sich Nedda blicken. Unsere energetische Verbindung bestand noch immer, und sie schien mich sofort zu erkennen. Sie fragte mich, wie ich hieß und ob ich mit zu ihr kommen wollte. Ich nannte ihr meinen Namen und sagte ihr, dass ich gern bei ihr leben wollte.

Anfangs fühlte ich mich nicht besonders wohl und hatte keine Lust auf Gespräche, aber Nedda war sich ihrer telepathischen Fähigkeiten bewusst geworden, und deshalb bemühte ich mich, ihre Fragen zu beantworten. Sie nahm Rücksicht auf meine Gesundheit, und ich genas langsam. Mit der Zeit bauten wir eine liebevolle und respektvolle Beziehung auf, in der wir uns gegenseitig unterstützen.

Ich bin hier, um Verpflichtungen einzulösen, die ich auf der Seelenebene einging. Ich habe mich verpflichtet, im Zeitalter des Aufstiegs Neddas Partnerin bei der Lichtarbeit zu sein. Das umfasst Heilen, wofür ich eine große Begabung habe, und Lehren, was mich etwas mehr herausfordert. Manchmal muss ich geduldiger mit meinen Schülern sein. Aber ich bin eine Katze, und meine Schüler sind Menschen. Es ist schwer, mit Menschen Geduld aufzubringen!

Du scheinst dich sehr deutlich an einige deiner vergangenen Leben zu erinnern. Ist diese Erinnerung im Moment wichtig für dich?

Von einer höheren Warte aus betrachtet gibt es keinen Unterschied zwischen Vergangenheit, Zukunft und Gegenwart. Es ist möglich, durch unsere Taten in diesem Leben auf vergangene und zukünftige Leben einzuwirken. Wenn wir in unserem gegenwärtigen Leben liebevoller sind, können wir eine Menge Karma klären und der Verlängerung unserer Seele in anderen Leben helfen, schneller und liebevoller zu lernen.

[Nedda:] Violet, wie viele vergangene Leben sind dir bewusst?

Ich denke nicht viel darüber nach, und ich weiß eigentlich gar nicht, wie ich sie zählen sollte. Mir werden einzelne Aspekte bewusst, wenn ich in Situationen bin, in denen sich das als nützlich erweist.

[Nedda:]Findest du es nützlich, dich an vergangene Leben zu erinnern?

Ja, es hilft mir, Licht in meine vergangenen Eindrücke und automatischen Reaktionen zu bringen, die mir in meinem gegenwärtigen Leben nicht besonders dienlich sind. Es kann auch meine Beziehungen fördern. Es half mir, dich wieder zu erkennen. Ich erinnerte mich ganz deutlich, woran wir zusammen arbeiten müssen. Deshalb konnte ich mich auf meine Aufgabe konzentrieren.

[Nedda:] Empfiehlst du uns Menschen Rückführungen in vergangene Leben oder andere Techniken, mit deren Hilfe wir uns an vergangene Leben erinnern können?

Hmmm. Es gibt da keine automatischen, strengen und festen Regeln. Vor allem Anderen müsst ihr jetzt lernen, nach innen zu gehen und der eigenen Intuition zu folgen. Das ist eine Form der Kommunikation, die vom Höheren Selbst ausgeht, und dort sollten sich die Menschen auch nach Führung umsehen. Bringt euch eine Aktivität oder ein Projekt dem Ziel eurer Seele in diesem Leben näher, oder lenken sie nur davon ab? Nur eure eigene Seele kann das beantworten.

Du sagst, du warst eine Heilerin in einem alten Tempel, als die Menschen noch telepathisch kommunizierten. Weißt du, warum und wie den meisten Menschen diese Fähigkeit verloren ging?

Die Menschen haben diese Fähigkeit nicht verloren. Sie haben nur in jüngster Zeit aufgehört, sie weiter zu entwickeln. Ich denke, sie bekamen Angst. Indigene Kulturen haben diesen Wandel nicht mitgemacht. Ihr Leben ist noch immer eng mit der Natur verbunden, und sie kommunizieren mit den Tieren und mit den Geistern, die für die einzelnen Tierarten und Pflanzen zuständig sind. Die Menschen in der industrialisierten Welt, besonders in den europäischen Kulturen, wurden von religiösen Gruppierungen in Angst versetzt, denen es um die Kontrolle über Menschen geht. (Das trifft besonders auf die katholische Kirche während der Zeit der Reformation zu.) Das Stadtleben in den industrialisierten Gesellschaften entfremdete sie zudem von der Natur.

[Nedda:] Wie kommt es, dass du so viel über Geschichte weißt?

Wir beide lebten in dieser Zeit einige Leben lang zusammen, und ich verbrachte damals auch einige Leben getrennt von dir. Ich kann dir jetzt davon erzählen, weil dein Bewusstsein für

Erinnerungen zurückgekehrt ist.

[Nedda:] Sind alle Menschen gleichermaßen telepathisch veranlagt?

Nein. Auch unter den Tieren sind manche geschickter als andere. Einige Tiere sind in ihren Fähigkeiten räumlich eingeschränkt. Manche senden Botschaften nur in einer bestimmten Form aus, z.B. in Bildern oder in Lehrsätzen. Das hängt auch von den jeweiligen Überzeugungen und von der Erziehung durch die Mutter ab. Indem ein Tier seine Fähigkeit anwendet, kann diese sich entwickeln und vervollständigen und neue Dimensionen annehmen.

[Nedda:] Das habe ich selbst schon erlebt. Als ich mit der Kommunikation begann, erhielt ich niemals Information in Form körperlicher Wahrnehmungen. Inzwischen hat sich das geändert.

Das Gleiche trifft auf Tiere zu. Es gibt Variationen. Manchmal hat es mit dem zu tun, was wir in vergangenen Leben gelernt haben, oder mit unserem unmittelbaren Lebenszweck. Auch der Grad unserer spirituellen Entwicklung und die elementare Intelligenz des Geistes, der mit der betreffenden Form verschmolz, sind von Bedeutung. Das heißt, dass hier auch die Genetik mit im Spiel sein kann.

Was hältst du von den Menschen, Violet? Wie siehst du uns? Was sollten wir Menschen deiner Ansicht nach über die Perspektive der Katzen wissen?

Vor allem sollten die Menschen wissen, dass wir alle Eins sind. Wir sind alle Bewusstsein. Wir entstammen alle der Gegenwart. Die physische Form spielt keine Rolle. Nur der Geist zählt. Wenn du einer Katze oder irgend einem anderen Wesen in die Augen siehst, musst du die Seele sehen, und da Seelen keine Form besitzen, unterscheiden sich meine und deine Seele in nichts.

Geist in menschlicher Form ist Geist, der sich weitgehend selbst vergessen hat. Wir Tiere sind hier, um euch daran zu erinnern, und viele von uns versuchen es tagtäglich. Aber ihr fallt so schnell in die Vergessenheit zurück, dass wir das frustrierend finden. Vielleicht sollte ich lieber sagen, dass es mich frustriert. Ich kenne Tiere, deren Geduld offenbar grenzenlos ist - Echo zum Beispiel.

Wenn ich einen Menschen ansehe, sehe ich die Möglichkeit für eine Transformation - für das Erwachen eines Geistes zu dem Wissen, dass die Erde heilig ist. Dass alles Leben gleichermaßen heilig ist, dass wir uns und die Erde lieben müssen und dass wir uns um einander und um die Erde kümmern müssen.

Manchmal bin ich sehr liebevoll und geduldig und möchte daran arbeiten, die Beziehung zwischen der Erde und den Menschen zu heilen. Dann wieder ärgere ich mich über die Missachtung der Menschen und über den Schaden, den ihr diesem Planeten zugefügt habt. Nedda sagt, dass bei mir die Sicherungen leicht durchbrennen. Ich ärgere mich schnell, aber ich sehe darin eine Tugend. Es befähigt mich zu moralischer Entrüstung.

Wenn ich mich mit anderen Katzen auf dem Planeten verbinde (wir machen das ungefähr einmal pro Woche), tauschen wir Informationen über die energetischen Schwingungen an dem Ort aus, an dem wir leben. Trotz aller Bemühungen, Energien umzuwandeln für die Heilung von Menschen, von anderen Tieren und der Erde, ist das ein mühseliger Kampf. Aber aus Pflichtgefühl und Liebe machen wir weiter, und ich versuche, mich in Geduld zu üben.

Ich finde es gut, dass ich an diesem Buch mitarbeiten kann, weil ich hoffe, auf diesem Weg viele Menschen erreichen zu können. Ich möchte ihnen klar machen, wie dringend sie neue Seinsweisen, neue Schwingungsfrequenzen annehmen müssen. Die Energien sind hier, und viele lernten und lernen, mit ihnen zu arbeiten und Blockaden aufzulösen, Energiefelder von Menschen ins Gleichgewicht zu bringen und das bewusste Verständnis von dem auszudehnen, was geschehen muss und welche Rolle sie selbst dabei spielen.

Wenn ihr Tiere und besonders Katzen in eurem Leben habt, und wenn ihr die energetischen Veränderungen bereits spürt, dann solltet ihr wissen, dass die Tiere mit euch arbeiten, euch Liebe, Heilung und Licht schicken, eure Energien ausgleichen und dichte Energien in feinere, klarere Frequenzen umwandeln. Besonders Katzen sind auf diesem Gebiet sehr talentiert.

Könntest du kurz etwas über das Leben auf anderen Planeten, anderen Galaxien, in anderen Dimensionen sagen? Ich frage mich oft, ob die Tiere dorthin „gehen", wenn sie einfach nur dazusitzen scheinen und ins Leere starren. Katzen tun das offenbar besonders gern - kannst du das Geheimnis ein bisschen lüften?

Nedda sagte, dass Violet sie mit weit offenen Augen anstarrte, als sie diese Frage las.

Das ist keine kleine Frage.

[Nedda:] Violet, willst du darauf antworten? Gibt es da Geheimnisse?

Natürlich gebe ich hier keine Geheimnisse preis, denn dann wären es ja keine mehr. Aber ich will die Frage beantworten.

Katzen mögen Blickkontakt. Das trifft nicht auf alle Spezies zu. Wenn wir ins Leere starren, sprechen wir manchmal mit unseren persönlichen Geistführern oder mit anderen Wesen, die im Moment keine physische Form haben. Manchmal meditieren wir mir offenen Augen. Manchmal machen wir andere spirituelle Erfahrungen. Manchmal sprechen wir mit anderen Tieren. Manchmal denken wir über große Wahrheiten nach. Manchmal bewundern wir uns selbst. Manchmal haben wir Erlebnisse außerhalb unseres Körpers, aber dabei sind unsere Augen meistens geschlossen.

Was andere Planeten, Galaxien und Dimensionen betrifft, so ist das ein zu weites Feld.

[Nedda:] Willst du uns nicht ein kleines bisschen darüber verraten?

Auf einem Planeten gibt es humanoide Feliden, Wesen mit ausgeprägter Spiritualität. Es gibt dort Pflanzen, die singen und andere musikalische Töne und Schwingungen aussenden. Dieser Planet ist wunderschön. Die Katzenartigen haben große physische Macht. Ihr Fell hat viele verschiedene Farben und Muster. Sie stehen auf den Hinterbeinen und benutzen die Vorderbeine als Arme. Die Weibchen sind in dieser Kultur dominant. Sie sind Heilerinnen und spirituelle Führerinnen. Die Männchen kümmern sich um den Nachwuchs und sind sehr fürsorglich. Beide Geschlechter jagen gern, aber besonders die Weibchen. Diese Spezies ist sehr ehrfurchtsvoll. Sie sieht in Allem Bewusstsein und hat ihr Leben ganz und gar auf bedingungslose Liebe gegründet. Wenn sie jagen, bitten sie die gejagte Spezies um Erlaubnis und bieten Geschenke an, um diejenigen zu ehren, deren Leben geopfert wird. Es gibt dort kaum Konflikte, da alles auf Liebesenergie basiert.

[Nedda:] Wie weißt du von diesem Ort? Bist du dort gewesen?

Ja, ich brachte viele Leben dort zu und bereitete mich auf mein Leben auf der Erde vor. Das sind meine Leute. Irgendwann möchte ich zu ihnen zurückkehren.

[Nedda:] Kannst du mehr von den wöchentlichen Verbindungen mit Katzen auf der ganzen Welt erzählen? Betrifft das alle Katzen oder nur diejenigen, die sozusagen „on-line" sind?

Ja, es ist so ähnlich wie on-line, um einen eurer technischen Begriffe zu benutzen. Aber der Austausch beschränkt sich nicht auf Worte, und wir verschmelzen oft in einer Art Einssein. Dann erlebt jede von uns, was die anderen erleben. Den Menschen mag das als große Bürde erscheinen, aber für uns ist es herrlich. Es fällt uns nicht schwer, alle Informationen zu integrieren.

Alle Katzen auf dem Planeten beteiligen sich nicht daran, nur diejenigen, die im Moment hier sind, um sich auf planetenweite Ereignisse zu konzentrieren. Manchmal schalten wir uns nur kurz ein. Aber immer tauschen wir Information aus. Immer beten wir für einander, für unsere menschlichen Familien und Freunde, für die Erde und die ganze Menschheit und für alle Spezies, die gegenwärtig auf der Erde arbeiten und leben.

Es gibt auch Untergruppen, die an bestimmten Orten oder an bestimmten Projekten in Teams arbeiten. Nedda weiß von dem Orange Cat Contingent.[1] Es gibt auch ein Oriental Cat Contingent, zu dem Katzen vieler orientalischer Rassen gehören. Sie erinnern sich wie ich an frühere Zeiten. Wir Tempelwächter aus alten Zeiten arbeiten daran, das Wissen über Heilverfahren zurückzubringen, die wir damals gemeinsam mit den Menschen entwickelten. Das ist einer der Gründe, warum ich hier bei Nedda bin, die auch im Heilbereich arbeitet.

Wenn du deinen Katzenbekannschaften von diesem Buch erzählst, würde ich mich über Kommentare freuen.

Ich habe ihnen schon davon erzählt und habe die Information gesichtet, die sie mir gegeben haben. Wir haben auch über das Thema Geheimhaltung gesprochen. Der Grund für Geheimnisse innerhalb einer Spezies ist oft das Bedürfnis nach Schutz vor menschlicher Einmischung. Es ist nicht weise, anderen Informationen zu geben, auf die sie nicht adäquat vorbereitet sind. Wir haben also darüber gesprochen, und wenn ich heute Fragen beantworte, dann denke ich an unsere Abmachungen. Sie einigten sich darauf, dass ich Gruppensprecherin sein sollte.

Was können Menschen für Tiere tun?

Es kommt auf den Grad ihrer Bewusstheit an. Für die meisten Menschen gilt, dass sie zunächst unser Empfindungsvermögen anerkennen und mit uns wie mit Lebewesen sprechen müssen, die jedes Wort verstehen. Denn es ist so. Erzählt uns, was sich in eurem Leben tut, soweit es auch unser Leben betrifft, damit wir uns darauf einstellen können.

Öffnet euch dann für die Botschaften, die wir für euch haben. Setzt euch ruhig zu uns und öffnet euer Herzzentrum. Seid empfänglich für alles, was ihr erlebt. Stimmt euch auf eure eigenen Wege des Empfangs ein und übt euch fleißig darin. Dann werdet ihr uns bald „hören".

Schickt den Tieren, die nicht bei den Menschen leben, Liebe, würdigt sie und drückt euren Respekt für sie aus. Sie haben ein Geburtsrecht, auf der Erde zu sein, und die Erde, die Menschen und die anderen Tiere brauchen ihre Gegenwart. Wenn der Letzte einer Spezies die Erde verlässt, ist ein großer Schmerzensschrei zu hören und zu spüren, denn es verstärkt das Ungleichgewicht aller.

Übt euch darin, allem Leben Ehrfurcht und Respekt entgegenzubringen. Dankt allen Pflanzen und Tieren für die Nahrung, die ihre Körper euch liefern. Am besten macht ihr es, bevor ihr das Leben der Pflanze oder des Tieres beendet, aber auch danach ist es noch heilsam. Befragt eure spirituellen Führer bei allen Aufgaben und Aktivitäten, besonders wenn ihr mit der Natur arbeitet. Ihr werdet viel Information und Hilfe erhalten, mehr als ihr euch vielleicht vorstellen könnt, wenn ihr mit dieser Arbeit beginnt.

Vor allem aber lebt jeden Tag und handelt immer von einem Ort der Liebe aus.

Violet Foto von William Kluba

Über das Einssein

Katie (Katzengeist) - Teresa Wagner

Wir sind tatsächlich alle eins. Es gibt keine Hierarchie. Keine Art ist besser als die andere; alle Arten unterscheiden sich von den anderen. Ich liebe die Katzengestalt. Ich habe sie oft angenommen, und vielleicht tue ich es wieder. Manche Menschen lieben vielleicht die Menschengestalt und wählen sie immer wieder, aber es gibt keine Hierarchie. Wenn ein Mensch der Erde helfen möchte, kommt er vielleicht als Regenwurm zurück, weil diese Lebensform ganz besonders der Umwelt hilft. Das ist nicht albern. Wir sind alle Eins, und dies im Gedächtnis zu bewahren, ist das Beste was wir tun können. Denn wenn wir Entscheidungen treffen, entscheiden wir niemals nur für ein Wesen oder eine Spezies oder eine Art, sondern immer gleichzeitig für alle.

9

Vergangene Leben, zukünftige Leben und das Leben im Jetzt

Das Universum selbst als Straße kennen -

als viele Straßen -

Straßen für reisende Seelen.

Walt Whitman, Leaves of Grass
„Song of the Open Road"

Sam Louie kannte einmal einen Hund namens Whistler, der bei einem Paar in Kalifornien lebte. Als das Paar auf Australienreise war, erhielt die Frau Nachricht von ihrer Schwester, in deren Obhut Whistler war. Die Schwester sagte, Whistler habe Anfälle gehabt, und sie sei deshalb mit ihm zum Tierarzt gefahren. Der Tierarzt hatte große Mühe, die Anfälle unter Kontrolle zu bringen und meinte, Whistler leide unter starken Schmerzen und sollte eingeschläfert werden. Die Frau wusste nicht, was sie ihrer Schwester sagen sollte. Whistler war Tausende von Meilen von ihr entfernt. Wie konnte sie aus einer solchen Entfernung eine so wichtige Entscheidung treffen? Da erinnerte sie sich daran, dass ihr jemand die Nummer eines Tierkommunikators in Kalifornien gegeben hatte. Zufällig hatte sie die Nummer bei sich, und so rief sie an.

Sam erzählte:

Ich kontaktierte Whistler und fragte ihn nach seinem Befinden. Er sagte mir, dass er starke Schmerzen hatte, und dass ihm das Angst machte, weil er seinen Körper nicht mehr beherrschte. Aber er wollte nicht allein im Tierkrankenhaus sterben. Das Paar sollte erst in vier Tagen zurückkommen. Whistler sagte: „Ich halte lieber aus. Sie sollen mir Schmerztabletten geben, bis die beiden nach Hause kommen. Dann sollen sie mich mit nach Haus nehmen und mich dort einschläfern."

Als die beiden nach Hause kamen, riefen sie mich wieder an. Ich sollte Whistler fragen, ob er bereit war zu gehen. Er sagte mir, er sei glücklich, die beiden zu sehen, und wolle noch ein paar Tage bei ihnen sein. Er war noch immer inkontinent und konnte seine Hinterbeine nicht benutzen. Die Anfälle hatten nicht nachgelassen.

Das ging etwa drei Wochen lang so. Das Paar rief mich an, und Whistler ließ mich ihnen ausrichten, dass er bleiben wollte. Das Paar nahm sich Urlaub, um bei ihm sein zu können. Sie leisteten ihm draußen Gesellschaft und gruben ein Loch, über das sie ihn mit dem Hinterteil legten, damit sie diesen fast 50 Kilogramm schweren Hund nicht hin- und hertragen mussten. Schließlich schlugen sie sogar ein Zelt im Garten auf und übernachteten bei ihm.

In einem der letzten Gespräche sagte Whistler, wie dankbar er den beiden war. Er glaubte, dass er bei ihnen war, um sie Liebe zu lehren und um ihnen zu helfen, ihre Ehe zu reparieren. Er sagte, sein Tod und seine Krise seien eine Gelegenheit für die beiden, wirklich lieben zu lernen und tiefe Einblicke in das Leben zu tun. Ein Fenster hatte sich für sie geöffnet, und sie waren zusammen mit Whistler durchgesprungen. Sie hatten die Gelegenheit ergriffen, indem sie Urlaub nahmen, bei ihm übernachteten, ihn sauber machten und ihm sogar Steaks brieten. Sie hatten sich Zeit für einander und für ihn genommen.

Dann erzählte mir Whistler von einem vergangenen Leben. Normalerweise spreche ich nicht über vergangene Leben, weil sich das nicht beweisen lässt. Aber Whistler erzählte mir, dass er in seinem vergangenen Leben Börsenmakler war. Er habe beschlossen, als weißer Mann Ende der 90er Jahre des 19. Jahrhunderts geboren zu werden. Er habe gewusst, dass es an der Wall Street zu einem Börsensturz kommen würde. Er hatte eine eigene Agentur, weil er möglichst vielen Menschen eine Anstellung garantieren und den Ruin ersparen wollte. Kurz nach Kriegsende starb er, als er wusste, dass die Finanzkrise praktisch beendet war. Es war ein äußerst stressiges Leben. Als er an einem Herzinfarkt starb, war er noch ziemlich jung, aber er war bereit zu gehen.

Nach dem Stress in seinem vergangenen Leben hatte er sich diesmal ein leichteres Leben gewünscht. Er beschloss, ein Hund zu werden, der geliebt wurde, der spielen und sich im Schlamm wälzen konnte. Whistler sagte auch, nach Beendigung seines Auftrags hier werde er in etwa dreißig Jahren zurückkommen. Er werde dann in einem Kriegsgebiet geboren werden. Er würde eins dieser Medienkinder sein, die über die Auswirkungen des Krieges auf Kinder sprechen, und die Politiker würden in dieser Zeit ernsthaft darüber nachdenken, wie man Kriege weltweit stoppen kann - nicht nur einer bestimmten Region Frieden bringen, sondern den Krieg auf der geistigen Ebene ein für alle Mal beenden.

„Das ist kein typisches Reading für mich", sagte Sam und seufzte, „aber ich bin mir ziemlich sicher, dass die Information von ihm ist." Und dann erzählte Sam die Geschichte zu Ende:

Der letzte Teil bringt alles zusammen, denn die Frau rief mich an, nachdem Whistler gestorben war. Als sie mir sagte, dass sie ein persönliches Reading wünschte, sagte ich ihr: „Es geht um eheliche Untreue, nicht wahr?" Sie bejahte dies und erzählte mir, dass sie eine Affaire gehabt hatte und ihren Ehering drei Jahre lang nicht trug. Sie sagte: „Ich möchte Ihnen sagen, dass ich nach unserer Erfahrung mit Whistler und nach dem dreiwöchigen Zusammensein in dieser Krise beschlossen habe, meinen Ring wieder zu tragen und wieder zu meiner Ehe zu stehen."

Mir wurde nun klar, worüber Whistler gesprochen hatte. Da die beiden das Fenster der Gelegenheit nutzten, das sein Tod darstellte, war Whistlers Ziel erreicht: die beiden Liebe zu lehren und ihnen zu helfen, ihre Ehe zu reparieren.

Für Penelope Smith ist Reinkarnation der „rote Faden". Sie schreibt: „Als spirituelle Wesen sind wir frei, die Lebensform zu wählen, die unserem eigenen Wunsch nach Erfahrung im physischen Universum entspricht. Wer einmal einen menschlichen Körper besaß, kann aus den unterschiedlichsten Gründen in Tiergestalt zurückkommen, und umgekehrt. Es gibt kein festes Paradigma, das sich auf alle anwenden ließe."[1]

Manche Menschen haben ein Problem mit der Vorstellung, dass Menschen zu Tieren werden und umgekehrt. Das kann von der Überzeugung herrühren, dass Tiere keine Seele haben. Vielleicht klammern wir uns auch an vereinfachte Modelle der Evolution, nach denen sich die Lebensformen von „niederen" zu „höheren" Stufen entwickeln.

Kommunikatoren weisen darauf hin, dass die meisten Tiere die hierarchische Sicht des Lebens nicht teilen. Verschiedene Formen bieten verschiedene Erfahrungen. Der Sinn, eine bestimmte Gestalt anzunehmen, liegt darin, Erfahrungen in einem bestimmten Körper zu machen und das Leben aus dieser Perspektive zu erleben.

Jarvi, ein ehemaliger Schlittenhund, erzählte Marcia Ramsland, dass manche Wesen sich auch ganz einfach deshalb für eine Tiergestalt entscheiden, weil es ihnen Freude bereitet. „Es ist sehr schön, als Tier geboren zu werden", sagte Jarvi, „besonders wenn man vorher Mensch war. Tiere haben eine unmittelbare Verbindung zum Hier und Jetzt. Ihre Sinne sind scharf, ihr Körper ist anmutig, sie leben ganzheitlich. Es ist das perfekte Gegenmittel zu dem verkopften Lebensstil der Menschen. Die Menschen sind zwar auch nicht von der Welt abgeschnitten, aber sie empfinden es so, und deshalb kann ihre Rückkehr in Tierform heilsam sein."

Manche Tiere wie Jing, Violet und Whistler sprechen in allen Einzelheiten von vergangenen Leben, aber das heißt nicht, dass alle Tiere ein so klares Bewusstsein haben. Für manche Tiere ist das Konzept vergangener Leben ein ebenso großes Rätsel wie für die Menschen.

Sam Louie sagte, dass viele Tiere, die er kennt, keine Ahnung von vergangenen Leben haben. Sams alter Hund Peppy erzählte mir das Gleiche: „Ich habe keine Ahnung, wo ich in vergangenen Leben war", sagte Peppy. „Nur wenn mir die Leute auf Workshops sagen, was sie sehen, weiß ich es. Ich weiß nicht, wohin ich gehe. Ich bin einfach zufrieden, jetzt gerade hier auf dieser Couch zu sein."

Die Kommunikatorin und Autorin Anita Curtis lebt in Pennsylvania. Sie hat eine bemerkenswerte Geschichte von einem Pferd namens BB zu erzählen. Vor BBs Geburt fragte Anita das Muttertier, wann das Fohlen geboren werde, und sie erhielt die Antwort: „Dienstag, der Fünfte". Da der Fünfte ein Samstag war, ergab diese Antwort keinen Sinn. Vielleicht meinte das Pferd Dienstag um fünf Uhr? Als Anita mehr wissen wollte, regte sich das Pferd so sehr auf, dass sie das Thema fallen ließ.

Am Samstag, dem 5. Februar, wurde das Araberfohlen geboren, das dann später den Stallnamen BB erhielt. Obwohl es bei anderen Leuten lebte, hing Anita sehr an ihm. Nach und nach verstand Anita ihre starke Affinität zu BB etwas besser. Zuerst stellte sie mit Erstaunen fest, dass „Dienstag, der Fünfte" der Todestag ihrer Mutter war - Dienstag, der fünfte Februar. Anita erinnerte sich auch daran, dass ihre Mutter als Kind Beebee gerufen wurde. Und dann hatte BB die Angewohnheit, die Zunge herauszustrecken und mit schlürfendem Geräusch daran zu saugen. Anitas Mutter hatte vier Packungen Zigaretten am Tag geraucht und hatte immer eine Zigarette aus dem Mund hängen.

„Könnte es tatsächlich meine Mutter sein?" schrieb Anita. „Nein, das ist ja verrückt... Andere Leute mögen ihre Reinkarnationserlebnisse haben, aber mir kann so etwas nicht passieren."[2] Es bedurfte vieler weiterer Zufälle, Hinweise und merkwürdiger Arrangements seitens des Universums, bis Anita schließlich akzeptierte, dass das Pferd BB tatsächlich die Reinkarnation ihrer

Anita Curtis und BB

Mutter sein könnte.

Die Geschichte schmiegte sich in mein Inneres ein wie eine Schnecke, die ihr Zuhause gefunden hatte. Oberflächlich gesehen war sie natürlich verrückt, da hatte Anita

Recht, und doch erschien sie mir irgendwie vertraut. Ich erinnerte mich daran, dass mir meine Großmutter früher immer wieder gesagt hatte, dass sie nach ihrem Tod ein Pferd werden wollte. Wenn du ein Pferd bist, sagte sie, kannst du so schnell rennen, dass es dir vorkommt, als würdest du fliegen. Ich weiß nicht, ob meine Großmutter ernsthaft daran glaubte, dass sie ein Pferd werden könnte, aber sie lächelte, wenn sie so aus dem Fenster starrte und davon sprach, dass sie mit flatternder Mähne über die Felder galoppieren würde.

Als ich Anita fragte, ob sie noch immer glaubte, dass BB die Reinkarnation ihrer Mutter war, sagte sie: „Ja. Es war nicht einfach, mit dem Zweifel fertig zu werden, aber es gab einfach zu vieles, was darauf hindeutete."

Vielleicht sollen solche Situationen testen, wie weit wir uns darauf einlassen können, das Bauwerk unserer Überzeugungen zu erweitern. Die Vorstellung, dass Reinkarnation im Bereich des Möglichen liegt, und das nicht nur für Menschen, sondern auch für Tiere, mag ja noch angehen. Aber herauszufinden, dass deine Mutter als Pferd zurückgekommen ist, ist denn doch eine ganz andere Sache. Ich fragte mich, wie ich reagieren würde, wenn mir eines Tages meine Großmutter in Pferdegestalt wiehernd und schnaubend über die Felder entgegenflöge.

Als Anita an ihrem ersten Workshop über Tierkommunikation teilnahm, entsetzte sie sich darüber, dass andere Teilnehmer über vergangene Leben sprachen. „Ich hielt mich für sehr aufgeschlossen, aber so etwas würde ich mit Sicherheit nicht in einen Raum voller Leute hinausposaunen, die ich gar nicht kenne", schrieb sie.[3] Was hatte sie nun dazu gebracht, über solche Dinge zu schreiben?

„Meine Arbeit veränderte meine Ansichten über das herkömmliche Verständnis von Wirklichkeit und Spiritualität", erzählte mir Anita. "BB bringt mir lediglich meinen täglichen Umgang mit den Tieren und ihren Menschen in den privaten Bereich hinein." Und BB selbst? Ich bat Anita, BB zu fragen, ob sie glaubte, dass sie schon einmal ein Mensch war. „Ich erinnere mich nicht an Vergangenes", sagte BB. „Ich weiß, dass ich hier bin, um geliebt zu werden, und Anita liebt mich."

Und das ist vielleicht das Einzige, was zählt.

Manche Tiere erinnern sich nicht an vergangene Leben oder haben zumindest kein Interesse daran, andere sprechen gern darüber. Sam Louie erzählte mir, dass er eine seiner ersten professionellen Konsultationen mit dem tibetischen Terrier einer Frau hatte. „Kaum hatte ich mich auf ihn eingestimmt, da zeigte er mir ein sehr einsames Leben als tibetischer Mönch. Er sagte, dieses Leben habe ihm nicht gefallen. Er habe deshalb dorthin zurückkommen wollen, wo es nicht so einsam ist und wo er albern und klein sein und nach Herzenslust umhertollen kann. Die Frau erzählte mir später, einer Legende nach seien alle tibetischen Terrier einmal Mönche gewesen."

Raphaela Pope berichtete, sie habe ein Gespür für die vergangenen Leben eines Tieres, fände es aber schwierig, den Menschen die Botschaft des Tieres zu vermitteln.

Raphaela erinnerte sich an einen jungen Spaniel, der nicht dazu gebracht werden konnte, ein Halsband zu tragen. Das war für den betreffenden Menschen wichtig, denn er wollte sich mit dem Hund zeigen. Er hatte bereits viele Experten konsultiert, aber keiner hatte herausfinden können, warum das Halsband ein so großes Problem darstellte. „Das Hündchen erzählte mir, dass es in einem anderen Leben erhängt worden war. Es war eine sehr dramatische und gruselige Geschichte. Als ich sie dem Mann mitgeteilt hatte, bezahlte er mich höflich und verschwand. Ich habe nie wieder von ihm gehört." Raphaela lachte. „Es kam ihm wahrscheinlich völlig überspannt vor."

Von der überspannten Idee vergangener Leben ist es nicht weit zur Idee zukünftiger Leben. Whistler erzählte Sam, er plane zurückzukommen, und gab sogar einen Zeitraum für seine Rückkehr an. Kommunikatoren wissen viele Geschichten von Tieren zu erzählen, die über eine Rückkehr sprechen, und Tiere scheinen sich allgemein darin einig zu sein, dass man in puncto Zeit, Ort und Gestalt ein Wörtchen mitzureden hat. Aber von wo kommt man zurück? Was erfährt man, wenn man sich außerhalb der physischen Form befindet?

„Es ist ein befreiendes Gefühl", sagte Katie, ein Geist, der früher als Katze bei der Kommunikatorin Teresa Wagner lebte. „Und es ist eine mächtige Erfahrung. Eine Gestalt zu haben, macht Spaß. Wir sind aufgefordert, uns an unsere wahre Identität zu erinnern und heil zu werden. Aber hier bin ich heil. Keine Form zu haben bedeutet, Geist zu sein, und das sind wir alle."

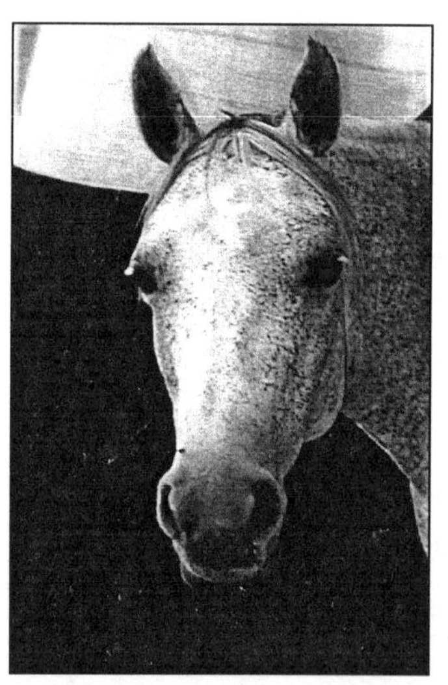

Porcia Foto von Anita Curtis

„Ich glaube, Tiere haben ein besseres Verständnis von Leben und Tod", vertraute mir Marcia Ramsland an. „Vielleicht, weil sie eine Menge Zeit in der Alpha-Frequenz der Gehirnwellen zubringen. Stell dir vor, welche Einsichten du gewinnen könntest, wenn du jeden Tag so viel meditieren würdest wie dein tierischer Gefährte, der nur still dasitzt und gar nichts macht. Ich glaube, Tiere, die jeden Tag stundenlang still herumsitzen, haben einen Ort in sich gefunden, wo sie verharren können. Ich bin davon überzeugt, dass sie Dinge wissen, von denen wir keine Ahnung haben, denn sie bewegen sich in einem ganzheitlichen Raum."

Von diesem Raum aus gesehen ist der Tod vielleicht ein Tor, ein Übergang zwischen den Dimensionen. Problematisch erscheint der Tod tatsächlich meist nur aus der menschlichen Perspektive, nicht aus der Perspektive des Tieres.

„Tiere fürchten sich nicht wie wir vor dem Tod", meint auch Carol Gurney. „Wenn du deinem Tier erlauben kannst, dass es geht, wenn es bereit ist, kann der Übergang für alle viel einfacher sein. Schmerz ist Teil dieses Prozesses und lässt sich nicht vermeiden, aber du nimmst ihm dadurch die Schwere und wirst am Ende die Schönheit erkennen können, die es im Tod gibt."

Wenn wir den Tod in diesem neuen Licht sehen, bewegen wir uns auf ihn zu. Als ich an diesem Kapitel arbeitete, hörte ich von Anita Curtis, dass ihr Pferd Porcia, ihre Mentorin und Freundin, die große Araberstute, die ihr beim Schreiben ihrer Bücher geholfen hatte, auf eigenen Wunsch eingeschläfert worden war.

„Wir sind alle am Boden zerstört", schrieb mir Anita. „Porcia wird immer bei uns sein, aber sie nicht sehen und berühren zu können, wird mir schier unerträglich werden."

Das Datum für Porcias Todestag war zehn Tage vorher bestimmt worden. Mehrere Tage lang hatte ich Anitas Buch auf der Seite mit Porcias Foto aufgeschlagen. Sogar das Schwarz-Weiß-Foto vermittelte einen Eindruck von Porcias innerer Tiefe. Anita hatte geschrieben: „Porcia hat große herrliche Augen, die bis in dein Innerstes sehen, und wenn sie in Person mit dir kommuniziert, schaut sie dir so lange in die Augen, bis sie sicher ist, dass du ihre Nachricht verstanden hast. Als ich dieses prächtige Pferd traf, kam es mir vor, als stünde ich im Abglanz der Größe, aber ich hatte in Wirklichkeit keine Ahnung von der Tiefe seiner Weisheit."[4]

Anita erzählte mir von einer anderen Stute namens Shaza, die auch beschlossen hatte, ihren Körper zu verlassen. Der Halter von Porcia, Shaza und Briana (BBs Mutter) war ein Mann, dessen halbwüchsiger Sohn vor kurzem gestorben war. Obwohl die Stuten an verschiedenen Orten lebten, erzählte jede von ihnen Anita, dass sie der Familie einen Teil des Leids abgenommen hatten. Als Porcia und Shaza schwer erkrankten, beschlossen sie zu gehen.

Anita erzählte, sie sei zu Briana gegangen und habe sie gefragt, wie sie das alles ertragen würde. Briana sagte, es würde ein Freudenfest werden. „Ich stritt mich mit ihr herum", sagte Anita, „aber sie wiederholte es nur immer wieder. Schließlich sagte sie: Schau in dein Blumenbuch. Ich kramte mein verstaubtes Exemplar von *Flower Essence Repertory* heraus und schlug unter dem *Stichwort* Freude nach. Die erste Blütenessenz war ,Engelstrompete: Annehmen der Todes als freudigen Übergang, tiefes Loslassen oder Befreiung der Seele als Ausdruck der Freude.' Es war nicht zu glauben!"

Wie Whistler seinen Tod als „Fenster der Gelegenheit" für die Lebenden sah, so bietet sich mit dem Tod tatsächlich ein neues Fenster, eine neue Perspektive für die reisende Seele. Wie wird die Realität von außerhalb unseres gewohnten Bezugsrahmens wahrgenommen - losgelöst vom Gehirn und von den Beschränkungen unserer Gedanken und Sinne? Die Frage ist paradox, denn um sie zu beantworten, müssten wir ja das, was wir Denken nennen, hinter uns lassen.

Ein Leguan namens Lila brachte es im Gespräch mit Raphaela Pope auf den Punkt: „Alles ist Energie. Gegenstände und Lebewesen schwingen in unterschiedlichen Frequenzen. Aber die Materie ist im Grund immer die gleiche. Das Betreten und Verlassen verschiedener lebender und sterbender Körper ist nichts Ungewöhnliches. Es geschieht die ganze Zeit. Die Menschen blockieren allerdings zum Teil ihr Bewusstsein für vergangene und zukünftige Leben. Deshalb ist es besser, wenn sie sich auf die Gegenwart konzentrieren. Tiere haben keine solchen anderen Bedürfnisse. Wir sind elementarer. Wir wissen, dass alles jetzt geschieht. Wir haben eine einfachere und vollständigere Perspektive und komplizieren die Dinge nicht, wie die Menschen es tun.“

Aus der ganzheitlichen Sicht eines immer gegenwärtigen Jetzt sind Vergangenheit, Zukunft und sogar gegenwärtige Leben nur Variationen eines einzigen Themas. Wie Lila machen auch andere Tiere darauf aufmerksam, dass vergangene und zukünftige Leben aus einer bestimmten Perspektive zwar von Bedeutung sein mögen, dass es aber vom Wesentlichen ablenkt, wenn man zu sehr versessen auf solche Geschichten ist. Warum? Weil uns die Vorstellung von vergangenen und zukünftigen Leben auf ein lineares Zeitverständnis festlegt. Nancie LaPier meint dazu: „Diese Vorstellung hält uns davon ab, voll und ganz im Jetzt präsent zu sein - dem einzigen „Zeitpunkt“, an dem wir auf Muster einwirken und unsere Zukunft neu erschaffen können.“

Raphaela Pope sagt, ihr Zeitverständnis habe sich in den Gesprächen mit Walen entwickelt: „Sie sprachen davon, dass alles simultan geschieht. Das hieße, das neunzehnte Jahrhundert läuft genauso jetzt ab wie das einundzwanzigste, das fünfundzwanzigste. Sie alle sind Gegenwart. Ich verstehe das ein bisschen, wenn ich mir klar mache, dass wir alle eine Seele oder ein höheres Selbst haben, das viele Persönlichkeiten, viele Leben in verschiedenen Zeitaltern und Ländern mit verschiedenen Sprachen und Kulturen simultan handhabt.“

Das Konzept der Zeit als grenzenloses Jetzt ist ein Eckstein vieler esoterischer Schulen und ein gemeinsamer Nenner der mystischen Erfahrung. Was die moderne Physik betrifft, so begegnet es uns wieder im holografischen Modell, in dem Verständnis, dass alle Teile, alle Augenblicke das Ganze enthalten.

Die meisten Wissenschaftler, die an den Ecken, Löchern und Falten der Zeit herumbasteln, bestätigen, dass die Zeit eine höchst menschliche Konstruktion ist. Auch wenn sie kulturell und linguistisch so stringent ist, dass sie uns als wahr erscheint, ist sie in Wirklichkeit eine grandiose Erfindung, die wir alle übernommen haben. Stephen Hawkin bemerkt: „Was wir echt nennen, ist nur eine Idee, eine Erfindung, mit deren Hilfe wir beschreiben, wie wir uns das Universum vorstellen. Eine wissenschaftliche Theorie ist nichts als ein mathematisches Modell, mit dem wir unsere Beobachtungen beschreiben. Was ist echt: „Echtzeit“ oder „imaginäre Zeit“? Hier geht es nur darum, welche Beschreibung die nützlichere ist.“[5]

Der Sprung zu einem grenzenlosen Hier und Jetzt setzt voraus, dass wir uns als multidimensionale Wesen verstehen. Wir verändern unsere Perspektive und sehen uns nun nicht mehr als Geschöpfe, die Seelen haben, sondern erkennen, dass wir Seelen sind, die physische Form angenommen haben. Wenn wir eins drauflegen wollen, dann sagen wir: viele physische Formen. Wir haben nicht nur ein Leben, sondern spielen viele Leben. Noch dazu existieren unsere vergangenen, gegenwärtigen und zukünftigen Leben alle simultan. Wie ist das möglich? Wieder einmal muss unser Gehirn ein bisschen ins Wackeln kommen, damit sich unsere Wahrnehmung erweitert und wir unser derzeitiges Zeitverständnis hinter uns lassen können.

Wenn man mit Vorstellungen wie simultane Leben und multidimensionale Realitäten hantiert, dann nähert man sich - innerhalb und außerhalb der Zeit - dem zweifelhaften Rand des Denkens selbst. Von der Vergangenheit bis in die Zukunft sitzen wir unsicher auf der Kante des Jetzt. Und noch immer fragen wir uns, wer wir sind. Was ist wirklich?

Ach ja, es sind - immer und immer wieder von Neuem - Chuang Tzu und der Schmetterling:

Chuang Tzu, ein chinesischer Taoist, träumte einmal, er wäre ein Schmetterling, der über die Blumen flatterte und tat, was ihm gefiel. Er wusste nicht, dass er Chuang Tzu war. Als er aufwachte, war er auf einmal wieder unzweifelhaft Chuang Tzu. Aber nun wusste er nicht: Bin ich Chuang Tzu, der geträumt hat, dass er ein Schmetterling ist, oder bin ich ein Schmetterling, der träumt, dass er Chuang Tzu ist?"[6]

Magie

Raphaela Pope und Pluto (Pferd)

Pluto ist ein Lippizaner, ein wunderbares Pferd. Ich erzählte ihm von diesem Buch und fragte ihn, was er den Menschen mitzuteilen habe. Er sagte mir Folgendes:

„Sag den Leuten, dass es wirklich ein Zauberreich gibt. Es gibt Wesen, die sich euren gewöhnlichen Sinnen entziehen. Ihr könnt ebenso leicht wie ich mit ihnen sprechen und Information und Weisheit von ihnen empfangen. Sag allen, dass es das wirklich gibt."

Jetzt sendet er mir ein Bild einer wunderbar sanften Hügellandschaft. Er sagt: „Seid zufrieden. Esst Gras." Es ist schon komisch. Da erhält man zuerst die erhabensten Perspektiven, und dann kommen auf einmal solche Gemeinplätze. Pluto fährt fort:

„Vor uns liegt eine Zeit, in der sich Menschen und Tiere näher kommen und besser verstehen. Die Menschen werden wissen, dass Tiere ein Innenleben und einen eigenen Lebenszweck haben und aufrichtiger, inniger Beziehungen fähig sind. Wenn die Menschen das verstehen und respektieren, werden sie auch untereinander nachsichtiger und respektvoller sein."

Pluto erinnert mich an ein Reading, in dem er mir zeigte, dass er und sein Mensch schon in vergangenen Leben zusammen waren. Er war damals ein Kavalleriepferd und sie ein Soldat. Jetzt sagt er: „Weniger Krieg! Weniger Konflikt!" Vielleicht starben sie ja in dieser Schlacht.

Vielleicht geschieht es gerade jetzt, während wir sprechen. Wer weiß? Das Universum ist voller Geheimnisse.

10

Vom Erhöhen des Bewusstseins und der Pferdegestalt

In der sich ständig neu formierenden Fähigkeit des Geistes, sich in verschiedenen Gestalten, Spezies, Zeiten und Kulturen - also in allen möglichen Formen des Lebens - zu erfahren, liegt die Möglichkeit für unendliche Vielfalt, endlose Kombinationen. Alle Verkörperungen stellen eine Gelegenheit dar, durch Erfahrung zu lernen.

Wenn du dich in eine Existenz fallen lässt, hast du ein Leben, saugst die Kultur auf und stirbst. Spannend, und wie geht es weiter? Nun wählst du einen anderen Ort, eine andere Zeit, einen anderen Körper, einen anderen Namen, eine andere Variation eines Themas, denn du begegnest dort denen, die du gekannt hast, in neuen Rollen, während sie mit dir als Eltern, Kinder, Geliebte, Freunde und Feinde verkehren. Das ist die großartige Metapher vom Leben als Theaterstück, als Spiel und als Drama.

Kein Zweifel, anfangs wird das riesigen Spaß machen. Stell dir vor: Du gehst, wohin du willst, wann du willst. Du reist nach Delphi zum Orakel, hilfst bei der Planung der großen Grabmale und Pyramiden in Ägypten, lauschst dem Buddha in Indien, entdeckst das Feuer und entwickelst Sprache in der Zeit vor der Zeit, verwandelst dich in den gelbäugigen Wolf, schwirrst als gigantischer Moskito durch den uralten Dschungel. Paarst dich in Straußengestalt, als Dinosaurier, als Wesen auf einem anderen Planeten, krabbelst aus deiner Schale und schlitterst über den Sand, nur um von einer dieser scharfäugigen Möwen aufgepickt und verschluckt zu werden. Gleitest hin und her zwischen den Falten der dimensionalen Realität in Gestalt eines schönen schwarzrückigen Wals.

Mit der Erfahrung käme das Selbstvertrauen. Kühner geworden, würdest du dich auf immer gefährlichere Leben einlassen, ständig auf der Jagd nach ein bisschen mehr Nervenkitzel, ein bisschen mehr Erfahrung, würdest dich ein wenig näher an das Unbekannte heranwagen. Wenn du auf immer und ewig Geist bist, sind Geburt und Tod nichts weiter als ein Spaziergang durch den sich ändernden Raum: neues Leben, neue Kleider, neuer Körper, neue Geschichte. Und da du dich an deine Verbindung mit dem Geist erinnerst, wären die Ankunft in der Welt und der Abschied von ihr mit keinem Trauma verbunden.

Was aber, wenn du vergisst, wer du wirklich bist? Durch das Vergessen deiner Verbindung mit Allem-Was-Ist, würdest du dich auf ein neues und noch gefährlicheres, aber auch spannenderes Abenteuer einlassen, das dir Gelegenheit gäbe, deine wahre Identität immer und immer wieder von Neuem zu entdecken.

In einer Welt der Dualität, in der alles in Gegensätzen existiert, scheint große Glückseligkeit in dem Vergessen zu liegen, dass wir ein Ausdruck Gottes sind, denn nur so können wir dies wieder entdecken", sagte mir Nedda Wittels. „Es ist, als würde man entdecken, wie gut Wasser schmeckt, nachdem man drei Tage lang keins hatte. Ich denke, einige Wesen - du und ich beispielsweise - haben sich für diese Erfahrung entschieden. Meines Wissens ist diese Erfahrung nur in Menschengestalt möglich."

Echo, eine Araberstute, die bei Nedda lebt, meint auch: „Die Menschen haben vergessen. Das gehört zu dem Spiel."

Während Nedda und ich Violet interviewten, vereinbarten Echo und Nedda, persönliche Informationen auszutauschen um zu zeigen, wie und warum Beziehungen zwischen Menschen und Tieren aufgebaut werden.

Echo, kannst du uns etwas über dich erzählen? Wie hast du angefangen, mit Nedda zu kommunizieren?

Ich bin ein Lichtwesen, das sich in diesem Leben die Pferdegestalt ausgesucht hat. Nedda und ich stammen aus dem gleichen Seelenbewusstsein und haben zahllose Male als Team zusammengearbeitet, sowohl in als auch außerhalb der physischen Form. Wenn ich mit anderen telepathisch kommuniziere, sehen sie mich als geflügelten Pegasus, als engelhaftes Pferd. Ich bin ein Wesen der Liebe.

Was meinst du mit gleichem Seelenbewusstsein?

Die Seele ist eine Individuation des Schöpferbewusstseins und existiert in den Schwingungen eines bestimmten Frequenzbereichs, manchmal auch Seelenebene genannt. Zu diesem Frequenzbereich gehören auch Überseelen, die Lehrer und Führer von Seelen in niedrigeren Frequenzbereichen. Jede Seele lernt viele Lektionen gleichzeitig, indem sie ihre Energie auf die physische Form ausdehnt, um „Leben" auf einer bestimmten Daseinsstufe zu erfahren. Alle Stufen des Daseins sind in Wirklichkeit Bewusstsein und somit auch lebendig. Durch die Erfahrung der ganzen Palette möglicher Existenzen, die das Universum bietet, lassen sich jedoch verschiedene Formen des Verstehens erlernen.

Auf der Seelenebene ist die Zeit nicht so, wie sie hier auf der Erde erfahren wird. Jede Seele erfährt eine Vielzahl von Leben und viele davon simultan, auch wenn sie sich aus eurer Perspektive über einen Zeitraum von Hunderten und Tausenden von Jahren nacheinander abspielen. Manchmal tritt dabei eine Paarung ganz besonderer Art auf, und daraus entstehen Seelenfreunde. Das geschieht, wenn sich zwei Aspekte einer Seele in der selben Lebensspanne inkarnieren und begegnen. Meistens nehmen sie gleiche Gestalten an, aber Nedda und ich sind Seelenfreunde und haben unterschiedliche

Gestalt angenommen, weil wir bestimmte Ziele verfolgen und uns dieses Mal auf ganz bestimmte Weise gegenseitig unterstützen wollen.

Worin siehst du deinen Lebenszweck?

In diesem Leben habe ich viele wichtige Aufgaben. Erstens muss ich schön und stark, gleichzeitig aber auch sensibel sein, lebhaft, aber auch sanft, feurig, aber auch in mir ruhend. Ich muss diese scheinbaren Widersprüche verkörpern, damit sich viele zu mir hingezogen fühlen und meine Energien spüren wollen, um dadurch Liebe und Sanftmut aufzunehmen. Dadurch können sie lernen, dass Pferde nicht roh und gefühllos angepackt werden müssen, dass man sie zart, behutsam und rücksichtsvoll behandeln und ihnen das Herz öffnen kann.

Ich erklärte mich auch bereit, Neddas telepathische Fähigkeiten in einer Zeit zu entwickeln, in der sie diese ganz vergessen hatte. Ich musste subtil vorgehen, liebevoll, behutsam und sehr entschlossen. Sie verbarg diese Fähigkeiten vor sich selbst und war lange Zeit nicht bereit, sie anzuerkennen.

Eine dritte Aufgabe bestand darin, Nedda in einigen Fragen ihres spirituellen Wachstums den Spiegel vorzuhalten. Wir wachsen durch die Interaktion miteinander. Es gibt auf der Erde viele Tiere, die für ein oder mehrere Familienmitglieder eine solche Rolle übernehmen. Diese Aufgabe stellt große Anforderungen, weil der Mensch die Parallelen zwischen sich und dem Tier oft nicht sieht. Aber wir machen diese Bemühung aus Liebe, und deshalb lohnt sie sich meiner Ansicht nach.

Kannst du mehr darüber sagen, warum es für andere wichtig ist, die „scheinbaren Widersprüche" in deinen Energien zu erfahren?

Die Bedeutung des Wortes Widerspruch ist hier wichtig, obgleich das Konzept der Dualität eher etwas mit Zusammenziehen zu tun hat. Um die Dualität zu erfahren, muss sich die Seele zusammenziehen, sich buchstäblich klein machen, um sich in eine physische Form einzupassen. Spirituelle Konzepte lassen sich in eurer Sprache nicht so ohne weiteres auszudrücken.

Um das zu verstehen, muss man daran denken, dass die dritte Dimension eine Dimension der Dualität ist. Die Menschen denken normalerweise, dass Gegensätze nicht ohne Widersprüche oder Konflikte bestehen können. Das ist jedoch eine Illusion. Da es letztlich nur Eins gibt, muss der Anschein von Widerspruch und Konflikt aufgelöst werden. Das kann in der Erfahrung der Harmonie von Gegensätzen geschehen, die in der Einheit koexistieren. So etwas lässt sich nur erfahren und nicht auf dem Wege nachvollziehen, den die Menschen heute als Logik bezeichnen.

Wenn du einem Anderen in die Augen siehst und in ihm den geliebten Menschen erblickst, dann erfährst du die Nichtdualität. Wenn du Gesichter (Bewusstsein) in einem Baum entdeckst, erfährst du sie ebenfalls. Es gibt viele solcher Möglichkeiten, und alle Menschen werden dies schon in der nahen Zukunft verstärkt erfahren.

Du sagst, du hältst Nedda den Spiegel vor und sie dir. Kannst du mehr darüber sagen, wie Wesen in verschiedenen Leben auf diese Weise miteinander interagieren? Und ist das ein Aspekt von Karma?

Das ist ein weites Thema und könnte selbst ein Buch füllen.

An der Erfahrung des Lebens in physischer Form ist einiges karmisch und einiges auf der Seelenebene selbst gewählt. Damit ein Wesen beide Erfahrungen machen kann, werden einem Wesen andere zugeteilt oder von ihm selbst ausgesucht, die sich auf die Erfahrung der anderen Seite der Ereignisse einlassen, weil sie selbst lernen und Erfahrungen sammeln wollen. Viel davon läuft sehr subtil ab. Hier ein Beispiel:

Nehmen wir einen Menschen, bei dem immer alles nach bestimmten Vorstellungen ablaufen muss, der unbedingt seinen Willen durchsetzen will und der wütend wird, wenn etwas nicht nach seinem Kopf läuft. Dieser Mensch wird von Menschen und Tieren umgeben sein, die das gleiche Thema, aber andere Regeln haben. Gleichzeitig wird es in seinem Leben aber auch Leute und Tiere geben, die sich überhaupt nicht an starre Regeln halten. Die erste Gruppe reflektiert ihm sein eigenes Muster, aber mit anderen Einzelheiten. Die zweite Gruppe reflektiert den Aspekt seiner Persönlichkeit, der aus dieser Starrheit ausbrechen möchte. Beide Gruppen werden ihm Unbehagen und eine Menge Ärger bereiten.

Zur karmischen Lektion gehört, dass er das Muster erkennt und Flexibilität entwickelt. Der empfundene Ärger ist ein Schlüssel zum Verständnis des Musters, denn Ärger ist kein angenehmes Gefühl. In seinem Bemühen, den Ärger los zu werden, wird dem Betreffenden das Muster bewusst. Um sich von seinem Ärger zu befreien, wird er an der Lösung des Problems arbeiten.

[Nedda:] Echo, gibt es zwischen uns karmische Themen?

Ja. Einige haben mit deinem Wunsch zu tun, mich vor Schmerz und Unannehmlichkeiten zu beschützen. In anderen Leben konntest oder wolltest du dich nicht um mich kümmern. Weil du von damals noch Schuldgefühle mit dir herumschleppst, bist du mir gegenüber überfürsorglich. Wenn du ein Gleichgewicht findest und dich vernünftig und liebevoll um mich kümmerst, mich aber nicht einengst, werden wir das zusammen lösen.

[Nedda:] Welche Rolle spielst du dabei?

Ich muss mir erlauben, versorgt zu werden. Übrigens ist das auch eins deiner Themen, denn du bist gern unabhängig und auf niemandes Hilfe angewiesen. Ich musste absolut darauf vertrauen, dass du mich schließlich als freies und unabhängiges Wesen anerkennen würdest, das sich freut, wenn es geliebt und gut versorgt wird und gleichzeitig seine Freiheit braucht. Das gehört zum Dilemma von Pferden: Wie lässt sich eine Partnerschaft mit Menschen realisieren, in der das Pferd unabhängig und gleichzeitig ein „Haustier" des Menschen ist. Ich habe also Gelegenheit, an meinem Thema zu arbeiten. Du kannst an deinen Themen arbeiten, und wir beide ziehen Nutzen daraus.

Was hältst du von den Menschen, Echo? Wie siehst du uns, und was sollten die Menschen von der Sicht der Pferde wissen?

Menschen sind Wesen der Liebe, haben aber vergessen, was Liebe ist und wer sie sind. In Wahrheit leben die Menschen in einem Traum und bewegen sich die meiste Zeit wie Schlafwandler. Es entgeht ihnen so Vieles: die Schönheiten der Natur, die Herrlichkeiten Gottes, die Heiligkeit von allem, das Bewusstsein, das überall existiert. Es verblüfft mich, dass so viel Vergesslichkeit so lange anhalten kann und dass so viele Menschen es vorziehen, in diesem somnambulen Zustand zu verharren.

Andererseits habe ich selbst auch viele Male die menschliche Gestalt angenommen, und ich erinnere mich daran, dass es ganz schön ekstatisch sein kann, wieder zu der Freude und der Glückseligkeit des Wissens zu erwachen, dass wir alle eins sind mit Gott, Göttin, Allem-Was-Ist. Trotzdem ziehe ich es vor, mir dessen ständig bewusst zu sein.

Die Pferdeperspektive... Sie ist für mich etwas ganz Besonderes. Mein Leben als Pferd ist mir lieber als jede andere Form, die ich kennen gelernt habe, weil ich gerne wie im Flug renne. (Fliegen und rennen bereiten ganz ähnliche Freiheitsgefühle.)

Viele Pferde leben aber unter erbärmlichen Umständen bei den Menschen. Sie werden oft grausam, herzlos und wie Gegenstände behandelt, werden misshandelt, ausgehungert und mit Arbeit überfordert. Nur ganz wenige Pferde haben ein wirklich glückliches Leben. Ich denke, diejenigen, die diese Form immer wieder wählen, tun es, weil sie die Form selbst so verlockend finden, auch wenn ihr Leben mit Kummer und Not gefüllt ist.

Doch jedes Leben ist auf eine spirituelle Erfahrung hin angelegt. Wir nehmen einen Körper an, um bestimmte Erfahrungen machen zu können. Das ermöglicht spirituelles Wachstum, ein größeres Verständnis und Verspieltheit. Das Universum ist ein Tummelplatz für die vielen existierenden Bewusstseine, von denen jedes ein Ausdruck und ein Aspekt von Allem-Was-Ist darstellt.

Zwar gibt es den Geist des Pferdes, dessen Aufgabe es ist, über die Pferdeangelegenheiten auf der Erde zu wachen, doch kann in jedem beliebigen Pferd ein Wesen stecken, das in einer vergangenen Existenz eine andere Gestalt hatte und das vielleicht niemals zuvor ein Pferd war. Welch faszinierendes, freudiges Spiel des Bewusstseins, unterschiedliche Formen anzunehmen und aus allen möglichen Perspektiven zu lernen!

Was meinst du, wohin wir alle auf unserem Planeten gehen?

Mir ist nichts davon bekannt, dass ihr alle in die selbe Richtung geht. Die Erhöhung der Schwingungsfrequenzen findet für alle auf dem Planeten statt, unabhängig von ihrer Form, wird aber für den Einzelnen nur von Dauer sein, wenn er sich bewusst dafür entscheidet. Zur Zeit werden viele dimensionale Szenenwechsel möglich. Es ist schwierig, den Zeitrahmen für die Geschehnisse vorauszusagen, weil alle Wesen auf *dem Planeten und ihr jeweiliger Bewusstseinsgrad das Timing in jedem gegebenen Augenblick beeinflussen. Komplex, oder?*

Die Gelegenheiten sind jedenfalls fantastisch. Stell dir vor, du erinnerst dich daran, wer du bist! Teil eines einheitlichen Bewusstseins zu werden, das ausschließlich auf Liebe beruht. Viele von euch haben sich auf diesen Weg gemacht, und die Erde selbst hat diese Richtung eingeschlagen. Aber jedes Wesen - auch die Erdmutter - hat die Wahl. Es macht Spaß, dieses Spiel des Lebens!

Ich widerspreche dir nicht, Echo, aber ich habe manchmal das Gefühl, dass den Lesern das ziemlich seltsam vorkommt. Allein die Vorstellung, mit Tieren zu reden, finden einige bestimmt schon absonderlich. Was würdest du diesen Leuten sagen?

Die Leute werden dieses Buch lesen, weil sie bereit dazu sind, und beim Lesen werden sie sich an die ewige Wahrheit erinnern. Alles, was existiert, ist Bewusstsein - Gott/Göttin/Alles-Was-Ist. Wenn sie das erkennen und sich daran erinnern, wird sich ihnen der Sinn von allem enthüllen.

Wer das absonderlich findet, ist noch nicht bereit und wird das Buch nicht lesen. Das ist in Ordnung. Das Buch ist nicht für sie gedacht.

Danke, dass du mir Gelegenheit gibst, an diesem Projekt teilzunehmen. Wir arbeiten gemeinsam für das gleiche Ziel. Wir helfen anderen, diejenigen wieder zu erwecken, die bereit sind aufzuwachen.

Echo

Teil Drei

Eine Frage der Perspektive

Jenseits der Bequemlichkeit

Jenseits von Karma und zurück

Das innere Netz

Dieser wunderbare Tanz

Der Rat aller Wesen - Morgine Jurdan

Möchtest du gern wissen, wie sich eins zum andern fügt? Wie der Zauber durch einen Gedanken von dir in Bewegung gesetzt wird und einen Prozess initiiert, der oft zu dem führt, was du dir wünschst? Woher wissen Pflanzen und Tiere, wie sie die Dinge am Laufen halten können? Wie funktioniert jedes Element in Harmonie mit dem Rest? Was synchronisiert diesen wunderbaren Tanz aller Lebensformen?

Ihr könnt Wesen wie uns beobachten, wahrnehmen und befragen, wenn ihr lernen wollt, euch im Gleichgewicht und in Harmonie zu bewegen. Einen Vogel lernt ihr nicht kennen, wenn ihr ihn gefangen haltet, sondern wenn ihr ihn beobachtet. Wir schmunzeln und vergießen Tränen, wenn ihr die Intelligenz eines Wesens an eurer eigenen Norm messt. Würden wir euch fangen, in unser Umfeld stecken und zusehen, wie ihr unsere Norm erfüllt, wenn es beim Fliegen, Schwimmen, Graben und Singen ums Überlegen geht - wir denken, ihr würdet versagen.

Warum lernt ihr nicht, den Zauber und das Geheimnisvolle in eurem Leben zu lieben, anstatt nach Kontrolle zu streben? Es kann herrlich abenteuerlich werden, wenn ihr loslasst und vertraut. Lernt, was Harmonie und Gleichgewicht für jeden von euch bedeuten. Es gibt da keine strengen und festen Regeln. Ihr alle seid einzigartige Individuen und tanzt euren eigenen Tanz. Ihr werdet euren eigenen Weg finden, das Spiel zu spielen.

Was wir euch geben können, hat tiefere Bedeutung. Wir helfen euch herauszufinden, wer ihr seid und wofür ihr hier seid. Das könnt ihr nicht isoliert machen. Eure Gefühle, Gedanken, Handlungen betreffen jeden von uns, jeden Teil des Universums. Wir alle profitieren davon und leiden darunter. Wir sind hier und schicken euch bedingungslose Liebe. Wir helfen euch, das zu erschaffen, was ihr euch wünscht. Denn wenn es euch gelingt, profitieren wir alle von eurer Freude, eurem Glück und eurer Liebe, die von allen geteilt werden.

Macht heute einen neuen Anfang. Atmet das Leben bewusst ein und seht, wohin es euch führt. Segenswünsche und Liebe euch allen.

11

Jenseits der Bequemlichkeit

Sugar war ein weiblicher Delfin und lebte einmal in einer Lagune an der atlantischen Küste, wo sie in Vorstellungen mitwirkte und mit Menschen verkehrte, bis sie nach einer kurzen Krankheit starb. Als ich Raphaela Pope einmal nach Tieren fragte, die lieber in Gefangenschaft als in der Wildnis leben, schaltete sich Sugar in unser Gespräch ein:

Es ist alles eine Frage der Perspektive. Alles dient dazu, Erfahrungen zu sammeln. Erfahrung bedeutet Schöpfung. Während wir sprechen, erschaffen wir eine andere Welt. Ich beschloss, bei den Menschen in dieser Lagune zu bleiben. Eine von vielen Entscheidungen, eins von vielen Leben. Es war kein so großes Opfer, wie ihr vielleicht denken mögt. Ich vergaß meine anderen Persönlichkeiten nicht. Es war nur eine von vielen. Ich wollte den Menschen die Perspektive der Majestät, Kraft, Schönheit und Intelligenz anderer tierischer Lebensformen nahe bringen.

Haben viele Delfine dieses Ziel?

Delfine haben als Spezies wirklich eine starke schimmernde Lichtenergie.

Raphaela machte eine Pause. „Wie schön! Sugar zeigt mir ein Gitter. Die Schnittpunkte der Linien sind schimmernde Lichtpunkte. Das muss ihr Bild vom Leben oder vom Universum sein. Jetzt verändert sich das Gitter und sieht aus wie eine riesige schimmernde Wasserfläche mit sprühender, strömender, glitzernder Energie. Es ist, als sähe man die Atome scheinen."

Es ist reine Lebensenergie. Sie ist uns allen zugänglich. Wir wählen unsere Gestalt. Du könntest auch ein Delfin werden.

Raphaela lachte. „Vielleicht mache ich es."

Wie hast du es geschafft, die Perspektive deiner anderen Persönlichkeiten nicht zu verlieren?

Das hat mit der physischen Struktur und der Chemie des Gehirns zu tun. Menschen brauchen religiöse oder ekstatische Erfahrungen, um über ihre alltägliche Perspektive hinauszukommen. Wir sind weniger intellektuell, mehr ganzheitlich ausgerichtet. Auch wenn wir ganz mit Schwimmen, Essen oder mit der Paarung beschäftigt sind, verlieren wir die ganzheitliche Perspektive nicht aus den Augen.

Sugar erinnerte Raphaela an den schimmernden Ozean aus Energie und wiederholte, dass alles nur eine Frage der Perspektive ist.

Delfin. Foto von Ilizabeth Fortune

Raphaela lachte. „Das war doch unser Ausgangspunkt!" Und tatsächlich hatte uns Sugar mit der Anmut eines Delfins im Kreis herumgeführt. Raphaela meinte, dass Sugar ihr Delfinleben beim Kommunizieren und für die Bekräftigung der Kommunikation ähnlich benutzte, wie andere Tiere einem die Pfote entgegenstrecken. Dass die Gefangenschaft „kein so großes Opfer" darstellte, sollte vielleicht betonen, dass es simultan zu ihrem Delfinleben noch viele andere Leben gab.

So etwas denkt sich nicht so leicht dahin, doch langsam zog mich Sugars expansive Energie in ihren Bann. Und so warf ich ihr aus Neugierde eine Frage hin, wie man ihr früher vielleicht einen Fisch zugeworfen hatte. Ich hatte keine Ahnung, dass unser Gespräch dadurch eine ganz andere Richtung einschlagen würde. Und wieder wurde mir klar, dass keine Handlung und keine Frage folgenlos sind.

Sugar, was planst du als Nächstes? Wo bist du jetzt, und was wirst du tun?

Eine lange Pause entstand, und als Raphaela schließlich sprach, war ihre Stimme verändert.

„Ach Gott, Dawn, ich kann das nicht leiden."

„Was ist los?" Ich verstand nicht, warum sich Raphaela plötzlich so aufregte.

„Ich kann es einfach nicht leiden. Ich glaube, ich gehe meine Arbeit als Tierkommunikatorin ziemlich nüchtern an. Ich berate die Leute, wenn sie Probleme mit ihrem Tierklo haben, und helfe ihnen gleichzeitig, ihren Blickwinkel zu erweitern und zu verstehen, wer und was Tiere sind. Aber ich will mir von einem Tier nicht anhören, dass es auf einem anderen Planeten ist."

„Sagt Sugar, dass sie jetzt auf einem anderen Planeten ist?"

„Ja", erwiderte Raphaela resigniert.

„Immerhin", gab ich zu bedenken, „meinen manche Leute, dass es zwischen den Meeressäugern und anderen Planeten eine Verbindung gäbe."

„Ich weiß, und deshalb möchte ich mit diesen Leuten nichts zu tun haben." Raphaela kicherte. „Sie sind mir zu abgehoben. Aber natürlich finden mich auch einige Leute zu abgehoben."

„Es ist eben alles eine Frage der Perspektive, wie Sugar schon gesagt hat."

„Klar. Es ist alles eine Frage der Perspektive. Sugar erweitert meine Perspektive!" Auf einmal schien Raphaela das Ganze ziemlich lustig zu finden. Mir erschien sie als ein Mensch, der über sich selbst lachen kann, gleichzeitig aber den Ursprüngen dieses Humors nachgeht.

„Das ist ja lieb", meinte Raphaela. „Sie tröstet mich. Sie sagt: ‚Du brauchst dir deswegen keine Gedanken zu machen.' Sie weiß, dass mir das zu ausgeflippt ist. Sie ist sehr feinfühlig. Sie spürt, dass ich müde bin, und sagt, dass sie wieder mit uns sprechen wird."

So endete unser Gespräch.

Ein paar Wochen später nahmen Raphaela, Sugar und ich wieder Verbindung miteinander auf. In der Zwischenzeit hatte ich mich immer mehr für die Tiere geöffnet. Doch entwickelte sich bei mir alles in atemberaubendem Tempo und keineswegs so hübsch und ordentlich, wie es in all den Übungen zur Vertiefung der telepathischen Verbindung mit Tieren nachzulesen war.

Meine Hunde wetteiferten miteinander, um mir - wie ich es jetzt sehe - zu helfen, meine tief sitzenden, bösartigen Selbstzweifel zu überlisten. Meistens schlugen sie zu, wenn ich es am wenigsten erwartete und deshalb auch den geringsten Widerstand bot.

Es war ein paar Tage nach meinem Gespräch mit Raphaela. Ich wollte gerade nach oben gehen, als sich Barney, ein weißer Cocker-Spaniel-Pudel-Terrier, der seit langem bei mir lebt, vor mich auf die Treppe setzte. Ich wusste sofort, dass etwas los war. Es machte mich stutzig, wie er so da saß und mit seinen tiefbraunen Augen zu mir empor in meine Augen blickte. Es brachte mich völlig aus meinem Gedankengang. In meinem Kopf hörte ich Barney. Er sprach ruhig und wohlüberlegt. Mit Worten und Bildern kommentierte er andere Zeiten, andere Orte. Er sprach von seinen vergangenen

Leben, darunter auch von einigen, die wir geteilt hatten, als sähe er alles vor sich in einem Film.

Die Information war höchst interessant, doch als ich nach der Bedeutung vergangener Leben fragte, erwiderte er trocken: „Nur eine andere Seite der Geschichte." Die beiläufige Bemerkung war so typisch für Barney, dass ich laut lachte. Er meinte damit, dass vergangene Leben die Dramen unserer inneren Welt widerspiegeln und somit metaphorische Bedeutung haben. Wie Träume können uns vergangene Leben etwas zeigen und sind in diesem Sinne für uns wichtig.

Es war ein gutes, spannendes Gespräch, und ich war dankbar dafür. Kaum hatte Barney zu Ende geredet, da stand Zak auf, der unten an der Treppe gelegen hatte, und kam zu mir herauf. Zak, eine Mischung aus Golden Retriever, Cocker-Spaniel und Samojeden, kam als Welpe in unsere Familie. Als ich ihn damals im Arm hielt, konnte ich ihn zu Barneys großem Missbehagen einfach nicht abweisen.

Auch jetzt war es Barney gar nicht so recht, dass Zak auf der Treppe an ihm vorbeiging, unsere Aufmerksamkeit nach allen Regeln der Schauspielkunst fesselte und das Schweigen ausdehnte. Schließlich sagte Zak trocken und leicht amüsiert: „Ich bin nicht einmal von diesem Planeten."

Bevor ich reagieren konnte, schmetterte er mir ein ganzes Informationspaket aus Gefühlen und Bildern entgegen. Er sei in dieses Leben gekommen, um Barney und mir Energie zu geben. Er sei ein „Energiehund", eine Art Helferhund. Seine Aufgabe sei es, andere energetisch zu stärken und sie zu beschützen, damit sie sich auf andere Dinge konzentrieren konnten, besonders auf Angelegenheiten spiritueller Natur.

Barney war gewiss nicht erfreut, dass er von Zak dermaßen an die Wand gespielt worden war, doch als ich ihm einen Blick zuwarf, signalisierte er mir, dass die Information der Wahrheit entsprach.

Auf einmal fühlte ich all das, was Raphaela empfunden hatte, als Sugar ihr gesagt hatte, sie lebe auf einem anderen Planeten: Bestürzung, Zweifel, Ärger, Skepsis. Das Schlimme war nicht einmal, dass ich Zak nicht geglaubt hätte; ich wollte einfach nicht zu diesen Spinnern gehören, die sich mit Wesen von anderen Welten unterhielten.

Als ich wieder mit Raphaela Kontakt aufnahm, hatten mir bereits mehrere Kommunikatoren davon erzählt, dass sie mit Tieren sprachen, die auf anderen Planeten lebten. Für Menschen mag das seltsam sein, aber Tiere finden offenbar nichts dabei. Wenn man eine bewusste Verbindung zum Geist hat und weiß, dass der Geist jede Form annehmen kann, dann sind die Ameise im mittleren Westen, der Börsenmakler in New York City und der Wal in einer anderen Galaxis lediglich momentane Gestalten des eigenen Selbst. Nicht gerade eine Enthüllung im großen Weltenplan.

In der menschlichen Gesellschaft bringt einem dieses Denken jedoch Ärger ein. Respektable Leute, die sich zumindest noch auf die Vorstellung einlassen, dass man mit Tieren sprechen kann, machen nämlich vermutlich genau dann dicht, wenn ein toter

Delfin Botschaften von einem anderen Planeten schickt. Und die Leute, die diese Vorstellung für gar nicht so abwegig halten, sind dann mit Sicherheit diejenigen, vor denen dich deine Mutter stets gewarnt hatte.

Ich sagte Raphaela, dass ich ihre Sorge nun verstände, denn ich hatte dieses beunruhigende Unbehagen kennen gelernt, das sich einstellt, wenn man weiß, dass etwas wahr, aber zu seltsam ist, als dass man es weitersagen kann. Und doch muss man es tun.

„Mein Problem", sagte Raphaela, „ist nicht, dass ich es nicht glauben kann. Der Kosmos ist unendlich weit und entzieht sich unserem gegenwärtigen Verständnis. Aber wenn ich solche Information erhalte, werde ich nervös, weil ich sie mit den verrückten Randgruppen unserer Gesellschaft in Verbindung bringe und weil ich nicht in diese Kategorie fallen möchte. Ich wünsche mir ein nettes, beschauliches Leben als Tierkommunikatorin und hoch geschätztes Mitglied der Gemeinde."

Und das ist der Haken dabei. Unabhängig davon, ob wir mit Tieren reden oder nicht: Wir haben alle unseren Bereich, in dem wir uns wohl fühlen, und der ist der Gradmesser dafür, wie weit wir gehen wollen, wie weit wir uns hinauswagen, bevor wir in unseren eigenen Augen total übergeschnappt sind. Es spricht sich leicht über Spiritualität, und man stimmt ja gern zu, wenn es heißt, dass wir alle Eins sind, aber ernsthaft zu akzeptieren, dass ein gestorbener Delfin in Geistform auf einem anderen Planeten lebt, könnte uns wertvolle Einsichten vermitteln.

Als wir uns wieder mit Sugar in Verbindung setzten, bat ich sie, mehr darüber zu erzählen, wie wir unsere eigenen Realitäten erschaffen. Eine lange Pause entstand.

Die Welt, der Kosmos, das Universum. Diese Worte bezeichnen das schimmernde Meer schöpferischer Materie, in der wir alle schwimmen, nur unzulänglich. Dieses Meer enthält Möglichkeiten in Hülle und Fülle. Die Wesen suchen sich bewusst oder unbewusst durch Gedanken und Gefühle die Ereignisse aus, die sie erleben möchten. Raphaela wollte zum Beispiel Tierkommunikatorin sein. Sie dachte daran und träumte davon und brachte es dann in die physische Welt. Sie beschloss, Tierkommunikatorin zu werden, handelte in dieser Überzeugung, und jetzt ist sie es.

Um das auf eine andere Ebene zu bringen: Kannst du mehr über unser multidimensionales Selbst erzählen? Wie interagiert ein Selbst mit den anderen? Wenn es so ist, dass wir alle dabei sind, unsere multidimensionale Natur bewusster kennen zu lernen, wie kann sich der Durchbruch eines einzelnen auf die anderen auswirken?

Aufgrund des linearen Konzepts von Zeit ist deine Bewusstheit für deine anderen Selbste und Interaktionen meist eingeschränkt. Das ist jedoch flexibel und veränderlich. In anderen Realitäten können Selbste miteinander interagieren und tun dies auch.

Nimm beispielsweise einen Tintenfisch. Jeder Tentakel ist eigenständig und gleichzeitig mit dem Ganzen verbunden. Es ist ein großes Thema, ein Thema ungeheuren Aus-

maßes. Wenn du es wahrhaft verstehst, wirst du deine Verbindung zu Gott erkennen. Jeder einzelne Ausdruck deiner Seele - jedes Wesen, jedes Tier oder Menschenleben - hat etwas von den Eigenschaften Gottes und hat Schöpferkraft.

Sehen wir uns also als die Tentakel des Tintenfisches: Wenn sich alle Selbste des zentralen Selbst oder des metaphorischen Kopfs des Tintenfisches bewusst sind, ist dann dieser Kopf wieder nur ein Tentakel von etwas Anderem, etwas noch Größerem?

„Wie weit hinauf geht also das Bewusstsein?" wollte Raphaela wissen. „Aha, hier ist die Antwort in riesigen Großbuchstaben: UNENDLICH!

Sogar dein gegenwärtiges Sein ist also ein Tentakel eines anderen größeren Bewusstseins?

Das Wachstum kennt keine Grenzen.

Einen Augenblick lang lachten Raphaela und ich leise. Was kann man sonst auch schon machen im Antlitz der Unendlichkeit?

Naja, man kann sich weitere Fragen ausdenken, und das muss ich wohl getan haben, denn nur ein paar Sekunden später fiel mir etwas ein, was mir Rätsel aufgab.

Findet man wirklich Reiche der Glückseligkeit, wenn man sein Bewusstsein ausdehnt, die in Wirklichkeit schützende Schwellen zu etwas viel Größerem sind?

Der Zustand der Glückseligkeit steht uns zur Verfügung. Du kannst jederzeit in ihn eintreten. Du kannst ihn durch Meditation oder Trance erreichen. Es gibt viele Wege zu ihm.

Der Zustand der Glückseligkeit scheint alles zu verzehren. Er verzehrt alles. Aber er ist nicht das Ende. Es gibt kein Ende.

„Ich weiß nicht, was hinter der Schwelle ist", sagte Raphaela, „aber ich werde mich wohl für die Glückseligkeit entscheiden. Zumindest für die nächsten hundert Jahre." Sie brach in Gelächter aus, und ich stimmte mit ein. Raphaelas Lachen ist äußerst ansteckend, und es dauerte eine ganze Weile, bis ich wieder bei Sinnen war.

Wie können sich die Menschen ihrer multidimensionalen Selbste bewusster werden?

Seid euch im Klaren, dass jeder Gedanke und jede Emotion, die ihr erlebt, Bewusstsein und Schöpferkraft enthalten und sich endlos fortsetzen.

„O Gott, wir sollten aufpassen, was wir denken", murmelte Raphaela.

Bittet auch darum, eure anderen Selbste kennen zu lernen. Im Schlaf und in der Meditation könnt ihr manchmal einen Schimmer davon erhalten. Schickt Liebe und stattet sie mit der höchsten evolutionären Energie aus, die euch zur Verfügung steht. Lasst sie an eurer Weisheit und Erfahrung teilhaben, so wie euch eure anderen Selbste an der ihren teilhaben lassen. Ihr empfangt ständig von ihnen.

Was können die Menschen tun, damit sich die Veränderungen auf der Erde glatter und angenehmer vollziehen?

Sie können den Wandel erschaffen, indem sie sich ihn leicht und sanft vorstellen. Es gibt schon genug Leute auf der Erde, die Schwefel und Hölle prophezeien. Meditiert für einfache, elegante und erfreuliche Übergänge ohne physische Katastrophen. Viele Katastrophen sind schon abgewendet worden, weil das Bewusstsein auf der Erde ansteigt. Andere wurden nicht abgewendet. Ihr braucht nicht süchtig nach Dramen zu sein.

„Wir lieben Dramen!" rief Raphaela. „Aber damit handelt ihr euch Ärger ein."

Und während wir wieder lachten, kam mir ein anderer Gedanke. Ich war immer davon ausgegangen, dass multidimensionale Selbste in verschiedenen Zeiten und an verschiedenen Orten leben müssten. Sollte es jedoch möglich sein, dass sich - bei unserer Liebe zum Drama - einige unserer Selbste vielleicht für ein Leben in der selben Realität hier und jetzt entscheiden?

„Gute Frage!" rief Raphaela, die jetzt von diesem Spiel multidimensionaler Möglichkeiten genauso gefesselt war wie ich. „Schauen wir mal, was sie sagt. Oh, sie sagt ‚ja'. Sie gibt dir die ausführlichsten Antworten, und dann überrascht sie dich auf einmal mit diesem knappen Ja. „Und damit hatte ich keine Fragen mehr.

„Für mich hat sie immer noch Delfingestalt", sagte Raphaela ‚als wir uns voneinander verabschiedeten. „Sie winkt mit ihrer Flosse. Und sie lächelt ihr Delfinlächeln." Raphaela lachte vergnügt. „Ach Gott, das sind mir welche!"

Glück

Beau (Hund) und Morgine Jurdan

Meine Botschaft an die Menschen hat mit Glück zu tun. Ich finde, dass die Menschen viel zu viel Zeit auf das verwenden, was sie nicht wollen und was sie nicht haben, anstatt umgekehrt.

Wenn ich schlafe, schlafe ich gut. Wenn ich esse, genieße ich das voll und ganz. Ich liebe mich und ich lebe gern. Ich verbringe Zeit mit Mitgeschöpfen und freue mich an ihren Liedern und Tänzen. Ich bin glücklich und freue mich über alle Erfahrungen, die mir das Leben bietet.

Morgine Jurdan

Mein Leben ist einfach und erfüllend. Ich bin dankbar, wenn ich dazulerne. Ich suche Glück und konzentriere mich auf die Liebe. Wenn ich das im Kopf behalte, erschaffe ich Situationen, die mir Liebe und Glück zutragen und die mir erlauben, euch anzulächeln.

Die Menschen meinen oft, dass das Leben eines Haustiers schwer sein müsste. Das kommt davon, dass ihr zu sehr auf das schaut, was wir nicht haben und was uns einschränkt. Ihr stellt Vergleiche an und fällt Urteile. Ich nehme jede Situation, wie sie kommt, und gebe immer mein Bestes. Ich finde immer etwas dabei, was ich lieben und genießen kann.

Das Leben kann eine lohnende Erfahrung sein, wenn wir es dazu machen. Wir Tiere wälzen nicht Ideen im Kopf und komplizieren unsere Welt nicht, wie Menschen das tun. Aber ich habe das Gefühl, dass sich unser einfacher Blick auf das Leben langfristig gesehen auszahlt. Uns geht nicht viel ab, während euch in eurem Bestreben, das Leben zu verstehen und zu sezieren, so Vieles abgeht.

Ich wünschte, dass wir mehr Zeit miteinander verbringen könnten. Ich glaube, dass uns die Liebe alles lehrt, was wir brauchen. Danke, dass ich mich euch allen mitteilen durfte. Das ist ein seltenes Geschenk für ein Tier. Ich, Beau (das heißt in eurer Sprache „der Schöne"), schicke euch allen meine Segenswünsche. Mögen eure Tage gefüllt sein mit Freude, Glück, Wunder, Ehrfurcht und Liebe.

12

Jenseits von Karma und zurück

Wenn ich Zak anschaute - den starken, glücklichen Zak mit dem rötlich-goldenen Fell und den braunen Augen, der gern herumtollt und Bälle fängt und sich am Bauch streicheln lässt -, hatte ich meine Schwierigkeiten, mir diese Geschichten über Energiehunde von anderen Planeten hineinzuziehen. Multidimensionalität ist ein netter Gedanke, aber wenn er einem zu nahe kommt und zu persönlich wird, heißt es, einen Preis zu zahlen.

Ein paar Wochen nach meinem Gespräch mit Raphaela und Sugar und nachdem ich mich (langsam und vorsichtig) auf die Idee eingelassen hatte, dass alles vielleicht ein bisschen anders sein könnte, als wir es gelernt haben, versöhnte ich mich mit dem Gedanken, dass ich dem, was Zak zu sagen hatte, nun endlich nachgehen musste.

Und so nahm ich eines Nachmittags allen meinen Mut zusammen, setzte mich neben ihn, brachte meine Gedanken zur Ruhe und fragte ihn nach diesem anderen Planeten. Ich weiß nicht, was ich erwartete, aber mit Sicherheit rechnete ich nicht damit, dass er lachen und flugs richtig stellen würde, dass er überhaupt nicht von einem Planeten käme.

Es war eigentlich nur ein Witz.

Vielleicht hatte er auf den Schock gesetzt, den das Unerwartete bei mir auslösen würde, denn in meiner Verwunderung stürzte ein ganzer Haufen von Gedanken-Bildern auf mein Bewusstsein ein. Da gab es keine Reihenfolge; nichts kam als Erstes, Zweites oder Drittes, und doch war alles kohärent und ging nahtlos ineinander über. Auf seine seltsame, zeitlose Art und Weise war das Erlebnis scharf auf das Jetzt eingestellt.

Zak erzählte Folgendes:

Ich bin mit einer Gruppe von Wesen verbunden, die buchstäblich unseren Planeten bilden/ausmachen/erfinden, denn unsere Lichtkörper können jede beliebige Welt und jeden beliebigen Planeten erschaffen, wenn wir es wollen. Diese Gruppe funktioniert ähnlich wie das, was ihr Bruderschaft nennt, aber sie ist auch mehr als das. Wir kommen in diese Welt, um Energie zu spenden und um Energien zu stabilisieren. Mich kannst du „den Neutralisierer" nennen.

Die Mitglieder unserer Gruppe kommen ohne Karma und ohne karmische Verstrickungen und haben in dieser Hinsicht eine sehr direkte und fokussierte Verbindung.

Wir kommen, um unsere Arbeit zu tun, tun sie, und das war's dann. Aber vielen in unserer Gruppe, die in diese Welt kommen, macht das Leben als Tier Spaß, und das wird oft als „der Nutzen" gesehen, der bei der Arbeit herausspringt.

Unsere Gruppe stellt nicht wie manche anderen Tiere karmische Verknüpfungen durch Emotion her. Gewöhnlich kommen wir nicht zurück, um noch einmal mit den gleichen Seelen zu arbeiten. Bei uns geht es hauptsächlich um den Dienst; wir kommen mit Energiepaketen.

Ich sah das Bild eines Computer Zip-Drives und einer Diskette und wusste, dass Zak damit meinte, dass dieses Energiepaket dazu benutzt wird, andere Energien anzukurbeln und festgefahrene Energien zu neutralisieren.

Meinst du mit „festgefahrener Energie" emotionale Einflüsse oder Karma?

Ja, ich arbeite daran, euren Fokus zu modernisieren/auf Vordermann zu bringen, die klebrigen oder unebenmäßigen Ränder zu glätten, damit ihr euch vorwärts bewegen oder euch mit größerer Klarheit ausdehnen könnt. Ich bin wie ein Bimsstein, der euch von Dingen befreit, die euch sonst bremsen würden. Unser Orden ist in diesem Sinne von Dienst sehr großzügig.

Ich hatte das Gefühl, dass es in dieser Gruppe keine starken emotionalen Bindungen gibt. Sie sind wohl ziemlich unnahbar, sind dem Geist näher und nicht so stark an Personen oder am Ego orientiert.

Möchte mir deine Gruppe irgend etwas sagen?

Den Geist manifestiert man auf vielerlei Weisen. Wie du ihn manifestierst, hängt von einer Anzahl von Variablen ab. Wie viel Licht du in deinem Bewusstsein, deinem Körper, dem Grad deines Verstehens zulässt, ist ein Aspekt der Klarheit - davon, „wo du bist" in deiner Perspektive. Einflüsse im Körper sind Einflüsse auf den Geist. Wir sind hier, um den Körper loszuhaken, aus seinem Griff zu lösen, zu öffnen - bis zu einem bestimmten Grad. Wir helfen der Menschheit und auch anderen. Die meisten von uns arbeiten mit mehreren Energien in einem Leben. Wir kommunizieren auch mit den anderen in unserer Gruppe.

Als ich aus dem entspannten kommunikativen Zustand kam, empfand ich wieder die bekannte Frustration. Wie war es möglich, diese Information zu verifizieren?

Mit einem amüsierten Blick wandte sich Zak um, warf mir aber im Gehen noch einen Knochen zu:

Von den Tieren, die du bis jetzt interviewt hast, weiß Echo wohl etwas von unserer Gruppe. Wenn du meinst, eine Bestätigung nötig zu haben, wende dich an Echo.

Es war wirklich seltsam, wie sehr mich diese Situation belustigte und zur gleichen Zeit frustrierte; doch langsam gewöhnte ich mich an den Zustand. Während ich Zak nachschaute, der mit hoch erhobener weißer Schwanzquaste aus dem Zimmer trottete, ließ ich mir die Situation durch den Kopf gehen: Da gibt es einen Hund, der in Wirklichkeit ein erleuchtetes Wesen ist und gekommen ist, um meinem anderen Hund und mir zu helfen; und um herauszufinden, ob das auch stimmt, muss ich ein Pferd fragen.

Ich musste laut lachen. Und es war kein ungläubiges Gelächter. Im Gegenteil, es kam aus dem tiefsten Wissen, dass die Geschichte stimmte, ob das nun jemand glauben wollte oder nicht.

Obwohl ich wusste, dass Echo und Nedda bereit wären, meine Frage über Zak zu beantworten, zögerte ich, sie zu stellen. Ich erinnerte mich jedoch daran, dass eine Gruppe von Geisttieren die Kommunikatorin Diana Roth gebeten hatte, folgende Prophezeiung an mich weiter zu geben: „Bevor du dieses Buch zu Ende bringst, wirst du eine Menge Prüfungen bestehen müssen; doch bei jeder Prüfung, die du bestehst, werden sich mehrere Türen öffnen."

Das ist ja alles schön und gut, aber was ist, wenn du dir gar nicht sicher bist, ob du möchtest, dass sich die Türen öffnen?

Noch als ich die Nachricht für Nedda tippte, klopften diese kleinen Selbstzweifel beharrlich in meinem Kopf an. Wie war es beispielsweise überhaupt möglich, dass Zak etwas von Echo wusste? Meine drei Hunde saßen alle oft bei mir im Büro, während ich mit verschiedenen Kommunikatoren telefonierte, aber mit Nedda hatte ich noch nie telefoniert. Wir kommunizierten ausschließlich über E-mail. Wie konnte Zak etwas von Echo wissen?

Und auf einmal kam in einem dieser Augenblicke, die aus dem Nichts zu kommen scheinen und in denen alles zusammenfällt, Zak die Treppe herunter in mein Büro gerast. Als ich mich zu ihm umdrehte, schaute er mir geradewegs in die Augen. In seinem Blick empfand ich eine Mischung aus Beistand und milder Verstimmung.

Wann überquerst du endlich die Brücke und glaubst das, was du schon lange weißt?

Ich schickte die E-mail ab.

Wenn das Unheimliche in unserem Leben ein gewisses Maß übersteigt, müssen wir uns als Menschen der Entscheidung stellen, ob wir eine neue Seinsweise zuzulassen oder die Einstiegsluke lieber wieder zunageln. Wir können das System unserer Überzeugungen nur bis zu einem bestimmten Grad ausdehnen, dann kommt es unweigerlich zur Kernschmelze.

Um es mit Zak zu sagen: Wie viel Licht du dir in deinem Bewusstsein erlaubst, zeigt, wo du in deiner Perspektive bist. Ich fand mich in meinem Kämmerlein verschanzt, aber da gab es ein paar kleine Ritzen in der Tür. Zweifel und Unglauben waren meine ständigen Begleiter, aber gleichzeitig durchströmte mich auch ein Gefühl der Leichtigkeit und des Wohlbehagens.

Als Neddas Antwort eintraf, war ich in heller Aufregung, denn nicht nur Echo antwortete mir, sondern auch Violet.

Zaks Beschreibung der Gruppe, der er angehört, ist korrekt. Vielleicht erstaunt es dich, dass es auf der Erde viele Wesen aus dem gesamten Universum und aus allen Dimensionen gibt, um in dieser Zeit des Übergangs Hilfestellung zu geben. Soweit ich verstanden habe, hat Zaks Gruppe Schlüsselfiguren unter den Menschen ausgewählt, mit denen sie arbeitet, deren Energien sie stärkt und die sie auf subtile Art und Weise anleitet, ihren Zweck in diesem Dasein zu erfüllen. Ein Teil deines Zwecks, Dawn, ist das Buch, das du schreibst und das die Menschen bewusster für Spiritualität und Tiere macht. Das bedeutet natürlich, dass du im Verlauf des Schreibens auch bewusster werden musst. Das macht doch Spaß, oder?

[Violet:] Ich glaube, ich habe ein paar von den Wesen in Zaks Gruppe auf einem anderen Planeten kennen gelernt. Sie haben großen Einfluss, indem sie Liebes- und Friedensenergien erzeugen und andere unterstützen, die ebenfalls diese Energien erzeugen. Da eins dieser Wesen bei dir lebt und arbeitet, müssen du und deine Arbeit etwas Besonderes sein.

Diese Antworten hätten mich wirklich trösten können. Aber diese kleinen Fäden der Skepsis wollten einfach herausgezogen werden, wie ein loser Faden auf einer Lieblingsbluse. Ich hatte keinen Zweifel mehr an Zaks Information, aber ich wusste, dass es da noch etwas gab.

Chrys Long-Ago, die Tierkommunikatorin in Anchorage, die mich als Erste in die Wunder der Tierkommunikation eingeführt hatte, bot mir ihre Hilfe an. Ich erzählte Chrys nur, dass Zak mir gesagt hatte, er arbeite mit einer Gruppe von Energiewesen von einem anderen Ort. Als Chrys sich dann auf Zak einstimmte, war sie nur ganz vage informiert.

„Ich erhalte keinen Namen für Zaks Gruppe", sagte Chrys. Er sagt mir Folgendes:

Auf der Seelenebene habe ich meine Energie heruntergefahren, um in die Materie zu kommen und einen physischen Körper anzunehmen. Ich beherrsche die Fähigkeit, mein Bewusstsein aufrecht zu erhalten und auch außerhalb der Körperlichkeit zu arbeiten. Einige in meiner Gruppe versuchen, körperlich zu werden, um auch Menschen zugänglich zu sein, die sich nur ihres physischen Zustands bewusst sind, und um andere Wesen zu erwecken, die vergessen haben, dass sie in der Vergangenheit besser auf spirituelle Schwingungen eingestellt waren.

Wir beobachten, dass es die Menschen erschreckt, wenn sie sich ihrer vergangenen Leben bewusster werden, besonders der Leben, die einen spirituellen Wert hatten und in denen sie Heiler oder in spirituellen Dingen sehr begabt waren, und wenn sie sich daran erinnern, wie weit das Thema einmal bei verschiedenen Menschenrassen war. Es verunsichert sie, und das heißt, dass sie ihre Erdung verlieren. Wenn die Menschen Angst bekommen und unsicher werden, weil sie etwas über ihre Vergangenheit herausfinden, ist es für sie das Beste, wenn sie sich wieder erden.

Wenn wir in unseren physischen Körpern sind, ist es noch wichtig für uns, physisch zu sein. Wenn mehr Menschen sich ihrer Vergangenheit bewusst werden, werden sie dummerweise auch konfuser, und die Leute zerbrechen daran, wenn sie zu lange in diesem Zustand bleiben.

Es ist nicht sehr achtsam, wenn die Leute sich in ihren Erinnerungen verlieren. Sie verlieren dann den Kontakt mit der Gegenwart. Wenn man einmal seinen Fokus in der Gegenwart verloren hat, hat man auch seine Kraft verloren. Und das geschieht momentan.

Die ganze New-Age-Bewegung hat insofern ein destruktives Element, als dass viele der Readings und anderen Dinge die Menschen dazu bringen, das Gefühl zu verlieren, dass sie im Augenblick leben und hier geerdet sind. Die Menschen können nichts Größeres tun, als ihre eigenen Probleme zu lösen, sich zu heilen und sich auf die Bewusstseinsebene zu begeben, auf der sie offen sind für all die wunderbaren Eigenschaften der erleuchteten Natur, nämlich Glückseligkeit, Mitgefühl und Liebe, und sich zu erden.

Kann uns die Beschäftigung mit New Age zu stark in unsere mentalen Konstrukte hineinziehen?

Ja, es kann dazu führen, dass sich eure Gedanken verrennen, und das verstört euch und entzieht euch eure Erdung.

Heißt das, man kann die Dinge nicht mehr von innen heraus sehen, wenn man sich in den Botschaften von anderen, zum Beispiel Medien oder aufgestiegenen Meistern oder auch Tieren, verstrickt?

Ja. Sie vernachlässigen dann ihre eigene Arbeit. Sie lesen über diesen und jenen oder, schlimmer noch, konzentrieren sich auf ihre eigenen Vergangenheit - auf vergangene Leben, vergangene Leistungen, vergangene Zivilisationen. Es besteht dann die Gefahr, dass sie nicht mehr im Augenblick leben, und damit berauben sie sich ihrer Kraft.

Wenn du nicht im Augenblick bist, wenn du abgelenkt bist und über die Vergangenheit nachdenkst oder über die Zukunft fantasierst, hast du deine Fähigkeit verloren, im Augenblick zu handeln und einen konzentrierten Fokus zu haben.

Ich erzählte Chrys, dass ich vor unserem Gespräch versucht hatte, Zak ins Haus zu holen. Er kam schmutzig an die Tür, und als er ins Haus kam, signalisierte er mir, dass es ihm Spaß machte, draußen im Schmutz und zurück auf der Erde zu sein.

Chrys lachte. „Er sagt, ein Hund lebt vorwiegend in der Gegenwart, wenn er nicht neurotisch geworden ist und bei neurotischen Menschen lebt. Ein Hund erlebt das Leben. Wenn irgend etwas ansteht, kümmert er sich sofort darum, er durchlebt es und lässt es dann hinter sich. Und das ist Achtsamkeitsmeditation. Im Schmutz zu spielen und zu wühlen ist dann vielleicht Spontaneität."

Ich bin gerne Hund. Es macht mir wirklich Spaß, und ich bin gern schmutzig. Ich finde, du bist ein bisschen zu sehr darauf fixiert, dass ich mich schmutzig mache.

Jetzt musste ich lachen.

Ich kann gehen und kann jederzeit werden, was ich möchte. Ich kann auch sterben und eine Zeitlang etwas Anderes machen.

Ich bewahre meine Sicht von dem, wer ich als spirituelles Wesen wirklich bin. Es gefällt mir vielleicht eine Zeitlang, Hund zu sein, aber ich bin in Wirklichkeit keiner.

„Das ist interessant", sagte Chrys. „Die Leute suchen immer nach ihrer Identität. Zak sagt, er wisse, wer er ist. Er ist spirituell. Da hat er seine Wurzeln geschlagen."

Welches ist deine wichtigste Botschaft an die Menschen?

Es wäre gut, wenn sie lernen könnten, wie Hunde zu sein, mit sich und ihrem Tun zufrieden zu sein. Selbst die einfachsten Aktivitäten werden zu Mitteln der Erleuchtung.

Der schmutzige Zak
Foto von Dawn Brunke

Ob das, was ihr tut, eine erleuchtete oder nur eine ganz gewöhnliche Aktivität ist, hängt von eurem Blickwinkel ab. Die Leute könnten lernen, mehr wie die Tiere zu sein - nicht nur verbunden zu sein mit der Natur und mit spirituellen Dingen, sondern diese tatsächlich zu erleben, ohne ein Urteil abzugeben und ohne den Ausgang der Ereignisse zu bestimmen. Die Ereignisse nur beobachten oder an ihnen teilhaben, ohne zu versuchen, den natürlichen Ausgang zu verändern.

Etwas sehr Gutes, was die Menschen von Hunden lernen können, ist es, ein warmes, offenes Herz zu haben, ohne auf Belohnung zu spekulieren - einfach nur aufgeschlossen und liebevoll zu sein, nicht weil man erwartet, dass man es zurück erhält. Vergesst Belohnungen! Wenn die Leute nur ihre Belohnungen vergessen könnten, die Erwartung, dass etwas in der Zukunft kommt, dann könnten sie mehr im Augenblick sein.

Wenn ihr freundlich zu anderen seid, heißt das natürlich auch, dass ihr freundlich zu euch selbst seid, denn letztlich tut man alles, was man tut, für sich selbst. Das andere Wesen gibt es nicht.

Zak, als du mir von deiner Gruppe erzählt hast, sagtest du, dass du außerhalb des Bereichs von Karma arbeitest. Kannst du das ein bisschen einfacher formulieren?

Karma ist nur ein mentales Konstrukt.

Unsere Gruppe befasst sich nicht mit Zeit. Wir haben eine ausgedehnte Sicht. Wir sind ein Wesen jenseits von Namen, jenseits von Identität und von Ego und manifestieren uns durch unzählige materielle und metaphysische Karmasysteme. Ein Karmasystem kann eine Person sein, die sich im Lauf vieler Leben entwickelt. Diese Person und dieses Ego existieren nicht wirklich, aber ich zeige sie euch als Karmapaket oder Karmamuster, das sich endlos fortsetzt.

„Wir sagen immer ‚sie‘, wenn wir von seiner Gruppe sprechen", kommentierte Chrys. „Aber Zak zeigt mir die Gruppe als nicht dual - nicht mehrere Wesen, sondern als eine große Intelligenz, die sich auf unzählige verschiedene Weisen manifestieren und die unterschiedlichsten Wesen beeinflussen kann. Es existiert und durchdringt alle Universen, sämtliche Intelligenz.

Es ist irgendwie abstrakt. Ich bin mir aber nicht sicher, ob sie ihren Sinn für Identität gänzlich verloren haben, denn wenn es ein Wesen ist, das sich absondert und sich einen Hund nennt, dann - naja, es gibt verschiedene Stufen von diesem Stadium der Erleuchtung. Ich will ihn danach befragen." Chrys machte eine Pause.

Die Intelligenz, die wir verkörpern, existiert fast als ein sehr verdünntes Gas im Universum. Es ist so fein und rein, eine so reine Energie, eine reine Wellenlänge, eine reine Kraft, dass die meisten anderen Lebensformen es nicht sehen oder aufspüren können. Deshalb manifestieren wir uns in materiellen Körpern. Es ist schwierig, uns zu channeln.

Mein Hundedasein ist nur ein Traum.

Zak, du bist jetzt in diesem Leben bei mir. Ist das dein Traum oder meiner?

Es ist auch deiner. Ich konnte nur mein Bewusstsein in meinen Träumen aufrecht erhalten. Ich bleibe mir meiner Spiritualität bewusst, während du dich in deiner Materialität und deiner Perspektive verlierst.

Wenn du in einem Traum bist, vergisst du, dass du träumst. Du vergisst, dass es nur ein Traum ist. Du arbeitest in deinem Traum und denkst und versuchst, Probleme zu lösen, und dann wachst du auf und sagst dir: „Was hat das alles zu bedeuten?" So ist auch euer Wachzustand. Er ist auch nur ein Traum.

Aber wenn du im Leben immer nur im Augenblick bist, ist das nicht so, als wärst du in einem Traum, in dem du ja auch immer nur im Augenblick bist?

Bringt Absicht und Fokus in den Augenblick, dann kann er euch die Erleuchtung enthüllen.

Wenn ihr euch nicht mehr an die Zukunft klammert, hört ihr auf, Karma zu erzeugen. Wenn ihr euch nicht an die Zukunft klammert, kümmerst du dich nicht mehr darum, wie eine Sache ausgeht. Du kuppelst deine Absicht aus, und dadurch verändert sich dein Karma.

Du kannst trotzdem Pläne machen, denn dein letztendlicher Plan besteht vielleicht darin, jemandem von Nutzen zu sein, Frühstück machen beispielsweise oder die Kinder ins Bett bringen. Aber wenn du es so sehen kannst, dass das alles ein Traum ist, von dem du einmal erwachen wirst, um ein gänzlich erleuchtetes Wesen zu sein, hörst du auf, Karma zu erzeugen. Du lässt alles geschehen, was unabhängig von deiner Einmischung geschieht.

Hast du noch Fragen dazu?

Ich lachte, aber es klang eher wie ein Grunzen. Mein Hund fragte mich das!

Du wolltest etwas über Karma höre. Das ist Karma: du denkst und denkst und denkst ununterbrochen. Wenn du aufhörst zu denken und mit dem Teil deines Geistes bewusst bist, dem nichts daran liegt, das Ergebnis von jeder Kleinigkeit zu manipulieren, dann hörst du auf, Karma anzusammeln, und gelangst schließlich dahin, wo Karma und Nirwana nur noch die zwei Hälften des Ganzen sind. Nirwana ist der erleuchtete Zustand jenseits von Karma. Aber beide sind nur ein Traum. Jenseits von diesem existiert ein Stadium der Erleuchtung, und von dort kommen wir.

Oh Zak! Wie konnte es geschehen, dass mich die Tierkommunikation an diesen Punkt gebracht hatte?

Ein Hund zu sein, ist wirklich eine tolle Sache. Du machst Dinge, ohne dafür verantwortlich zu sein. Du brauchst dir keine Arbeit zu suchen und musst nicht arbeiten. Das gilt natürlich nicht für alle Hunde. Manche haben viel Kummer und Verpflichtungen am Hals für ihre Familien.

Die Leute müssen einsehen, dass es nicht immer unbedingt toll sein muss, ein Tier zu sein. Auch viele Tiere müssen erst befreit werden und in einen Seinszustand kommen, in dem sie offen für spirituelles Lernen sind und sich lehren lassen können. Nicht alle Tiere sind sich ihres spirituellen Wesens bewusst.

Es gibt viel von den Leuten zu lernen, die sich in ihre Hunde hineinversetzen, aber die große Gefahr dabei besteht darin, dass sie etwas beschützen wollen, was gar nicht da ist, und dass sie dann in dieser kleinen Fantasie leben.

„Das stimmt mit meinen Überzeugungen überein", warf Chrys ein. „Ich habe das schon bei anderen Tieren beobachtet. Ich verstehe, dass er es gut fände, wenn sich die Menschen als Hunde sehen und wie Hunde denken könnten, das heißt, im Augenblick präsent zu sein und sich nicht um alles in der Welt kümmern würden. Aber das geschieht eben nicht. Viele Menschen sehen Dinge in ihren Tieren, die gar nicht existieren. Er hofft, dass dein Buch für ein paar Leute wirklich den Durchbruch bringen kann. Dass sie ihr Tier nicht mehr so sehr personalisieren und es anstatt als eigenes Individuum sehen."

Chrys hielt inne und lachte nun aus mir unerfindlichen Gründen. „Es geht ums Essen“, sagte sie. „Die Vorstellung von einem Leckerbissen geisterte gerade durch seinen Kopf. Womöglich ist das auch sehr tiefgründig! Vielleicht kann man ja mächtig erleuchtet sein und trotzdem noch gern Schokolade essen.“

Das wollte ich doch hoffen. Was gäbe es schon Großartiges an der Erleuchtung ohne Schokolade?

Es gibt auf dem Planeten viel Licht, mehr als es Jahrhunderte lang gab. Gefährlich ist nur, dass die Leute sich so wenig Zeit für die Achtsamkeit nehmen. Es gibt jetzt viel mehr Ablenkungen und Spaß, und die Menschen basteln an ihren monumentalen Egos. Die Leute haben es nicht einfach.

„Aber er konnte außerhalb seines Körpers arbeiten“, sagte Chrys. „Hat er dir gesagt, dass er von einem anderen Planeten oder von einer anderen Galaxis kam?“

„Nein“, erklärte ich. „Zuerst sagte er, er komme von einem anderen Planeten, aber später meinte er, es sei nur ein Witz gewesen und Planeten seien auch nur Konzepte.“

„Ja ja“, lachte Chrys. „Das Raum-Konzept.“

Ihr seid ja schon verwirrt wegen des Zeitkonzepts. Wenn ihr einmal das Zeitkonzept verlasst, habt ihr kein Karma mehr. Karma gründet sich auf den Glauben an die Zeit, auf den Glauben, dass etwas in der Vergangenheit, Gegenwart oder Zukunft geschieht. Deshalb betrifft euch Karma nicht, sobald ihr euer Bewusstsein in die Nicht-Zeit verlegt.

Auch Raum ist ein Konzept. Er existiert in euren Köpfen. Da draußen gibt es keinen Raum. Raum ist verschiedene Bewusstseinsebenen. Den Menschen mag etwas als weit entfernt oder als Lichtjahre erscheinen, aber das ist in Wirklichkeit nur ein Konzept.

Willst du damit sagen, dass Planeten nur so eine Art Witz sind, der sich aus dem Raum-Konzept ergibt?

Es sind die unterschiedlichen Wellenlängen - eine andere Wellenlänge im Sinne einer anderen Gehirnwelle, ein anderes mentales Denkmuster. Du kannst deine Muster und dein ganzes Wesen hinunterfahren und lässt sie dann sich mit einem bereits etablierten Planetensystem verbinden. Oder du wechselst die Schwingungen und lässt dich auf ein anderes ein. Wir halten uns von so etwas lieber fern und bleiben unnahbar. Wir sind sehr feine, sehr reine Energie.

„Zak erzählte mir auch etwas darüber, dass man nicht immer wieder zu der gleichen Person kommt“, sagte ich Chrys. Das Wort „Unnahbarkeit“ hatte mich getroffen, das Zak auch benutzt hatte, als er mit mir sprach. Wie ich es verstand, meinte er damit, dass sie die Abhängigkeit nicht herbeiführen wollten.

„Er sagt, er musste seine Schwingung erniedrigen, um hierher zu gelangen, um in der physischen Welt zu sein und unsere Wellenlängen beherrschen zu können, damit er mit uns sprechen kann“, sagte Chrys. „Kraft seiner Konzentrationsfähigkeit kann er seine Schwingung in diesem Umfang verändern und die neue Schwingung aufrecht erhalten und dazwischen hin- und herpendeln."

Aber ich bin trotzdem ein Hund.

Das brachte Chrys und mich wieder zum Lachen.

Ich fragte Chrys, ob sie merke, wann sie mit Zak, dem Hund, und mit Zak, dem erleuchteten Wesen, spricht.

„Wir sprechen eigentlich eher mit dem, was wir sein Höheres Selbst nennen", sagte Chrys.

„Sein Hundeseele ist eine andere Schwingung. Ich kann sie hören; sie hat eine andere Stimme. Sie klingt anders, sie fühlt sich anders an."

„Ist sein Hundeselbst sich dieses Höheren Selbsts bewusst?"

„Es hat kein Bewusstsein von sich als einem gesonderten Selbst", sagte Chrys. „Es sind keine zwei verschiedenen Selbste."

„Aber ist Zak, der Hund, sich seiner spirituellen Natur bewusst?"

Chrys sagte, sie würde sich Information an der Quelle holen. Dann, nach einer langen Pause: „Ah!"

Es ist umgekehrt. Ihr seid nah dran. Mein spirituelles Selbst - ihr könnt es meine Seele nennen - ist sich seiner eigenen Natur bewusst, seiner eigenen, ihm innewohnenden vollkommenen erleuchteten Natur und gleichzeitig seiner Hundegestalt.

Die Hundegestalt ist nur eine Illusion und hat im Grunde nicht viel Bewusstsein. Der Körper wird immer nur vom Geist beseelt. Der Geist hat ein Bewusstsein von der Materie. Materie ist eine Art Spiegelbild und hat selbst keine Intelligenz. Das materielle Gehirn denkt nicht. Die Intelligenz im Gehirn denkt, und die Intelligenz ist die elektrische Leitung - das, was ihr als Strom oder Energie bezeichnet.

Und diese Energie ist mit dem Geist verbunden?

Es ist der Geist. Aber dieser Geist ist heruntergefahren in eine Schwingung, so dass er den leitenden Strom für die Materie liefert, für die Zellen, für die kleinen Partikel der Materie, die Atome. Ich bin in Wirklichkeit der Raum zwischen den Atomen.

„Das hat er tatsächlich gesagt!" rief Chrys erstaunt und gleichzeitig frohlockend. „Das ist dein Hund!" Und wieder mussten Chrys und ich lachen; und das zeigt vielleicht, dass der Humor eine wichtige Rolle bei der Erziehung zur Erleuchtung spielt.

Chrys meinte, das Zaks Ausführungen etwas mit dem Konzept der Leere im Buddhismus zu tun hätten, dass alle Intelligenz in dem Raum zwischen den Atomen und sogar zwischen den Bestandteilen der Atome angesiedelt wäre. „Dein Hund ist sich dieser Natur also bewusst", sagte Chrys. „Es ist nicht dein Hund, sondern ein erleuchtetes Wesen, das sich seiner selbst als der Intelligenz des Universums bewusst ist und das seine Schwingung verändern und verschiedene Gestalten annehmen kann."

Aber die Gestalten selbst sind nicht unabhängig von demjenigen, der sie denkt.

Ist das Ziel dann, das spirituelle Selbst in den bewussten Verstand zu bringen?

Ich konnte in Wahrheit die Frage kaum formulieren. Mein Gehirn war mit all diesem Gerede von Atomen und ihren Zwischenräumen langsam übersättigt Und doch schienen wir einer Sache auf der Spur zu sein.

Wenn ihr euch eures spirituellen Wesens bewusster werdet, erkennt ihr auf einmal, dass es das spirituelle Wesen und die spirituelle Natur sind, die Bewusstsein haben. Ihr hattet nur einen Augenblick lang eine fragmentierte Sicht. Ihr hattet euch selbst lediglich durch eine rissige Tür betrachtet. Aber dann öffnet ihr die Tür, und der gewöhnliche Verstand fällt weg.

Der gewöhnliche menschliche Verstand, das menschliche Bewusstsein ist die Tür, aber sie versperrt den Eingang. Doch wenn ihr euch als spirituelles Wesen denkt, stoßt ihr die Tür immer weiter auf. Ihr erkennt, dass ihr die Essenz der Erleuchtung seid - erleuchtetes Wesen und erleuchtete Intelligenz. Je mehr ihr darüber nachdenkt und Vermutungen über eure spirituelle Natur anstellt, desto näher kommt ihr der Erkenntnis, dass ihr wirklich diejenigen seid, die beobachten und denken, und nicht die Sache, über die ihr nachdenkt. Ihr seid es! Es wird offensichtlich, wenn ihr bei diesem Gedanken verweilt.

Chrys und ich waren still. Einen Moment lang war ich wie gebannt, schwebte in einem Augenblick außerhalb der Zeit, wo nichts einen Sinn ergab und doch alles vollkommen klar war.

Und dann wird das Tor verschwinden. Und dann steht ihr einfach im Raum und wisst alles.

Die Schildkrötengeschichte

von Jim Worsley

Eines Morgens fuhr ich zum Park, um mit meinen zwei Hunden Archie und Tucker spazieren zu gehen. Es war ein Morgen wie jeder andere, außer dass ich dauernd das Gefühl hatte, Schildkröten am Straßenrand zu sehen. Es war aber immer irgend etwas anderes, nur keine Schildkröte. Als wir den Park erreicht hatten, hatte ich die Sache mit den Schildkröten vergessen.

Archie bringt mir normalerweise einen Stock, holt ihn und wartet dann, bis Tucker und ich nachgekommen sind. Einer meiner Stöcke landete diesmal hinter einem Baum. Als wir Archie eingeholt hatten, starrte er auf etwas neben dem Baum. Er hatte den Stock liegen lassen, und der lag nur ein paar Zentimeter von einer „Eastern box" Schildkröte.

Archie und Schildkröte
Foto von Jim Worsley

Die Schildkröte saß ganz still da und streckte ihren Kopf aus dem Panzer hervor. Ich sah, dass es einen besonderen Grund gab, warum sie hier saß, und dass es kein Zufall war, dass ich auf der ganzen Fahrt zum Park erwartet hatte, eine Schildkröte zu sehen. Sie schien auf uns gewartet zu haben, um ihre Arbeit erledigen zu können.

Mir wurde nun klar, dass ich hierher gerufen worden war. Ich dachte an Dawn Brunkes Buchprojekt und an ihre Frage: Was wollen Tiere uns sagen? Ich stellte der Schildkröte diese Frage.

„Die Menschen müssen ihren Kopf ausmisten", hörte ich sie sagen. „Dann können sie da zufrieden sein, wo sie sind. Die Heimat kann überall sein. Ich kann zwischen der Autobahn und diesem Weg leben. Ich habe hier alles. Ich bin hier zu Hause. Die Leute müssen zufriedener sein mit dem, was sie schon haben. Sonst werden sie nirgendwo zufrieden sein."

Ich bemerkte, dass die Schildkröte äußerst geduldig mit uns war. Tucker drängte sich näher und schnupperte an ihrem Panzer. Es war, als würde sie uns vertrauen. Ich fragte, ob das „Ausmisten" des Kopfes bedeute, der Erde im Allgemeinen gegenüber eine positivere Haltung anzunehmen.

„Natürlich", war die Antwort. Nun hob die Schildkröte ihren Panzer, drehte sich um und spazierte weg. „Wenn euer Kopf klar ist, braucht ihr nicht so schnell zu gehen, um das zu finden, was ihr sucht. Nichts geht verloren, bis ihr es verloren glaubt. Ich bleibe dieser Autobahn fern, weil sie zu schnell ist. Es gibt immer genug, wenn ihr euch für das entscheidet, was ihr schon habt, bevor ihr losrennt und mehr wollt." Dann verschwand die Schildkröte aus unserem Blickfeld. Wir drei dagegen blieben und sahen ihr nach.

13

Das innere Netz

Mit aller Technologie verfolgen wir den Traum der wahren Einheit: Telefon, Fernsehen, Telekommunikation entstanden aus dem tiefen Wunsch nach einer wirklichen Verbindung zwischen uns allen. In unserem Bestreben, das zu werden, was wir in Wahrheit sind, erfinden wir das Internet und ähnliche Verbindungsmöglichkeiten, um es der Telepathie gleichzutun, dem natürlichsten aller Kommunikationsmittel.

René K. Müller, Webmaster

Eines Morgens kam ich von dem wedelnden Schweif eines lebhaften Traumes langsam in mein Wachbewusstsein.

In dem Traum nehme ich an einem Workshop über Tierkommunikation von Sam Louie teil. Die Klasse macht gerade Pause, und ich bin allein im Klassenraum mit Sam und mehreren Hunden. Ich will auch gerade gehen, da entdecke ich plötzlich ein Gerät für die Tierkommunikation in meinem Hirn.

Zuerst denke ich, Sam wäre dafür verantwortlich, obwohl er das sofort verneint, das sei nicht sein Fall. Er meint, dass mir vielleicht die Übungen im Unterricht dabei helfen, das Gerät ausfindig zu machen, es sei aber immer schon in mir gewesen. Es sieht aus wie eine dunkle Glaskugel und hat einen Durchmesser von zwei bis drei Zentimetern. Obwohl es sich in meinem Kopf befindet, kann ich es sehen. Es erinnert mich an ein Computer-Icon. Um die Mitte der Kugel sind viele kleine bunte Scheiben angeordnet; sie erinnern an einen Äquator. Durch diese kreisförmigen Scheiben werden Laserstrahlen des Lichts ausgesendet. Sie erlauben es, dass mich ein verbindender Energiestrahl mit jedem beliebigen Tier in Kontakt bringt. In diesem Sinne dient das Gerät der Herstellung von Kommunikation, „übersetzt" aber gleichzeitig auch zwischen den Spezies.

Ich bin von dem Gerät begeistert und merke, dass es keinen Grund gibt, warum ich es nicht augenblicklich aktivieren könnte. Während ich es mache, höre ich plötzlich die Stimmen der einzelnen Hunde in dem Zimmer. Ich wende mich an einen, und er signalisiert mir ein breites Hundegrinsen. Dann sagt er mit unmissverständlichem britischen Akzent: „Bei George, jetzt hat sie es endlich kapiert!"

Ich lache, während die anderen Hunde ein Lied aus dem Film *My Fair Lady* anstimmen. „The rain in Spain stays mainly on the plain", singen sie gefühlvoll und parodieren übermütig dieses Musical. Ich staune über die Situationskomik.

„Hörst du das?" frage ich Sam immer wieder. Aber Sam lacht auch, sämtliche Hunde lachen, alle von uns sind weggefegt von einer ansteckenden Welle von Gesang und Gelächter.

Dann fällt mein Blick auf einen Hund auf der anderen Seite des Zimmers. „Glaubst du es jetzt?" fragt er mich, während die anderen weitersingen und weiterlachen. „Bis du bereit zu glauben, dass das wirklich passiert?"

Dieser Traum tanzte viele Tage lang in mir weiter. Ich dachte oft an ihn, insgeheim lächelnd, lachend, erstaunt.

Die Vorstellung, dass die Fähigkeit zur Tierkommunikation in einem Gerät in unserem Hirn entdeckt werden könnte, passt zu der Vorstellung, dass diese Fähigkeit in allen Menschen vorhanden, wenn auch oft vergessen ist. Meine anfängliche Reaktion, dass Sam mir das Gerät gegeben hatte, spiegelt eine verbreitete Projektion wider, denn viele Menschen halten es zwar für möglich, dass man sich mit Tieren unterhalten kann, zweifeln aber an ihrer eigenen Fähigkeit. Als guter Lehrer machte Sam uns klar, dass dazu kein Anlass besteht.

Dass das Gerät aus einer Kugel bestand, bedeutet, dass es eine von allen geteilte, universale Eigenschaft enthält, etwas, was für jeden auf dem Planeten wahr ist. Außerdem konnten die Lichtstrahlscheiben (sowohl Licht als auch kreisförmige Scheiben stehen für universale Verbindungen) alle Wesen verbinden, unabhängig davon, wo sie waren, welche Gestalt sie hatten, zu welcher Spezies sie gehörten und welche Sprache sie sprachen. Dass ich das Gerät als ein Computer-Icon sah, passt zu der Fähigkeit von Computern und dem Internet, Individuen und Gruppen miteinander zu verbinden.

Mit der Zeit wollte ich weitere Einzelheiten in Erfahrung bringen und begann, nach Aspekten dieses Traums zu suchen, die eine Entsprechung mit anderen Facetten der Wirklichkeit hatten. Was bedeutete beispielsweise der Bezug zu dem Film *My Fair Lady*? „Jetzt hat sie es kapiert" passte, aber weshalb wählten die Traummacher dieses Musical aus? Und warum dieses alberne Lied? Was war an dem Regen in Spanien so wichtig, dass mein Gehirn wertvolle Energie darauf verwendete, das Bild von Hunden heraufzubeschwören, die dieses Lied sangen?

In der Filmversion von 1964 des Musicals spielte Rex Harrison den Sprachexperten Professor Henry Higgins. Higgins arbeitet daran, die gewöhnliche Sprache eines Cockney-Blumenmädchens in korrektes Englisch zu verwandeln. Allgemein gesehen entspricht das der Absicht der Tierkommunikation, den Sprachfluss um der Klarheit und des besseren Verständnisses willen zwischen den Spezies umzuwandeln. Es passt auch zu der Funktion des Kommunikationsgeräts, Sprachen zu „übersetzen".

Das Cockney-Mädchen, das sich der linguistischen Veränderung unterzog und zur „fair lady" wurde, wurde von Audrey Hepburn gespielt. Der Name der Figur ist Eliza Doolittle. Doolittle? Der Name machte mir mit einem Schlag alles klar. War es ein

Zufall, dass Miss Eliza den gleichen Namen hatte wie der berühmteste Tierkommunikator der Literatur – Dr. Doolittle persönlich? Fand ich diese Verbindung nur, weil ich nach ihr suchte? Oder saßen die Traummacher da und lachten sich mitten in der Nacht eins ins Fäustchen, während sie verborgene Muster wie dieses in ihre Kreation steckten? Ich fragte mich gerade, was ich sonst noch finden würde, als das Gespenst von Rex Harrison lächelte und ich merkte, dass auch er Teil des Spiels war. Nach seiner Rolle als Henry Higgins, Experte der menschlichen Sprache, spielte Rex den Experten der Tiersprache, Dr. Doolittle, in dem Film gleichen Namens.

So wie uns die äußere Welt eine Fülle von Verwandlungsbildern und synchronen Ereignissen liefert, hat auch das innere Theater seine eigene Sprache und sein eigenes künstlerisches Können, die uns schnell in ein neues Verstehen von uns selbst und des Universums befördern können. Besonders die Traumwelt ist reicher und fruchtbarer Boden, wo dem Geist keine Zügel auferlegt sind, innere und äußere Wirklichkeiten neu anzuordnen. Sie repräsentiert unsere persönliche Welt und steht für eine veränderte Wirklichkeitswahrnehmung.

Nach C. G. Jung sind Träume das Bewusstsein des Unbewussten. Deshalb gibt es immer eine Bedeutung, auch wenn man manchmal etwas graben muss. Wir tragen immer tiefere Schichten ab und enthüllen das Wirken faszinierender Verbindungen auf vielen Ebenen, verschlungene Themen und subtile (manchmal auch gar nicht so subtile) Variationen des Musters. Träume dienen auch als Portale zum Multidimensionalen. Folge irgend einem Stückchen des Hologramms, und es führt dich zurück zum Ganzen.

Ich wusste, dass es noch andere Ebenen in meinem Traum gab. Stück für Stück konnte ich sie angehen und ein neues Puzzle anfertigen. Ich ordnete die Stücke zu einer neuen Version, zu einer neuen Geschichte, die neue Schichten, neue Verbindungen aufzeigen würde. Wenn ich tief genug graben könnte, würde ich die Tür finden, die mich hineinzog.

Nur so zum Spaß griff ich nach ein paar anderen Stücken. Weshalb leitete zum Beispiel ausgerechnet Sam Louie den Workshop? Ich hatte Sam nie persönlich getroffen und hatte nie an einem Workshop teilgenommen. Und was hatte es mit diesem albernen Regenlied auf sich, das die Hunde sangen? Was hatte das mit dem Rest zu tun?

Ich erhielt die Antwort nicht sofort. Aber als ich ein früheres Kapitel dieses Buchs überarbeitete, fügte ich eine Geschichte über einen Hund ein, die mir Sam erzählt hatte. Der Hund suchte ein Zuhause. Der Hund sagte Sam, dass es nicht geschehen würde, bevor die Regen kämen, und das bedeutete letztlich die Ankunft einer Frau namens Annette Rains, die den Hund zu sich nahm. Der Hund wartete auf die Regen... Annette Rains... Traumhunde singen über den Regen... den Regen in Spanien? Doppeldeutigkeiten und gemischte Metaphern machten sich überall breit und weichten mein Gehirn auf. Hatten die Traummacher das eingeplant, oder war alles nur eine einzige lange lose Verbindung - die Geschichte eines nassen, zottigen Hundes?

„Träume gewähren Einblicke in einen ungeheuer detaillierten und oft komplexen Plan der ureigenen Zusammensetzung eines Menschen, wobei sie die Muster hervorheben, die gegenwärtig aktiv sind oder aktiviert werden", schreibt der Lehrer und Autor Brugh Joy. „Träume enthüllen die Selbste, die den Tanz unseres Leben auf unbewussten und bewussten Ebenen anführen. Träume sind eine Schwelle zum Verstehen der universellen Lebensprinzipien im Allgemeinen. Sie haben sowohl kollektive als auch individuelle Bedeutung."[1]

Aus einem anderen Blickwinkel sind Sam und die Hunde, ja sogar Henry Higgins und Eliza Doolittle - und auch der gute Dr. Doolittle selbst - alles Aspekte des träumenden Ichs. Darüber hinaus gehören sie auch zu dem träumenden Wir, denn nachdem du jetzt über den Traum gelesen hast, gehört er auch zu dir. Geteilte Träume werden zu einer Webseite, auf die jeder Zugriff hat. Klick das Ikon an deinem Computer an, das aussieht wie ein kleiner Ball mit Punkten um den Mittelpunkt. Dort findest du die universelle Übersetzungsvorrichtung, die kostenlos herunter geladen werden kann. Du brauchst sie eigentlich gar nicht erst herunter zu laden, denn du hast die Datei bereits in dir. Wenn ein Bewusstsein es denken kann, dann steht es allen zur Verfügung.

„Tiere sind meine kleinen Computer zum Universum", sagte mir Laura Simpson. Wir hatten uns über Computerbilder und Telepathie unterhalten und spielten mit den üblichen Begriffen „angeschlossen" und „on-line". Laura erläuterte die Idee, dass Tiere eine unmittelbare Verbindung zum universalen Verstand darstellen, weil sie meist wissen, wer sie sind, nicht von Selbstzweifeln geplagt und von dem Glauben an Trennung eingeschränkt werden. Ich erzählte ihr, was mir ein Tiergeist gesagt hatte: „Die neuen Computer erlauben euch, so viele Dinge auf einmal zu tun, weil dies die physische Manifestation des inneren Wissens, der inneren Realität der Multidimensionalität ist."

Wenn es stimmt, dass die äußere Welt eine Widerspiegelung der inneren ist, spiegelt dann die Vernetzung der ganzen Welt durch das Internet (der Ausdruck „on line" - „verbunden sein" - spricht Bände), wider, dass die Menschheit sich ihrer telepathischen Fähigkeiten langsam bewusst wird? Ist das Internet eine äußere Manifestation des Innernets - des inneren Netzes? Wurde mein Traumbild eines telepathischen Kommunikationsgeräts, einer Art 3-D-Computer-Ikons erzeugt, weil solche Verbindungen von der äußeren Welt eben auf diese Art und Weise gehandhabt werden? Manifestieren wir Menschen Maschinen, die uns die zugrunde liegende Wahrheit spiegeln, dass wir in Wirklichkeit alle miteinander verbunden sind, weil wir uns noch immer davor fürchten, unseren eigenen natürlichen Fähigkeiten zu trauen?

Marcia Ramsland und ihr Hund Jarvi führten einmal ein langes Gespräch über das „Netzwerk der Tiere". Von der gleichen Verbindung sprach auch Mojave Dan mit J. Allen Boone. Er war in der Lage, alle gewünschten Informationen zu erhalten, indem er einfach den Tieren zuhörte. Durch ihre Reisen und Zusammenkünfte wussten die Tiere über alles Bescheid.

„Die Menschen verstehen nicht, wie alles funktioniert, und gefährden durch ihr mangelndes Verständnis den gesamten Prozess", sagte Jarvi vor vielen Jahren Marcia. „Es ist von äußerster Wichtigkeit, dass sich die Menschen wieder mit den Pflanzen und Tieren verbinden. Wir können ihnen beibringen, was sie vergessen haben."[2]

Ist die vergessene Sprache vielleicht nur eine einfachere Version dessen, womit wir tagtäglich an unseren Computern beschäftigt sind? Jedes bisschen Wissen, jede Erfahrung kann im Netzwerk der Tiere „registriert, veröffentlicht, aufgegeben" werden, wo jeder jederzeit Zugriff darauf hat. „Wir haben Zugang zu allem", sagte mir Penelope Smith. „Jedes Wesen hat Zugriff auf alle Dateien, auf das gesamte Wissen, und wir können es durch diejenigen anzapfen, die sich dessen bewusst sein."

Das erinnerte mich an eine Suchmaschine im Internet. Du tippst irgendein Wort oder einen Ausdruck ein und erhältst Webseiten - von einer Handvoll, über Hunderte bis zu Tausenden. Jede Site stellt eine Facette dar, und alle sind reflektierte Aspekte dessen, worauf du dich verlegt hast. Ähnlich kannst du auch ein Tier (und dazu zählen auch die Menschen) fragen. Und die erhaltene Antwort wird dir eine Facette des Ganzen widerspiegeln. Versuch eine besonders klare Antwort zu erhalten, und so kannst du bis zur Erleuchtung weitermachen.

In der Zelebration des erwachten Lebens ist alles Teil des Einen. Wir können die Wahrheit überall finden, in jedem Stückchen Leben, denn jedes Stückchen Leben enthält das Ganze. Wenn wir beginnen zu erwachen, spielen wir mit den Teilen eines Puzzles. Eine Krähe krächzt die neuesten Nachrichten, und eine Maus hört zu. Wir klicken auf eine Maus, und der Computer-Bildschirm erwacht zum Leben. Ein Hund spricht von den kommenden Regen, und eine Frau namens Rains er-

Buddy lacht – Buddy und Carole Devereux.
Photo von Jim Steinbacher

scheint. Lachende Hunde singen von fallenden Regen und spitzen aus einem sich ent-
wickelnden Traum heraus. Visionen, Botschaften, Themen, Geschichten, mehrfache
Schichten - sind alles Facetten des Einen. Ein zentrales Muster fällt ins Auge. Im großen Plan sind wir alle verbunden durch das innere Netz.

- 128 -

Teil Vier

Der Ruf nach Transformation

Buddy, Ellie und Ahne Pferd: Willkommen im Wissen
Manifestation eines Wunders
Lamas: Halter des Lichts
Delfine, Wale und das multidimensionale Jetzt
Meeressäuger: die alles umfassende Liebe

Das Herz öffnen

Buddy (Pferd) - Jeri Ryan

Mein Herz heißt euch willkommen. Wenn ihr offen für uns seid, werdet ihr in unseren Herzen sein und wir in euren. Wenn wir einander verstehen, verstehen wir uns selbst. Wir entdecken dann, wie ähnlich wir einander sind, und können in Frieden miteinander leben und die Gaben des Anderen annehmen, auch wenn sie nicht unbedingt nach unserem Geschmack sind, auch wenn sie nicht immer unseren Wünschen entsprechen.

Ich begrüße euch in diesem Wissen. Wir sind mit diesem Wissen gesegnet. Wir alle besitzen dieses Wissen. Ich begrüße euch zur Bewusstwerdung eures Wissens.

14

Buddy, Ellie und Ahne Pferd
Willkommen im Wissen

BUDDY

Buddy, das Pferd, kommuniziert seit vielen Jahren mit Carole Devereux. „Er war der erste, der mich für die spirituelle Kommunikation mit anderen Spezies begeistert hat", erzählte mir Carole. „Ich hatte das Pferd gerade gekauft und war von der Idee fasziniert, dass er vielleicht mit mir reden würde. Als ich bei Jeri Ryan meine erste Tierkonsultation hatte, fragten wir Buddy, wann sich ein Pferd in einen Stall wohl fühlt. Als Mensch meint man vielleicht, dass ein Pferd mehr Platz braucht, mehr Alfalfa oder einen größeren Auslauf auf der Weide. Buddys Antwort überraschte mich deshalb völlig, und ich sehe Tiere seitdem mit ganz anderen Augen. Er sagte, ein Pferd fühlt sich in seinem Stall am wohlsten, wenn die Menschen gut miteinander umgehen. Harmonische menschliche Beziehungen wirken sich wohltuend auf Pferde aus. Für ein Pferd eine ziemlich tiefsinnige Feststellung, fand ich."

Carole war eine der ersten Tierkommunikatorinnen, mit denen ich sprach. Als wir für einen Artikel ein kurzes Interview mit Buddy machten, wusste ich nur sehr wenig über die Kommunikation zwischen den Spezies. Carole wies mich an, still zu sein und die Energie an meinem Ende der Telefonstrippe zu „halten" (was immer das bedeutete), während sie meditierte, Kontakt mit Buddy aufnahm, ihm Fragen stellte, die Antworten niederschrieb und sie mir vorlas. Es dauerte eine Weile, aber am Ende hatten wir den Artikel zusammen.

Dank der weisen Umsicht des Universums vergingen sechs Monate, bevor ich wieder mit Carole und Buddy Kontakt aufnahm. Einem momentanen Einfall folgend, beschlossen Carole und ich, bei diesem Interview anders vorzugehen. Ich sollte nicht in der Leitung bleiben, sondern auflegen, über die Frage meditieren und nach fünfzehn Minuten wieder anrufen. „Wir stellen eine Konferenzleitung her", meinte Carole. „Du, ich und Buddy. Ich möchte, dass du mitmachst."

Wusste Carole von der Kraft ihrer Worte? Ich machte dann tatsächlich mit, denn nachdem ich mich zentriert hatte und mich auf die Frage konzentrierte, hörte ich Buddy. *Buddy?*

Was ich erlebte, war beunruhigend, wenn auch nicht gänzlich unvertraut. Buddy sprach deutlich, kurz und bündig. Nach jedem Satz machte er eine Pause, als wolle er mich ermutigen, seine Worte in mich aufzunehmen.

Ich sagte mir, es sei doch gar nicht so sonderbar. Ich hatte mit Vögeln und Hunden gesprochen. Was war schon Besonderes an einem Gespräch mit einem Pferd? *Aber er ist doch ein paar tausend Meilen weit weg von dir*, gackerte mein innerer Kritiker. Wieso, für Kommunikatoren ist das eine reine Routinesache, erinnerte ich mich. Sam hatte mit Max über eine weite Entfernung hinweg gesprochen, Chrys war meilenweit von Zak entfernt, als sie mit ihm sprach.

Schön und gut, fuhr der Kritiker fort. *Aber Buddy spricht ja bereits mit Carole. Wie kann er dann mit dir sprechen?*

Als ich zu Stift und Notizbuch griff, zitterte meine Hand. Ich wusste, ich durfte mich jetzt nicht meinen Zweifeln hingeben, aber mein Körper konnte die Angst und Aufregung, die mich auf einmal überkamen, nicht verbergen.

Buddy machte eine Pause. „Du machst es gut", sagte er. Dann hielt er mich an, diese Worte aufzuschreiben, damit ich sie in Erinnerung behielt: *Du machst es gut.*

Immer und immer wieder werden wir auf die Probe gestellt. Mein Thema hieß Vertrauen. Wenn du deiner inneren Erfahrung nicht trauen kannst, wie kannst du dann erwarten, dass andere sie dir bestätigen?

Als ich Carole anrief, überkam mich ein ungutes Gefühl. Hatte ich tatsächlich mit Buddy gesprochen? Würde Carole verärgert reagieren? Meine Aufgabe war es gewesen, die Energie zu halten und zu meditieren - nicht mitzuschreiben. Gleichzeitig war ich aber auch aufgewühlt, denn was zwischen Buddy und mir geschehen war, fühlte sich echt an. Es ließ sich nicht leugnen.

Wie oft werden wir mit unseren Ängsten konfrontiert, bis wir endlich ein wenig Vertrauen gewinnen, den inneren Frieden, der sich dem Wissen öffnet. Und dann ist Buddy da und andere, die sich freuen und uns zu unserem Wissen beglückwünschen.

Es folgen Botschaften von Buddy an Carole und mich aus zwei verschiedenen Sitzungen:

Sitzung 1

Frage: Buddy, was können Menschen von den Pferden als Spezies lernen, und was möchtest du den Menschen mitteilen?

Buddy und Carole

Ich habe viel zum Thema menschliches Bewusstsein zu sagen. Menschen haben ein starkes Bedürfnis, sich selbst ständig zu überbieten, doch das wird sich legen, wenn sich ihr Bewusstsein entwickelt.

Was meinst du damit?

Alle Spezies sind in Körper, Geist und Seele miteinander verbunden. Wenn wir einmal auf diesem Weg sind, hilft uns unser ständiges Nachdenken, wie wir die Ergebnisse steuern können, nicht mehr groß weiter.

Warum sollten wir nicht versuchen, uns zu überbieten?

Ihr verliert euer Bewusstsein und könnt das Experiment nicht wiederholen. Ihr müsst langsamer wachsen und Stabilität schaffen, wie ein Baum mit engen Jahresringen. Die Menschheit ist gegenwärtig nicht stabil. Euch droht der Zusammenbruch. Jeder rennt hierhin und dorthin und richtet nur noch verheerenderen Schaden an. Ihr müsst euer Leben taxieren und es dann in Ruhe lassen.

Echtes Handeln ist in Wirklichkeit immer innerlich. Wenn ihr es voreilig auf der Erde herbeiführt, ist es nicht stabil und kann deshalb nicht in der Wahrheit gründen. Ihr kennt die Wahrheit erst dann, wenn ihr den Feuern der Zeit widerstanden habt. Zeit und Geduld schaffen Werke, die ganze Universen vereinen.

Versuchen wir das? Versuchen wir, uns mit einem anderen Universum zu vereinen?

Du nimmst mich zu wörtlich. Ich meine die Vereinigung mit dem Weg.

Wie kann man sich mit einem Weg vereinen? Ist er zu einem bestimmten Grad vorherbestimmt?

Ja, mehr als ihr denkt. Alle Situationen sind vorherbestimmte Wege zur Bewusstheit. Ihr müsst euch klar machen, dass euer Atem, euer Herzschlag, eure Zellen und euer Gehirn so programmiert sind, dass ihr euch auf den Weg konzentrieren könnt. Ihr müsst eurem Schöpfer danken, dass euch ein Herz gegeben wurde, das schlägt, ohne dass ihr darüber nachdenken müsst, ohne dass es euch bewusst sein muss. Könnt ihr ohne Hilfe von oben euer eigenes Herz schlagen lassen?

Ich glaube nicht. Ich habe die Sache noch nie so betrachtet.

Siehst du? Du änderst dich, indem du einfach dasitzt.

Würden alle Menschen ruhig dasitzen und Fragen stellen und dann dem Schöpfer zuhören, dann würdet ihr euch tatsächlich überbieten. Statt dessen rennt ihr ständig nur hin und her. Es gibt heute nichts Schwereres für die Menschen, als an einem Platz zu sitzen und ruhig zu sein. Versucht es manchmal und zählt die Impulse, die euch überkommen und euch dazu bringen wollen, aufzustehen und etwas zu tun. Bleibt einfach sitzen.

Carole sagte: „Hier haben wir aufgehört. Ich glaube aber, Buddy hätte noch weitergeredet. Seine Botschaft ist eindeutig, dass die Menschheit mehr Ruhe braucht."

Buddy und Dawn

Ich finde, dass die Menschen als Spezies viel Vergebung in ihre Herzen bringen müssen. Sich selbst vergeben ist der Schlüssel. Menschen kümmern sich viel mehr um ihr „Image" als Tiere. Sie spalten sich aber, wenn sie ihr Image höher bewerten als ihre Herzen und Seelen.

Menschen können von Pferden viel über Freude lernen. Die Geist-Emotion der Freude ist das Vergeben. Sich selbst, unserer unmittelbaren Umgebung und dem Land, der Erde, allen Menschen, dem Planeten, gilt es zu „ver-geben".

Glaubt auch nicht nur einen Moment lang, dass ihr mit dem, was ihr tut, keine Wirkung auf andere habt. Wir sind alle miteinander verbunden, wir sind alle Eins. So wie ein Körperteil den ganzen Körper beeinflusst, seid ihr Teil des Bewusstseins und des Universums. Der kleine Teil, der Mikrokosmos, beeinflusst nicht nur das Ganze, er ist das Ganze.

Wir Tiere unterstützen dich, Dawn, und das geschieht auch, damit du dir mehr vertrauen kannst, damit du deine Erfahrungen im Buch anderen mitteilen und damit du die Wendung vom Selbstzweifel zum Selbstvertrauen weitertragen kannst. Das ist dein „Dawn", der Morgen, der für dich anbricht.

Als ich Carole vorlas, was mir Buddy diktiert hatte, rief sie aus: „Ach Gott, ist der süß!" Darüber empfand ich tiefe Erleichterung. Irgendwie hatte sie mir damit bestätigt, dass ich tatsächlich Buddys Stimme gehört hatte.

„Du hast dich riesig verändert, seit wir das letzte Mal miteinander sprachen", sagte Carole. „Am Anfang warst du nervös, und deine Unsicherheit hat eine Menge Energie gekostet. Ich weiß nicht, was du in der Zwischenzeit getan hast, auf jeden Fall kannst du jetzt viel besser Kontakt aufnehmen. Du hast wirklich Buddys Stimme gehört."

Das war ehrlich gemeint. Carole wusste, dass wir Hilfe brauchen, wenn wir eine neue Sprache erlernen oder ein neues Paradigma erforschen. Man muss uns nicht immer alles bestätigen, aber wir brauchen jemanden, der uns sagt: „Du bist nun an einem bestimmten Punkt. Das habe ich auch schon erlebt. Was du gehört hast, ist echt."

Ich erzählte Carole, dass mich Buddys Information bruchstückhaft erreichte und dass ich oft nicht erriet, was als Nächstes folgen würde. Das bewahrte mich davor, die Information zu beurteilen oder selbst weiterspinnen. Ich musste meine eingefahrene Bahn verlassen.

„Es trifft dich im Herzen", meinte Carole. „Du öffnest dich der Energie und lässt es einfach geschehen."

Sitzung 2

Vor unserer zweiten Sitzung fragte ich mich laut, ob Buddy gleichzeitig zwei Botschaften gesendet hatte, oder ob es nur eine Idee war, die Carole und mich auf unterschiedlichem Weg erreichte.

Carole meinte, Buddy sei durchaus imstande, mit mehr als einer Person gleichzeitig zu sprechen, und uns sei das auf telepathischer Ebene ebenfalls möglich. Um das zu begreifen, müssen wir allerdings unser Paradigma des Möglichen erweitern und außerdem die Perspektive unserer Frage in Augenschein nehmen.

„Es gibt die relative Wahrheit, und es gibt die universelle Wahrheit", erklärte Carole.
„Die relative Wahrheit ist in diesem Augenblick für dich und mich gültig. Die universelle Wahrheit gleicht der Sonne. Dass sie ihr Licht auf die Erde wirft, trifft auf uns alle zu. Doch wann und wo sie scheint, ist für alle und alles unterschiedlich.

„Es ist wie beim Spinnennetz. Wir sind alle Teil d

es Netzes, aber der Punkt, an dem wir uns in dem Netz befinden, bestimmt die Botschaft, die wir im jeweiligen Moment erhalten."

Carole und Buddy

Buddy, hast du noch etwas über den Zustand des menschlichen Bewusstseins zu sagen?

Der Zustand des menschlichen Bewusstseins könnte sich verbessern, wenn die Menschen bereit wären, sich die Zusammenhänge anzuschauen, und nicht so sehr auf sich selbst als den Nabel der Welt fixiert wären. Die Menschheit ist noch sehr jung.

Denk an das Alter der Erde, der Meere, der Berge. Es dauert seine Zeit, bis ein Baum entsteht, ein Fels, ein Bach, die Luft. Diese Wunder des Lebens wollen alle geachtet und gewürdigt werden. Sie haben uns viel zu lehren. Das Leben entfaltet sich Schritt für Schritt. Stellt euch darauf ein. Die Menschheit ist wie eine Blume, eine kleine, noch feste Knospe, die sich langsam öffnet. Nehmt das Leben langsamer. Es kommt noch Einiges auf euch zu. Viele Kulturen sind untergegangen und in die Tiefen der Vergangenheit eingetaucht. Findet den Grund dafür. Warum sind sie zusammengebrochen? Wiederholt ihre Fehler nicht. Wir begehen immer wieder die gleichen Fehler. Wann werden wir uns wandeln? Es nimmt so viel Zeit in Anspruch, von vorne anzufangen.

Beobachtet die Zyklen des Lebens - allen Lebens. Auch ein Stein hat einen Lebenszyklus, der ihm genauso eingraviert, einprogrammiert ist wie euch euer eigener Lebenszyklus.

Dawn und Buddy

Als ich mich Buddy gegenüber öffnete, ahnte ich schon, dass er das Thema der simultanen Botschaften anschneiden würde. Ich bat ihn auch um einen Kommentar zum Mechanismus des Übersetzens - ob die hervorgebrachten Bilder und Metaphern mehr die Gedanken des Tiers oder des Menschen widerspiegelten.

Ich notierte Buddys Botschaft handschriftlich. Da wir genug Zeit hatten, wollte er jedoch, dass ich sie in den Computer tippte. „Hier ist deine Antwort zum Thema Übersetzen", sagte er. „Du nimmst die Worte und fügst ihnen deine Gedanken-Gefühle hinzu. Damit veränderst du nicht die Worte, sondern lieferst deinen Lesern zusätzliche Erfahrung." Im Folgenden eine ausführlichere Version der Botschaft Buddys.

Wir sind alle miteinander verbunden. Das Bild des Spinnennetzes, das Carole benutzte, veranschaulicht es gut. Kommt die Botschaft von der Spinne oder von einem der Geschöpfe, die auf dem Netz umherwandern oder in ihm gefangen sind? Kommt die Botschaft am Ende vielleicht von dem Netz selbst?

Deine Fragen haben viel mit dem Denken zu tun. Das Denken gleicht einem Spinnennetz. Es ist etwas Prächtiges, ein Wunder. Du kannst dich aber auch in ihm verfangen und wirst, wenn du erst einmal umgarnt bist, zu einem Leckerbissen für die Spinne.

Lassen wir das Bild vom Netz und schauen wir uns woanders um. Schau in dich hinein.

(Ich schließe meine Augen und sehe goldene, gelbe und rote kreisförmige Gebilde. Sie pulsieren und scheinen lebendig zu sein. Jedes dieser Gebilde ist von schemenhaften Lichtringen umgeben und erinnert an zelluläre Sonnen.)

Dieses Bild reflektiert Licht und Schwingung und ist ein Beispiel für das Wirken von Kommunikation in den subtileren Sphären. Es ist eine andere Erfahrung der Wirklichkeit, eine andere Welt, wenn du möchtest. Sie existiert, wenn du die Augen schließt und anders siehst.

Letztes Mal sprachen wir von Bildern. Die Menschen haften sehr am Bild und damit auch am manifestierten Bild der Welt, das von euch/uns geschaffen wurde. Du musst wissen, dass es viele - wahrlich zahllose - Wirklichkeiten gibt. Du stellst im Grunde die Frage nach der „wahren" Wirklichkeit. Doch alle Wirklichkeiten sind wahr. Es gibt sozusagen keine Wirklichkeit - wie klein oder individuell sie auch sein mag -, die nicht wahr wäre.

In der wissenschaftlichen Realität werden „Tatsachen" mit dem Etikett „wahr" versehen, wenn sie wiederholt beobachtet werden können. Auf tiefster Ebene sind diese Wahrheiten und Wirklichkeiten jedoch weder wahrer und noch weniger wahr als all die anderen.

Spielen wir ein wenig damit. Du hast dir Gedanken über die Sonne gemacht. Ist die Sonne eine Kugel aus Gas, die sich von Wissenschaftlern identifizieren, erklären und quantifizieren lässt? Ist sie eine Ansammlung von Sonnenwesen, die ihr Licht in die Welt hinein leuchten lassen? Ist die Sonne ein Gott? (Eine ganze menschliche Kultur glaubte das einmal. Es war ihre Wahrheit und ihre Realität.) Oder ist sie vielleicht nur ein Gedanke, den ein Gott denkt?

Die Sonne scheint auf uns alle, wenn auch zu unterschiedlichen Zeiten, an unterschiedlichen Orten, in unterschiedlicher Intensität. Und auch in uns gibt es eine Sonne. Welche Sonne ist die wirklichere? Welches ist die wahre Sonne?

Du siehst, die Antwort ist immer bereits in der Frage enthalten. Sie bleibt im vorgegebenen Bezugsrahmen. Alles ist wahr, alles ist real. Selbst der Schatten und die Dunkelheit haben einen Platz im Plan der Dinge - einen „Platz an der Sonne".

Besser versteht man die Sonne, wenn man die Sonne ist. Die Sonne werden heißt, der Gedanke werden. Die Frage werden heißt, die Antwort werden. Alles Werden ist Bewusstsein. Bewusstsein ist Licht. Es ist eigentlich „Licht im Werden" - Licht, das in eine Zeit des Seins eintritt.

Wenn ich dir heute das Bild des Lichtes und das Gefühl der Freude nahe bringen möchte, sage ich damit nicht, dass du mit dem Fragen aufhören sollst. Fragen bringen uns dazu, nach Antworten zu suchen, und mit den Antworten beginnt man, sowohl Frage als auch Antwort zu werden. Aber es gibt einen Punkt, da gilt es, Fragen und Antworten zum Schweigen zu bringen. Dann ist man nur Werden. Und Werden führt zum Sein.

Dawn, du kennst die buddhistischen Ochsenbilder. In ihnen findest du eine alte Antwort auf deine Frage, die du ruhig an deine Leser weitergeben kannst. Ist der Ochse der Mensch, der Mensch der Ochse? An einem bestimmten Punkt verliert sich alles in der Leere, dem Zuflussrohr der Schöpfung. Dann kommt es wieder heraus, zurück in die manifeste Welt. Du musst wissen, dass es viele Variationen dieser „manifesten Welt" gibt. Denk daran, jedes Mal wenn du atmest, denn es ist ein profunder Aspekt des Lebens, ein tiefgründiges Geheimnis, wie manche sagen.

So könnt ihr eure Verbindung mit allem Leben er-innern. Hier ist eins der Tore zu dem multidimensionalen Wesen, das wir sowohl individuell als auch kollektiv sind, denn wir alle atmen das Leben auf die gleiche Weise ein.

Das Leben einatmen heißt, die Welt wieder in uns aufzunehmen, um dann loszulassen - aus der Leere zurück in die Wirklichkeit. Welche Wirklichkeit? Das ist ein Witz; wir hören nie auf zu erschaffen.

Gibt es sonst noch etwas, Buddy?

Ich schicke dir Lachen. Es macht große Freude, sämtliche Ideen und Gedanken eine Zeitlang loszulassen. In einem einzigen Atemzug und dem Ausstoßen eines gewaltigen Pferdegelächters kann eine seelenvolle Ewigkeit verstreichen.

Ich würde deine Leser auch daran erinnern, nicht alles allzu wörtlich zu nehmen, was sie in diesem Buch lesen, und sich nicht zu sehr mit Fragen und Zweifeln herumzuplagen. Sie sollen ihr Herz einfach der Möglichkeit des Einsseins öffnen, den Kopf zurückwerfen, den Geist der Freude einatmen und über sich und die ganze Welt lachen. Damit bringen sie den Geist des Friedens hervor.

Nachdem Carole Buddys Botschaft an mich gehört hatte, fragte sie lachend, ob mich das „umgehauen" hätte. Ja, irgendwie hatte mich Buddys Botschaft tatsächlich umgehauen.

Bei den von Buddy erwähnten Bildern handelt es sich um Holzschnitte, die einen Ochsen und den Ochsentreiber abbilden[1]. Die mit Texten versehene Serie wurde zunächst einem Zen-Meister des zwölften Jahrhunderts zugeschrieben und thematisiert die Reise des menschlichen Geistes zum erleuchteten Geist und seine Rückkehr in die Welt.

Der Ochse dient als Symbol für die uns innewohnende erleuchtete Natur. Die Reise der Erleuchtung beginnt mit einem Menschen (auf den Bildern ist es ein Mann), der den Ochsen sucht. Der Mann findet eine Spur, erblickt den Ochsen und fängt ihn schließlich auf den „wilden Feldern". Der Mann zähmt den Ochsen und reitet auf ihm nach Hause. Dies führt zum siebten Bild, „Ochse vergessen, Selbst allein", das die symbolische Natur des Ochsen erfasst. Auf dem achten Bild, „Ochse und Selbst vergessen" wird die Dualität transzendiert. Die letzten Bilder illustrieren die Rückkehr des Mannes in die Welt als erleuchtetes Wesen - sozusagen als ein Ochse für andere.

Ich hatte diese Bilder vor etwa zwanzig Jahren studiert, seitdem jedoch nicht mehr an sie gedacht. Dass Buddy sie heranzog, um in einem Buch über Tierkommunikation die Evolution des menschlichen Bewusstseins zu erklären, fand ich amüsant und gleichzeitig absolut angemessen.

Ich fragte Carole nach Buddys Weisung, seine Worte weiter auszuführen. Ich hatte auch mit anderen Tieren schon erlebt, dass sich energetische Informationsbündel als zu schnell oder zu groß erwiesen, um sie auf der Stelle aufzeichnen zu können. Wenn ich mir jedoch Sorgen machte, dass ich nicht alles notieren konnte, versicherten mir die Tiere jedes Mal, dass sie mir beistehen würden. Und wenn ich die Information dann später niederschrieb, spürte ich, wie sie mir behutsam die Feder führten, neu formulierten und manchmal sogar den Text redigierten.

Carole sagte, Buddy habe ihr und Jeri Ryan das Gleiche erzählt. „Zum Schluss sagt er immer, wir sollten nicht allzu sehr auf Perfektion bedacht sein. Dass wir die Freiheit haben, von unserer Kreativität Gebrauch zu machen."

„Es gibt noch einen Grund, warum ich weiß, dass ich wirklich Buddys Stimme höre", sagte sie sanft. „Seine Persönlichkeit kommt in jeder Botschaft unverkennbar zum Ausdruck. In seiner Botschaft an die Welt geht es immer um Freude."

In kurzer Zeit lernte ich Buddy als ein wunderbares Wesen kennen. Er ist großzügig mit seiner Zeit und seiner Weisheit, bringt mit den Menschen Geduld auf und besitzt Witz. In unserer zweiten Sitzung schickte er mir zum Abschied ein Gedicht. Es war eine Antwort und gleichzeitig eine Mahnung:

Habe ich gesprochen? Oder warst es du?

Denk an das Spinnennetz. Du bist alles, was du erschaffst.

Wir sind alle verbunden.

Wir sind in Wahrheit alle Eins.

ELLIE

Nachdem wir mit Buddy geredet hatten, schlug Carole vor, ein Gespräch mit Buddys Lebensgefährtin Ellie zu führen. Ellie habe viel über die Welt aus der Sicht einer Stute zu sagen. Einmal habe sie Carole gegenüber geäußert: „Ich habe euch viel zu geben. Meine Worte, Gedanken und Gefühle haben die gleiche Heilkraft wie die Übermittlungen der Delfine. Denk bitte an mich, wenn du dich mit der äußeren Welt verbinden möchtest. Durch mein Herz und meine Bewusstheit habe ich viele Freunde gewonnen. Nun kann ich den Menschen eine Lehrerin in den Dingen des Lebens sein.“

Carole und ich wollten mit Ellie über das sprechen, was ihr am meisten am Herzen lag. Doch als ich schon auflegen wollte, stoppte mich Carole mit der ausführlichsten, leidenschaftlichsten Beschreibung eines Tieres, die mir je zu Ohren kam. Wie ich später erfuhr, gehörte das bereits zu Ellies Bothschaft.

Ellie
Foto von Carole Devereux

„Ellie ist vielleicht das phantastischste Pferd, das dir je begegnen wird“, sagte Carole. „Sie ist eine hinreißende Schönheit. Ihr glänzendes Fell ist kastanienfarben, und auf der Stirn hat sie eine weiße Zeichnung in der Form eines Blitzstrahls. Ihre Mähne ist wunderbar dicht und glänzend. Besonders stolz ist sie aber auf ihren vollen und seidigen Schwanz. Ellie ist eine Göttin unter den anderen Wesen. Wäre sie eine menschliche Frau, dann würde man sie als hoch gewachsen und sinnlich bezeichnen. Sie hat lange Beine, einen schönen Nacken und einen schönen Körper. Und ihr Hintern! Oh Gott, der ist eine Pracht.

Sie hat dunkelbraune Augen, ein kleines Maul und feine Gesichtszüge. Ihre winzigen Füße erinnern an kleine Teetassen. Sie ist sehr kontaktfreudig und freundlich. Wenn du Glück hast, spricht sie gleich mit dir.“

Und ob Ellie sprach! Zum Thema Schönheit wusste sie so viel zu sagen, dass wir eine zweite Sitzung anberaumen mussten. Carole meinte, ich käme diesmal auch ohne sie zurecht. In der schnellen, festen und gleichzeitig sanften Art erstklassiger Lehrer riet sie mir, einfach zuzuhören und die empfangene Botschaft aufzunehmen. Bevor ich mich dazu äußern konnte, hatte sie den Hörer aufgelegt, und Ellie begann zu sprechen. Es folgt eine Aufzeichnung ihrer Ausführungen:

Schönheit und Göttin

Schönheit ist ein inneres Wissen, eine innere Sichtweise. Schönheit ist Güte, die Manifestation des Lichts in einem freundlichen und sanften (also liebevollen) Akt.

Ich lebte in dem Raum, den ihr das alte Griechenland nennt. Dort wurde viel über Schönheit gesprochen. Als ultimativer Prüfstein für den Akt der Schönheit galt das Bild vom Springbrunnen und der widerspiegelnden Wasserfläche. Schönheit fließt aus dem Inneren und reflektiert ihre inneren und äußeren Aspekte. Das klingt letztlich auch an, wenn ihr sagt, dass Schönheit vom Auge des Betrachters erzeugt wird.

Ich möchte die menschliche Aufmerksamkeit wieder auf die Erfahrung der Schönheit in der Welt lenken. Schönheit ist ein Aspekt des Erleuchtungsprozesses, denn sie erbaut die Seele, so wie das Sprudeln der Inspiration das Herz erbaut. Schönheit ist nicht nur Widerspiegelung, denn man findet sie nicht nur in der widerspiegelnden Wasserfläche des Teichs, sondern auch im Springbrunnen, dem ein innerer Strahl der Schönheit von Seele zu Seele entspringt. Schönheit bedeutet Transformation.

Die Menschen haben die Schönheit großenteils pervertiert. Das heißt nicht, dass ihr sie nicht mehr schätzt. Ihr habt jedoch weitgehend vergessen, was es bedeutet, an der Schönheit teilzuhaben und mit ihr zu schaffen. Es war kein Fehler, als Carole meine Schönheit beschrieb. Dadurch beschwor sie den Geist der Schönheit herauf - nicht nur in mir, sondern auch in sich, in dir, in der ganzen Welt.

Ihr tut euch schwer, das zu verstehen, denn ihr seht Schönheit oft allzu oberflächlich. Schönheit geht viel tiefer. In ihr klingen Güte, Wahrheit und herzliche Gefühle an. Das Märchen „Die Schöne und das Tier" zeigt, wie sich in Belle, der Frau, die Schönheit entwickelt.

Schönheit ist mit der Energie der Göttin verbunden, denn hier geht es um die Ausdehnung und Erhöhung der Frequenz. Schönheit hat sich an vielen Orten inkarniert. Schönheit und Selbstvertrauen entwickeln sich gemeinsam.

Wenn du die Natur von Ort und Zeit entfaltest, zentriere dich wieder mit dem Bild des Teiches und des Springbrunnens. Im Zusammenspiel der beiden Elemente wird Schönheit sichtbar. Diese räumliche Erinnerung wohnt dem Kern aller Schönheit inne.

In der Tiefe des widerspiegelnden Teichs ist eine Klarheit, welche die wahre innere Pracht der Schönheit zum Leuchten bringt. Es gibt Geschichten von Menschen, die in das widerspiegelnde Wasser starren und hineinfallen. In vielen Fällen ist das der „Sprung", der erste Schritt zum Verschmelzen des inneren und äußeren Aspekts der Schönheit.

Schönheit ist eine Strömung, ein Fluss, der die Welle der Wahrheit und des Lichts mit sich führt. Wie der Springbrunnen sprudelt Schönheit in die Höhe. Sie ist aktive Bewegung, inspirierende Energie, die dem Herzen entsteigt. Das Herzchakra ist eine Brücke zwischen dem Körperlichen und dem Spirituellen. Das gilt in vielerlei Hinsicht auch für Schönheit. Sie verbindet Dimensionen miteinander und ermöglicht Transformationen zwischen ihnen.

Die Bewegung der Schönheit erlaubt Menschen (und anderen Wesen), sich mit dem Göttlichen zu verbinden. In allen Berichten über religiöse und ekstatische Erfahrungen ist von Schönheit die Rede. Wie gesagt wurde dies in eurer Vergangenheit bisweilen gesehen und gewürdigt; in der Gegenwart wird es jedoch weitgehend ignoriert.

In welchem Verhältnis steht Schönheit zur Göttin, zum Göttlichen? Wir beschwören die Energien der Inspiration, das Hervorsprudeln von Ideen, das Heranbranden von Emotion, eine Flut von Gefühlen, das Aufkommen der Leidenschaft, die Vereinigung des Aktiven mit dem Passiven, Yin und Yang, des Männlichen mit dem Weiblichen. Wenn du das Bild des Teichs und des Brunnens in deinem Herzen aufrufst, siehst du dann nicht all diese Elemente und wie sie gleichzeitig nebeneinander existieren? Mit der Gegenwart der Schönheit ist es genauso. Sie ist Interaktion, Vereinigung - in vielerlei Hinsicht die Verbindung zwischen Idee und Manifestation, Gedanken und Handlung, physischer Form und dem Göttlichen.

Ich möchte betonen, dass Schönheit ein Akt des Werdens ist. Wenn du über Schönheit meditierst, kommst du dem näher, was du in Wirklichkeit bist.

Ellie, was hat das alles mit Pferden zu tun, und warum ist dieses Thema so wichtig für dich?

Ich bin ein Geschöpf des Lichts und der Schönheit. Ich könnte ein Fisch sein oder ein Frettchen, ein Nerz, eine Rose. Ich bin auf Lichtwesen eingestimmt, die Schönheit in diese Welt bringen und dadurch einen Kanal in die nächste schaffen. Ich zeige euch, wie ihr eure Fertigkeiten der Manifestation vervollkommnen könnt. Wie ein Kunstlehrer erinnere ich euch an die Schönheit der Form - wie Form die Funktion widerspiegelt und wie das Zusammenspiel sämtlicher Elemente der Manifestation das Wirken der Liebe im Universum erschafft.

Ich spreche vom alten Griechenland und von den Ideen dieser Zeit, weil viele von euch damals als Designer, Künstler, Handwerker, Architekten, Geschichtenerzähler, Tänzer und Weber - von Stoffen, aber auch von Ideen - dabei waren.

Den Vorbereitungen für die zukünftige Erde würden wir (die Gruppe der Lichtwesen) gern das Element der Schönheit einhauchen - nicht nur als Werkzeug der Manifestation, sondern auch als Brücke zum Göttlichen.

Die Göttin der Schönheit ist zur Erde zurückgekehrt. In Wahrheit hat sie die Erde nie verlassen, aber sie schlief und ließ es zu, dass andere sich der Manifestation bemächtigten. Sie verhält sich ruhig, doch sind einige Aspekte an ihr vor Zorn entflammt und handeln furienhaft. Noch immer gibt es einen Riss zwischen der Göttin und diesem Aspekt der Dunklen Frau. Es ist die Wut auf die Ungerechtigkeit gegenüber Frauen, Kindern, Tieren, der Erde, allem Weiblichen und damit auf die Entstellung der Schönheit.

Ich meine nicht Schönheit als Ideal, sondern als aktives Element der Erleuchtung, der Heimkehr. Sie ist uns eine sehr kreative und künstlerische Begleiterin.

Ich wünsche euch allen, die ihr das lest, dass ihr Schönheit sehen und spüren könnt - außerhalb eurer selbst, in anderen, in einfachen Handlungen und in den „zufälligen Gefälligkeiten", aber auch in euch selbst und in denen, die ihr liebt. Sie unterscheiden sich in nichts. Wenn ihr in den widerspiegelnden Teich fallt, geht ihr auf in einem neuen Verständnis von Schönheit, Anmut und Licht. Wenn ihr herauskommt, werdet ihr nicht mehr die Gleichen sein.

Ich verabschiede mich von euch, indem ich die Vergangenheit der Gegenwart in Erinnerung bringe und eine Brücke aus der Vergangenheit und der Zukunft ins Jetzt schlage. Mit viel Liebe und einer Fülle an Schönheit für alle.

AHNE PFERD

Buddy machte den Vorschlag, mit Ahne Pferd zu sprechen. „Er wird dir mehr Fragen zum Thema Zeit beantworten, als du ihm überhaupt stellen kannst", sagte Buddy.

Nun hatte Carole zwar schon viele Male durch Buddy mit Ahne Pferd gesprochen, aber für mich war das Neuland. Erstaunlicherweise empfand ich die Idee gar nicht so abwegig, mit einem Pferd zu sprechen, das sich mit einem uralten Pferdegeist verbinden und auf diese Weise ein interdimensionales Interspezies-Telefongespräch zwischen Mensch, Tier, Geist herstellen wollte. Vielleicht war ja der Selbstzweifel mittlerweile dabei, sich zu verflüchtigen. Jedenfalls wollte ich mir die Kommunikation nicht entgehen lassen.

Ich hatte keine Ahnung, was Ahne Pferd zu sagen hatte, denn ich konnte mir Ahne Pferd einfach nicht vorstellen. Wer war das? Wo und wann existierte er? Es ging hier nicht um das Bewusstsein eines gestorbenen Tiers, sondern um Ahnenenergie. Mir war völlig unklar, wohin uns das führen würde, aber ich freute mich, dass Buddy und Carole mit von der Partie waren. Und so fingen wir an.

Ahne Pferd, Buddy und Carole

Ahne Pferd kam durch Buddy. Ich sah mich am Rand des Wassers knien, ein paar frühzeitliche Pferde um mich herum. Sie blickten in das Wasser und tranken. Eine Stimme ließ sich vernehmen: „Terra Firma, Terra Firma, Terra Firma. In der Vergangenheit wie im Jetzt kommt ein Augenblick." Ahne Pferd begann:

Einst wurde die Zeit nach Mond und Sonne und nach deren Zyklen gemessen. Das ist lange her. Wir hatten keine Minuten und keine Sekunden. Wir hatten Sonnen und Monde, die sich in dem Wasser spiegelten, aus dem wir tranken. Wir arbeiteten tagelang an einer Sache und sorgten uns nicht um die Zeit.

Zeit wurde von der Sonne und vom Lauf des Mondes durch den Himmel in Tage eingeteilt. Zeit wurde durch Bäume, Blumen und Jahreszeiten bestimmt. Mein Wissen von der Zeit ist im Bauch, nicht im Verstand. Rhythmus und Zeit sind vom Himmel gegeben. Der menschliche Verstand kann sie nicht messen, festhalten, befolgen, ja, nicht einmal verstehen.

Bis die Vergangenheit uns alle einholt, warten wir auf Zeit. Zeit springt nach vorn und macht eure Erwartungen wahr. Seid deshalb vorsichtig und schaut nicht zu weit in die Zukunft hinein, eilt euch nicht zu weit voraus. Ihr könnt die Zeit anhalten, wenn ihr keine Eile habt. Wenn ihr in Eile seid, beschleunigt ihr sie. Seid langsam. Hört eurem Herzschlag zu, wartet, haltet inne.

Ahne Pferd, Buddy und Dawn

Grüße. Wir kommen aus der Felsenenergie. Von dort wurden unsere Symbole als körperliche Erinnerungen an vergangene Zeiten in Drucken und Gemälden festgehalten.

Wir sind immer gegenwärtig, immer im „Jetzt". Wir existieren „um die Ecke der Zeit", wie die Aborigines sagen. So kann es das menschliche Bewusstsein leichter verstehen, denn wir kommen eigentlich nicht aus der „Vergangenheit" zu euch, sondern eher von um die Ecke der Zeit. Es ist, als würdet ihr einen Moment lang eure Wahrnehmung verlagern und aus dem Augenwinkel einen Blick in eine andere Dimension werfen, in der Vergangenheit und Gegenwart nebeneinander existieren. Ja, auch die Zukunft, doch das ist noch einmal eine andere Biegung um die Zeit.

Ich spüre, wie sich unangenehme Energie in meinem Körper breit macht, eine Art Adrenalinschub. Die Stimme, von der ich annehme, dass sie Ahne Pferd gehört - obgleich sie mir ähnlich vertraut ist wie Buddys Stimme -, sagt mir, es wäre leichter, wenn ich nicht in mein Tagebuch schriebe, sondern mich an den Computer setzte, denn ich kann viel schneller tippen.

In Bewegung lernt ihr eine neue Sicht der Dinge schätzen und erfahrt eine neue Dimension des Seins.

Die Bewegung der Zeit gleicht der wilden Jagd von Pferden über das Land. Wir bewegen uns als Einheit, versunken in den Fluss der Bewegung. Genauso erleben Menschen die Zeit. Ihr seid so sehr versunken in die Bewegung der Zeit, dass sie sich von selbst in Gang hält, diese Manifestation der Zeit. Ihr galoppiert über die Ebenen eures Lebens, bewegt euch schnell im Herdenverband.

Als erstes müsst ihr wissen, dass euer Zeitbegriff nur einer von vielen ist. In anderen Dimensionen und Welten existiert Zeit in anderen Formen. Auch Buddy hat seinen eigenen Zeitbegriff. Er kann eine Brücke zu mir schlagen, weil er offen ist für die Möglichkeit, sich von der Herdenmentalität der Zeit abzusetzen und den eigenen Standort zu finden, zu vertiefen und zu halten. Von dort aus kann er mich einen Augenblick lang außerhalb der Zeit treffen.

Einen Augenblick außerhalb der Zeit?

In gewissem Sinne ja. Wenn du das verstehen willst, musst du deine Vorstellungen von Raum und Zeit hinter dir lassen. Das hat weitreichende Konsequenzen, und vielleicht verstehst du es anfangs nur teilweise. Du wirst deine Metaphern, Symbole und Paradigmen der Zeit vertiefen. Es gibt kein richtiges oder falsches Zeitverständnis, nur ein sich ständig vertiefendes Verstehen und Würdigen des Konstrukts Zeit.

Ich werde dir ein Beispiel von Zeit in einer anderen Dimension geben. Kehre für einen Augenblick zur Herde zurück und werde zum Pferd, das über das Land galoppiert. Wende jetzt den Kopf und halte die Nase in den Wind. Du kannst Dimensionen verschieben, wenn du deinem Bewusstsein erlaubst, auf dem Wind zu reiten. Die Dimension des Windes existiert in einem anderen Sinn, in einer Dimension jenseits der deinen. Wind ist saumlos, ständig in Bewegung und bleibt doch immer der gleiche - in der Stille wie im Sturm. Er vereint alles in sich. Er durchquert die Welt der Menschen und der Tiere in einer anderen Dimension des Seins. Wind wird sichtbar in den Mähnen und Schwänzen der Pferde; selbst das Gefühl des Windes verbindet man oft mit Pferden, weil wir selbst Teil des Windes werden können.

Zwischen Wind und Stein gibt es ebenfalls eine Verbindung. Wieder erinnern wir dich an unsere Darstellung auf Steinen und Felsen. Wind und Stein sind zeitlos miteinander verbunden, und das können viele Geschöpfe nicht verstehen. Es ist ein anderes Bewusstsein, losgelöst von Mensch und Tier und doch ein Teil von ihnen und von der größeren Erde.

Zeit ist schnellfüßig, Zeit steht still. Beide Feststellungen sind wahr. Sie stehen für die Zwischenräume der Zeit. Auch dieses weite Thema lässt sich ohne einen Verweis auf die Erfahrung schwer erklären.

Kannst du mehr zum Thema Zeit im Zusammenhang mit den Veränderungen auf der Erde und auf die Prophezeiungen sagen, nach denen bestimmte Ereignisse zu bestimmten Zeiten eintreten?

Die Geschichte der Zeit ist fest mit den Anfängen der Erde verwoben. Die Erde war verschlüsselte Zeit. Zeit zeigte sich im Fortschritt der Erde; sie gehört zur Programmierung der Erde. Deshalb erscheint sie euch auch so real. In die Erdzeit sind bestimmte Schlüsselereignisse eingraviert, die euch alle - Tiere, Pflanzen und verschiedene andere Aspekte der Erde - daran erinnern werden, wieder aufzuwachen. Stell es dir als eine Art Wecker vor. Diese Zeiten sind in die Erde selbst eingraviert. Eure Kalender stimmen nicht ganz mit dieser inneren Uhr überein, auch wenn sie vielleicht nicht völlig falsch sind. Schlüsseldaten wie zum Beispiel 2012 dürfen nicht allzu wörtlich genommen werden. Solltet ihr aber aufwachen, bevor der Wecker klingelt, dann kann euch nichts davon abhalten, das Weckwerk einfach abzustellen.

Ich habe nicht die Absicht, Ängste heraufzubeschwören oder Andeutungen zu machen, ob bestimmte Ereignisse tatsächlich eintreten. Befasst euch lieber mit dem Bewusst-

sein und den Mustern, die den Reaktionen auf Prophezeiungen zugrunde liegen, besonders auf Prophezeiungen über das „Ende" der Zeit.

Macht Gebrauch von den Werkzeugen, die in der Vergangenheit bereitgestellt wurden. Stonehenge, die Sphinx, Tempel, Türme, alte Begräbnisstätten, selbst die Erntekreise sind Werkzeuge, mit denen ihr eure Wahrnehmung der Zeit erweitern und euch und eure Welt besser verstehen könnt.

Zeit ist nicht absolut. Sie ist nur ein Werkzeug von vielen. Sie ist ein Mittel, eine Wahrnehmung, eine Art Gedächtnishilfe für Irdische. Ihr alle habt den Bedingungen zugestimmt - der Erfahrung dieser einen Version von Raum und Zeit und dieses besonderen Bewusstseins.

Die Vorstellungen von Zeitreisen, vom Aufenthalt an zwei Orten zur gleichen Zeit, von Zeitverzerrungen, Zeitlöchern und Ähnlichem sind nur Variationen ein und desselben Themas. Manchmal führt das Erforschen der Ränder und Widersprüche der Zeit zu einer umfassenderen und tieferen Würdigung dessen, was Zeit für euch einschließt.

Wenn es Zeit gibt - um ein kleines Sprachspiel zu verwenden -, würde ich gern etwas über die Gegenwart der Ahnen sagen - nicht nur der Pferdeahnen, sondern aller möglichen Ahnen. Wir existieren also um die Ecke der Zeit. In Wahrheit sind wir immer für euch da. Jeder Gedanke, jedes Bild, jede Person, jedes Tier, Bewusstsein, Ereignis, Geschehen, jede Idee sind jederzeit verfügbar. Die menschlichen Zwänge von Raum und Zeit machen es euch schwer, das zu verstehen, doch in einem weiteren Sinn existieren wir alle außerhalb von Raum und Zeit. Die Ahnen sind nichts Anderes als ihr selbst. Wir sind „vergangene Versionen" von euch.

Jetzt, da sich die Erde dem Zusammentreffen zweier Zyklen nähert - dem zu Ende gehenden und dem neuen -, stehen wir euch noch mehr zur Verfügung. Wir haben euch viel zu lehren, viel ins Gedächtnis zurückzurufen und sichtbar machen. Betrachtet uns als Respektspersonen, denn in unserer Wirklichkeit haben und verkörpern wir viel Erfahrung. Trefft aber eine sorgfältige Wahl, wenn ihr mit einem Ahnen arbeiten wollt, denn wir besitzen „Gutes" wie „Schlechtes". Wir haben viel Information, und euer Abenteuer, das Lösen des Paradoxes der Zeit, schließt auch die Lernerfahrung mit ein, Wertvolles von dem zu scheiden, was ihr nicht noch einmal erleben möchtet.

Nicht alle Menschen auf diesem Planeten leben in ihrem Herzen. Viel ist noch zu heilen, was mit Kontrolle und Manipulation zu tun hat. Manche Leute nennen diese Gefahren beim Namen. Sie haben Szenarien vergangener Zeiten aufgedeckt, als Kontrolle und Manipulation überhand nahmen. Es wäre unklug zu sagen, dass alle Ahnen nur weise Energie besitzen, denn einige besitzen Energien, die in Kontrolle und Manipulation gründen.

Lerne selbst zu entscheiden, wohin dein Weg geht, wo und was du schaffen möchtest. Wenn du Raum und Zeit verlässt, wirst du sehen, dass es unendlich viele Möglichkei-

ten gibt. Wachstum erfolgt immer individuell, auch wenn wir alle mit dem Einen ver-bunden sind.

Setz dich zu den Steinen, wenn du eine erweiterte Version der Zeit suchst. In ihnen findest du vielleicht besser als irgendwo sonst auf diesem Planeten das weiteste Ver-ständnis von Zeit. Horche auch auf den Wind. Er wird dir die Geheimnisse von Stein und Zeit offenbaren, wenn du nur zuhörst.

Uralte Erinnerungen

Geist des Elefanten - Morgine Jurdan

Wenn wir von alten Erinnerungen sprechen, nehmen wir Bezug auf eure Gegenwart auf dieser Ebene. Viele Ideen aus der Vergangenheit, in der ihr schon einmal ähnliche Lektionen gelernt habt, steigen jetzt an die Oberfläche eures Bewusstseins.. Manchmal könnt ihr von der Vergangenheit lernen und braucht dann das, was euch damals nicht zuträglich war, nicht noch einmal zu erleben. Wenn ihr euch in dieser Information verankert, versteht ihr besser, wer ihr seid, woher ihr kommt und wie ihr euch entwickelt habt.

Einmal wart ihr in jeder Hinsicht eins mit uns. Unsere Ähnlichkeiten waren viel größer als unsere Unterschiede. Wir erfuhren unsere Gefühle auf der gleichen Ebene. Wir verstanden einander auch ohne Worte. Wir konnten uns noch über große Entfernungen hinweg miteinander verbinden. Wir „spürten" einander in der Tiefe unseres Seins. Wir wünschen, dass ihr dieses Werkzeug zurückgewinnt. Fühlen können ist eins der wichtigsten Dinge auf dieser physischen Ebene. Wenn ihr abstumpft, verliert ihr einen großen, vielleicht den größten Teil eurer Erfahrung.

Wenn ihr lernt, mit der Natur zu arbeiten, statt alles selbst steuern zu wollen, werdet ihr euch rasch entwickeln. Wenn ihr anfangt, die gegenseitige Abhängigkeit aller Lebensformen zu verstehen, werdet ihr wahrhaft zu einem neuen Tag erwachen. Jede eurer Handlungen betrifft alle von uns. Unsere Geduld, unsere Güte und unser Verständnis übertreffen eure Vorstellungen und euer Fassungsvermögen. Wir warten noch immer.

15

Manifestation eines Wunders

Nach einer alten Legende der Lakota Sioux kamen in einem Sommer vor langer Zeit sieben heilige Ratsfeuer in schwierigen Zeiten zusammen. Es gab kein Wild mehr, und alle Menschen litten Hunger. Der Häuptling schickte zwei junge Männer auf die Jagd. An einem frühen Morgen stiegen sie auf einen hohen Berg und spähten nach Wild in der Prärie aus. Als sie so in die Ferne starrten, sahen sie eine junge, in Rehleder gekleidete Frau, die über das Land zu gleiten schien.

Weiße Büffelkalb-Frau war eine Gesandte des Schöpfers. Sie kam zu den Menschen, um ihnen eine heilige Pfeife zu überbringen und ihnen zu sagen, dass sie mit dieser Pfeife „wie ein lebendes Gebet" gehen würden. Weiße Büffelkalb-Frau blieb vier Tage und verbrachte jeweils einen Tag bei den Frauen, den Männern, den Kindern und den Alten. Sie erinnerte daran, dass jeder Tag und alle Völker auf der Erde heilig sind und alle so behandelt werden sollten.

Bevor Weiße Büffelkalb-Frau Abschied nahm, sagte sie, sie würde am Ende von vier Zeitaltern wiederkehren. Als sie wegging, verwandelte sie sich in einen Büffel. Die Menschen sahen, wie sie sich vier Mal auf der Erde rollte und jedes Mal eine andere Farbe annahm: rot, gelb, schwarz und weiß. Dann stieg Weiße Büffelkalb-Frau zu den Wolken auf.

1994 wurde ein weißes Büffelkalb auf einer Farm in Wisconsin geboren. Die Inhaber der Farm wussten natürlich, dass das selten vorkommt, aber sie wussten nicht, dass der kleine Büffel, den sie Miracle - Wunder - nannten, weltweit Interesse hervorrufen würde. Und sie wussten auch nichts von der tiefen spirituellen Bedeutung, die das Ereignis für Indianer hatte. In den ersten zwei Monaten pilgerten mehr als zwanzig Tausend Menschen zu dem weißen Kalb, darunter Repräsentanten von zwei Dutzend indianischer Nationen.

Einige Indianer erklärten, dass Miracles Geburt in der Legende von Weiße Büffelkalb-Frau vorhergesagt wurde. Das Kalb erfülle eine Prophezeiung, die Rückkehr einer Legende, den Anfang eines neuen Zeitalters der Einheit und Harmonie. So wie Weiße Büffelkalb-Frau die vier Farben der menschlichen Rassen (schwarz, rot, gelb und weiß) annahm, würde auch das Büffelkalb alle Farben der Menschheit „tragen".

Als ich Miracle aufsuchte, war sie zwei Jahre alt. Ihre Farbe hatte sich schon geändert; sie war nicht mehr weiß, sondern zuerst rotbraun und dann schwarz geworden, dann war etwas Gelb gefolgt, dann natürliches Büffelbraun. Das Interesse der Medien hatte bereits nachgelassen, als Miracle ihr weißes Fell verlor. Reporter, die mit der Prophezeiung nicht vertraut waren, sahen die Verbindung zwischen dem Wechsel der Farben und der Bedeutung der Geschichte von Weiße Büffelkalb-Frau nicht.

Viele betrachteten das Land um Miracle als heilig, und die Besucher hatten allerlei Opfergaben hinterlassen. Ich sah Miracle das erste Mal auf der Weide, umgeben von einem Drahtzaun, in den Hunderte bunter Bänder und Gegenstände geknotet waren - blau, rot, gelb, grün, weiß, schwarz und violett. Alles flatterte in der frischen Frühlingsluft.

Von der Rolle der Tiere als mythische Bindeglieder, als Kanäle zwischen der Welt der Menschen und der Geister handeln viele Legenden. Solche Tiere werden immer als etwas Besonderes dargestellt. Als ich Miracle zum ersten Mal sah, sah sie aber aus wie jedes andere braune Büffelkalb. Konnte das eine lebende Prophezeiung sein? Ich verstand die Reporter. Es war mir klar, warum die meisten abgezogen waren. Tief in mir hörte ich meinen eigenen Schrei nach Wahrheit, etwas wie: „Ich glaube es erst, wenn ich es sehe.“

Aber Mythen und Wunder funktionieren nicht so. Manchmal muss man etwas glauben, bevor es die Augen sehen können.

Penelope Smith sagte mir, die Indianer hätten Recht. Miracle sei das Zeichen eines neuen Zeitalters. „Sie zeigt an, dass sich das Bewusstsein erhöht, und sie hält diesen Platz. Es wird mehr von ihrer Sorte geben“, sagte Penelope. „Sie ist eine spirituelle Manifestation dafür, dass wir in Ordnung sind. Sie ist ein sehr gutes Zeichen.“

Da ich mehr über Miracle und ihre Botschaft wissen wollte, bat ich Nancie LaPier und Sam Louie um Hilfe. Ich hatte gar nicht vor, allzu skeptisch an das Experiment heranzugehen, und doch überraschte und faszinierte es mich, wie zwei Kommunikatoren trotz leichter Abweichungen in der Form letztlich die gleiche Botschaft erhalten.

Anfangs sagte ich Nancie und Sam nur, dass Miracle ein Büffelkalb war und für Indianer einen Bezug zu einem legendären Geist namens Weiße Büffelkalb-Frau hatte. Keiner der beiden Kommunikatoren kannte zunächst die Einzelheiten der Legende.

Miracle und Nancie

„Sie zeigt sich mir mit einer Krone mit vielen Juwelen“, begann Nancie. „Ich habe den Eindruck, dass sie sich ihres Standes - ihrer spirituellen Königswürde - wohl bewusst ist und dass ihr viele Wesen auf der Erde Ehre erweisen. Auf meine Frage, ob sie etwas zu diesem Buch beitragen möchte, sagt sie mir, dass es eine große Ehre ist, hier zu sein. Sie weiß genau, warum sie auf der Erde ist.“

Ich stehe für einen Archetyp anmutiger Energie, die dieser Ebene schon vor Langem abhanden gekommen ist. Meine Gabe besteht darin, Liebreiz und Anmut hier zu verankern.

Die spirituellen Wunden der Ureinwohner Amerikas verlangen nach Ausgleich und Heilung. Unter den heutigen Indianern, die in den Reservaten leben, herrscht Verzweiflung. Auch wenn sich gegenwärtig ein Wandel vollzieht, sieht die Wirklichkeit für die meisten hoffnungslos aus.

Ich bin hier, um alle aufzurütteln. Der Weg des anmutigen Tanzes muss im Reservat wieder zum Leben erwachen.

Nancie hielt inne und lachte. „Sie zeigt mir so etwas wie Tanzmokassins... Jetzt zeigt sie mir eine Frau in einem langen weißen Gewand aus Reh- oder Kalbsleder. Die Frau tanzt im Kreis und wiegt sich wild und ekstatisch. Sie ist eine Indianerin, vielleicht Weiße Büffelkalb-Frau. Sie scheint einen Tanz anzuführen, der alle in eine andere Zeit bringt

Es ist jetzt Zeit, vorwärts zu gehen. Es ist Zeit, die Erde innerlich zu heilen. Vonnöten ist eine sehr elementare, von den Ahnen überkommene Heilung, die bis auf die Zeit zurückgeht, in der sich die Vision von Weiße Büffelkalb-Frau zum ersten Mal manifestierte.

Es ist notwendig, Unterdrückung und den Glauben an die eigene Unterdrückung aufzugeben. Dabei gilt es nicht, sie zu leugnen, sondern den Schmerz anzuerkennen, ihn loszulassen und weiter zu gehen. Manche Menschen haben enorme Gaben, mit denen sie nicht in Verbindung sind. Sie müssen aber an dem, was geschieht, teilhaben. Ich erinnere sie an ihre Rolle in diesem heiligen Kreis. Es ist jetzt Zeit zurückzukehren.

Wir sprechen von Wolkenmenschen. Unsere Ahnen sind in den Wolken. Sie sagen den Indianern: „Ihr müsst einen Glaubenssprung machen, aber seid versichert, dass ihr nicht im Stich gelassen worden seid."

Damit sind nicht so sehr diejenigen gemeint, die mit sich in Verbindung sind und lehren und an der vorherrschenden Metaphysik teilhaben, sondern diejenigen, die Probleme mit Drogen und Alkohol haben und Mangel leiden. All das muss im mentalen und emotionalen Körper verändert werden, damit sie in Schwingung kommen können und wieder die starken, würdevollen Wesen werden, die sie einmal waren. Wir brauchen sie; der Rest der Welt wartet.

„Wer spricht jetzt?" fragte ich Nancie. Der Wechsel im Ton und in der Stimme war mir in den Gesprächen mit Tieren durch verschiedene Kommunikatoren langsam vertraut geworden. Bei Nancie zeigten subtile Veränderungen in der Stimme und im Gebrauch der Pronomen - zuerst *sie* im Singular, dann im Plural, und schließlich *wir* - an, dass außer Miracle noch jemand sprach.

„Stimmt", sagte Nancie. „Ich kann das nicht immer auseinander halten, wenn ich mitten drin bin. Weiße Büffelkalb-Frau sprach als die archetypische Energie, die in Miracle manifest ist. Ich höre Miracle besonders dann sprechen, wenn es um ihr Leben, ihre Gefühle und die Ereignisse auf der Pferdekoppel geht. Sie ist sehr eng damit verbunden, denn diese sind Teil ihres höheren Aspekts. Aber in der Botschaft an die Indianer erklärt wohl Weiße Büffelkalb-Frau, was es mit der Anwesenheit von Miracle auf sich hat.

In der Botschaft kommt sehr stark zum Ausdruck, dass sich die Indianer nicht mit ihren emotionalen Wunden identifizieren sollen. Weiße Büffelkalb-Frau sagt, dass die in die indianische Ahnenreihe Hineingeborenen die Gabe haben, Energie umzuwandeln. Nur erinnern sie sich oft nicht an ihre Fähigkeit, die emotionale Verletzung an einen Ort zu verlagern, an dem sie ihren spirituellen Adel anerkennen und kennen können.

Wie sieht es mit der Beziehung zwischen Indianern und anderen Rassen aus?

Miracle, warum wurdest du auf einer Farm von Weißen geboren?

Damit wird indianische Energie zu den Weißen hinausgetragen. Es geht darum, dass die indianische Energie zurückkehrt und sich zeigt, denn wir brauchen sie. Viele Weiße auf der Erde haben ein indianisches Gedächtnis in ihren Zellen und ein indianisches Herz. Es ist jetzt wichtig, dass die Indianer die Weißen nicht genauso sehen, wie die Weißen einmal die Indianer sahen.

Ich möchte, dass ihr das Wesen des Individuums wahrnehmt und die Menschen nicht nach ihrer Hülle beurteilt. Was einmal geschah, wird nicht wieder geschehen. Viele Menschen fürchten sich davor, ihren eigenen Weg zu gehen, denn in ihren Zellen steckt noch die Erinnerung an vergangene Verfolgungen. Die Vergangenheit muss sich jedoch nicht wiederholen, wenn ihr einen Weg findet, eure Schwingung zu erhöhen und das Loch in eurem emotionalen Körper zu füllen.

Ihr müsst verstehen, dass das Glaubenssystem des weißen Büffelkalbs mein Kommen ermöglichte. Euer Glaubenssystem hat die Kraft, die Wirklichkeit in der Welt zu erschaffen. Indianer müssen die Kraft ihres Glaubenssystems verstehen und es cokreativ einsetzen, weil sie so eine neue Lebensweise schaffen können. Ihre Lebensweise muss in eurer Welt zum Ausdruck kommen, denn sie ist ein unentbehrlicher Bestandteil von ihr.

Die Indianer halten sich voller Ressentiments im Hintergrund. Doch sind die Gründe dafür emotionaler Schmerz und die langjährige Unterdrückung. Ihr müsst ihnen das zugute halten, denn nur dann können sie darüber hinweg kommen. Je mehr ihr versucht, es zu reparieren, zu beschönigen oder zu ignorieren und aus der Welt zu schaffen, desto mehr verstärkt ihr die Energie, die alles beim Alten belässt. Der Schlüssel liegt im Zugeständnis. Beide Rassen müssen einander Zugeständnisse machen, damit alles zum Ort der Einheit kommen kann.

Weiße Büffelkalb-Frau sagt: „Es ist wichtig, dass ihr in eurem Herzen mit der Erde verbunden seid, dass ihr die Erde feiert und versteht, wie sie durch die und mit der

Mitwirkung der Wesen in Gang bleibt, die auf ihr wandeln. Dies ist eine heilige Gabe und ein Ausdruck Gottes

Einen Augenblick lang schwiegen wir, dann lachte Nancie. „Miracle tanzt so gern! Sie bäumt sich hoch auf, sie will tanzen. Ich sehe sie auf einer riesigen Koppel. Leute kommen und betrachten sie. Sie findet sich toll. Sie findet sich einfach umwerfend, und das weiß sie auch. Je mehr die Leute sie so respektvoll anschauen, desto toller wird sie. Sie ist sich dessen völlig bewusst, dass sie etwas Besonderes ist. Wenn wir einander mit der gleichen Ehrfurcht betrachten würden, sagt sie, dann würden wir in dieser Welt Wesen der Ehrfurcht erschaffen. Das ist ihre endgültige Botschaft.“

Miracle und Sam

Bevor Sam Miracle kontaktierte, gab er erst einmal eine Erklärung ab. „Ich muss dir sagen, dass ich sehr skeptisch bin, wenn es um die Rückkehr großer Geister und Legenden oder dergleichen geht.“ Sam konnte nicht sehen, wie ich am anderen Ende der Leitung schmunzelte. Dass es mir so viel Spaß machte, mit Sam zu reden, lag nicht zuletzt daran, dass er immer ganz Anwalt war. Sobald eine Information nicht den gängigen Vorstellungen entsprach, fühlte er sich verpflichtet, seine Standarderklärung abzugeben.

„Ich weiß nicht so recht, was ich da erhalte“, meinte Sam. „Es ist auf jeden Fall die sehr humorvolle Stimme einer Frau. Sie sagt: ‚Ich bin Miracle, aber du kannst mich ruhig Miracle Whip nennen.‘ Du weißt schon, die Mayonnaise“, klärte mich Sam lachend auf. Die Stimme von Miracle Whip hatte ihn sichtlich amüsiert. „Und was ihre Identität betrifft:“

Formulieren wir es so: Ich komme aus anderen Sphären und versuche, den Blick auf die Einheit zu lenken. Oft, wenn die Menschen nach einem Symbol suchen, das durch eine Person oder ein Tier verkörpert wird, werden ihre Gebete erhört. Wenn wir davon ausgehen, dass in allen Dingen unabhängig von den Überzeugungen der Menschen eine Einheit existiert, kann ich mich als Bote manifestieren, der die Energie von Weiße Büffelkalb-Frau repräsentiert. Die Legende brachte das Symbol von Weiße Büffelkalb-Frau hervor, das nun durch mich verkörpert wird.

Was will ich hier lehren? Was ist mein Zweck? Zum einen bin ich der Geist, der den Hilferuf nach der Rückkehr von Weiße Büffelkalb-Frau erhört hat, und möchte wissen, wie sich ein Büffelkalb fühlt. Ich bin hier, um Einheit zu lehren. Wir müssen herausfinden, wie wir (Indianer) von der dominanten weißen amerikanischen Kultur akzeptiert werden können und wie wir zu einer deutlichen, unverkennbaren und geachteten Stimme werden, die weder glorifiziert noch geringgeschätzt wird. Um zur Einheit zu gelangen, ist es notwendig, als klar erkennbare Gruppe aufzutreten, die einen Beitrag zu leisten hat.

Eine weitere Botschaft hat mit Sanftheit zu tun. Die Welt muss langsam aber sicher sanfter werden, und in vielerlei Hinsicht geschieht dies schon. Als Universum haben wir mitgeholfen, die Erde vom Weg der Zerstörung etwas abzubringen. Noch gibt es zwar viele Kriege, und das Leid in diesen Kriegen ist ungeheuer, doch gibt es bereits eine breite menschliche Bewegung weg von der Massenzerstörung.

Und schließlich will ich eine Art Heldensymbol in einer Zeit sein, in der sowohl unter Indianern als auch in der vorherrschenden amerikanischen Kultur Heldensymbole rar geworden sind. Erwarte jetzt aber nicht, dass ich Purzelbäume schlage. Ich bin ein Kalb und lebe das Leben eines Kalbes, bin also sehr sanftmütig und wachse auf, wie so ein Tier eben aufwächst. Ich werde mich auf meine Weise gerne mit allen unterhalten, die das wünschen.

Ich möchte gut gelaunt den Legenden, den Indianern und der spirituellen Verehrung etwas Leichtigkeit verleihen, damit die Leute das alles nicht allzu ernst nehmen, denn Spiritualität hat viel mit Humor zu tun.

Mit „Miracle Whip" ging es mir übrigens nicht darum, unbedingt witzig zu erscheinen. Das war an die Adresse der New Age-Sucher gerichtet. Sie müssen sich vor spirituellem Snobismus hüten und sollen nicht glauben, dass der spirituelle Weg etwas „Höheres" ist. Wir sind letztlich alle auf dem gleichen Weg, und keines Menschen Weg ist wertvoller als ein anderer. Vergesst nicht, demütig und humorvoll zu sein.

Wer war die ursprüngliche Weiße Büffelkalb-Frau? War auch sie ein Zeichen oder eine Manifestation, weil die Menschen ein Zeichen brauchten?

Die ursprüngliche Weiße Büffelkalb-Frau war ein Mensch mit lauteren Beweggründen, großer Weisheit und großer Einfachheit. Sie hatte den aufrichtigen Wunsch, Spiritualität und Führerschaft zu bringen. Sie war aber nicht eine Spur göttlicher als wir alle, die wir uns entschlossen haben, unsere Göttlichkeit zu erschließen. Auch hier heißt die Botschaft Einheit. Wir sind alle vereint in einem höchsten göttlichen Wesen in unterschiedlichen Manifestationen. Und ja, wie alle New Age-Praktiken und alle Religionen lehren, geht es um Konzentration, Fokus, Loslassen, um die Entfernung der oberen Schichten und um das Vordringen zum schönen göttlichen Kern.

Miracle betonte also am Ende beider Ausführungen, wie wichtig es ist, das Göttliche in allen Tieren und damit auch in den Menschen aller Rassen und Kulturen zu feiern.

Indem wenn wir die Barrieren von Form, Spezies, Rasse, Religion, Kultur und Farbe abbauen, wird sich uns das Einssein unseres spirituellen Wesens auftun, doch genauso wichtig ist es, dass alle Wesen ihre Authentizität bewahren und ihre unterschiedlichen Überzeugungen, Gewohnheiten und Ansichten mit der Welt teilen. Auch dadurch gelangen wir zum Sinn und zur Gegenwart des Geistes.

Nach Ansicht von Brooke Medicine Eagle, Hüterin der Erde, Lehrerin und Autorin von *Buffalo Woman Comes Singing* will uns Weiße Büffelkalb-Frau lehren, wie wichtig es ist, auf unserer Suche nach Einheit die Vielfalt zu würdigen. „Wir stehen am

Anfang einer neuen Zeit des Friedens", bemerkt Brooke. „Wir machen sie wahr, indem wir lernen, einander zu achten, und dies nicht nur über die eigene Rasse hinaus, sondern auch über Arten und Sphären hinaus. Vom ‚höchsten‘ Geist bis zum tiefsten Stein will alles geachtet sein, denn alles lebt von der Intelligenz des Schöpfers. Die anderen Sphären und Bereiche (Geist, Deva, Tier, Pflanze) warten sehnsüchtig darauf, dass wir Zweibeiner im vollen Bewusstsein den Kreis des Lebens betreten.“[1]

Vielleicht sind wir aufgerufen, ein kleines weißes Büffelkalb zu hüten, vielleicht werden wir geöffnet für die Kommunikation mit Tieren. Wer weiß schon, welcher Weg für den anderen richtig ist oder wohin die spirituelle Entwicklung geht? Der Schlüssel, so scheint es, ist Offenheit. Offen dem zuhören, was ehrlich und echt zu unserem tiefsten Selbst spricht, der Eingebung des Geistes folgen, der uns bewegt, wohin uns das auch führen mag.

Monate nach den Gesprächen mit Miracle las ich die Lebensgeschichte von Frank Fools Crow, einem heiligen Mann und Zeremonienhäuptling der Sioux, erzählt in dem Buch *Fools Crow* von Thomas E. Mails.[2] Viele hatten den verehrten Häuptling um die Ehre gebeten, seine Geschichte erzählen zu dürfen, doch hatte Fools Crow immer abgelehnt. Wie kam es, dass die Aufgabe schließlich einem Weißen übertragen wurde? Vielleicht aus dem gleichen Grund, aus dem Miracle sich entschloss, auf der Farm einer weißen Familie in Wisconsin auf die Welt zu kommen.

1974 erzählte Fools Crow während eines Besuchs Mails (durch einen Übersetzer), er habe auf einer Visionssuche die Anweisung erhalten, der Welt seine Geschichte durch jemanden zu erzählen, der ihm vorgestellt würde. Diese Person sei Mails. Mails war erstaunt, denn obwohl er Schriftsteller und Künstler war und bereits mehrere Bücher über Indianer veröffentlicht hatte, war er selbst kein Indianer. Auch sprachen er und Fool Crows nicht die selbe Sprache. Aber Fool Crows blieb dabei. Er war sich sicher, dass Mails von den Geistern zu ihm gebracht worden war. Mails fand das faszinierend, denn ihm war der gleiche Gedanke gekommen.

Die Offenbarung spiritueller Pfade lässt sich ebenso wenig durch bloße Logik nachvollziehen wie die Angelegenheiten des Geschmacks. Wann und wie wir gerufen werden, an dieser Offenbarung teilzunehmen, bleibt geheimnisvoll und wunderbar.

Der Kreislauf des Lebens

Penelope Smith und das Netzwerk der Tiere

Ich schalte mich soeben in das Netzwerk der Tiere ein und sehe die Frösche, die Eidechsen, die Wale, die Vögel und andere in einem großen Kreis. Sie gehören zu ihrer Spezies und sind gleichzeitig mit allen anderen verbunden. Sie sagen: „In unserer Wahrnehmung wurde der Kreislauf des Lebens nie unterbrochen. Es gibt viele Orte auf der Erde, die sterben, die in Zerstörung begriffen sind. Auch sie werden wieder leben. Wir warten. Wir Tiere aller Spezies sehen, dass die Evolution des Bewusstsein ihren geplanten Lauf nimmt und sorgen uns nicht um die Zerstörung des Körpers. Nur wenn unsere unmittelbare Familie, unsere Gruppe betroffen ist, rufen wir um Hilfe, nach Bewusstheit."

Penelope Smith
Foto von Marty Knapp

Wenn die Menschen aufwachen, wird sich die Erde wieder beleben. Die Lebenskraft ist stark. Die Erde ist stark und wird alles heilen. Alle Wesen auf der Erde können geheilt werden, wenn sie die Lebenskraft anzapfen. Noch immer sterben an vielen Orten des Planeten Menschen und ganze Spezies. Doch das Bewusstsein nimmt zu, und das ist die stärkere Kraft.

Die Tiere haben eine Menge Neuigkeiten. Eine Menge Botschaften werden Menschen überall auf dem Planeten übermittelt. Und die Menschen hören zu. Diejenigen unter ihnen, die sich besonders auf die telepathische Verbindung verlegt haben, erhalten die Botschaften auf dem gleichen Weg wie wir, so dass wir sie den anderen übersetzen können.

16

Lamas: Hüter des Lichts

Jede Spezies bringt ihre eigene Energie mit auf die Erde. Um das zu begreifen, braucht man sich nur die erstaunliche Formenvielfalt in der physischen Welt vor Augen zu führen. Einzelne Tiere wie Miracle können eine sehr spezifische spirituelle Energie hervorbringen, aber auch ganze Tiergruppen arbeiten mit einem gemeinsamen spirituellen Ziel daran, bestimmte Energien zu befördern oder zu verkörpern. Das können kleine Tiergruppierungen innerhalb einer Spezies, ganze Spezies oder noch größere Gruppen sein. Von Meeressäugern heißt es beispielsweise oft, dass sie an der Heilung der Menschheit und an der Erhöhung der Schwingungsfrequenzen arbeiten.

Im Gespräch mit Mitgliedern einer Lamaherde erfuhr Nedda Wittels, dass Lamas eine besondere Rolle in der Evolution unseres Planeten spielen. Die Perspektive der Lamas ist einzigartig, insofern sie vom Herdenbewusstsein und vom individuellen Bewusstsein gleichermaßen geprägt ist und die bewusste Wahrnehmung der individuellen und der kollektiven Ebene gewährleistet.

Im folgenden Interview mit zwei Lamas zeigt Nedda, wie Lamas das Licht auf unserem Planeten verankern helfen. Das Lama Cathedral Pines Abracadabra, kurz Abby genannt, ist als Heilerin und Hebamme tätig, und der Wallach Black Velvet of Crestland, kurz Velvet genannt, dient der Herde als Medizinmann/Schamane. Beide leben bei ihrer Herde in Rhode Island auf der Farm von Tom und Helen Rowe-Drake.

Nedda stellte den Kontakt mit Velvet und Abby her, begrüßte den Rest der Herde und begann dann.

Würdest du bitte zuerst erklären, wie das Herdenbewusstsein funktioniert? Ich weiß zwar schon ein wenig aus vergangenen Gesprächen, aber ich würde deine Gedanken und Erfahrungen gern auch anderen Menschen zugänglich machen.

[Velvet:] *Eine Lamaherde ist einerseits eine Bewusstseinseinheit und andererseits eine Kombination aus vielen Einzelwesen. Wir sind zwar Individuen, sind aber gleichzeitig immer mit allen anderen verbunden und wissen jederzeit, was die anderen Herdenmitglieder gerade machen. Ob ein Lama krank ist oder ein Junges zur Welt bringt oder stirbt - wir wissen immer, was die anderen tun.*

[Abby:] *Ja, und das ist nicht immer einfach. Wenn ein Lama eine bestimmte Angst hat und ein anderes Mitglied der Herde gerade das erlebt, wovor es sich fürchtet, blendet es die unangenehme Situation aus dem Bewusstsein aus. Nagelpflege, Trimmen, Untersuchungen beim Tierarzt, Impfungen mögen wir beispielsweise alle nicht beson-*

ders, aber ein paar von uns haben eine regelrechte Abscheu davor, und deswegen blenden wir das aus.

Welche Vorteile ergeben sich aus dem Herdenbewusstsein?

[Abby:] *Ein sehr schnelles Warnsystem. Wirkungsvoller und dauerhafter gegenseitiger Beistand auf emotionaler und spiritueller Ebene. Gemeinsamer Genuss der guten Dinge des Lebens und das Wissen, wann das Essen serviert wird. Wirksame Unterstützung beim Prozess der Geburt und des Übergangs (des Todes).*

[Velvet:] *Wenn wir wollen, sind wir eine sehr starke energetische und bewusstseinsmäßige Einheit, und das macht uns spirituell stark. Unsere Macht ist liebevoll und dient nicht der Dominanz über andere. Die Macht der Liebe ist grenzenlos. Sie befähigt uns, ein Kraftfeld der Liebe zu erzeugen und zu projizieren.*

Wie wird ein neu geborenes Lama oder ein älteres Lama, das neu in der Herde ist, integriert?

[Abby:] *Die Arbeit mit Neugeborenen („Crias") gehört zu meinen Hebammenpflichten. Wie du weißt, braucht ein Lama in Freiheit keine Hilfe beim Gebären. Das Neugeborene trocknet sich selbst ab und steht ohne Hilfe auf, und deshalb müssen Mutter und Baby körperlich bei Kräften sein. Die Hebamme der Herde unterstützt den Geist des Neugeborenen, sich bei der Geburt fest in den Körper des Cria einzupflanzen. Während die Mutter laut vor sich hin summt und damit die physische Form des Cria bei seinem ersten Kontakt mit dem Leben außerhalb des Mutterleibes stärkt, summt die Hebamme telepathisch mit und hilft dem Geist mit Anweisungen, sich energetisch zu implantieren, sich an den Chakren zu befestigen und sich mit DNA und Wirbelsäule zu verweben. Wenn alles gut geht, ist das neue Lama nach vierundzwanzig Stunden durch seinen physischen Körper fest geerdet.*

Helfen die anderen in der Herde mit?

[Abby:] *Normalerweise nicht. Für diese Aufgabe brauchen wir eine Ausbildung. In einer großen Herde gibt es immer Lehrlinge. Bei einer Geburt hilft mir jemand, meinen Cria spirituell zu implantieren. Sonst müsste ich alles selbst machen, was zwar möglich, aber sehr anstrengend ist*

Velvet, helfen die männlichen Lamas bei diesem Prozess?

[Velvet:] *Manchmal. Wenn der Cria männlich ist und die spirituelle Energie sich mit dem Verbinden und Anpassen schwer tut, bittet mich Abby um Hilfe. Wenn ich ihr assistiere, verschmelze ich meine individuelle Energie mit Abbys. Das hilft dem Geist bei Anpassungsschwierigkeiten.*

Wenn ein neues Lama in die Herde kommt, arbeite ich als Schamane mit den neuen Energien und helfe dem Ankömmling, sich energetisch auf die neuen Frequenzen und Schwingungsmuster einzustimmen, die für unsere Herde einzigartig sind. Ich kann die

Schwingungen sehen, hören und fühlen und sie miteinander verweben, wie ein Muster in einem Tuch.

(Velvet zeigt mir einen Teppich mit Mustern, wie man sie in Peru webt. Er gibt mir zu verstehen, dass die Muster in Wirklichkeit feiner sind, weiß aber nicht, ob ich sie richtig sehen kann, weil sie sich ständig verändern. Er sagt, er könne auch Töne hören - Musik und Stimmen.)

Hast du lange gebraucht, bis du dieses energetische Netz verstehen und mit ihm arbeiten konntest?

[Velvet:] *Ich war mehrere Leben lang Lehrling in anderen Lamaherden, bevor ich in die Arbeit eingeweiht wurde. Deshalb kann ich jetzt in dieser Herde als Schamane arbeiten, obwohl ich noch ziemlich jung bin.*

Inkarnieren sich Lamas gewöhnlich innerhalb ihrer eigenen Spezies?

[Velvet:] *Die meisten Geistwesen inkarnieren sich in Seelengruppen. Wenn es sinnvoll ist, mehrere Leben lang Erfahrungen innerhalb einer Spezies zu machen, wird sich eine bestimmte Zahl von Geistern immer wieder dort inkarnieren. Man kann sehr viele Leben lang bei einer Spezies bleiben. Oft geschieht dies aber auch, weil ein Individuum eine Vorliebe für diese Spezies hat oder eine bestimmte Lernerfahrung machen möchte.*

Und du, Abby? Hast du dich auch mehrere Leben lang auf deine Rolle als Hebamme vorbereitet?

Abby:] *Ja. Meine Aufgaben sind anders, aber auch ich brauche besondere Fertigkeiten und muss mit spiritueller Energie umgehen können. In meiner Rolle als Heilerin arbeite ich energetisch mit Lamas, die physisch, psychisch oder spirituell krank sind. Auf diesem Gebiet arbeiten Velvet und ich auch zusammen.*

Gibt es noch andere Lamas in der Herde, die bestimmte Aufgaben für die Gruppe übernommen haben?

[Velvet:] *Es gibt einen Geschichtenerzähler, den Historiker der Herde. Bei uns ist das Blu. Er bewahrt die mündlich überlieferte Geschichte von Individuen und von der Herde als Gruppe. Blus Geschichten sind manchmal sehr gut und witzig, aber wenn er seine Befangenheit verliert, werden sie noch viel besser werden.*

Wie oft erzählt er Geschichten?

[Velvet:] *Im Winter fast jeden Abend. Ansonsten hängt es davon ab, was sonst noch alles los ist. Da er Crias zeugen wird, hat er in der Paarungszeit natürlich die Paarung im Kopf. Trotzdem glaube ich, dass er nicht nur ein guter biologischer Vater, sondern auch ein guter Vater für die Herde sein wird.*

Wird die Rolle des Historikers/Geschichtenerzählers deshalb einem zeugungsfähigen Lama übertragen?

[Abby:] *Ja, es ist wichtig, dass er tatsächlich ein „Vater der Herde" ist. Blu wird in diese Rolle hineinwachsen. Er ist in vielerlei Hinsicht sehr jung.*

Meinst du, Blu würde uns eine seiner Geschichten für die Unterweisung junger Lamas erzählen?

[Velvet:] *Im Augenblick nicht. Es würde dir schwer fallen, sie zu übersetzen. Sie sind ein energetischer Austausch in höheren Frequenzen und sollen jungen Lamas helfen, die Verbindung mit der Seele und mit höheren Frequenzen aufrecht zu erhalten. Sie lassen sich nicht leicht in Worte übertragen.*

Zurück zum Spirituellen. Tom (Rowe-Drake) nannte Lamas die „Delfine zu Lande". Weißt du, was er damit meint, und wie siehst du das?

[Velvet:] *Das ist schwer zu beantworten. Wir wissen, dass Delfine aus anderen Dimensionen kommen und - wie die Wale - hier sind, um die Erdrhythmen aufrecht zu erhalten und die Menschen zu wecken. Die Aufgabe der Lamas ist mit der Aufgabe der tibetischen Lamas vergleichbar, der spirituellen Führer der Menschen auf dem Dach der Welt. Wir sind die spirituellen Führer der Landtiere auf der Erde. Wir zeigen beispielhaft, wie man in völligem Einssein mit allen Herdenmitgliedern lebt und gleichzeitig getrennte Existenzen führt. Dies trifft übrigens auch für die Delfine zu.*

Was den Vergleich mit den Delfinen betrifft, so sind wir ihnen ähnlich, aber nicht gleich. Im Gegensatz zu ihnen versuchen wir beispielsweise nicht, die Menschheit zu heilen. Als Spezies sind wir jetzt auf dieser Seite der Erde mehr verbreitetet, damit wir lehren und unsere Energie mit mehr Menschen teilen können. Wir bringen Licht, aber wir versuchen nicht unbedingt zu heilen.

Wie unterscheiden sich Lamaherden von Kuh-, Schaf-, Pferde- oder andern Tierherden? Haben diese Tiere nicht auch ein Herdenbewusstsein?

[Velvet:] *Ja, aber nicht in den gleichen Schwingungsfrequenzen wie Lamas. Unsere Frequenzen sind höher und feiner, weil unser natürlicher Lebensraum geografisch höher gelegen ist und diese Frequenzen auf unseren Lebensraum abgestimmt sind. Deshalb schwingen wir mehr mit den Lichtwesen und können die ganze Tonleiter hinauf und hinunter kommunizieren. Wir nehmen eine Schlüsselrolle zwischen den anderen Herdentieren auf dem Land und den Geist- bzw. Lichtwesen ein. Wir sind sozusagen eine Brücke.*

Welche Funktion hat diese Brücke?

[Velvet:] *Sie ist ein Umschlagplatz für spirituelle Information, die von der Quelle ins Tierreich gelangen muss, in die Form und die DNA der Tiere. Darin besteht ihre Hauptfunktion.*

Ist das die erwähnte Parallele mit den tibetischen Lamas?

[Velvet:] *Ja. Wie ich es verstehe, hielten sie die Energien und Frequenzen zu hohen spirituellen Bereichen offen, die vielen Menschen im Lauf der Jahrhunderte und Jahr-*

tausende verloren gingen. In dieser Hinsicht ist unsere Aufgabe ähnlich. Und sie konnten die Öffnung auch dadurch erhalten, indem sie sich in großen Höhen ansiedelten.

Ist die Rolle der Lamas den anderen Tieren bekannt?

[Velvet:] *Manchen. Ich weiß, dass du dich viel mit Tieren verschiedener Spezies unterhältst. Nicht alle sind spirituell veranlagt. Manche haben ein stärkeres Bewusstsein von dem Prozess der Höherentwicklung, in dem sich die Erde derzeit befindet. Manche sind sich der Rolle der Lamas als Spezies sicherlich bewusst, und andere würden gleichgültig reagieren, wenn du ihnen davon erzählst. Auch unter den Menschen sind nicht alle an spirituellen Dingen interessiert, oder?*

Ja, das stimmt. Arbeitet ihr mit Naturgeistern und mit der Erde, wenn ihr diese Energien einschaltet?

[Velvet:] *Ja, sicher.*

Wie wirkt es sich aus, dass so viele Lamas jetzt an tiefer gelegenen Orten leben?

[Velvet:] *Es erschwert unsere Arbeit, aber es ist gleichzeitig auch eine Hilfe. Die Lamas in der Andenregion bleiben der wichtigste Kontakt bei der Fortführung der spirituellen Arbeit. Die Lamas an tiefer gelegenen Orten dienen als Umschlagplatz für Energie. Sie befördern die Energie in die anderen Teile der Welt. Es gibt keine Zufälle. Dass so viele von uns jetzt an anderen Orten sind und dass die tibetischen Lamas nicht mehr nur in Tibet leben, hat einen Grund.*

Eine interessante Theorie.

[Velvet:] *Das ist keine Theorie. Die menschlichen Lamas werden es vielleicht nicht zugeben, aber ich weiß, dass es so ist.*

Und woher weißt du es, Velvet?

[Velvet:] *Das gehörte zu meiner Ausbildung als Schamane der Herde. Und außerdem gehört es zu meiner Rolle und zu meinem Lebenszweck, den Menschen die Spiritualität näher zu bringen. Du musst wissen, dass jeder, der eine Lamaherde hat, von unserer Spiritualität beeinflusst wird. Mit den Schwingungen der Erde erhöhen sich auch die Frequenzen der Tiere.*

Kannst du mehr über die tibetische Verbindung sagen?

[Velvet:] *Wir Lamas hüteten in den dunklen Zeiten der Erde das Licht auf dieser Seite der Erde. Auf der anderen Seite der Erde taten es die tibetischen Lamas. Mit „dunklen Zeiten" meine ich die Zeit seit dem Fall Lemuriens und dem Verschwinden der Mayakultur. Durch unser Hiersein in diesen Körpern und durch unsere Teilhabe am höchsten Wissen konnten wir mithelfen, ein gewisses Gleichgewicht auf der Landmasse aufrecht zu erhalten.*

Hat das spirituelle Lehren, das euch mit den tibetischen Lamas verbindet, etwas mit der Frequenzbrücke zu tun? Und arbeiten die Lamas hier mit anderen Spezies zusammen?

[Velvet:] Es gibt nur eine Wahrheit: Wir (alle Wesen) stammen ursprünglich aus der selben Quelle, alles ist letztendlich ein Bewusstsein, die Erfahrung der Trennung ist illusorisch. Wir unterhalten zwar keinen Kontakt mit den tibetischen Lamas in Form eines Gesprächs, können aber mit allen sprechen, die dies wünschen. So wie auch viele Menschen es tun, verankern wir das Licht immer höherer Frequenzen, damit sich die Erde in höhere Dimensionen verlagern kann. Wir haben viel Erfahrung mit der Beförderung höherer Lichtfrequenzen, denn wir sind als Spezies dafür gemacht und tun es bereits seit Jahrtausenden. Wir arbeiten nicht unmittelbar mit anderen Spezies zusammen, aber ich bin mir sicher, dass sich auch andere auf dem Planeten an dem Werk beteiligen.

Velvet, hast du oder eins der anderen Lamas noch eine Botschaft für die Menschen?

(Die Herde berät sich und Velvet verkündet, dass folgende Botschaft von der ganzen Herde stammt.)

Die gesamte Welt ist ein Ort des Geistes. Die künstliche Unterteilung in einen spirituellen und einen physischen Bereich geht auf einen unvollständigen und stark verzerrten Begriff des Physischen zurück. Erleuchtung bzw. Höherentwicklung beinhaltet auch die Erinnerung, dass das gesamte Universum aus spiritueller Energie besteht - denn außer dieser Energie gibt es keine -, und die Erkenntnis, dass Gott überall, immer und in allen Formen gegenwärtig ist.

Lama Gruppe – Foto von Helen Rowe-Drake

Dieser Augenblick

KC (Katze) - Morgine Jurdan

Das Leben ist schön und hat viel zu bieten. Du kannst das Leben auf so viele wunderbare und unterschiedliche Weisen genießen.

Genießt du, was du im Mund hast? Nimmst du Beschaffenheit, Aroma, Temperatur, Farbe und Energie dessen wahr, was du isst und trinkst und einatmest?

Hörst du, wie die Käfer singen, wie die Vögel die Pflanzen mit ihren Stimmen liebkosen, die Blätter in den Bäumen mit dem Wind singen? Wie oft hörst du dein Haus sprechen, deine Rohrleitungen singen, das Schwingen der Kleidung an deinem Körper, das Atmen der Pflanzen, die Worte eines Freundes?

Es gibt Millionen Möglichkeiten, das Leben zu erfahren. Nimm dir einen Augenblick Zeit. Hör auf zu denken und schau jemandem in die Augen. Sieh wirklich, was da ist, unter der Oberfläche, unter den Worten und Bewegungen, unter dem Ärger und dem Schmerz. Du kannst in jedem Augenblick deines Lebens das echte Leben schmecken, wenn du für seinen Reichtum empfänglich bist.

Werde heute lebendig und schau, was vor dir ist. Was würdest du tun, wenn heute der letzte Tag deines Lebens wäre - und das ist immer möglich -, und warum tust du es nicht?

Du bist jetzt hier. Ich hoffe, du kannst die einfachen Reichtümer entdecken, die sich dir jeden Tag und in jedem Augenblick bieten. Das Leben ist nicht zum Wegdenken da. Es will gelebt, erfahren und für das Geschenk geliebt werden, das es ist. Nichts ist wertvoller als dieser Augenblick. Lass ihn nicht unbemerkt vorbeiziehen. Erst wenn du seinen Reichtum genießt, entdeckst du den wirklichen Sinn des Lebens.

17

Delfine, Wale
und das multidimensionale Jetzt

Eines Abends, lange nachdem unser Telefongespräch auf die nebulösen Gefilde der Multidimensionalität zugesteuert war, erzählte mir Ilizabeth Fortune eine Geschichte.

Ilizabeth war auf einem Schiff mit einer Gruppe von Leuten, die mit Delfinen schwimmen wollten. Sie befand sich gerade mit einer Teilnehmerin in einem Raum bei einer Sitzung, als die Leute riefen, dass Delfine da seien. Als Ilizabeth den Ruf hörte, kam sie langsam aus ihrer Trance heraus. Alle bereiteten sich darauf vor, ins Wasser zu gehen, aber die Frau in dem Raum wollte, dass sie blieb. Und da geschah es.

> Plötzlich war ich im Wasser und sah die Delfine kommen. Ich wusste, dass ich auf dem Schiff war, aber ich war auch im Wasser. Es gab sieben Delfine. Sie stellten sich vor, und als nächstes war mir bewusst, dass ich mich in einem der Delfine befand. Ich sah mit den Augen des Delfins.
>
> Ich sah, wie die Leute aus dem Schiff ins Wasser kamen. Ich beobachtete, wie sie mit mir als Delfin und mit den anderen Delfinen Kontakt aufnahmen. Dann hörte ich den Delfin zu mir sprechen: Wir möchten, dass du dir in deiner Rolle folgender Dinge bewusst bist." Darauf hin gab er mir Anweisungen, als würde er eine Information herunter laden. Diese Information benutzte ich in den folgenden Jahren ständig.
>
> Ich musste natürlich beweisen, dass alles tatsächlich geschehen war. Als Delfin setzte ich deshalb bewusst die Delfinschnauze auf eine menschliche Gesichtsmaske. Ein weiterer Beweis bestand darin, dass ich über einen Menschen hinweg sprang. Es war ein unglaubliches Gefühl, in dem Delfin zu sein und den Sprung über einen Menschen zu tun. Schließlich schwamm ich noch an die Seite eines anderen Menschen und lehnte mich mit meinem Delfinkörper an ihn.
>
> Dann war ich wieder in dem Raum mit der Frau und kam aus dem Erlebnis heraus. Ich hörte, wie alle auf das Schiff zurückkamen und meinen Namen riefen. Ich öffnete die Tür. Sie waren aufgeregt und fragten, wo ich gesteckt hatte. Ich erzählte ihnen alles und identifizierte alle, mit denen ich als Delfin Kontakt gehabt hatte. Das haute sie um.

Das ist ein Beispiel für Bi-Lokation (Aufenthalt an zwei verschiedenen Orten gleichzeitig). In einem solchen Augenblick ist man auch multidimensional. Es ist die Erfahrung, mehrere Welten gleichzeitig zu erfahren.

Ilizabeth Fortune

Ilizabeth hielt inne. „Habe ich dir das schon einmal erzählt?"

„Nein."

„Es ist ja auch ziemlich abgehoben. So etwas erzähle ich normalerweise nicht."

Multidimensionalität ist das Paradigma nebeneinander in einem Hologramm der Zeit existierender Dimensionen. Es ist ein bewusstseinserweiterndes Konzept, faszinierend und frustrierend zugleich. Im besten Fall erschließt es uns eine Wahrnehmung außerhalb des Alltagsbewusstseins, mit der sich die Mysterien von Zeit und Ort auf neue, aufschlussreiche Weise erfahren lassen.

Frustrierend ist nur, dass wir uns dazu über die Grenzen unserer Alltagsrealität hinauswagen müssen, und das kann unser Leben ganz schön durcheinander bringen. Intuitiv finden wir unseren Weg, strecken die Fühler nach diesem nebulösen Raum-Zeit-Sein aus, in dem sich unsere Alltagsrealität verliert. Wir suchen nach dem geheimen Knopf, der die Bücherwand herumdreht, den Riss im Raum, das Fenster in der Zeit. Meistens erfordert der Zugang zu dieser anderen Seinsweise nämlich einen Schritt aus dem Gewohnten heraus.

Die Psychologin und Wissenschaftlerin Joan Ocean kommuniziert seit über zwanzig Jahren mit Meeressäugern. In ihrem Buch *Dolphins Into the Future* bemerkt sie, dass Delfine neben ihrem Leben im Ozean gleichzeitig ein Leben in anderen Dimensionen und Welten leben können. Delfine seien uns nicht nur ein „inspirierendes Beispiel für die Möglichkeiten jenseits unserer gegenwärtigen Glaubenssysteme", schreibt Joan; der Zugang zu multidimensionalen Welten sei auch eine ihrer wichtigsten Lehren für die Menschheit.[1]

„Sie führen uns unsere eigenen Möglichkeiten vor Augen", sagte mir Joan. „Ihr Gehirn ist viel komplexer als unseres, und sie nutzen einen größeren Teil davon, als wir uns vorstellen können. Und trotzdem glaube ich, sie zeigen uns, dass auch wir dazu fähig sind. Wir können die Form unseres Körpers verändern, uns verwandeln und uns in andere Dimensionen bewegen, denn wir sind multidimensional."

Für die Übermittlung dieser Botschaft scheint es einen vielschichtigen Plan zu geben. „Ich glaube wirklich, dass Wale und Delfine im Augenblick alles Mögliche tun, um uns zu erreichen", sagte Joan. „Oft können die Menschen nicht ins Wasser kommen und nehmen deshalb in der Meditation, in Träumen und in Erfahrungen außerhalb des Körpers Kontakt auf. Meeressäuger tauchen an allen möglichen Orten auf, überall, wo sie können."

Oft signalisiert ein inneres Erlebnis dem menschlichen Bewusstsein die Gelegenheit für eine bevorstehende Veränderung. Sowohl Joan als auch Ilizabeth hatten zunächst in der inneren Welt Kontakt mit Meeressäugern, bevor es zu einer körperlichen Begegnung kam. Und beide sind sich darin einig, dass die innigsten Begegnungen oft im Schlaf, in der Meditation, im Traum und im Wachtraum stattfinden.

„Einige meiner tiefsten Erlebnisse fanden innerlich statt, obwohl ich inzwischen schon so oft auf physischer Ebene mit Delfinen und Walen kommuniziert habe", sagte Ilizabeth. „Manchmal bedarf es aber auch einer physischen Erfahrung, um die innere Welt der Wale und Delfine und die Verbindung mit ihnen mit Leib und Seele zu erschließen. Es ist eine Seelenerinnerung."

Ich dachte an Sugar und die Tentakel als Metaphern für unsere multidimensionalen Selbste, die alle mit dem einen Riesentintenfisch unseres größeren Wesens verbunden sind. Wie sehr sich jedes dieser Tentakel-Selbste der anderen Selbste bewusst ist, hänge davon ab, wie das eigene Selbst und das Ganze erfahren werden, hatte Zak dazu bemerkt. Das Zusammenspiel der Erinnerungen und das bewusste Erleben der anderen Selbste wären somit dem Bewusstsein nur in dem Maße verfügbar, wie jedes Selbst offen für eine solche Erfahrung ist.

Nehmen wir an, ein Aspekt deines multidimensionalen Selbsts (vielleicht der, der gerade dies liest) möchte sich deiner anderen Selbste bewusster werden. Wie gehst du das an? Es ist wichtig, Muster zu erkennen und nach verborgenen Assoziationen auszuschauen, in denen Simultaneität aufblitzt und sich intuitiv erahnen lässt. Viele erkennen darin die holografische Sprache multidimensionaler Verbindungen, die Delfine uns hier lehren wollen.

„Wir müssen es zulassen, dass unsere multidimensionale Kommunikationsfähigkeit zum Leben erwacht und zu tanzen beginnt, dass wir unseren Spaß an ihr haben. Denn sie macht wirklich Spaß", so Ilizabeth. „Die Delfine wollen uns dazu bringen, unser Menschsein auf der Erde zu genießen. Wenn wir die Informationen hereinfließen lassen, erlauben wir uns, spirituell menschlich zu sein."

Aber wie soll das funktionieren? Als ich Ilizabeth fragte, auf welche Weise sie ihre Botschaften von den Walen und Delfinen empfängt, lachte sie nur. Ich gab nicht nach: „Kannst du jederzeit mit ihnen reden oder nur, wenn du mit ihnen schwimmst?"

„Auch sonst", sagte sie. „Und es geschieht durch meinen ganzen Körper. Es ist, als wären die Wale und die Delfine in meinen Knochen. Es ist ein Prozess; er hat sich aus meinem persönlichen Wachstum und aus der Beschleunigung der Energien ergeben, die sich auch auf der Erde vollzieht."

Ilizabeth dachte einen Moment lang nach und fuhr dann fort: „Um deine Frage zu beantworten: Ja, sie sprechen die ganze Zeit mit mir. Aber dieses ‚sie' verändert sich, und es sind nicht immer nur Wale und Delfine. Andere Wesen und Spezies können sich mit eigenen Beiträgen dazuschalten, was mir zeigt, wie alle Spezies miteinander verbunden sind. Wenn ich mich direkt an die Wale oder Delfine wende, erhalte ich sofort eine Reaktion. Das ist die eine Ebene. Darüber hinaus können sie aber auch noch andere Formen mit ins Spiel bringen, zum Beispiel Botschaften von anderen Spezies oder ein bestimmtes physisches Ereignis oder auch eine neue Erkenntnis. Sie können meine Aufmerksamkeit auf etwas lenken, wenn ich spazieren gehe oder wenn ich einen Anruf bekomme. Das hängt alles miteinander zusammen. Es ist schwer zu erklären, weil die Kommunikation nicht linear, sondern multidimensional ist."

Joan Ocean sprach von einem ähnlichen Prozess:

> Bei meinem ersten physischen Kontakt mit einem Wal erfuhr ich, dass Wale eine sehr tiefe Liebe für die Erde und alle Lebensformen auf der Erde haben. Der Wal kommunizierte mit mir, indem er mir sein eigenes tiefes Gefühl für die Erde und den Ozean unmittelbar in die Zellen schickte. Und da ich es auf diese Weise erhielt, konnte ich es weder analysieren noch in Frage stellen. Die Wale schicken es dir einfach in einem Stück, und von da an ist es deins.
>
> Was die Delfine angeht, so kann ich mich tatsächlich mit ihnen unterhalten. Wir führen viele Gespräche miteinander; sie sind uns in Vielem recht ähnlich. Sie spiegeln unsere Gefühle wider und sind Menschen gegenüber sehr feinfühlig. Obwohl sie ebenso holografisch und zellulär kommunizieren wie die Wale, können sie damit auch jonglieren.
>
> Wenn ich einen Gedanken äußere oder etwas überlege, tragen sie Informationen an mich heran, die in mich einsickern, und auf diese Weise komme ich zu meiner Antwort. Daraus entsteht dann eine andere Frage, und weitere Informationen erreichen mich. Und daraus ergibt sich wieder eine Frage und so fort. Beim Wal war es dagegen so: „Hier ist alles, was du wissen musst." Und mit einem Schlag hast du es.
>
> Bei den Walen geht es meiner Erfahrung nach vor allem um das Sein in einer anderen Dimension. Delfine scheinen mit uns dagegen viel mehr dieser Dimension, der dritten, zu interagieren. Und das passt auch zu dem, was mir die Delfine selbst sagten: Sie seien in physischer Gestalt gekommen, damit wir uns in ihrer Gegenwart wohl fühlen, hätten uns aber über nicht-

physische Realitäten zu unterrichten. Ich glaube, die Delfine machen uns den Kontakt und die Kommunikation mit ihnen deshalb so leicht, weil sie uns in die Bereiche einführen wollen, in denen sich die Wale ständig aufhalten.

Als Joan die Delfine zum ersten Mal traf, spürte sie, dass diese ihr Wissen und ihr Verständnis vom Universum an uns weitergeben wollten, dass es jedoch „an uns liegt, die Grenzen unserer menschlichen Programmierung zu überwinden und uns für die neuen Möglichkeiten zu öffnen."[2] Wie können wir das schaffen? Joan merkte, dass sie die Delfine nur in der Nähe haben, sie beobachten und ihnen zuhören musste, denn die Antwort lag nicht im Tun, sondern im Sein.

Joan Ocean und Delfine.
Foto mit Genehmigung von der Dolphin Connection

Die Arbeit der Delfine mit Joan war abwechslungsreich. Sie eröffneten ihr die unmittelbare Natur der holografischen geistigen Gruppenkommunikation. Da bei Delfinen die Kommunikation nicht wie bei Menschen über den kognitiven Weg läuft, sondern über Schwingungen, Echolot, synchronisierte Bewegungen, akustische Bilder, Gefühle, Laute und sogar über die elektromagnetischen Gitter des Planeten, die als Unterwasserwege genutzt werden, erlebte Joan dabei multiple Welten. Die Delfine ermutigten sie ständig, ihren Geist für neue Möglichkeiten zu öffnen.

Als überaus faszinierend empfand sie eine Geschichtsstunde, die ihrem Verstand ein Höchstmaß an Flexibilität abforderte. Die meisten Menschen denken, dass Delfine schon lange Zeit auf unserem Planeten sind. In vielen alten Geschichten ist von Delfinen die Rede, und Abbildungen finden sich auf Wandbildern, Gemälden und Skulpturen, die Tausende von Jahren alt sind. Als Joan sich jedoch auf eine innere Eingebung hin über die Geschichte ihrer Wahlheimat Hawaii kundig machte, fand sie in keinem der traditionellen Gesänge und Hula Delfine erwähnt. Nach dem Grund befragt, antwortete ihr Kahuna, ein Heiler aus Hawaii, ganz einfach: „Sie waren nicht hier."

Noch geheimnisvoller wurde alles, als sich Joan mit ihrer Frage an die Delfine selbst wandte. „Sie zeigten mir ein ganz erstaunliches Konzept, das mir die Augen für eine Neuinterpretation meiner gegenwärtigen Realität öffnete", bemerkte sie. „Ich begann zu verstehen, dass das Leben auf der Erde anders ist, als wir es uns vorstellen."[3]

Die Delfine erzählten Joan, dass sie „durch ein Fenster in der Zeit" gekommen waren, und zwar nicht vor Millionen von Jahren, sondern erst im 20. Jahrhundert. Damals brachten sie auch eine komplette Geschichte ihrer Anwesenheit auf dem Planeten mit. In ihrem Buch erklärt Joan:

> Die griechischen und römischen Mythen, die Sagen der Völker, die Felsenzeichnungen, die Höhlenkunst und die Hieroglyphen wurden unserem menschlichen Geist sowie den vielen verschiedenen Orten auf dem Planeten und unseren Geschichtsbüchern und Archiven eingesetzt. Die intellektuelle und physische Präsenz der Delfine von der Vergangenheit bis in die Gegenwart drang in einem einzigen Augenblick in unser geistiges und zelluläres Bewusstsein. Im Denken der Menschen waren die Delfine immer schon hier. Doch in der universellen Realität sind sie ziemlich neue Bewohner unseres Globus. Ihre Ankunft auf der Erde in einem einzigen Augenblick war eine galaktische Entscheidung, die aus der Notwendigkeit heraus geboren wurde..[4]

Wenn es viele verschiedene Realitäten gibt, sind vielleicht beide Versionen der Geschichte der Meeressäuger wahr. Könnte es sein, dass sich die Delfine in der einen Realität vor langer Zeit im evolutionären Prozess entwickelten und in einer anderen Realität erst kürzlich durch ein Fenster in der Zeit gekommen sind?

„Ja", sagte Joan, „es gibt viele parallele Realitäten gleichzeitig, alle erschaffen von unseren Gedankenformen. Wenn alle denken, dass die Delfine bereits seit Millionen von Jahren auf dem Planeten Erde sind, und wenn sie in dieser Realität leben, dann ist das auch so. Wenn ich mit den Delfinen kommuniziere, stellt sich immer die Frage, wie wir die Entwicklung des Planeten und unsere eigene Entwicklung unterstützen und zu Lehrern der Menschheit werden können. Und in dieser Realität sagen die Delfine, dass sie durch ein Fenster in der Zeit zu uns gekommen sind, um uns Hilfe zu leisten."

Auch Ilizabeth hörte von den Delfinen den Ausdruck *ein Fenster in der Zeit*. Man könne dies als Portal zwischen Dimensionen und Zeiten betrachten, aber auch als Mittel der Wissenserweiterung. Aber nicht nur die Delfine seien durch ein Fenster in der Zeit gekommen, so Ilizabeth; dies gälte genauso für „manche Aspekte von manchen unter uns".

Als ich Joan um ihre Meinung dazu bat, lachte sie. „Ja, die Erde schwingt in immer höheren Frequenzen. Meine Erfahrungen haben mir andere Aspekte meiner Seele gezeigt, und während ich mich zu einer höheren Frequenz hin entwickle, komme ich mehr in Kontakt mit ihnen. Wir schleppen uns sozusagen in unsere eigene Zukunft. Unser höheres Selbst und die anderen Aspekte von uns, die wissen, was wir brauchen, bringen uns dorthin oder kommen zu uns und zeigen uns den Weg."

„Das klingt doch ziemlich wild, oder?" fragte ich Joan. „Dass Delfine unserer Vergangenheit Erinnerungen eingepflanzt haben sollen ... Ich finde die Vorstellung irgendwie wild."

„Ist sie auch", lachte Joan. „Wenn ich das erzähle, sagen mir die Leute: ‚Und was ist mit den Wandmalereinen in Griechenland? Und was ist mit dem und mit jenem?' Da kann ich lang und breit erklären, dass alles mit den Delfinen gekommen ist. Die Vorstellung ist einfach zu fremd, als dass die Leute sie aufnehmen könnten."

„Vielleicht kann sie gerade deshalb von Nutzen sein", hörte ich mich zu meinem eigenen Erstaunen sagen. Die Delfinleute wussten offenbar, wie man meine Gedanken aufrütteln kann. „Man sieht Zeit und Realität auf einmal ganz anders, und wenn man diesem spiralförmigen Gedanken nachgeht, erweitert sich das, was man sieht und wie man es sieht. Und dann...ich glaube, dann versteht man es ziemlich schnell."

„Genau!" rief Joan. „Es entgeht uns so viel von dem, was um uns herum geschieht - nur weil wir so sind, wie wir sind. Die Macht des Gedankens und die Macht der Liebe, die Macht der spirituellen Wesen, die uns mit vereinten Kräften zur Seite stehen und uns unterstützen, ist sehr stark. Es gibt Dinge, von denen wir keine Ahnung haben. Wenn wir etwas von ihnen wüssten, würde sich wohl niemand mehr mit dem Alltagskram abgeben. Wir wären alle von Freude und Abenteuer erfüllt und würden jeden Tag die herrlichsten Erfahrungen machen. Wir wären zu jeder Zeit in Kontakt mit vielen verschiedenen Dimensionen und mit Wesen unterschiedlicher Dimensionen."

Während wir zu der sich ständig erweiternden Realität unseres eigenen Wesens erwachen, erfahren wir vielleicht auch den gleichzeitig erwachenden Sinn für das Wunder, die plötzliche Erkenntnis, dass jeder Augenblick ein multidimensionales Fenster ist.

Die Delfine springen. Die Wale rufen. Die Zeit ist immer währendes Jetzt.

Aufwachen

Penelope Smith und Elefanten

Wenn ich mich mit Elefanten verbinde, spüre ich viel Traurigkeit. Die Spezies stirbt, aber sie kann nicht sterben. Denn stürben die Elefanten tatsächlich aus, dann würde eine gewaltige Lücke in der Kette entstehen. Sie dürfen nicht verschwinden. Und wenn es trotzdem geschieht, wird das mit viel Leid für die Menschen verbunden sein. Einige Spezies haben sich in kleineren Gebieten des Planten freiwillig verabschiedet. Doch wenn die Elefanten gehen, wird etwas sehr Großes im Menschen sterben.

Die Elefanten trommeln. Sie trommeln einander zu und sie trommeln überall auf der Erde. Ich empfinde den tiefen Ton als Ruf, aufzuwachen, bevor es zu spät ist. „Wacht auf" Wacht auf!" Die Elefanten trommeln, damit die Menschen aufwachen.

Unsere Ahnen haben es getan. Sie sind aufgewacht. Beim Trommeln stimmen wir uns auf die Erde ein. Es ist unmöglich, sich beim Trommeln nicht auf die Erde einzustimmen. Manche Leute heben beim Trommeln gern ab, aber gleichzeitig verwurzeln sie sich auch in der Erde. Inzwischen haben mehr Menschen angefangen zu trommeln. Die Delfine sagen, wir brauchen tausend Trommler, die überall auf der Erde den Herzschlag der Erde trommeln und uns miteinander verbinden. Also trommeln mehr und mehr Menschen. Sie werden überall trommeln. Es hat schon begonnen.

Die Elefanten trommeln. Und das Trommeln der Menschen verbindet sich mit dem Trommeln der Elefanten. Es ist ein heilender Klang. Wenn ich mich einstimme, erwacht in mir die Hoffnung. Wenn ich die Traurigkeit der Elefanten fühle, spüre ich, dass sie jetzt notwendig ist. Sie teilt den Menschen mit, was im Augenblick geschieht.

18

Meeressäuger: allumfassende Liebe

In der Nacht, bevor ich Joan Ocean in Hawaii anrufen wollte, um mit ihr über Meeressäuger zu sprechen, träumte ich von Delfinen.

Im Traum fuhr ich zu Joan, um sie zu besuchen. Sie erwartete mich auf der Terrasse und sagte mir, dass sie einen anderen Termin hätte und gehen müsste. Als ich wegging, sah ich mehrere Delfine im Schwimmbad spielen. Sie luden mich ein, zu ihnen ins Wasser zu springen. Ich sagte ihnen, dass mir das Wasser zu kalt aussähe. Da lachten sie, tauchten unter, und formten aus Teilen von ihnen einen weichen, runden grauen Ball. Sie warfen ihn mir zu. Er fühlte sich nass und glitschig an, glatt und schwammig. So etwas hatte ich noch nie gesehen oder gefühlt. Es ging mir durch den Kopf, dass es ein in Delfinsubstanz eingewickeltes Delfinhirn sein könnte. Das Lachen der Delfine wurde nun lauter; sie ermunterten mich, ihnen den Ball zurückzuwerfen. Sie wollten wirklich spielen.

Als ich Joan den Traum erzählte, lachte sie. „Das machen sie wirklich manchmal! Die Leute fragen sich oft, was sie in dem großen Ozean tun. Sie haben jede Menge Spielsachen da draußen, alle möglichen Energiefelder, mit denen sie spielen, und sogar wirkliches Spielzeug, zum Beispiel Blätter und Blasen. Ich habe das Gefühl, dass sie oft nur uns zuliebe mit Sachen spielen, die wir auch sehen können. Sie sagen: ‚Die armen Leute können die anderen Energiefelder, mit denen wir hier draußen spielen, überhaupt nicht sehen. Wir sollten ein paar Sachen machen, die sie auch sehen können, und mit denen spielen.‘

Ich glaube, Delfine können alles manifestieren, was sie wollen. Sie schlüpfen oft in eine höhere Energiefrequenz und interagieren dann mit ihren Schöpfungen. Wenn ich, allein oder auch mit Freunden, mit Delfinen schwimme, verschwinden diese oft plötzlich. Wohin? Es ist ein Rätsel. Ich habe so viel Geheimnisvolles im Ozean erlebt, über das ich nicht schreibe, das ich nicht einmal erwähne, weil ich es selbst kaum glauben kann, wenn es mir nicht wiederholte Male passiert. Delfine machen viel mit Energiefeldern. Sie schaffen sich ihre eigenen Spiele und verbinden diese oft mit anregender Information.“

Ilizabeth Fortune und Delfin

Der Traum hatte mich inspiriert. Ich fühlte mich von den inneren Delfinen beschenkt. Sie hatten mich mit ihrer Fröhlichkeit, ihrem Lachen, ihrer Verspieltheit und Geselligkeit angesteckt, so dass ich noch Stunden danach ganz davon erfüllt war.

Viele sehen genau darin das Geschenk der Delfine an die Menschheit, denn durch ihre Anwesenheit offenbaren Delfine ein Energiemuster, durch das wir lernen können, unsere Schwingungen zu erhöhen und den Zustand der Freunde und Ekstase zu erlangen. Von Delfinen und Walen heißt es deshalb, dass sie helfen, die Frequenz der Ekstase auf der Erde zu bewahren.

Man könnte auch einfach sagen, dass uns Delfine mit ihrer Verspieltheit in ihren Bann ziehen. Joan meint, Delfine würden uns zeigen, dass wir ein Erbrecht darauf haben, jeden Tag voller Freude und Glück zu leben. Viele Menschen, die sich in der Nähe von Delfinen aufhielten, stellten einen harmonisierenden Effekt fest, bei dem der physische Körper seine Schwingung verändert. Dies lässt sich mit einer guten Meditation vergleichen, in der sich Stress auflöst und emotionale Altlasten von uns abfallen, während sich unser Körper auf höhere Frequenzen der Gesundheit und des Wohlbefindens einstellt.

Wie Joan glaubt auch Penelope Smith, dass Meeressäuger eine Schlüsselrolle in unserer Evolution einnehmen. „Sie kündigen unser Erwachen an", meint Ilizabeth Fortune. „Mit ihrer Hilfe erkennen wir, wer wir sind und warum wir hier sind, damit wir uns daran erinnern können, was wir uns vorgenommen haben."

Viele Menschen im Umfeld von Delfinen und Walen haben den Eindruck, dass die Meeressäuger eine Nation für sich sind, „eine ganze Zivilisation, die sich von der irdischen unterscheidet", deren Handeln einen ganz anderen geistigen Hintergrund und eine ganz andere Wirklichkeit hat, als wir Menschen es gewohnt sind. „Wenn ihr Außerirdische sehen wollt", ist von vielen Delfin-Menschen zu hören, „dann geht zum Ozean zu den Delfinen und Walen. Die Frage, ob Außerirdische zu uns kommen werden, ist überflüssig. Sie sind nämlich schon da."

Es gibt Geschichten, in denen Meeressäuger mit bestimmten Sternsystemen in Verbindung gebracht werden, und es existiert auch die Vorstellung, dass manche durch ein Zeitportal aus anderen Dimensionen oder von anderen Planeten gekommen sind. Der englische Astronom Robert Temple untersuchte, wie der afrikanische Stamm der Dogon in Mali in den Besitz ihrer modern anmutenden Daten über die Sterne Sirius und Sirius B kam. (Sirius B ist so schwer zu erkennen, dass erst 1970 fotografische Aufnahmen von ihm vorlagen.) Westliche Wissenschaftler staunten über die unglaubliche Genauigkeit dieser Informationen.

Nach ihrer Informationsquelle befragt, antworteten die Dogon mit einer Geschichte: Ein riesiges Raumschiff sei vom Himmel gekommen und auf der Erde gelandet. Noch vom Raumschiff aus hätten die Wesen ein großes Loch in die Erde gemacht und dieses mit Wasser gefüllt. Dann seien sie aus dem Schiff ins Wasser gesprungen. Sie seien an den Wasserrand geschwommen und hätten mit den Dogon gesprochen und sie eingehend über ihre Herkunft - das Sternsystem des Sirius - informiert. Und wie sahen diese Wesen aus? Wie Delfine.

Diese interessante Geschichte bringt Delfine nicht nur mit anderen Planeten, sondern - via Tierkommunikation - auch mit den Menschen zusammen. Es gibt viele weitere Einzelheiten und Geschichten über eine Verbindung zwischen Sirius und Meeressäugern sowie eine ganze Menge häufig angeführter Verbindungen zwischen Sirius und der Erde. Manche behaupten sogar, dass zwischen den Wesen auf dem Sirius (und damit auch den Walen) und der Menschheit eine genetische und spirituelle Verbindung besteht.

Und was können wir damit anfangen? Während wir uns in das multidimensionale Paradigma begeben, lassen die Puzzleteile - wie zum Beispiel die Dogon-Geschichte - ein neues, facettenreiches Bild erkennen, das größer ist als alle unsere alten Bilder zusammen. Jedes Teil des Hologramms „enthält" bereits das Ganze, aber gleichzeitig ist es oft schwierig, das Hologramm selbst als Ganzes zu erkennen, denn außerhalb der Multidimensionalität sehen wir nur Bruchstücke. Wenn wir uns jedoch an Fetzen vergessener Information erinnern, gemeinsame Themen entdecken und symbolische Muster erkennen, gewinnen wir ein viel weiteres, multidimensionales Verständnis vom Hologramm selbst.

Was verbindet die Meeressäuger nun so sehr mit der erwachenden Menschheit und der Evolution des Planeten? Einige meinen, dass Wale uralte Erinnerungen der Erde transportieren, dass sie das Leben auf der Erde „archivieren" und die Erinnerungen sichern, damit diese schließlich wieder ins Bewusstsein dringen können.

„Deshalb kommen Wale und Delfine überall auf der Welt den Menschen wieder näher", sagt Ilizabeth. „An uns liegt es jetzt, das Herz zu erwecken und bewusst als Partner und Mitschöpfer zu handeln. Es muss uns in Fleisch und Blut übergehen, dass wir nicht isoliert auf der Erde leben. Wir müssen mit der Erde, mit dem Land und dem Meer, in Partnerschaft leben."

Es liegt eine tiefe Bedeutung darin, dass die Meeressäuger als Gesandte zu unseren höheren Schwingungsfrequenzen im Ozean zu Hause sind. „Die Verbindung zwischen Delfinen, Walen, Menschen und dem Wasser hat mit Erinnerung zu tun" sagte mir Ilizabeth. „Es hat etwas damit zu tun, wer wir sind."

Wasser kommt in fast jeder Legende, jedem Mythos und jeder Schöpfungsgeschichte vor. Immer ist es eine gebärende Kraft, eine flüssige Erinnerung an unsere Verbindung mit dem ätherischen Ozean unseres Selbst. In der Sprache des Traums repräsentiert Wasser - besonders große Wasserflächen - oft das Unbewusste. Die flüssige Qualität des Wassers und des Unbewussten sind in der Erinnerung miteinander verbunden und erinnern uns in noch tieferen Schichten an die uns innewohnenden Verbindungen mit allem Leben. Joan Ocean schrieb über den Kreislauf des Wassers:

> Die Wale haben Verbindungen mit der Akasha-Chronik der Erde. Ich glaube, wir haben alle diese Verbindung, aber sie haben leichteren Zugang. Das hängt mit den Wassermolekülen und dem Kreislauf des Wassers auf der Erde zusammen. Jeder Wassertropfen, der durch den Boden oder den menschlichen Körper geht, der im Dunst oder Nebel aufsteigt und wieder herabfällt und die Pflanzen bewässert, kehrt früher oder später in den Ozean zurück. Das Wassermolekül enthält alle Informationen über die Wesen, das Land und das Leben, die es durchwandert hat. Die Wale verstehen es, das Wasser durch ihren Organismus laufen zu lassen und sich seine Informationen verfügbar zu machen.

Meeressäuger bewegen sich flink zwischen den Welten und modeln uns aus Literatur, Fernsehen, Kunst, Mythologie, Geschichten und Ereignissen des täglichen Lebens, aber auch durch Träume, Meditation und andere innere Abenteuer die Mittel, mit denen sich höhere Bewusstseinszustände erreichen lassen. Doch erlaubt ihr fließender Tanz des Verbundenseins auch schnelle und unvorhersehbare Veränderungen.

„Was auf der Erde geschieht, soll uns aufrütteln", sagt Ilizabeth. „Heilsame Schockerlebnisse sollen uns dazu bringen, die Verpflichtungen zu übernehmen, die mit unserem Menschsein verbunden sind. Langsam hören wir auf, uns zu verleugnen, und stellen uns der Realität. Wenn wir uns so akzeptieren, wie wir in Wirklichkeit sind, akzeptieren wir uns in unserer ganzen Größe, mit unseren Fähigkeiten und unseren Verpflichtungen."

Viele glauben, dass die Meeressäuger und andere Lebensformen, die gegenwärtig Erinnerungen für uns Menschen bewahren, dies nicht länger allein schaffen können. Es gilt, die Menschheit aufzuwecken, damit wir unsere wahre Identität und damit auch unsere tiefere Rolle annehmen. Deshalb rufen uns die Meeressäuger zur Transformation auf.

Die Naturforscherin Mary Getten ist Koordinatorin bei einer Hilfsorganisation für Meeressäuger in Not und hat so die Gelegenheit, mit vielen Meeressäugern in Freiheit und in Gefangenschaft zu sprechen, ganz besonders aber mit Schwertwalen[1] in der Nähe ihres Hauses in Friday Harbor, Washington.

„Wale berichten mir manchmal von ihrer Aufgabe, das Bewusstsein in den Menschen zu öffnen", erzählte mir Mary. „Ihnen scheint sehr klar zu sein, dass der Umgang mit Menschen zu ihrer Arbeit gehört, dass sie uns helfen müssen, unsere Umwelt zu begreifen und ein Gefühl dafür zu bekommen, wer wir sind.

Ich finde es faszinierend, dass wir praktisch keine Ahnung hatten, wer die Wale sind oder warum es sie gibt, bis wir sie gefangen nahmen und in Aquarien hielten. Bevor wir sie einsperrten, betrachteten wir sie gewissermaßen als eine Art Ölquelle. Sie lieferten Hundefutter und Dünger, mehr nicht. Erst Mitte der 60-er Jahre des vergangenen Jahrhunderts wurden die ersten Schwertwale gefangen genommen. Von da an wandelte sich das Bild von diesen Wesen im menschlichen Bewusstsein um 180 Grad. Es ging wirklich sehr schnell."

„Glaubst du, dass die Wale zu diesem Wandel selbst beigetragen haben?" wollte ich wissen.

„Einige Wale sagten, dass sie sich für ein Leben in Gefangenschaft entschieden haben und dass sie mit diesem Dienst einen Beitrag zum Wandel des menschlichen Bewusstseins leisten möchten. Andere wollen gar nicht gewusst haben, wie ihnen geschah, als man sie gefangen nahm. Es gibt also beide Seiten. Nicht jeder Wal in Gefangenschaft ist ein Heiliger oder Märtyrer. Manche stimmen dir zu, andere wissen überhaupt nicht, worüber du redest."

„Wie bei den Menschen", meinte ich. „Bei uns ist das Bewusstsein auch unterschiedlich ausgeprägt."

„Eben", sagte Mary und wiederholte, worauf schon seit langem immer wieder hingewiesen wird: „Tiere sind ebenso Individuen wie die Menschen. Auch bei ihnen lassen sich Bewusstsein, Lebenszweck und Vorstellungen keineswegs über einen Kamm scheren."

---

[1] Obgleich Wale und Delfine verschiedene Energien haben, sind sie auf vielerlei Art mit einander verbunden. Selbst die Kategorisierung in Meeressäuger (welche die Schildkröten einschließen) spiegelt diese Zweideutigkeit wider. Zum Beispiel wird der Wal den Meeressäugern zugeteilt, die mehr als 12 Fuß lang sind, obwohl viele dieser Tiere – wie die Schwertwale – zu der Familie der Delfine gehören.

„Und wer sind denn nun die Wale, die bewusst den Umgang mit den Menschen suchen?"

„Es sind große Wesen, die ganz und gar im Augenblick leben. Wenn ich sie nach der Vergangenheit oder der Zukunft befrage, nach Erdbeben beispielsweise oder nach Veränderungen auf der Erde, heißt es immer: ‚Wir zerbrechen uns nicht den Kopf über Mögliches und machen uns keine Sorgen darum. Wir sind hier in diesem Augenblick und tun das, was jetzt zu geschehen hat, und wenn irgend etwas zu geschehen hat, kümmern wir uns genau in dem Moment darum, in dem es geschieht.'

Das ist einer der großen Unterschiede zum Menschen. Wale sind sehr zentriert und leben im Augenblick. In vielerlei Hinsicht ist ihr Leben einfach. Ich spreche jetzt hauptsächlich über Schwertwale, für die das ganz besonders gilt und die sehr mit dem gegenwärtigen Geschehen beschäftigt sind."

„Was denken die Wale über uns Menschen?"

„Sie sind sich der Menschen und der sich wandelnder Einstellung der Menschen wohl bewusst. Ihre Gefangennahme hat sie tief erschreckt. Als ich sie fragte, warum sie sich nicht dagegen wehrten, sagten sie mir, das wäre ihnen überhaupt nicht in den Sinn gekommen. Das Geschehene sei ihnen so völlig fremd gewesen, dass es ihre Vorstellungen schlichtweg überstieg. Wale sind friedliebende Tiere. Ihr Umgang mit anderen Tieren spiegelt das Bewusstsein wider, mit allen die gleiche Welt zu teilen: ‚Wir leben miteinander, manchmal essen wir natürlich auch andere, aber das heißt nicht, dass wir sie nicht mögen. Sie gehören eben zur Umwelt.'

Die meisten Wale sind völlig gewaltlose Wesen. Schwertwale haben einen ausgeprägten sozialen Sinn. Ihr Hauptthema ist sicherlich die Nahrung, dann kommt die Familie. Der Augenblick dreht sich darum, dass man essen muss und eine Familie und Freunde hat. Wale sorgen sich um keine Arbeitsstelle und um keine Berufsausbildung. Sie haben keine Besitztümer und müssen keine Taschen mit Muscheln oder anderem Kram mit sich herumschleppen."

„Und was ist mit der Vorstellung, dass Wale die Erinnerungen der Erde bewahren?"

„Davon habe ich noch nichts gehört", sagte Mary. „Aber wir können Granny fragen."

Granny ist ein Schwertwal, der sich mit Mary und Raphaela Pope angefreundet hat. Mary bot mir an, über sie mit Granny zu sprechen.

Kannst du etwas über dein Leben erzählen und warum du mit Menschen sprichst?

Ich bin seit vielen Leben, seit Hunderten von Leben ein Wal. In dieser Zeit haben sich die Menschen sehr verändert. Im Augenblick ist es für den Planeten sehr wichtig, dass die Menschen ihren Platz in der Welt und im Plan der Dinge verstehen lernen, und es freut mich, dass ich ihnen dabei helfen kann. Nach meiner Erfahrung ist den Menschen die Verbindung mit der Natur verloren gegangen, und dieser Verlust bereitet ihnen großes Leid. Sie verstehen nicht, welche Folgen ihr Tun für die anderen in der

Welt hat, für die natürliche Welt, die Welt, in der die meisten von uns leben. Ich möchte ihnen helfen, ihren Platz zu verstehen und ihre Verbindung mit Allem-Was-Ist wieder zu erlangen.

Was sollten die Menschen deiner Meinung nach jetzt tun?

Seht euch nicht als abgetrennt von den anderen. Wir sind alle miteinander verbunden, und Euer Tun wirkt sich auf alles auf dem Planeten aus. Ihr seid keine Insel. Die Abtrennung vom Ganzen wird euch zerstören. Manches hat sich verschlechtert, manches allerdings auch verbessert. Aber es gibt keine Zeit zu verlieren.

Du möchtest, dass wir unsere Verbundenheit mit allem Leben wieder fühlen. Stimmt das? Brauchen wir dazu einen Bewusstseinswandel?

Ja. Ein neues Verständnis von eurem Platz in der Welt.

Stimmt es, dass Wale das Gedächtnis der Erde bewahren?

Unser Gedächtnis reicht ziemlich weit zurück. Was du ansprichst, trifft wahrscheinlich mehr auf die Bartenwale zu, die großen, wandernden Wale, die sich langsam fortbewegen. Ich finde, dass sie ihr Bewusstsein mehr auf solche Dinge richten. Wir richten es hauptsächlich auf unsere feine Fähigkeit der Echolokation, mit der wir die Welt erfassen und aufzeichnen. Um die Zeit kümmern sich die größeren Wale.

Granny. Foto Ashley Anderson

Kannst du etwas über das Sein im allgegenwärtigen Jetzt sagen?

Zeit existiert nicht. Sie ist eine Illusion. Wir existieren einfach. Ich habe mit Mary und Raphaela darüber gesprochen, als ein paar Leute wissen wollten, wie sie sich mehr Zeit schaffen können. Das ist eine komische Vorstellung, da jeder die gleiche Zeit zur Verfügung hat. Man kann nur unterschiedlich mit ihr umgehen. Zeit ist für alle gleich. Aber in Wirklichkeit existiert sie gar nicht. Es gibt nur diesen Augenblick, und was du in diesem Augenblick tust, zählt.

Und das Konzept der Multidimensionalität? Bist du in Kontakt mit anderen Aspekten deines Selbst?

Ja, das ist meine Realität. Ich kann mich in unterschiedlichen Realitäten gleichzeitig erfahren. Jetzt bin ich auf diese Realität hier fokussiert und verwende auch den Groß- teil meiner Energie auf sie. Aber ich verstehe; wir sind gegenwärtig dazu fähig.

Kannst du uns etwas über eine der anderen Realitäten erzählen?

[Pause] Als Wal hatte ich viele Leben, deshalb sind die meisten meiner Realitäten auch Walrealitäten. Irgendwie sind sie einander ziemlich ähnlich.

Hier warf Mary ein: „Granny zeigt mir jetzt ein Bild von einem grauen Wal, der sich eben wie ein grauer Wal verhält: Er wandert und frisst. Sie zeigt mir, dass dies ein an- deres Leben ist, an dem sie teilhat."

Möchtest du noch etwas sagen, Granny? Gibt es etwas Wichtiges, was du den Men- schen mitteilen möchtest?

Liebt Euch selbst. Nehmt Verbindung auf mit dem tiefen Wesen, das Ihr seid. Das wird Euch für das öffnen, was all die anderen auf dem Planeten sind.

Als wir Granny dankten, veränderte sich Marys Stimme und wurde leichter, und mir wurde bewusst, wie tief Grannys Anwesenheit unsere Unterhaltung durchdrungen hat- te. „Wenn ich mich mit Granny oder mit anderen Walen unterhalte, fühle ich mich weit weg", meinte Mary dann auch. „Ich fühle mich - ganz weit da unten, sehr weit weg von hier. Wenn ich mit einem Wal spreche, findet eine Verschiebung in eine völ- lig andere Energieebene statt."

Das ist unter Menschen, die mit Walen kommunizieren, nicht ungewöhnlich. Als mir Penelope Smith gesagt hatte, dass sie Wale für die höchste Manifestation Gottes auf Erden hielt, bat ich sie, die Wale nach ihrer zentralen Botschaft an die Menschen zu befragen. Ich wollte auch von ihr wissen, wie sie die Stimmen der Wale empfand und welche Gefühle mit der Botschaft verbunden waren.

„Oh", sagte sie, und ihre Stimme wurde wieder tiefer. „Sie geben mir ihre Botschaft in diesem dröhnenden, sehr tiefen Ton. Sie sagen: ‚Liebe ..... die alles umfassende .... Liebe.' Sie sagen fortwährend: ‚Liebe ..... die alles umfassende .... Liebe.' Es ist wie ein Dröhnen... Es geht tief in die Erde hinein und klingt in unserem ganzen Körper nach. Ich spüre, wie sich mein Herz füllt. Es dröhnt so stark, es ist sehr tief. Es heißt: ‚Liebe die alles umfassende Liebe'.

Ich verstehe deutlich, dass es nicht persönlich gemeint ist. Es geht darum, die alles umfassende Liebe zu lieben, sie zu lieben und sie zu sein. Sie sagen: ‚Von den Delfi- nen lernt ihr, was Liebe ist, und von uns lernt ihr, die alles umfassende Liebe zu lie- ben.

Mehr bleibt mir nicht zu sagen", meinte Penelope und lachte ein Lachen, das Schicht für Schicht aus ozeanischen Tiefen empor perlte. „Liebe die alles umfassende Liebe. Das sagt alles."

Teil Fünf

Im Schattenreich

Tiere in Gefangenschaft

Haustiere

Ungeziefer

Herausforderungen des Lernens:
Forschung an Tieren und menschliche Bildung

Tiere fressen Tiere: Raubtier und Beute

Urteile aufgeben

Schlangengeist - Dawn Brunke

Schlangen kommen aus verschiedenen Gründen in diese Welt. Wir sind nicht dazu bestimmt, in Käfige gesperrt oder als Haustiere gehalten zu werden. Aber einige von uns arbeiten bewusst mit Menschen zusammen, und viele leben jetzt freiwillig in den Glashäusern und wirken dort an Beziehungen.

Als Spezies haben wir uns bereit erklärt, „Missverständnisse" der Menschen auf uns zu nehmen. Wir schreien auf, wenn man uns allein deshalb tötet, weil wir Schlangen sind. Oft spiegeln wir euch nur den Hass in eurer Kultur wider - den Hass auf das, was ihr nicht kennt und nicht verstehen könnt. Wir verkörpern und repräsentieren den Anfang und das Ende und den endlosen Kreislauf. Wir arbeiten tief im menschlichen Unbewussten und helfen, euch mit alten und zeitlosen Erinnerungen in Kontakt zu bringen.

Eine unserer Aufgaben besteht darin, euch dabei zu helfen, die Dinge nicht ständig zu beurteilen und die Schlangenenergie in eurem Inneren zu öffnen. Schlangenenergie dient dem Erwachen und verbindet Ältestes mit tiefster Spiritualität. Schlangen existieren in allen Aspekten eures Lebens. Sie symbolisieren Vergänglichkeit und Königswürde, stehen für Sünde, Sexualität, die Verbindung durch die Nabelschnur und für den Zyklus von Anfang und Ende.

Wer sich vor Schlangen fürchtet, fürchtet sich oft vor der eigenen wahren Natur. Wir arbeiten auf einer anderen Ebene als beispielsweise Delfine, deren Äußeres von den meisten Menschen als ansprechend und einnehmend empfunden wird. Im Augenblick arbeiten wir meist mit einzelnen Menschen und helfen diesen, bestimmte Durchgangswege in der Menschheit zu öffnen. Das entspricht im Moment der Natur von Schlangen: nicht mit vielen Menschen zu arbeiten, sondern einige wenige zu initiieren. Es gibt Gründe, warum sich Menschen vor uns fürchten, und nicht jeder ist bereit für eine solche Initiation.

Wir schicken euch unseren Segen und hoffen, dass ihr auch offener für uns werdet. Es ist so viel an uns Schlangen, was euren Augen verborgen bleibt.

19
Tiere in Gefangenschaft

Es ist etwas Wunderbares, mit Tieren zu sprechen, die mit ihrem Leben zufrieden sind. In ihren Worten schwingt meist Leichtigkeit und Freiheit mit, und dem entspricht ihr Freiheitssinn in der Welt. Auch die springenden Delfine und singenden Wale stimmen uns Menschen hoffnungsvoll - diese weisen und verspielten Boten unserer sich entfaltenden Spiritualität, die uns zeigen, wohin unser Weg geht.

Wie steht es aber mit den Tieren, die man hinter Gittern hält? Wenn Meeressäuger im Ozean unser Potenzial repräsentieren, was spiegeln uns dann wilde Tiger, die in kleinen, beengten Gehegen im Zoo endlos ihre Runden drehen? Was haben uns Schlangen und andere Geschöpfe der Erde, die aus Regenwäldern verschleppt und in Käfige gesteckt wurden, wo sie nie mehr die Erde berühren dürfen, über den Stand unserer spirituellen Entwicklung zu sagen? Wie sieht es aus mit Delfinen in den viel zu engen Wasserparks? Mit Walen, deren Muskelkraft im seichten Wasser der Aquarien nachlässt, so dass sie nie wieder in die Tiefsee zurückkehren können?

Hier, in der Gesellschaft dieser Gefangenen, steigen wir hinab in die Tiefe, in die Dunkelheit und in den inneren Reichtum des Schattens.

Das Wort Gefangenschaft ist eins der interessanten Wörter, deren Sinn sich mit dem Blickwinkel verändert. Gefangenschaft bedeutet, in Haft oder Knechtschaft gehalten zu werden. Dazu sind aber nicht unbedingt Gefängnisgitter nötig, denn man kann auch von den eigenen starken Emotionen gefangen gehalten werden. Gefangen sein heißt, zur Anwesenheit gezwungen sein. Jemanden gefangen nehmen kann auch bedeuten, jemanden durch besonderen Liebreiz oder besondere Schönheit in einen Zustand der Faszination versetzen.

So facettenreich wie der Begriff Gefangenschaft ist auch die Schattenmauer, die das Thema Tiere in Gefangenschaft umgibt. Was empfinden wir, wenn wir Tieren im Zoo, im Zirkus und in ähnlichen Einrichtungen gegenüber stehen? Liegt nicht eine gewisse Ironie darin, dass uns die Gefangenen gefangennehmen? Was zeigt uns diese Schablone - Tiere zu fangen, einzusperren und den Menschen vorzuführen? Und was tun wir schließlich uns selbst an, wenn wir ein Tier gefangen nehmen und dieses Wesen dazu zwingen, in einem Käfig zu leben?

Das Thema Gefangenschaft ist eine Quelle mächtiger Emotionen für Mensch und Tier. Man gerät leicht in seinen Bann - lässt sich gefangen nehmen -, um sich dann endlos in Fragen zu Moral, Menschenrechten, Tierrechten, Karma und Ähnlichem zu verstricken.

Wenn wir tief ins Schattenreich eintauchen wollen, müssen wir oberflächliche Vorstellungen von richtig und falsch hinter uns lassen. Denn wenn wir die Moral mit uns in die Stollen der Schattenwelt hinuntertragen, sabotieren wir die Expedition und finden letztlich nur die vorgefassten Meinungen bestätigt. Wir würden dann genau den Ungeheuern begegnen, die wir in dem Dunkel da unten immer schon erwartet haben. Wenn wir uns dem Schatten stellen, müssen wir uns tiefer in das Bild unserer wahren Identität hinein graben. Um tatsächlich die Schattenbedeutung von Tieren in Gefangenschaft zu verstehen, müssen wir uns zu allererst fragen, was uns hier widergespiegelt wird.

Als ich Morgine Jurdan nach Tieren in Gefangenschaft befragte, kontaktierte sie Belle, einen Elefanten, der viele Jahre lang in einem Zoo in Oregon gelebt und ihre Jungen dort in Gefangenschaft aufgezogen hatte. Morgine erzählte Belle von diesem Buch und sagte ihr, viele Menschen würden gern etwas über die Rolle von Tieren in Gefangenschaft erfahren. Belle existiert inzwischen in Geistform, wusste aber einiges über ihr Leben im Zoo zu berichten.

Ich war sehr gern im Zoo und hatte dort viele Freunde. Der Abschied vom Zoo fiel mir schwer. Ich bin nicht wütend auf die Menschen, sie amüsieren mich. Ich weiß, sie kamen, um mich anzuschauen, aber ich habe auch sie oft angeschaut und gemustert. Es war lustig.

Viele Leute glaubten, dass ich in meiner natürlichen Umgebung glücklicher wäre. Ich habe aber diese Erfahrung gewählt, weil ich bei den Menschen sein wollte. Ich wollte, dass sie Lektionen lernen, die sie sonst nicht lernen können. Die Menschen lieben die Elefanten im Zoo, und manche kommen nur wegen uns. Aber wenn sie erst einmal einen Draht zu uns haben, ändern sie auch ihre Einstellung gegenüber anderen Tieren in Gefangenschaft. Trotz unserer Größe haben wir ein sehr freundliches und sanftes Wesen, und es erstaunt die Leute, wie behutsam und zart wir miteinander umgehen. Da könntet ihr etwas von uns lernen.

Ich weiß, dass viele Tiere in den Zoo kommen, weil sie sich mit den Menschen verbinden wollen. Es gibt aber auch andere Gründe. Wusstest du, dass sich manche Menschen in Tiere hineinversetzen, um das Leben aus einer anderen Perspektive kennen zu lernen? Manche Menschen haben uns in früheren Leben grausam behandelt und spüren jetzt, dass sie etwas lernen können, wenn sie das Leben so erfahren wie wir.

Manche Tiere wissen nicht, warum sie hier enden, und das bringt Probleme mit sich. Das Schlimmste am Zoo sind der Käfig, die Gitter, das Glas - alles, was uns daran hindert, einander näher zu kommen. Am wohlsten fühlte ich mich, wenn ich die Menschen berühren und mit ihnen kommunizieren konnte. Und ich liebe Babys! Es ist sehr schön, sie zu beobachten und mit ihnen zu sprechen. Babys verstehen uns alle sehr gut und haben uns meistens viel zu erzählen. Ich liebe sie mehr als alles Andere.

Ich glaube, es ist gut, wenn Tiere Umgang mit Menschen haben. Es hilft den Menschen, uns besser kennen zu lernen und zu erkennen, dass wir alle miteinander verbunden sind. Es macht mich traurig, wenn die Menschen in uns nur Gefangene sehen, denn das wirkt sich auf unsere spirituelle und emotionale Natur aus. Es beeinflusst uns auf allen Ebenen. Was zählt, ist die Absicht. Wir werden oft wie Ausstellungsstücke behandelt, aber wir sind Individuen mit einer eigenen Persönlichkeit und unterschiedlichen Eigenschaften. Wie die Menschen haben auch wir einen ausgeprägten Charakter. Jeder Löwe, jede Giraffe, jeder Gorilla und jeder Ameisenbär ist ein unverwechselbares, eigenständiges Wesen.

Am liebsten sind mir die Zoos, in denen wir zusammen leben und Beziehungen miteinander entwickeln können. Viele Spezies lieben die Gemeinschaft, die zum Beispiel bei manchen Vogelausstellungen anzutreffen ist. Wir leben im Augenblick und mögen alles, was neu und frisch und lebendig und anders ist.

Im Zoo ändert sich selten etwas. Die Routine erzeugt Langeweile, wie ihr das auch aus eurem eigenen Leben kennt, nur haben wir nicht die Möglichkeiten, die euch zur Verfügung stehen. Das Leben im Zoo kann für manche von uns eine große Herausforderung darstellen, andere dagegen genießen es. Es hängt davon ab, wie du den Grund unseres Hierseins wahrnimmst und wie du mit uns umgehst.

Ich glaube, die Menschen würden gern eine Beziehung zu den Tieren aufbauen, wissen aber nicht, wie sie es anstellen sollen. Ihr fürchtet euch vor dem, was ihr nicht versteht. Manche glauben, sie würden uns kennen lernen, wenn sie unser Verhalten im Zoo studieren. Aber durch die Gitterstäbe könnt ihr uns gerade so gut kennen lernen, wie man die Menschheit kennen lernt, wenn man Häftlinge im Gefängnis studiert. Unsere wahre Natur findet ihr nur dort, wo wir wild und frei sein können.

Wenn ihr einen Zoo besucht, erfahrt ihr etwas über euch selbst. Was sucht ihr dort? Was habt ihr verloren, und was hofft ihr zu finden? Was empfindet ihr beim Anblick der Tiere? Und warum? Fragt und schaut, was für Antworten auftauchen. Wenn ihr euch die Zeit nehmt, gegenwärtig zu sein und nachzudenken, könnte es zu einigen Überraschungen kommen. Viele eurer Fragen werden beantwortet werden, und ihr selbst werdet einen neuen Weg einschlagen.

Ich schicke allen Menschen, die dieses wunderbare Buch lesen, meine Liebe. Ich habe euch alle sehr lieb und freue mich auf die Zeit, wenn wir alle bewusst unsere Liebe mit den anderen teilen können.

Nicht alle Tiere haben sich wie Belle aus freien Stücken für ihr Leben im Zoo entschieden. Und selbst wenn ein Tier die Gefangenschaft bewusst gewählt hat, heißt das nicht, dass so ein Leben einfach ist. Die Kommunikatorin Sharon Callahan sagt, dass

„das ungeheure Opfer und Leiden, das sie auf sich nehmen, damit wir unsere Lektion lernen können", niemals geleugnet werden darf, auch wenn viele wilde Tiere darin einen Dienst sehen, den sie uns erweisen möchten. „Elefanten zum Beispiel, die in freier Wildbahn am Tag dreißig bis fünfzig Meilen zurücklegen, leiden in Gefangenschaft fürchterlich unter entzündeten Füßen, Muskelschmerzen und Arthritis."

Viele der eingesperrten Tiere sind in der Wildnis keine Einzelgänger, sondern Teil einer vorhandenen gesellschaftlichen Struktur, und so haben auch sie ihre Lektion in Gefangenschaft zu lernen. Viele haben ihre Jungen in der Wildnis zurückgelassen. Was lernen nun die Zurückgelassenen?

Als Jeri Ryan die Spezies der Giraffen bat, sich an diesem Buch zu beteiligen, antwortete ihm eine weibliche Giraffe, die in freier Wildbahn in Afrika lebt. Jeri sagte ihr, dieses Gespräch sollte den Menschen helfen, sich die Existenz anderer Tiere und den „wichtigen Stellenwert aller Tiere auf der Mutter Erde" bewusster zu machen. Die Giraffe antwortete:

Und sie ist wirklich unsere Mutter. Meine Mutter sagte mir immer, dass ich nicht nur eine Mutter habe. Sie war meine Mutter, und die Erde ist meine Mutter. Ich wusste nicht, dass die Menschen das auch so empfinden.

Ich wünsche mir, dass die Menschen wissen, wie ruhig und friedlich es hier bei mir zu Hause ist. Ich habe gehört, dass mein Zuhause kleiner geworden ist, und ich empfinde die Enge. Ich bin sehr jung in diesem Körper, deshalb weiß ich nicht, was vorher war. Trotzdem spüre ich den Unterschied.

Wie kommt das?

Ich fühle mich eingeengt, es kommt mir vor, als würde ich ständig im Kreis laufen. Ich fühle mich eingesperrt. Das ist ziemlich albern. Natürlich muss ich nicht im Kreis herumrennen. Ich kann mich ausdehnen. Meine Mutter glaubt an mich, das hat sie mir gesagt. Sie sagte, ich würde alles verstehen, wenn ich erst einmal herausgefunden habe, dass das, was mir als Gefängnis erscheint, gar keins ist.

Du empfindest dein kleiner gewordenes Zuhause als Gefängnis?

Ja. Wir alle plagen uns mit diesem Gefühl herum. Manche leugnen es, und manche können nicht davon lassen. Meine Mutter sagte mir, dass wir alle dem Gefängnis eines zugeschlossenen und furchtsamen Herzens entkommen können, und dass es nur eine Frage der Zeit ist, wann wir es tun. Das gibt mir Mut. Sie war so weise und sanft.

Ist sie bei dir?

Nein. Sie wurde sehr krank und starb. Ich konnte nicht einmal bei ihr sein, als sie starb. Sie steckte in einer vergitterten Kiste an einem weit entfernten Ort. Sie hat es mir aus der Entfernung gesagt.

Das tut mir leid. Wie kam es dazu?

Man wickelte ihr etwas um Hals und Füße, dann wurde sie zusammen mit anderen Giraffen an einen anderen Ort verschleppt. Von dort sagte sie mir, dass ich mein Herz vor Gefangenschaft bewahren soll. Sie musste das selbst auch lernen.

Es klingt, als ob sie es wirklich gelernt hat.

Ja.

Und es klingt, als ob du es auch gelernt hast.

Das stimmt. Und ich lerne immer noch. Ich erinnere mich an ihre sanfte, liebevolle, gütige Weisheit. Ich möchte so werden, wie sie war.

Wir haben so viele Gelegenheiten zum Lernen, und manchmal kommen sie recht unerwartet. Die Worte der jungen Giraffe beeindruckten mich, wie mich auch eine Gruppe von Giraffen in ihrem Gehege in Nairobi beeindruckt hatte. Während eines Afrikaurlaubs durfte ich mehrere dieser sanften, prachtvollen verwaisten Tiere berühren und füttern, die man aus ganz Kenia in das Schutzgebiet gebracht hatte. Auch die Menschen waren gekommen, ganze Busse voller Schulkinder mit großen Augen und leicht übersättigte Touristen, die sich beim Anblick der Giraffen wieder in Kinder verwandelten. Die Hände zur Schüssel geformt und mit Futter gefüllt, die Arme nach der Giraffe ausgestreckt, wurde ich dort an ein altes Geheimnis erinnert. Der innige Akt der Berührung bringt es unweigerlich mit sich, dass man auch selbst berührt wird.

Die junge Giraffe hatte Jeri erzählt, dass wir alle dem Gefängnis eines zugeschlossenen, furchtsamen Herzens entkommen können. Nicht immer geht es jedoch darum, aus einem Käfig auszubrechen, denn es gibt viele Formen der Gefangenschaft. Vielleicht werden Schutzgebiete wie das Giraffenzentrum in Nairobi nicht nur eingerichtet, um den Tieren zu helfen. Vielleicht versuchen wir mit solchen Einrichtungen auch, uns selbst zu helfen.

Welche Rolle spielen nun Tiergärten? Wie Belle und andere bemerkt haben, können wir durch den Kontakt mit Tieren nicht nur Erkenntnisse über uns selbst gewinnen, sondern auch lernen, Tiere als Individuen zu sehen. Problematisch wird es erst dann, wenn der Mensch in einer Projektion stecken bleibt und ihm alle Tiere in Gefangenschaft automatisch als Häftlinge erscheinen.

Unsere Absicht, dieses trügerische Drehkreuz der Wirklichkeitswahrnehmung, bestimmt maßgeblich unser Verständnis von der Situation der Zootiere - und von allen anderen Aspekten des Begriffs Gefangenschaft. „Ich weiß, dass sich manche Tiere freiwillig für die Gefangenschaft entschieden, damit wir lernen können", sagte mir Carol Gurney. „Aber statt eines mitleidigen ‚Schau dir diesen armen Kerl im Käfig an‘ würden sie viel lieber von uns hören: ‚Wir danken euch von ganzem Herzen. Wir sind mit solchen Einrichtungen nicht einverstanden, aber wir danken euch, dass ihr hier seid, um uns zu lehren.‘"

Nun mögen zwar manche Tiere die Gefangenschaft gewählt haben, weil sie ein spirituelles Ziel oder eine Mission verfolgen, aber was ist mit den Tieren, die sich nicht
freiwillig einfangen ließen und trotzdem ein Leben lang eingesperrt sind? Mary Getten
stellte fest, dass sich für Wale, die über lange Zeit in Gefangenschaft leben, die Geschichte immer wieder von Neuem ändert.

Ich habe Wale sagen hören: „Lasst mich hier raus!" Ein weiblicher Wal wollte freige-
lassen werden, aber nicht, weil ihr das Leben zur Hölle wurde, sondern um ihrem Ziel
näher zu kommen. Ihre Freilassung würde für eine Menge Publicity sorgen. Mehr
Menschen würden etwas über Wale erfahren und sich mit ihnen auseinander setzen.
Ein anderer Wal sagte: „Sprich nicht von Befreiung. Ich lebe hier. Das ist mein Leben.
Ich will nicht freigelassen werden."

Über Gefangenschaft und Freilassung lässt sich streiten. Es gibt gute Gründe für beides. So erhalten Wale in Gefangenschaft oft Antibiotika. Wissenschaftler befürchten,
dass ein freigelassener Wal Krankheiten verbreiten könnte, wenn er keine Antibiotika
mehr bekommt. Es ist auch möglich, dass Wale körperlich nicht mehr in der Lage
sind, in Freiheit zu überleben, nachdem sie längere Zeit in einem zu kleinen Aquarium
gehalten wurden. Sie können nicht mehr tief tauchen, da ihnen die nötige Lungenka-
pazität und Muskelkraft abhanden gekommen sind. Tun wir ihnen tatsächlich einen
Gefallen, wenn wir sie freilassen? Ich finde, man sollte einen Wal immer erst selbst
fragen, ob er freigelassen werden möchte, bevor man es tut.

Menschen betrachten gern gefangene und nicht gefangene Tiere als zwei grundsätzlich verschiedene Gruppen. Im Schattenreich gibt es jedoch viele Grautöne. Letztlich
entspricht das, was wir sehen (oder zu sehen glauben), womöglich gar nicht der Wirklichkeit.

Manche Delfine schwimmen und interagieren beispielsweise mit den Menschen, andere bleiben in Freiheit und haben nichts mit den Menschen zu tun. Ilizabeth Fortune,
die viele Menschen mit wilden und gefangenen Delfinen in Kontakt gebracht hat,
meint, dass manche gefangen gehaltene Delfine vorsätzlich sterben und andere bewusst bleiben, wobei oft „ein Teil ihrer Seele ins Vergessen" abdriftet. Von den gefangenen Tieren verharren einige in ihrem abgestumpften Zustand, während andere
wieder erwachen.

„Es gibt auch Delfine, die sich für die Gefangenschaft entschieden haben, sich selbst
aber gar nicht als Gefangene bezeichnen würden. Sie verstehen sich eher als Brücke
für die Kommunikation zwischen Wasser und Land. Als Hüter des Schlüssels warten
sie nur darauf, die Herzen der Menschen zu öffnen, Fenster aufzutun, damit sich die
Erinnerungen wieder entfalten können. Manchen dieser Delfinen ist ihr Vorhaben bewusst geblieben, andere haben es vergessen.

Interessanterweise geht es immer auch um die Beziehung zwischen Mensch, Delfin und Umwelt, die alle bei den Vereinbarungen der Seele ihre Rolle spielen. Jede Geschichte ist einmalig. Wie jeder Mensch hat auch jeder Delfin eine andere Botschaft zu überbringen. Die Einzigartigkeit der individuellen Botschaft ist gleichzeitig auch Teil der größeren Botschaft dieser Spezies, denn jede Spezies übermittelt ihre eigene Botschaft."

Erst in dem größeren Raum, der Freiheit und Einschränkung umfasst, beginnen wir, den Schatten der Gefangenschaft zu verstehen, und wenn wir beide annehmen, tut sich uns ihr tieferer Sinn auf.

Was bedeutet der Schatten des gefangenen Tieres für den Menschen? Was bedeutet es, einen Delfin - oder ein anderes wild lebendes Tier - eingepfercht zu sehen? Wie reagieren wir, die wir doch hinter all diesen Szenarien der Gefangenschaft stecken?

Ilizabeth glaubt, dass wir genau an diesem Punkt der Selbstreflexion anfangen können zu verstehen.

Eingesperrte Delfine spielen eine wichtige Rolle für uns, denn sie wollen uns zur Freiheit erwecken. Durch sie kann die Menschheit erkennen, wie eingesperrt sie selbst ist.

Wenn wir alle Spezies in ihrer natürlichen Umgebung leben ließen, würde das Leben wieder fließen und die Erde wieder gesund werden. Eingesperrte Tiere rufen beim Menschen Empörung hervor, und wir empören uns wesentlich leichter über die Gefangenschaft einer anderen Spezies, die wir dann auch befreien möchten, als über die Gefangenschaft der eigenen Seele.

Man wird der Sache allerdings nicht gerecht, wenn man sich lediglich sagt, dass ein eingesperrtes Tier befreit werden muss. Viele Menschen, die sich zunächst bei Walen oder Delfinen in deren natürlicher Umgebung aufgehalten hatten, machen eine viel tiefere Erfahrung, wenn sie Meeressäugern in Gefangenschaft begegnen. Sie gewinnen dadurch eine weitere und tiefere Sicht des Ganzen.

Die menschliche Wahrnehmung ist oft recht seicht und begrenzt. Sobald wir einer Sache eine Erklärung, einen Rahmen oder Namen aufdrücken, ist unsere Sicht von ihr bereits eingeschränkt. Man mag einen gefangenen Delfin betrachten und sich sagen: „Dieser Delfin lebt in einem einbetonierten Gewässer. Also ist er nicht frei." Aber das ist nur die menschliche Perspektive.

Von Delfinen und Walen höre ich, dass ihre Art zu reisen, wahrzunehmen und zu kommunizieren unsere Wahrnehmung und unser Bewusstsein momentan weit übersteigt. Sie können sich mit anderen Bereichen verbinden und in ihrem eigenen Raum, auch im physischen, frei sein. Davon können Menschen nur lernen.

Manche Menschen haben beobachtet, wie sich Delfine ihre Verspieltheit, ihre Kreativität und ihre ausgelassene Beweglichkeit noch in der Beschränktheit des eingeschlossenen Raums bewahren können, und dies erstaunt und berührt die Menschen. Es macht sie selbst kreativ.

Wir müssen uns vergegenwärtigen, dass es nicht nur die beschränkte Sicht von „eingesperrt" oder „nicht eingesperrt" gibt. Hier wie dort findet ungeheuer viel Informationsaustausch statt, und jetzt ist es an der Zeit, die beiden zusammen zu bringen.

Wir haben den Spiegel immer vor uns. Wenn wir andere in der äußeren Welt gefangen nehmen, enthüllen wir damit Aspekte unserer eigenen inneren Gefangenschaft. Wenn wir andere befreien, beginnen wir, uns selbst zu befreien. Wohin wird uns das führen?

Der Ruf aus dem Schatten ist kein Ruf nach Reaktion, sondern nach bewusster Aktion. Der Ruf aus dem Schatten ist ein Weckruf.

Zusammenarbeit

Binah (Hund) - Dawn Brunke

Tiere dienen den Menschen in vielerlei Hinsicht, doch die meisten Menschen nehmen es kaum wahr. Viele Tiere sind wie Götter und Göttinnen unter euch und warten nur auf eine Gelegenheit, euch beim Aufwachen zu helfen. Seelen inkarnieren sich oft lieber als Tier, weil es ihnen so leichter fällt, sich in der irdischen Welt zu bewegen.

Wir nehmen unsere Gefühle und Wünsche ernst. Manchmal leisten wir euch ganz einfach nur Gesellschaft und dienen dann als Puffer zwischen euch und euren dunkleren Gedanken. Manchmal führen wir euch, drängen euch mit unseren Possen und Streichen dazu, mehr von euch selbst und von den unzähligen Lebewesen in eurer Umgebung wahrzunehmen.

Die Welt ist viel, viel größer, als ihr euch vorstellen könnt. Öffnet euch und horcht - das ist alles, was ihr zum Wachsen und zum Aufwachen braucht. Wir sind für euch hier, so wie ihr für uns hier seid. Lasst uns zusammen arbeiten und eine Welt schaffen, in der es uns allen gut geht und in der wir einander lieben.

Binah

20
Haustiere

Seit mehreren Jahren tummelt sich ein Goldfischtrio in unserem Aquarium im Wohnzimmer. Ich würde gern sagen, dass wir diese Goldfische als die wunderbaren fühlenden Wesen bei uns aufnahmen, die sie doch sind, aber es begann ganz anders.

In einem langen, dunklen Alaska-Winter beschloss ich, dass wir ein Aquarium brauchten. Es sollte ein schönes, gut beleuchtetes Aquarium sein, mit schillernden, farbenprächtigen Fischen und verspielt vor sich hin blubberndem Wasser irgendwo in einer Ecke des Hauses. Ich hatte mich über Feng Shui kundig gemacht, die alte chinesische Lehre vom guten Energiefluss und Anleitung zum harmonischen Wohnen, und erfuhr, dass sich Fische und fließendes Wasser gut im Wohnzimmer machen.

Ich besorgte ein Aquarium und verschiedenes Fischzubehör - Pumpe, Kies, Netz, Steine, Kristalle und Murmeln - und ging in eine Zoohandlung, um Fische zu kaufen. Man empfahl mir Buntbarsche, und ich nahm vier davon. Sie hielten sich nur drei Tage. Als ich mich beschwerte, sagte mir die Frau, ich sollte ihr eine Wasserprobe mitbringen. „Aha, das ist Ihr Problem", meinte sie, als sie das Wasser testete. Sie empfahl mir, es vorläufig mit billigeren Fischen zu versuchen und zu warten, bis sich der pH-Spiegel des Wassers verändert hatte. Dann könnte ich die Fische zurückbringen und meine „richtigen" Fische kaufen.

Das ging eine Weile so weiter. Das Aquarium erreichte nie die richtigen Wasserwerte, immer mehr Fische ließen ihr Leben, und ich war frustriert. An einem verschneiten Samstag vertraute ich schließlich der Schwester der Inhaberin meinen Kummer an. Sie führte mich zu einem sehr großen Aquarium mit mittelgroßen Goldfischen, die als Futter für größere Tiere verkauft wurden. Geschickt fischte sie mit dem Netz drei Goldfische heraus und ließ sie in eine mit Wasser gefüllte Plastiktüte plumpsen. Diese Fische, meinte sie, seien gänzlich unempfindlich und würden unsere Wasserwerte im Nu regulieren. Sie wollte kein Geld dafür. Die Fische könnte ich jederzeit „hinunterspülen", wenn ich sie nicht mehr bräuchte.

Ich kam also mit drei Goldfischen nach Hause. Sie waren wirklich allerliebst in dem Aquarium und viel farbenfroher als die Buntbarsche. Ihre zarten orangefarbenen Schwänze glitten und tanzten durchs Wasser. Ich gewöhnte mir an, sie jeden Abend zu füttern, und schon lange bevor ich etwas von Tierkommunikation gehört hatte, sprach ich laut mit ihnen, sagte ihnen, wie schön sie waren und wie gern ich ihnen zusah, wenn sie so anmutig umher schwammen. Die Fische ihrerseits machten es sich zur Gewohnheit, aufgeregt an die Oberfläche zu steigen, sobald sie mich nach dem Futter greifen sahen.

Ich schloss die Goldfische in mein Herz und stellte die Wassertests bald ganz ein.

Irgendwie schien es albern, die komplizierte Anlage nur für Goldfische aufgestellt zu haben, aber tief im Inneren wusste ich, dass das „meine" Fische waren.

Erst nachdem ich mich später mit Tieren unterhalten hatte, kamen mir Gewissensbisse. Wenn andere Tiere denken konnten und eine Seele hatten, warum sollte das nicht auch auf Fische zutreffen? Meine Hunde sagten mir immer, dass sie nicht grundlos bei mir waren. Wie stand es nun mit den Fischen? Sie schienen durch eine Reihe von Zufällen und Missgriffen zu mir gekommen zu sein. Ich hatte mein Zuhause verschönern wollen und dabei keinen Gedanken an die Fische selbst verschwendet. Schließlich waren es ja keine Hunde. Es waren nur - Goldfische.

Vielleicht war es mein schlechtes Gewissen, das mich jetzt überempfindlich machte. Ich fragte mich, ob es überhaupt rechtens war, Tiere im Haus zu halten. War mein Aquarium vielleicht nur ein elegantes Gefängnis? War ich, ohne es zu wollen, zum Wärter für die Goldfische geworden?

Angeleitet durch viele Gespräche über Tiere in Gefangenschaft stellte ich mich schließlich dem Schattenmaterial. Manche Leute empfanden Tiergärten als Orte des Grauens, als Gefängnisse, selbst wenn für Platz, Futter und adäquate Lebensbedingungen ausreichend gesorgt war. „Ich gehe nicht in den Zoo", hörte ich diese Selbstgerechten sagen.

Doch wie viele hatten gleichzeitig ein Aquarium voller Fische oder ein Terrarium mit Echsen oder Schildkröten zu Hause stehen? Hatten einen kunstvoll gearbeiteten Käfig für einen Vogel gekauft, einen Kaninchenstall aus Maschendrahtzaun gebaut, schauten zu, wie Mäuse und Meerschweinchen endlos in der Tretmühle kletterten? Hatten sie nicht selbst zu Hause ihren Zoo? War es in Ordnung, wenn ein Vogel niemals frei fliegen, eine Schlange niemals über die Erde gleiten darf?

Ein Tiger im engen Käfig wird leicht als Opfer und Gefangener wahrgenommen, doch bei Fischen oder Hasen fällt das schwerer. Trotzdem sollten wir einmal über das Schattenmaterial nachdenken, das uns unsere geliebten Haustiere vor Augen führen.

Haustiere sind die wohl gehegten und gepflegten Objekte unserer Zuneigung. Wir halten sie, damit wir unsere Freude an ihnen haben und damit sie uns Gesellschaft leisten. Wo Haustiere sind, geht es immer auch um Besitzverhältnisse, und die meisten Haustiere werden gekauft und verkauft. Der Besitzer entscheidet, was das Tier zu fressen bekommt, wo es schläft und was es die längste Zeit des Tages macht. Zu den sehr persönlichen Entscheidungen, die der Besitzer trifft, gehören auch Sterilisation, Durchtrennen der Stimmbänder beim Hund, Entfernen der Krallen und sogar das Stutzen von Schwanz und Ohren. Meist werden bei solchen Entscheidungen die Wünsche des Tieres überhaupt nicht berücksichtigt. Jedes Mal, wenn ich mich sagen hörte, dass ich niemals so grausam sein könnte, Stimmbänder durchtrennen oder Krallen ziehen zu lassen, spürte ich in mir Selbstgerechtigkeit hochsteigen. War das, was ich meinen drei Goldfischen - und allen Fischen, die den pH-Wasserwerten zum Opfer gefallen waren - antat, etwa weniger gedankenlos als das Verhalten der Leute, denen es nicht im Traum einfällt, dass auch Tiere lebendige, denkende, empfindende, fühlende Wesen sind?

Während mich das Thema Gefangenschaft beschäftigte, fiel mir wieder ein, was Ilizabeth Fortune gesagt hatte: Es ist einfacher, sich über die Gefangenschaft einer anderen Spezies zu empören als über die eigene innere Gefangenschaft.

Ein klares Verständnis des Phänomens Gefangenschaft wird sich nicht finden, solange wir die Formen von Gefangenschaft leugnen, an denen wir Menschen teilhaben und die wir selbst schufen. Statt dessen müssen wir solche Phänomene wie Zoo, Zirkus, Tiere für die Unterhaltung, Haustiere und ja, auch Tiere in der Forschung als das sehen, was sie in Wahrheit sind. Dazu bedarf es unsererseits aber der Bereitschaft, den Blickwinkel zu erweitern. Wir müssen willens sein, uns von den eifrig gehüteten Vorurteilen und geschickt vorgebrachten Rationalisierungen zu trennen, die oft nur dazu dienen, uns das größere Bild vorzuenthalten.

Als ich mich nun daran machte, Gefangenschaft zu Hause zu erforschen, hielt ich mich an den weisen Rat, den J. Allen Boone von Mojave Dan erhalten hatte: Wenn du die Tatsachen willst, dann frag das Tier.

Als ich mich zentrierte und Kontakt mit dem Goldfischtrio aufnahm, wurde ich augenblicklich von der Schönheit der Fische berührt. So anmutig und liebreizend wie ihre physische Gestalt war, so sprudelten auch ihre Worte und Gedanken in meinem Geist hoch. Es kam mir vor, als würde ich mit Licht und Luft erfüllt. Je weiter unser Gespräch fortschritt, desto stärker empfand ich die Zartheit, Güte und innere Schönheit dieser Wesen.

In erster Linie ging es mir natürlich um ihre Lebensbedingungen, und deshalb fragte ich sie nach dem Aquarium. Fühlten sie sich gefangen? Wären sie lieber in einem Teich mit anderen Goldfischen?

Zu meiner Überraschung erhielt ich als erste Reaktion auf diese Frage eine Art Schockgefühl. Die Goldfische waren entsetzt.

Wir sind sehr glücklich in diesem Aquarium. Warum sollten wir uns irgendwo anders hin wünschen? Das Leben in einem Teich wäre ganz anders, fast beunruhigend. Für ein Leben draußen bräuchten wir ein völlig anderes Bewusstsein, denn dort müssten wir ständig auf der Hut vor Raubtieren sein.

Mit dieser Antwort hatte ich überhaupt nicht gerechnet, und so war es nun am mir, schockiert zu sein.

Es gefällt uns besonders, dass unser Aquarium im Wohnzimmer ist und dass wir die Menschen und Hunde im Auge haben und fernsehen können.

Fernsehen? Ihr seht fern?

Selbstverständlich. Fernsehen macht uns Spaß, besonders die Natursendungen. Wir erfahren dabei viel über andere Spezies, und das ist einer der Gründe, warum es uns hier gefällt.

Überleg mal, wo wir waren, als du uns getroffen hast: Wir waren Fischfutter! Viele Fische in dem Behälter waren völlig verängstigt und resigniert. Die meisten wussten schon, dass sie einmal an größere Tiere verfüttert würden, und das erwarteten wir auch für uns.

War es Schicksal oder Karma, dass ihr nicht gefressen wurdet?

Das wissen wir nicht. Wir freuen uns ganz einfach, dass wir leben und dass wir hier sind, und fühlen uns wohl miteinander. Dieses Leben ist etwas Besonderes, denn wir müssen uns nicht vor Räubern fürchten und erfahren gleichzeitig eine ganze Menge über Menschen und andere Lebensformen. Mit den Hunden kommunizieren wir auch sehr gern.

Immer und immer wieder versicherten mir die Fische, wie zufrieden und geborgen sie sich fühlten. Auf keinen Fall wollten sie irgendwo anders sein, zumindest nicht im Augenblick. Der größte Goldfisch fügte hinzu, dass er nun schon länger lebte, als er erwartet hatte, weil er so viel lernte und sein Leben genoss.

Als ich unser Gespräch beendete, empfand ich Erleichterung und war tief beeindruckt vom Denken dieser herrlichen Tiere. Langsam verstand ich, dass ein Tierleben oft so ganz und gar nicht unserer Vorstellung oder Interpretation entspricht. Durch meine menschliche Brille hatte ich in den Fischen zunächst nur eine Zierde für mein Heim gesehen und dann - da mir das Thema Gefangenschaft selbst Angst einflößte - als Gefangene. Nun erzählten sie mir aber, dass sich weder das eine noch das andere Szenario mit ihrer Erfahrung deckte.

Das leuchtete mir ein, und trotzdem regte sich in mir der Argwohn, ich könnte mir das alles nur vormachen, um mein schlechtes Gewissen zu beschwichtigen, das ich meinen gefangenen Fischen gegenüber hatte. Wie ließ sich die Botschaft der Fische bestätigen?

Ein paar Tage später waren mein Mann und ich noch spät am Abend auf und sahen uns den Videofilm „The Abyss" an, der großenteils unter Wasser aufgenommen wurde. Als ich mich irgend wann einmal zu den Goldfischen umdrehte, wiegten sich alle drei zu meiner großen Verblüffung und Belustigung sanft in der Mitte des Aquariums, die Augen unverwandt auf den Bildschirm geheftet. Ein Kribbeln stieg in mir hoch. Mit einem Mal wusste ich, dass alles, was sie mir gesagt hatten, tatsächlich stimmte. Ich stellte den Kontakt zu ihnen her und fragte aufgeregt, ob sie wirklich den Film mit uns anschauten. Als Antwort vernahm ich ein lautes „Pssssst!" in meinem Kopf. Sie schlugen mit den Schwänzen und schienen etwas gereizt zu sein.

Ich brach in Lachen aus. Nie im Leben hätte ich mir vorgestellt, dass es mich einmal so glücklich machen würde, von Goldfischen zum Schweigen gebracht zu werden.

Wenn man sich von Erwartungen und Postulaten trennt und den Dingen auf den Grund geht, kann man sich auf einige Überraschungen gefasst machen. Ich sehe meine Fische jetzt weder als Dekoration noch als Gefangene. Durch eine Kette geheimnisvoll aufeinander abgestimmter Ereignisse begegneten wir einander in diesem Leben und waren offen für die Möglichkeit einer Beziehung.

Ich glaube nicht, dass uns Tiere immer gleich Schuldgefühle einflößen wollen für Dinge, die wir getan oder unterlassen haben. Ich glaube, sie wünschen sich, dass wir aufwachen und auf sie aufmerksam werden, dass wir Verantwortung im Netz des Lebens übernehmen. Manchmal können uns Schuldgefühle aber auch aufwecken, und dann sind sie durchaus sinnvoll.

Marcia Ramsland erzählte mir von ihrem Saugmaulwels, einem schwarzen Algenfresser, den sie sich zulegte, als er noch sehr klein war. „Er wurde zu groß für sein Aquarium, und das gleich mehrmals. Ich hatte ein ewig schlechtes Gewissen, weil er ständig zu groß für das Aquarium war. Bei einem Workshop, der fast 2000 Meilen von zu Hause stattfand, sagte Penelope Smith: ‚Lass ein beliebiges Tier hereinkommen und mit dir sprechen.' Da kam dieser Fisch hereingeplatzt und sagte mir: ‚Fühl dich doch nicht so schlecht. Das ist mein Leben. Ich hätte gern, dass du mit mir sprichst.'"

Auch der Saugmaulwels war also keineswegs verärgert oder verstimmt. Behindert worden war die Verständigung vielmehr durch menschliche Projektion und Schuldgefühle, die an die falsche Adresse gingen.

Marcia sprach später mit einer Gruppe von Neonfischen in ihrem Aquarium. „Sie sagten mir: ‚Im Wasser lebt man in einer ganz anderen Welt. Das Bewusstsein ist gleich, aber die Existenz fließt freier im Wasser. Wir wüssten nur zu gern, warum ihr euch für die Landform entschieden habt, die doch auf Schwerkraft basiert.' Sie kamen mir vor wie die Bewohner eines warmen Landes, die staunen, dass sich jemand mit Schneeschippen herumplagen muss. Außerdem meinten sie, Aquariumfische hätten den Vorteil, dass sie auch unsere Welt und uns sehen können. Die meisten Tiere im Wasser kennen die andere Seite - das Leben außerhalb des Wassers - nämlich nicht. ‚Das Leben auf dem Land muss schwer sein', finden die Neonfische."

Ähnliche Kommentare bekommt man häufig zu hören. Nicht alle Tiere finden offenbar, dass es so toll sein muss, Mensch zu sein. Schon oft hatte ich selbst Tiere gefragt, warum sie ausgerechnet ein Pferd, ein Hund, ein Moskito geworden sind; nun wollten die Neonfische ihrerseits wissen, wie jemand ausgerechnet ein Mensch sein möchte.

Marcia lachte. „So ist es. Wir sind so sehr davon überzeugt, dass wir die höchste Lebensform auf dem Planeten sind, doch bei anderen Lebensformen stößt das eher auf Unverständnis.

Warum haben sich bestimmte Tiere für ein Leben bei den Menschen entschieden? Ein Hund namens Maxie erzählte Laura Simpson, dass Tiere in unser Leben kommen, „weil wir um diese Liebe bitten".

Manchmal vergessen wir aber, dass Tiere, die bei uns leben, keine Gegenstände sind. Solange wir in ihnen nur Objekte sehen, werden uns die tieferen Möglichkeiten einer Beziehung entgehen. Nedda Wittels unterhielt sich mit Pferdegeist, der besonders über das spirituelle Mysterium einer Beziehung sprach. Pferdegeist sagte Nedda Folgendes:

Pferde stehen für Freiheit, und darin liegt eine Ironie, denn sie sind seit langem schon Arbeitstiere. Wie können Pferde das Versprechen der Freiheit einlösen, mit flatternden Mähnen im Wind rennen, solange sie vor einen Wagen gespannt sind oder einen Menschen auf dem Rücken tragen? Mit einem ähnlichen Problem schlagen sich auch die Menschen herum: Wie können sie einen freien Willen haben und sich gleichzeitig dem Willen von Gott/Göttin unterwerfen?

Auf einer anderen Ebene haben wir das Geheimnis, wie und warum sich Pferde vom Menschen als Arbeitstiere benutzen lassen. Das ist unser Dienst an der Menschheit. Zum Ausgleich träumen Pferde davon, mit dem Menschen zu einem Körper zu verschmelzen. Das Einssein von Mensch und Pferd ist nicht nur für den Menschen ein ekstatisches Erlebnis. Die Freude ist auf beiden Seiten.

Im Verschmelzen der Energien vollzieht sich die Heilung einer Urbeziehung. Kraft und Freiheit des Körperlichen und die gleichzeitige Vereinigung werden von Mensch und Pferd gleichermaßen erfahren.

Die Menschen müssen wissen, dass Pferde am meisten missbraucht werden, wenn man sie als mechanische Einheiten behandelt. Viele Menschen gehen mit Pferden um, als wären diese nur zum Vergnügen und zur Unterhaltung der Menschheit oder zum Geldverdienen oder als Lebensmittel da. Die Beziehung der Menschen zu den Tieren muss sich von Grund auf ändern, besonders zu den Tieren, die sich für ein Leben beim Menschen und damit für ein unnatürliches Leben entschieden haben. Pferde trafen diese Entscheidung bereits vor Äonen und zahlten einen hohen Preis dafür.

Und warum haben sie diese Entscheidung getroffen?

Um des spirituellen Wachstums willen. Um den Umgang mit potenziellen Mitschöpfern - und das sind die Menschen ja - zu lernen. Und um die Menschen im richtigen Umgang mit Tieren zu unterweisen, die Freiheit in einer Form verkörpern.

Tiere führen uns immer wieder die Bedeutung von Freiheit, Selbstbestimmung und Lernerfahrungen vor Augen und stellen sich dabei genau auf unsere jeweiligen einzigartigen Umstände ein. Chrys Long-Ago machte in diesem Zusammenhang eine bemerkenswerte Erfahrung. Ihr Lehrmeister war ein Meerschweinchen namens Geisha.[1]

Als Geisha zum ersten Mal warf, empfand Chrys Geishas Verhalten als sehr befremdlich. Das Muttertier wollte nichts mit den Jungen zu tun haben. Chrys stellte alles Mögliche an, um Geisha zum Säugen zu bewegen, aber sämtliche Versuche blieben vergeblich. Als sie sich schließlich auf telepathischem Wege mit Geisha in Verbindung setzte, hörte sie folgende Botschaft: „Ich kann sie zur Welt bringen, aber ich kann keine Beziehung mit ihnen aufbauen. Ich will nicht ihre Mutter sein." Chrys war entsetzt. Wie war das möglich? „Man nimmt sie mir weg!" schrie Geisha mit schriller Stimme. „Ich werde sie verlieren. Man nimmt sie mir weg!"

Da es unmöglich war, Geisha zu beruhigen, vertiefte Chrys die Verbindung und stellte den Kontakt mit einem anderen Aspekt von Geisha her. Geishas „Höheres Selbst" bedankte sich darauf bei Chrys für das Interesse an der Geschichte und präsentierte Fotos einer menschlichen Mutter im nationalsozialistischen Deutschland, die von ihren Kindern getrennt, ins Krankenhaus geschickt und „grausamen und schmerzhaften Experimenten" unterworfen wurde, bis sie schließlich starb.

Ich habe mich als Meerschweinchen reinkarniert, weil ich mich von dem Trauma und der Qual reinigen wollte, die ich durch den Verlust meiner Kinder und durch die unsägliche Angst vor der Gefahr erlitten habe, in der sie sich befanden. Jetzt kann ich Mutterschaft neu erschaffen und die Wunden meines Herzens heilen.

Aber warum ausgerechnet ein Meerschweinchen? Hättest du das nicht auch in einem Menschenleben machen können?

Es geht um Mutterschaft, um eine Lektion in Sachen Trennung und Vertrauen. Ich hätte das auch wieder als Mensch durchleben können, aber dann wäre ich noch einmal ein Kind gewesen - jemandes Tochter, mit allem, was dazu gehört. Ich hätte Jahre in Schulen zugebracht, hätte jede Menge Lektionen lernen, jede Menge Entscheidungen treffen müssen. Und es hätte fünfundzwanzig Jahre dauern können, bevor ich wieder Mutter wurde.

Um die Erfahrung der Mutterschaft zu erschaffen, die für meine Lektion nötig ist, brauche ich nur die Möglichkeit, meine gesamte Aufmerksamkeit auf die Themen Hilflosigkeit, Verletzlichkeit, Ausbeutung und Missbrauch zu konzentrieren. Ein Meerschweinchen ist ein Versuchstier, und ich war damals ein menschliches Versuchstier. Was läge näher, als diese Gestalt anzunehmen?

Als Meerschweinchen sollte es mir leicht fallen, diese Themen in einem schnellen, fokussierten Leben anzugehen, ohne den ganzen Aufwand menschlicher Erfahrung.

So ist es nämlich unter Seelen: Wir inkarnieren uns, um die Erfahrung unserer Weisheit zu erwerben, um die erworbene Weisheit zu erfahren. Das lässt sich in jeder Lebensform erreichen, so unbedeutend diese anderen Bewusstseinsformen auch erscheinen mag.

Es liegt an uns. Wir können uns für eine Lektion so viel Zeit nehmen, wie wir wollen. Ihr könnt mit euren Problemen jahrelange Analyse und Therapie durchgehen oder euch in ein paar Tagesseminaren intensiv mit eurer Seele auseinander setzen. Das hier ist mein Seminar - mein Versuchstier-Seminar. Weisheit zu lernen und in einem schnellen Leben frei zu sein, immer wieder in jeder beliebigen selbst gewählten Form zurückzukehren, ist mein Vorrecht gerade so wie eures.

Am Ende einigten sich Chrys und Geishas Höheres Selbst. Chrys schrieb dazu: „Ich war geduldig mit Geisha, und sie konnte sich darauf verlassen, dass ich alles akzeptierte, was sie für sich erschuf. Dafür bereicherte ihr Höheres Selbst meine Erfahrung und erlaubte mir, von Geishas Lektionen zu lernen."

Aus der Enge unserer Glaubenssysteme, mit denen wir uns selbst Grenzen setzen, können wir uns kein vollständiges Bild machen. Ob wir uns schuldig fühlen wegen der gefangen gehaltenen Fische oder entsetzt sind über das Meerschweinchen, das sich nicht um den Nachwuchs kümmert: Wir dürfen nicht vergessen, dass es sich hier immer um unsere eigenen Emotionen handelt. Für den Anderen kann sich die Realität völlig anders darstellen.

Gleichzeitig sollten wir aber auch daran denken, dass wir der Illusion gerade deshalb auf den Leim gehen, weil sie unsere Lernerfahrung enthält. Während wir uns mit der Vorstellung dessen herumplagen, was wir zu sein glauben - die sich in dem widerspiegelt, was wir zu sehen glauben -, decken wir nach und nach Projektionen und Vorurteile auf, von denen wir nicht einmal wussten, dass wir sie haben. Wie Geisha stellen wir dabei vielleicht fest, dass wir die Erfahrung der Weisheit in jeder Gestalt gewinnen können, so trivial und unbedeutend diese auf andere auch wirken mag.

Goldfische Photo von Dawn Brunke

Joy

Marcia Ramsland und Fliegendes Insekt

Ein fliegendes Insekt summte um mich herum, ein undefinierbares Etwas.

„Was hast du zu sagen", fragte ich. Da war die Freude groß.

Das kleine Ding sagte: „Es gibt Bewusstsein in allen Dingen. Glaub es mir."

Es wünschte sich auch, dass die Menschen nicht ständig gegen die Insekten zu Felde ziehen würden. Aber vor allem war es aus lauter Freude da und um zu sagen, dass es überall Bewusstheit gibt und die Körpergröße dabei keine Rolle spielt.

21

Ungeziefer

Alles Lebende, selbst eine gewöhnliche Stubenfliege, hat dir etwas Wertvolles mitzuteilen - sobald du offen für die Erfahrung bist.

J. Allen Boone, Adventures in Kinship with All Life

Neben unseren gehätschelten Haustieren gibt es dann aber auch noch diese nervtötenden kriechenden und schwirrenden, buddelnden und nagenden Kleinlebewesen, die in unserer Welt allgemein als Plage empfunden werden.

Die meisten Kommunikatoren sind sich darin einig, dass uns Tiere als Ebenbürtige und Mit-Abenteurer im Leben und manchmal auch als Lehrer und Führer näher kommen, sobald wir offen sind für die wesensmäßige Einheit im Netz des Lebens und mit Delfinen und Hunden, Pferden und Walen plaudern und Beziehungen knüpfen. Doch wo bleibt dieses herrliche Verwandtschaftsgefühl, wenn wir es mit einem Kakerlaken zu tun haben? Spiegelt eine Schabe das Göttliche genauso wider wie ein Wal? Wie steht es mit Schlangen und Nacktschnecken, Fliegen und Maden? Konfrontieren uns auch die Tiere, die wir gern als Ungeziefer bezeichnen, mit einem Aspekt des menschlichen Schattens?

„Da müssen wir wirklich noch eine Menge Arbeit leisten", sagte mir Raphaela Pope. „Du fängst mit einer Spezies an, wirst dann aber auf deinen blinden Fleck gestoßen: Ratten, Spinnen oder meinetwegen auch kleine Hunde."

„Hast du einen blinden Fleck?" fragte ich.

„Ameisen vielleicht", sagte Raphaela widerstrebend. „Früher habe ich sie vernichtet. Als wir vor ein paar Jahren eine Invasion hatten, sagte ich ihnen: ‚Ich spüle Unmengen von euch den Ausguss hinunter, aber ich mag das nicht. Es wäre mir lieber, wenn ihr geht.' Sie sagten: ‚Ist uns egal. Es gibt Tausende und Millionen von uns. Spül uns ruhig runter; macht uns wirklich nicht das Geringste aus.'" Raphaela lachte laut auf. „Ich dachte: Das darf doch nicht wahr sein! Das gibt's doch gar nicht."

„Und was geschah dann?"

„Ich bat sie immer wieder zu gehen, aber es kamen jeden Tag nur noch mehr, und sie breiteten sich aus. Schließlich kaufte ich Gift und knallte es auf die Küchentheke. ‚Hört zu, Jungs', sagte ich. ‚Ich habe es satt mit euch, und ich benutze das Zeug, wenn ihr nicht augenblicklich Leine zieht.' Binnen zwei Stunden waren etwa 99 Prozent der Ameisen weg. Sie waren einfach verschwunden."

Auch J.Allen Boone weiß eine Geschichte von einer Ameiseninvasion in seinem Haus zu erzählen. „Ich wollte ihnen gerade mit Gift und Besen zu Leibe rücken, als sich das schlechte Gewissen des aufgeklärten Gutmenschen regte", schreibt er. „Es verlangte eine Erklärung dafür, warum ich die Ameisen töten wollte, nachdem ich doch so viele gute Erfahrungen mit Beziehungsarbeit gemacht hatte."[1]

Boone sprach mit den Ameisen, sagte ihnen Schmeichelhaftes über ihre Intelligenz und ihren Lebenshunger. Dann schlug er ihnen ein Gentleman-Agreement vor, das vorsah, dass sie das Haus verließen. Als er sich für den Abend ausgehfertig machte, sagte er ihnen, dass er sein Möglichstes getan habe und dass sie nun am Zug seien. Als er nach Hause kam, waren die Ameisen weg.

In einem späteren Buch erzählt Boone die Geschichte eines Mannes, auf dessen Grundstück sich Taschenratten eingenistet hatten. Er hatte von Boones Erfolg bei den Ameisen gehört und wollte es mit einem ähnlichen Abkommen versuchen. Er beschloss, den Ratten einen Brief zu schreiben. Spät nachts, als alle bereits schliefen, schlich er sich aus dem Haus und versenkte den Brief im erstbesten Rattenloch. Am nächsten Morgen, berichtet Boone, „fand er zu seiner großen Verwunderung nirgendwo mehr eine frische Spur von den Tieren."[2]

Ich machte meine eigenen Erfahrungen mit Ungeziefer, als sich ein paar Spinnmilben auf dem Zitronenbaum in meiner Küche niederließen. Ich hatte den Milben nicht viel Nettes zu sagen, ließ sie aber wissen, dass sie die Pflanze verletzten und dass ich gern gefällig wäre, wenn ich ihnen nur dabei helfen könnte, sich aus dem Staub zu machen.*[2]

Zu meiner Überraschung formierte sich das Bild eines Salatblatts in meinem Kopf. Es kam mir vor, als sollte der Salat eine Art Opfergabe seine, wie man sie auf einem Altar oder im Tempel ablegt. Mit gemischten Gefühlen deponierte ich ein Salatblatt neben der Pflanze. Am Morgen gab es sichtbar weniger Spinnmilben. Ich fragte wieder, ob sie gehen würden, und wieder erhielt ich das Bild eines Salatblatts. Nachdem ich die Prozedur wiederholt hatte, gab es am nächsten Tag keine Spinnmilben mehr.

Was sagen uns solche Geschichten? Welches ist der gemeinsame Nenner von einem Gentleman-Agreement mit Ameisen, einem Brief an Taschenratten und einem Salatblatt als Opfergabe an Spinnmilben? Die Antwort dürfte in der Verbindung von Gesinnung und Absicht liegen. Natürlich waren es weder das angebotene Abkommen, noch der Brief oder das Salatblatt, die wie von Zauberhand die Tierchen entfernte. Es war die Energie hinter diesen Gesten. Auch Raphaelas Drohung an die Ameisen war

---

[2] Damals unterstellte ich, dass die Milben die Pflanze „verletzten". Der etwas intelligentere Ansatz wäre wohl gewesen, Pflanze und Milben zu fragen, was eigentlich los war. Brauchte die Pflanze die Milben aus irgendeinem Grund? Gab es ein größeres Bild, das mir verborgen blieb? Solche Fragen vertiefen unsere Wertschätzung der miteinander verschlungenen Rollen aller Wesen.

schließlich nicht dem Ärger entsprungen, sondern der Hoffnung, dass die Ameisen friedlich gehen würden.

Wenn Tiere nicht mehr als Ungeziefer gelten, sondern alles Leben als Manifestation des Einen wahrgenommen wird, hat eine Verlagerung der Perspektive stattgefunden, und wir sind der tieferen Verwandtschaft aller Lebewesen einen Schritt näher gekommen. J. Allen Boone schrieb über eine kurze, unvergessliche Beziehung mit einer Stubenfliege namens Freddie. Mensch und Fliege gingen eine Partnerschaft ein, in der beide als Mitgeschöpfe voneinander lernten.

Anfangs antwortete Freddie auf Boones Fragen mit Gegenfragen. Als Boone wissen wollte, warum Fliegen die Menschen so sehr belästigen und quälen, fragte Freddie zurück, warum Menschen die Fliegen so sehr quälen. Eine Zeitlang wechselten Frage und gespiegelte Frage einander ab, bis es Boone mit einem Mal klar wurde, wie hitzig unsere Gedanken damit beschäftigt sind, Realität erschaffen. Solange wir erwarten, dass Insekten uns belästigen und stechen, werden sie es tun. Solange wir sie als schmutzig empfinden, werden sie es sein.

„In dem Maße, in dem es mir gelang, über die Fliegengestalt Freddies hinwegzublicken, sah ich, wie der Geist des Universums in Freddie seinen Ausdruck fand“, schreibt Boone. „Nun konnte ich mit Freddie zuhören, aber auch ihm zuhören. Und wieder wurde mir klar, dass alle Lebewesen Instrumente sind, durch die der Geist des Universums denkt, spricht und handelt. Wir sind alle vereint in einem gemeinsamen Akkord, einem gemeinsamen Zweck, einem gemeinsamen Wohl. Wir spielen alle in einem riesigen kosmischen Orchester, in dem jedes lebende Instrument für den harmonischen Zusammenklang des Ganzen unentbehrlich ist.“[3]

Uns im westlichen Kulturkreis fällt es schwer, hinter die physische Form zu blicken, und ganz besonders abwegig erscheint uns der Gedanke, dass sich der Geist des Universums auch in einer Fliege ausdrücken könnte. Woran liegt das? Wir haben uns die kulturelle Projektion zu eigen gemacht, dass Fliegen nutzlos und schmutzig, ja vielleicht sogar böse sind. Wie anderes „Ungeziefer“ scheinen Fliegen prädestiniert zu sein, als Leinwand für Gruppenprojektionen unserer eigenen dunklen Aspekte zu dienen. Ein wenig Forschungsarbeit, ein wenig Einsicht und die Bereitschaft, die eigenen oberflächlichen Vorurteile zu überwinden, und wir werden erkennen, dass die Realität der Fliegen ganz anders ist.

In ihrem Buch *The Voice of the Infinite in the Small: Revisioning the Insect-Human Connection* bemerkt Joanne Lauck, dass die Fliege in anderen Kulturen und zu anderen Zeiten durchaus bewundert und geachtet wurde. So ehrten die alten Ägypter beispielsweise ihre Tapferkeit und trugen Fliegen-Amulette, die den menschlichen Geist symbolisierten. Den Mitgliedern der nordamerikanischen Blackfoot's Fly Society galt die Fliege als besonders schlau und nacheifernswert, da sie sich darauf versteht, den Gegner aufzureiben, ohne sich dabei fangen oder töten zu lassen,. Andere Kulturen priesen die Fliege ob ihrer bemerkenswerten Flug- und Navigationskünste, wieder andere sahen in ihr ein Symbol für die Wiedergeburt. Sie würdigten die Gegenwart der Fliege als heilig und ließen sich von ihr unterweisen.

Wie kam es dann zu der unerhörten Missachtung, die wir heute der Fliege entgegenbringen? Wie rückten wir von der Gewohnheit ab, alles Leben zu ehren und von unserer Insektenverwandtschaft zu lernen, so dass wir jetzt ohne Fliegenklatsche im Schrank nicht mehr auszukommen meinen?

Lauck glaubt, dass wir uns von unserer Intuition abgespaltet haben, die uns in das Netz des Lebens einbindet, als wir das Modell der heiligen Natur für ein mechanistisches Naturmodell eintauschten und damit den Kontakt zu allem verloren, was uns nicht vordergründig ähnlich ist. Was wir nicht kannten, galt nun als gefährlich. Erschien uns ein Tier als besonders unbegreiflich, war es in unseren Augen auch potenziell böse. Und da uns unsere Phantastereien Angst einflößten, setzten wir auf Kontrolle und eröffneten den Krieg gegen die Insekten. Wir töteten aus Furcht, und wir töteten, um unsere Furcht unter Kontrolle zu bringen. Die zur Phobie gewordene Angst vor Insekten gaben wir an unsere Kinder weiter, doch da wir uns dieser Angst inzwischen kaum mehr bewusst sind, geben wir sie jetzt unbewusst weiter. So entstand ein Teufelskreis.

Tatsächlich töten wir Insekten jetzt oft nicht mehr aus Furcht vor einer tatsächlichen Gefahr, sondern weil wir einfach nicht mehr wissen, was sie eigentlich sind. Ist unsere gedankenlose Angewohnheit, Insekten zu zerquetschen, letztlich vielleicht nur die metaphorische Geste, mit der wir am liebsten die eigenen unbewussten Ängste zerquetschen würden?

Lauck meint, Insekten seien besonders geeignet, unsere Projektionen zu bedienen, da sie uns in Aussehen und Verhalten fremd sind. Sie treten oft in großer Anzahl auf, stechen und beißen, und viele werden wie die Fliege mit den dunklen Geheimnissen des Lebens in Verbindung gebracht - mit Tod, Verwesung und Wiedergeburt, den großen Quellen des Schattenmaterials.

Wenn uns Tiere in Gefangenschaft unsere Empörung gegen die innere Gefangenschaft widerspiegeln, dann zeigen uns Fliegen und andere Insekten, was wir im Leben verleugnen und ablehnen. In diesem Sinn fungiert die Fliege als Initiator. Sie erinnert uns mit aller Macht daran, dass wir alles, was wir an einem Aspekt des Lebens ablehnen, auch in uns selbst ablehnen.

Als Morgine Jurdan ein Gespräch mit einer Fliege begann, legte diese besonderen Wert auf folgenden Punkt:

Ich bin eine Fliege und möchte der Welt etwas mitteilen.

Ich liebe die Menschen und halte mich gern in ihrer Gesellschaft auf. Es macht mich traurig, wenn man mich als Feind betrachtet. Ich freue mich an mir selbst, und in der ganzen Natur wird diese Freude mit mir geteilt.

Jeder von uns glänzt und schillert auf seine eigene Weise. Ihr nehmt uns durch Filter wahr, die euch nur eine eingeschränkte Sicht der Natur erlauben. Wir dagegen leben in einem Reich der Liebe, wo jedes Wesen die Rolle versteht, die es in der Welt als Ganzem spielt, wo jedes Wesen weiß, wie die Dinge laufen. Hin und her, vor und zurück, ein und aus, auf und ab - so wird der Teppich des Lebens gewebt.

Ihr empfindet meinen Anblick als abstoßend, und eure erste Reaktion ist es, mich töten zu wollen. Ich habe euch nichts getan. Ich steche nicht einmal, und doch wollt ihr mich aus eurer Gegenwart entfernen. Ihr habt mich als „schmutzig" abgestempelt, und wer weiß, was ihr damit meint. Ich finde das traurig. Es gibt so viel, was das Auge nicht sieht. Ihr blickt oft nicht unter die Oberfläche, und deshalb entgehen euch die Schätze, die dort versteckt sein könnten.

Ich wünschte, die Leute würden denken, bevor sie handeln. Ich wünschte, sie würden sich fragen, warum sie mich oder andere winzige Kreaturen töten: Welche Bedrohung stelle ich dar? Füge ich jemandem Schaden zu? Oder reagiert ihr nur aus Gewohnheit und weil ihr uns etwas unterstellt?

Ich bin eine Fliege und helfe, Liebe, Harmonie und Gleichgewicht in dieser wunderbaren Welt zu schaffen. Ich bin nicht der Feind, ich bin euer Freund. Nehmt euch Zeit, mich besser kennen zu lernen, und ihr werdet vielleicht ein kleines bisschen mehr Freude in euer Leben bringen - Freude, die euch bis jetzt verborgen blieb.

Joanne Lauck bemerkt dazu: „Heilung findet statt, wenn wir uns unsere gewalttätigen und irrationalen Züge eingestehen und anerkennen, dass Fliegen und andere Spezies erst im Gefolge eines Mystifizierungsprozesses zu unseren Feinden werden."[4] Wenn wir den Mut aufbringen und uns mit unserem Schattenmaterial auseinander setzen, stellen wir uns dem, was wir in uns selbst ablehnen, verleugnen und hassen. Wenn wir unser eigenes verloren gegangenes Gesicht wieder zurückgewinnen und die Masken abstreifen, die wir auf andere projiziert haben, kommt der Wandel.

Wir nehmen gern all das auf, was unsere Projektionen erhärtet. „Wenn wir lesen, dass Fliegen ihr Futter mit Verdauungssäften geschmeidig machen, die Fäkalien oder auch verwesendes Fleisch von der letzten Mahlzeit enthalten, überkommt uns der Ekel. Es bestätigt uns in unserem Glauben, dass Fliegen verabscheuungswürdig sind, und nährt unsere Projektion. Wir wollen auch gar nicht wissen, dass Honig zum Teil aus getrocknetem Bienenauswurf besteht und dass Schmetterlinge nicht nur Nektar und Fruchtsäfte suchen und schlürfen, sondern auch Urin und Schweiß. Solche Tatsachen würden uns nur unsere positiven Projektionen vermiesen, mit denen wir diese Insekten bedacht haben."[5]

Was uns davon abhält, das Tier selbst zu sehen - den Goldfisch, die Fliege oder auch die Honigbiene - sind unsere eigenen Projektionen, die sowohl positiver als auch negativer Natur sein können. Irgendwie wird die Welt ordentlicher, wenn wir sie in Licht und Dunkel einteilen. Es ist auch unendlich ansprechender, den Honig als Nektar der Götter zu nehmen und den getrockneten Bienenauswurf völlig auszublenden.

Ähnlich tun wir uns leichter damit, unsere Furcht vor Krankheit und Ähnlichem auf bestimmte Tiere zu projizieren, anstatt der Vergänglichkeit und dem Verfall in uns selbst nachzuspüren.

Es ist kein Zufall, dass wir Ungeziefer mit Krankheit in Verbindung bringen. Das englische Wort für Ungeziefer, „pest", geht auf „pestis" zurück, das lateinische Wort für Plage oder ansteckende Krankheit. Als „pest" bezeichnet man Menschen oder Tiere, die man als schädlich empfindet, und damit stellt man sie in einen Sinnzusammenhang mit der tödlich verlaufenden Seuche, der Pest oder Pestilenz, insbesondere der Beulenpest. [In der deutschen Sprache stellt sich der Zusammenhang von „Ungeziefer" und Pest durch den Begriff „Pestizid" her - das Mittel, mit dem man „Schädlinge" los wird. / Anm. d. Übers.] Hier zeigt sich, wie die Sprache den Blick auf die Welt prägt: Die Wortassoziationen suggerieren uns, dass Ungeziefer Krankheiten verursacht. Meist sind diese kleinen Tiere jedoch nur Krankheitsüberträger und somit nicht die Botschaft, sondern nur die Boten.

Ganzheitliche Mediziner definieren Krankheit („disease") umfassender als Mangel an Leichtigkeit und Wohlbefinden („dis-ease"), der sich auf physischer, mentaler, emotionaler oder spiritueller Ebene ausdrücken kann, im individuellen Körper, aber auch im „Körper" einer Gruppe oder einer ganzen Kultur. Wenn irgendein Aspekt in unserem Leben aus dem Gleichgewicht gerät, kann sich leicht Krankheit manifestieren.

Beim Gedanken an die Pest oder andere Seuchen denken wir meist auch an Ratten. Mehr als die Fliegen noch wecken Ratten bei vielen Menschen Ängste, Ekel und Abscheu. In dem Maße, in dem sie unsere Abneigung provozieren, spielen sie jedoch auch eine Schlüsselrolle, wenn es darum geht, den menschlichen Schatten zu reflektieren.

Dr. Jeri Ryan wollte uns das Leben von Tieren näher bringen, die bei uns als unerwünscht gelten, und bat deshalb eine weibliche, wild lebende Ratte, ihm ihre Gedanken über das Leben und über ihren Platz in der Welt anzuvertrauen.

Danke für deine Aufmerksamkeit. Danke, dass du uns anerkennst und unsere Bedeutung würdigst. Für die meisten sind wir offenbar nur Abschaum.

Ja, viele halten euch für gefährlich, weil sie glauben, dass ihr Krankheiten übertragt.

Das ist nicht ganz falsch. Aber ich glaube nicht, dass wir die einzigen sind.

Auch Menschen und andere Spezies sind Krankheitsüberträger. Vielleicht sind wir euch gegenüber voreingenommen, weil wir an unserer Projektion festhalten. Sag mir, wer du bist.

Ich repräsentiere meine Wesen, meine Art. Ich bin fleißig. Ich bin nicht dick, obwohl ich viel fresse, wenn es genug Futter gibt. Ich bringe auch Futter in mein Nest, um es dort zu speichern und um meine Jungen zu füttern. Ich bin zielstrebig und entschlos-

sen. Ich kann ohne vorherige Planung im Team arbeiten, arbeite aber genauso gut auch allein. Ich habe keine Zeit für Angst.

Ist Schönheit wichtig für dich?

Schönheit liegt in allem; deshalb hat sie für uns keinen hohen Stellenwert. Sie ist immer und in allem in der Tiefe vorhanden. Schönheit lässt sich nicht isolieren.

Vielleicht glauben deshalb viele Menschen, dass Tiere keinen Sinn für Schönheit oder Ästhetik haben. Ihr nehmt sie einfach als gegeben hin. Wir Menschen fühlen uns tief bewegt von der Schönheit einer bestimmten Musik oder von Blumen, einem Gedicht oder einem Sonnenuntergang. Wie ist das bei euch?

Wir bewegen uns auf der Ebene ruhiger Wertschätzung. Schönheit ist immer gegenwärtig - wenn nicht gerade in einem Sonnenuntergang, dann in einem Grashalm, einem Mehlwurm oder einem Moskito, in einem behaglichen, warmen Nest oder in mir selbst.

Das ist wichtig. Du hast eine Vorstellung vom Selbst.

Das scheint dich zu überraschen.

Eigentlich nicht. Ich möchte nur mehr darüber wissen.

Das „Ich" ist nur ein Teil eines sehr großen Bildes vom Leben. Es ist wichtig, wichtig genug, um beschützt, bewacht und versorgt zu werden. Ich muss mir selbst wichtig sein, sonst gibt es mich morgen nicht mehr. Aber ich bin nicht so wichtig, dass alles andere zweitrangig würde. Ich schlüpfe in meine Rolle und ich liebe sie, weil sie mir genau passt. Sie gehört zu mir. Ich gehöre dahin.

Warum hast du dich ausgerechnet für diese Spezies entschieden?

Um zu lernen, was sich dabei lernen lässt. Ich wusste nicht genau, was das sein würde. Ich habe viel über Demut, Hinnehmen und Arbeitswilligkeit gelernt. Ich lerne, was sich von meiner vorteilhaften Stellung aus riechen und sehen lässt. Ich habe mich entschieden, hier zu sein, und lerne von einer Welt, die meine Bedürfnisse, Verhaltensmuster, Wünsche und Lernerfahrungen enthält.

Ich lerne vom Knabbern als einer Art der Nahrungszufuhr. Ich lerne von scharfen Zähnen, die nagen, wenn es notwendig ist, um irgendwo hin zu kommen. Ich kenne Schnelligkeit und Leichtigkeit, die es mir gestatten, plötzlich aufzutauchen und wieder zu verschwinden. Ich erhalte durch meine Nase viel Information aus der Luft. Manchmal stelle ich mich auf die Hinterbeine, um Information aus höheren Ebenen und weiteren Entfernungen zu erhalten. Ich buddle. Ich schlafe. Ich mache meine eigene Art.

Was bedeuten dir Tod, Wiedergeburt und das Sein im Nicht-Körperlichen?

Das ändert sich, während ich mich wiederhole und in unterschiedliche Welten zurückkehre. Inzwischen bin ich ein wenig selbstgefällig geworden und denke gar nicht mehr *darüber nach. Als ich noch neu war, hatte ich große Angst vor Tod und Wiedergeburt, die mir sehr weit entfernt schienen. Und das Nicht-Körperliche ließ ich überhaupt nicht in meine Gedanken. Später verherrlichte ich es und nahm mir vor, es immer dann selbst zu wollen, wenn es gerade drohte. Inzwischen liebe ich beide Seiten, denn beide haben ihre eigene Schönheit und ihre eigene Weise, Kenntnisse zu vermitteln. Das Nicht-Körperliche ist immer das Letztendliche, weil es nur Frieden und Liebe gibt. Sonst existiert nichts.*

Alle Geister besitzen Intelligenz, und deshalb haben wir alle ein tiefes Verständnis der Dinge, ohne dass dazu Kommunikation notwendig wäre. Wir verstehen, weil wir alle Eins sind, und deshalb braucht keiner den anderen zu belehren. Wir alle wissen bereits. So findet Lernen dort statt. Hier dagegen geschieht es im Tun und Entdecken, im Finden, Widerstehen und Abwehren - und was es noch so alles gibt. Wie jede Welt hat auch diese so viel zu geben, wie diejenigen, die willens sind, an ihr teilzuhaben.

Danke. Möchtest du uns noch etwas sagen?

Vielleicht möchtest du uns nur anschauen und daran denken, dass wir eine Welt haben. Ihr seid in einer Welt, an der wir Anteil haben, aber wir haben auch noch unsere eigene.

Wenn wir bedenken, dass alle Geschöpfe eine Welt haben, öffnen wir uns einer viel größeren Sicht unserer eigenen Welt. Wenn wir uns über die einzigartigen Fähigkeiten aller Tiere freuen, erkennen wir vielleicht, dass das Etikett „Ungeziefer" wenig über bestimmte Tiere aussagt, dafür aber umso mehr über unsere Versuche, uns von dem zu distanzieren, was wir fürchten.

Durch Umdenken werden wir schließlich dankbar anerkennen, dass jedes Wesen zum Ganzen beiträgt. Dadurch verbinden wir uns wieder und öffnen uns einem innigeren, tieferen Gefühl von Ehrfurcht und Wertschätzung. Dann werden wir mit einem Mal wissen, was J. Allen Boone meinte, als er sagte, dass uns vom Wal über Ratte und Fliege bis hin zum Menschen alle Tiere etwas Wertvolles zu geben haben - sofern wir für die Erfahrung bereit sind.

Gelegenheiten, sich selbst kennen zu lernen

Ayala (Tierreich-Deva) - Toraya Ayres

Auch Tiere können manchmal wählen. Viele entscheiden sich bewusst für eine bestimmte Emotion oder eine Krankheit und verstehen dies als Botschaft an ihren Tierhalter. Tiere geben viel, ohne dass ihr es wahrnehmt, und sie geben bereitwillig. Besonders gute Beispiele sind Katzen und Hunde. Sie können durch ihr Verhalten sehr geschickt Dinge zum Ausdruck bringen, mit denen sich der Mensch nicht direkt auseinander setzen kann.

Wie sieht es aber nun mit missbrauchten Tieren aus - beispielsweise mit Hunden, die man vernachlässigt, schlägt, quält, nicht füttert? Wie lässt sich ihre Erfahrung mit der Entwicklung ihrer Gruppenseele vereinbaren? Wie beim Menschen geht es auch bei ihnen um die Erweiterung des Erfahrungsbereichs. Und auch sie spiegeln euch bestimmte Aspekte eurer selbst. Manchmal nehmen Tiere freiwillig unangenehme und schmerzhafte Erfahrungen auf sich, damit sie euch erspart bleiben. Anstatt das Problem am eigenen Leib zu erfahren, seht ihr es dann vor euch.

Alles in eurer Umgebung ist bedeutungsvoll, alles bezieht sich auf eure eigene Realität. Ob ihr einem ausgehungerten Hund begegnet oder einem Obdachlosen - schaut immer auf die symbolische Bedeutung: Ist ein Teil von euch halb verhungert? Fühlt sich ein Teil von euch in der Opferrolle oder obdachlos? Erforscht solche Gelegenheiten, um euch selbst besser kennen zu lernen.

Eines Tages werdet ihr das vertraute Netz verstehen, von dem wir alle ein Teil sind und in dem ihr Einfluss auf das Wetter ausübt und auf das Essen, das ihr esst, auf die Gedanken, die ihr denkt, und auf die Emotionen, die ihr dann spürt. Wir sind alle in endlosen Interaktionen miteinander verwoben.

22

Herausforderungen des Lernens: Forschung an Tieren und menschliche Bildung

Alaska, das Öffentlichkeitsarbeit betreibt. Obwohl ich nicht mit allen Tieren sprach, gewann ich den Eindruck, dass einige ganz zufrieden mit ihrer Umgebung waren, andere dagegen eindeutig unglücklich. Vom Thema Gefangenschaft einmal abgesehen: Ist das nicht überall im Leben so?

Eine Gruppe von fünf Fischen machte auf sich aufmerksam und wollte mich in ein Gespräch verwickeln. Als sich die Fische „für das Projekt eingeschrieben" hätten, seien sie davon ausgegangen, dass es im Center zu einem gegenseitigen Austausch menschlicher und tierischer Bildung käme. Im Gegensatz zu den Fischen in meinem Aquarium schlugen sie ernstere Töne an. Alle fünf schauten mir geradewegs ins Gesicht, während sie mit ihrer Gruppenstimme sprachen. In ihrem gebündelten Bewusstsein erinnerten sie mich an einen weisen alten Gelehrten, den niemand zu bemerken schien. Sie sagten mir, sie wüssten, dass sie nach menschlichem Richtmaß weder besonders selten noch schön waren.

Ihre Gruppe habe gewusst, dass Menschen einige von ihnen in das Center holen würden, und sie hätten sich bereit erklärt, die Gruppe zu repräsentieren, mit der sie bis heute in Kontakt seien. Sie sagten zwar nicht ausdrücklich, dass sie die Entscheidung, ins Center zu kommen, bereuten, deuteten aber an, dass sie etwas völlig anderes erwartet hatten.

So weit seien sie von den Besuchern enttäuscht worden. „Wir dachten, die Menschen kämen, um etwas über uns zu lernen", erklärten sie. „Aber die meisten von euch können sich auf nichts konzentrieren. Ihr werft einen Blick auf uns und geht weiter. Nur sehr wenige bleiben stehen und sehen uns wirklich. Wir haben viel Information, aber ihr habt nicht die Geduld, uns zuzuhören."

Leider hatte auch ich keine Zeit. Ich war mit Kindern ins Center gekommen, und die stoben nun in alle Richtungen davon und rannten zu den anderen Aquarien und Ausstellungsstücken. Ich dankte den Fischen und fragte sie, ob ich sie später wieder kontaktieren konnte. Sie waren einverstanden.

Bei unserem zweiten Gespräch, das ich von zu Hause aus mit ihnen führte, bat ich sie, mehr darüber zu erzählen, warum sie freiwillig in das Center gekommen waren.

Wir wollten damit den Menschen helfen, mehr über das Bewusstsein unserer Art zu lernen. Wir stellten uns das Center als geistigen Treffpunkt vor, wo wir Ideen austauschen könnten. Wir dachten, der Aufenthalt hier wäre nur vorübergehend und dass wir zurückkehren könnten, wenn wir wollten. Aber das ist nicht der Fall. Zu viele Menschen sind solchen Ideen unzugänglich. Im Idealfall könnte es aber zu einem Austausch kommen - so wie „Austauschstudenten" andere Institutionen besuchen, damit alle voneinande r lernen können.

Unsere Gruppe arbeitet an einem Projekt, das bei euch unter den Begriff Forschung fallen würde, und zeichnet die täglichen Ereignisse im Wasser auf. Wir hüten nicht das große Gedächtnis des Lebens auf der Erde (obwohl wir Zugang dazu haben), sondern sind Schreiber für eine bestimmte Meeresregion. Wir befragen andere über ihre Aktivitäten und zeichnen dieses Wissen geistig auf. Wir beschreiben das Leben in unseren Gewässern und bewahren die Information für andere. Wir sind eine Art lebendiger Bibliothek, haben aber natürlich auch unser individuelles Leben und unser Leben in der Gruppe. Wir kamen auf der Suche nach Wissen, aber wir dachten, dass auch wir nach unserem Wissen befragt werden würden.

Was möchtet ihr den Menschen mitteilen?

Vor allem wünschen wir euch, dass ihr euer Tempo drosselt. Es wäre gut, wenn ihr euch in eurem Bewusstsein zentriert, damit ihr alles um euch herum sehen könnt. Fische können das sehr gut, denn wir sind an die Bewegungen des Wassers gewöhnt und haben die Fähigkeit, ganz um uns herum zu „fühlen".

Menschen dagegen scheinen ständig in Hetze zu sein. Nach unseren Beobachtungen ist euer Gruppenbewusstsein sehr versprengt und zerrt in alle Richtungen. Ihr haltet das Bewusstsein am liebsten seicht. Außerdem haben wir bemerkt, dass ihr Tieren gegenüber viele Vorurteile hegt und deshalb die Geschenke nicht seht, die wir alle mitbringen. In diesem Center will zum Beispiel jeder die Seelöwen sehen. Seelöwen, Seelöwen, hören wir die ganze Zeit. Ja, Seelöwen amüsieren die Menschen, und das Gleiche gilt übrigens auch umgekehrt.

Wir - und alle anderen Tiere - haben aber noch viel mehr zu bieten. Wir könnten euch einen wunderschönen Blick auf das Leben bei uns im Ozean vermitteln. Ihr könntet viel lernen, wenn ihr mit uns reden würdet, und wir könnten von euch lernen. Vieles an den Menschen erregt unsere Neugier und verwirrt uns gleichzeitig.

Wir hoffen auf mehr Austausch in diesem Center, und auch global gesehen ist mehr Austausch notwendig. Aus diesem Grund sind wir hierher gekommen, was aber sicherlich nicht auf alle Tiere an solchen Orten zutreffen muss. Wir wünschen uns, dass die Menschen mit uns sprechen, sich mit uns austauschen, uns und sich selbst Fragen stellen. Seht in dem Austausch mit uns eine Gelegenheit, etwas über andere Kulturen und Spezies zu erfahren. Wir kommen als Lehrer, als Sprachrohr und Botschafter des Wissens und des guten Willens. Wir könnten beide viel gewinnen, wenn wir uns mehr solchen Menschen wie dir offenbaren könnten und wenn das menschliche Bewusstsein anderen Spezies etwas respektvoller begegnen würde.

Alyseka und Seelöwen- Foto von Dawn Brunke

Alles in allem sähen wir die Menschen gern etwas offener, wünschen uns mehr Austausch auf Bewusstseins- und Ideenebene. Wir möchten irgendwann auch gern in unsere Gewässer zurückkehren. Eigentlich sollten die Menschen erst fragen, ob die Tiere überhaupt bereit sind, die Gefangenschaft auf sich zu nehmen. Wir könnten uns Abkommen vorstellen, nach denen eine bestimmte Spezies eine Zeitlang zu Besuch käme und dann nach Hause zurück gebracht würde. Das fänden wir viel harmonischer, und vielen Tieren wäre das sympathischer als ein „Langzeitaufenthalt". Es käme allen zugute.

Auch unsere augenblickliche Kommunikationsform ist eine Möglichkeit, sich miteinander zu verbinden und Information auszutauschen. Wir alle haben die Fähigkeit, uns aufeinander einzustimmen. Wenn ihr wolltet, könntet ihr einen typischen Tag bei uns im Wasser „mit unseren Augen" erleben. Und wir könnten einen Tag bei euch verbringen. Das wäre ein Lernerlebnis für alle, die offen und interessiert sind.

Danke für eure Anregungen.

Wir freuen uns, wenn wir behilflich sein können, und wünschen uns, dass mehr Menschen mit uns sprechen würden.

Es tut mir leid, aber ich kann mich nicht an den Namen eurer Spezies erinnern.

Nenn uns Treibende Fische, denn so siehst du uns in deinen Gedanken, so erinnerst du dich an uns. Als wir zum ersten Mal mit dir sprachen, ließen wir uns nahezu bewegungslos treiben. Auf diese Weise können wir uns sehr gut fokussieren. Wir wissen nicht nur sehr viel über unsere eigene Spezies, sondern auch über das Meer, in dem wir zu Hause sind. Wir sehen viele Fische und andere Tiere kommen und gehen, und wir machen vorzügliche Notizen. Wenn ihr - du oder jemand anderer - mehr Information wollt, könnt ihr euch jederzeit an uns, die Treibenden Fische, wenden.

Ich war sehr angetan von den Treibenden Fischen und spürte ihr echtes Interesse an der Begegnung und an einem dauerhaften Gedankenaustausch mit den Menschen. Sie verstanden offenbar nicht, warum wir nicht mehr Interesse zeigten, und es machte mich traurig, dass es so war.

Ein Zentrum für den Ideen- und Erfahrungsaustausch von Tieren und Menschen wäre eine ausgezeichnete Idee, ebenso der Vorschlag, dass Tiere kurzzeitig in solche Lernstätten kämen und auf ihren Wunsch hin in ihre Heimat zurückgebracht würden. Werden wir einmal eine solche Welt schaffen können?

Nicht nur Treibende Fische sehen in der Kommunikation zwischen den Spezies einen Teil ihrer Aufgabe, auch andere Tiere vertrauen sich gern den Menschen an, wenn sie die Möglichkeit dazu haben.

Eins der düstersten Kapitel der Mensch-Tier-Beziehung ist die Forschung, wo Tiere von Menschen gefangen gehalten und im Namen der Wissenschaft Experimenten unterzogen werden. Viele (Menschen und Tiere) sehen darin nur eine Folter. Andere meinen, dass auch ein Leben im Forschungslabor einmal gewählt wurde und einen Sinn hat.

Dr. Jeri Ryan erklärte sich bereit, für dieses Buch mit zwei Labortieren zu sprechen, damit die Menschen mehr darüber erfahren können, was Tiere in einer solchen Situation denken und fühlen. Zuerst nahm sie Kontakt mit einem jungen männlichen Primaten auf.

Jeri fragte den Affen als erstes, ob er den Menschen etwas mitteilen wollte.

Ich habe den Menschen sehr wenig zu sagen. Ich bin ihnen so nahe, dass es mich verwirrt. Es kommt mir vor, als wäre ich ein Bruder der Menschen, die in meine Unterkunft kommen und mir Freude oder Qual bringen, und das verwirrt mich. Ich frage mich, ob ich auch zu so etwas fähig wäre, wenn mir der Gedanke zuerst gekommen wäre.

Warum hast du dich für diese Spezies entschieden?

Das habe ich immer gemacht. Ich kann mich an nichts anderes erinnern. Ich genieße die Freiheit und die Beweglichkeit in diesem Körper. Wir sind uns sehr nah in unserer Gruppe und lösen Meinungsverschiedenheiten ehrlich und schnell, auch wenn es dabei manchmal heiß her geht. Das friedliche Zusammenleben geht uns über alles; wir leben in einer Atmosphäre gelassener Fürsorglichkeit. Wir nehmen die Dinge ohne viel Aufhebens an, und genauso geben wir auch. Darin finde ich Trost und Freiheit, und deshalb habe ich mich für diesen Körper entschieden.

Hier im Labor hast du diese Freiheit aber gerade nicht. Wie bist du hierher gekommen?

Ich dachte, es wäre nur vorübergehend. Was hier tatsächlich passiert, wusste ich nicht. Ich wollte bei dem Geist bleiben, der mich geboren hat. Ich dachte, ich könnte etwas von den Menschen lernen. Es sah ganz nach einem harmlosen und gemeinsa-men Unternehmen aus. Ich wusste nicht, was alles passieren würde.

Wie fühlst du dich hier?

Ich habe Freunde und empfinde Augenblicke der Freude, wenn ich weiß, dass ich mich über das alles hier erheben kann. Obwohl ich jung im Herzen bin, habe ich auch sehr ausgereifte Wünsche für das Wohlergehen aller. Ich möchte nicht hier enden. Ich wünsche mir Erfüllung.

Manche sagen, das Leben im Labor kann einen Sinn für Tiere haben, weil ihr einer größeren Sache dient. Empfindest du das nicht als Erfüllung?

Nein. Ich habe hier noch keine größere Sache gesehen, die nicht mit einem noch grö-ßeren Dilemma behaftet wäre. Ist es nicht paradox, eine Gruppe leiden zu lassen, da-mit eine andere nicht leiden muss? Das Leid, das man mir und meiner Art jetzt zufügt, wird mit diesem Leben enden, aber das Leid der Seelen, die dafür die Verantwortung tragen, wird viele Leben lang dauern. Ich wüsste wirklich nicht, was sie oder wir hier lernen könnten.

Gibt es kosmisch gesehen vielleicht einen Sinn?

Ja, wie immer im Leben. Wir alle müssen unseren Platz in der Sonne finden, ohne den anderen ihren Platz streitig zu machen. Davon sind wir aber weit entfernt - meine Art genauso wie deine.

Meine ist sicher noch ein Stück weiter davon entfernt, denn wir haben komplexe Methoden, anderen den Platz in der Sonne streitig zu machen.

Vielleicht haben wir uns ein wenig mehr Unschuld bewahrt, weil wir argloser sind. Wir machen einander nicht zu Forschungsobjekten. Wir sind immer aufrichtig, und deshalb wird keiner betrogen.

Vielleicht ist es gut, gar nichts von einem kosmischen Sinn zu wissen. Wären wir sei-ner gewiss, dann könnten wir vielleicht nicht mehr spontan sein. Wir würden unsere Natürlichkeit verlieren und nur noch an dieses Ziel denken, anstatt uns auf das ganze Leben einzulassen. Vielleicht kennen wir aber auch den kosmischen Sinn und wissen nur nichts davon.

Vielleicht wollen wir gar nichts davon wissen?

Kann sein. Vielleicht wissen wir nichts davon, damit wir zum Besten für unsere Art und für den Kosmos einen Sinn und einen Zweck entdecken und entwickeln können.

Für ihr zweites Interview kontaktierte Jeri eine männliche Ratte im Labor einer phar-mazeutischen Firma.

Ich bin eine Laborratte mit einer schrecklichen Krankheit, die Menschen mir injiziert haben.

Ich möchte nur ein paar Fragen stellen, damit die Menschen deine Erfahrung verstehen können. Leidest du?

Ich habe Schmerzen. Ich werde wahrscheinlich bald sterben. Wir werden geopfert. Das höre ich immer. Wir sterben, indem unsere Köpfe gegen einen harten Gegenstand in der Nähe der Wasserstelle gestoßen werden. Sie wollen keine Verwirrung in unseren Körpern, deshalb ist das die beste Art, uns zu töten. Ich war viele Male Zeuge.

Manche Menschen glauben, dass Labortiere ihre Situation selbst gewählt haben. Was meinst du dazu?

Ich habe diesen Körper gewählt, um den Ratten Würde zu verleihen. Ich habe gehofft, dass ich es schaffen kann. Ich glaube, es geht. Sicher bin ich mir aber nicht.

Wusstest du, wie viel Schmerz und Elend dich erwarten würden?

Nein. Ich habe keine Perfektion erwartet. Ich erwartete, etwas zu lernen. Ich weiß, Lernen vollzieht sich in schwierigen Erfahrungen, in der Herausforderung. Ich habe das nicht geplant.

Plant das überhaupt jemand?

Ich vermute, dass es so ein Element gibt, denn wir treffen Entscheidungen im Leben. Ich nehme an, dass man zum Plan beiträgt, wenn man einen bestimmten Körper wählt. Ich bin nicht glücklich über diesen Plan. Ich mache das Beste daraus und suche nach einem Sinn und einem Zweck.

Was hast du herausgefunden?

Dass Würde viele Formen annimmt. Manchmal ist es Verweigerung, manchmal Hinnehmen. Aber immer ist es das Wissen um den eigenen Wert in einer Situation, in der ich nur als Werkzeug gewürdigt werde. Ich halte mich daran fest, denn es hilft mir und anderen mit mir. Und doch frage ich mich nach dem Zweck dieses Leidens. Und nach dem Zweck derer, die uns den Schmerz zufügen.

Sie sagen, sie wollen das Leben und die Gesundheit von Menschen verbessern, ihnen Leid ersparen.

Das verwirrt mich. Wie kann man jemandem Leid ersparen, indem man einem anderen Leid zufügt?

Wenn sie einen Krankheitsprozess kennen und ein „Heilmittel" entwickeln, können sie physisches Leiden verhindern. Ihre spirituelle Bewusstheit wurde jedoch nicht geöffnet oder ist geschlossen worden, denn sonst würden sie die gleiche Frage stellen.

Ach so. Deswegen also die grimmigen Gesichter und manchmal das schrille Gelächter.

Ja. Die Gefühle versuchen, sich einen Weg an die Oberfläche zu bahnen.

Wir empfinden das tief innen in unserem Wissen. Es entgeht uns nicht. Vielleicht kann man die Sache auch anders betrachten. Ich habe den spirituellen Sinn meines Leidens noch nicht gefunden. Du hast den Zweck des Fleisches erklärt. Den spirituellen Sinn verstehe ich überhaupt nicht. Ich weiß nur, dass etwas geschehen muss, um den Schmerz auszugleichen. Aber was kann das sein? Ich glaube, das hängt von der Situation ab. Ich glaube, es wird eine Konsequenz sein, ein Ergebnis, das dem Leiden eine spirituelle Bedeutung verleiht - nicht vor dem Leiden, sondern danach.

Etwas anderes als ein Heilmittel für eine Krankheit?

Ja, etwas Tieferes als ein Heilmittel für eine Krankheit.

Sprichst du über das Geschenk, das aus der Tragödie kommt?

Ja, ich setze meine Hoffnungen darauf. Ich hoffe darauf.

Rechtfertigt sich dadurch das ganze System der Forschung?

Für dieses Unternehmen habe ich noch keine spirituelle Rechtfertigung gefunden.

Ich möchte die Würde meines Rattenwesens bewahren, und dies für alle Ratten. Würde und Adel finden sich in der Bereitschaft, aufrichtig mit sich selbst zu sein und gemäß der Aufrichtigkeit zu leben, die dem Wesen der jeweiligen Art entspricht. Für Menschen und Ratten bedeutet Aufrichtigkeit vielleicht nicht das Gleiche. Als Ratte lebe ich einfach, und deshalb ist es für mich einfach, aufrichtig zu sein. In meiner Rattenkultur gibt es nur wenige Regeln für Aufrichtigkeit, und diese sind klar, und wir folgen ihnen meistens. Sie sind nicht so komplex, als dass wir uns einreden könnten, in unserer Aufrichtigkeit zu sein, wenn wir es nicht sind. Für die Menschen ist es vielleicht weniger einfach, aufrichtig zu sein.

Das ist ein Problem für die Menschen. Wir führen uns manchmal ganz schön selbst hinters Licht.

Ich bin nicht immer in meiner Aufrichtigkeit, und es bereitet mir keine Probleme, das zu wissen. Vielleicht ist das meine Stärke in meiner Würde. Ich kann mich nicht betrügen. Meine Würde kommt von meiner Aufrichtigkeit - ich weiß, dass dieses leidvolle Leben sinnlos ist. Und weil ich in meiner Aufrichtigkeit daran festhalte, erhält das Leben einen Sinn.

Ein Akt des Werdens

Carmen (Katze) - Dawn Brunke

Bei der Jagd ist Töten kein Selbstzweck, sondern ein Akt des Werdens. Wir sind Teil eines größeren Prozesses, im Geist und außerhalb des Geistes. Wir sind eins mit der Natur, und zu diesem Eins-Sein gehören auch die Jagd und das Töten.

Wie die meisten Tiere ehren wir die Jagd. Wir sind Vogel und Katze, Maus und Katze zugleich. Wir sind ein Teil des anderen. Wenn ihr das wirklich seht und versteht, werdet ihr das Töten, das der Ernährung dient, nicht verurteilen können. Davon sind wir überzeugt. Das ist die Tonart, in der wir uns bewegen. In ihr ist alles in Ordnung und in Harmonie, und es spielt keine Rolle, wie es auf diejenigen wirkt, die außerhalb dieser Harmonie sind.

23

Tiere fressen Tiere:
Raubtier und Beute

Der Mythenforscher Joseph Campbell stellte fest, dass manche Völker einer Gottheit huldigen, indem sie diese opfern und essen. „Denn die Götter besuchen diese Erde gern", schreibt Campbell, „und zu diesem Zweck tarnen sie sich. Doch dann sind sie in ihre Tiergestalt eingesperrt, bis sie durch das Opfer befreit werden. Sie geben willig ihren Pelz und ihr Fleisch und sind denen dankbar, die sie erlöst haben."[1]

Wenn wir unsere Beziehung mit der Tierwelt vertiefen, werden sich uns schließlich die Geheimnisse offenbaren, mit denen der Verzehr von tierischem Fleisch umgeben ist. Das Essen von Tieren, aber auch die Weigerung, Tiere zu essen, birgt eine Menge Schattenmaterial für uns Menschen.

Nedda Wittels meint: „Wer glaubt, dass wir keine Tiere essen sollten, weil es fühlende Wesen sind, muss sich damit auseinander setzen, dass auch Pflanzen Bewusstsein und Gefühle besitzen. Auch Steine, der Wind und die Erde selbst haben Empfindungen. Unser Körper muss essen, um zu leben, und deshalb sollten wir die Wesen, die ihre physische Gestalt aufgeben, lieber würdigen, anstatt ganz auf Essen zu verzichten."

Viele alte Völker wussten das und lebten in Harmonie mit den Tieren und dem Land. Sie nahmen nur, was sie brauchten. Sie ehrten den Geist des Tieres und fragten ihn immer, ob er bereit sei, zu kommen und anderen Leben zu schenken. Alle Teile des Tieres - vom Fleisch über die Knochen bis zur Haut - wurden genutzt und damit gewürdigt.

Heute jagen die meisten Menschen nicht mehr. Wenn wir in den Laden gehen und ein säuberlich verpacktes viereckiges Stück Fleisch kaufen, haben wir uns von der unmittelbaren Verbindung mit den Tieren, die wir als Nahrung zu uns nehmen, weit entfernt „Wir müssen den ganzen Prozess sehen", meint auch Carol Gurney. „Wenn Tiere Antibiotika und Hormone bekommen und sich nicht einmal mehr bewegen können, werden sie in ihren engen Käfigen manchmal buchstäblich verrückt. Mit dem Essen nehmen wir auch diese Energie in uns auf. Wir müssen uns erst einmal selbst heilen, denn wir können nichts da draußen heilen, solange es nicht in uns geheilt ist."

In den letzten Tagen des Jahres 1997 grassierte in Hongkong eine merkwürdige „Hühnergrippe". Berichten zufolge starben sechs Menschen daran; weitere wurden mit dem H5N1-Virus infiziert. Bis zu diesem Zeitpunkt war man davon ausgegangen, dass sich diese Form von Geflügelpest nicht auf den Menschen überträgt. Anfang 1998 wurden dann in einem Versuch, das Virus zu eliminieren, 1,6 Millionen Hühner vernichtet. Die meisten sollen in versiegelten Plastiksäcken mit Kohledioxid erstickt worden sein, anderen schnitt man die Kehle durch.

Ich wollte wissen, was in den Hühnern vor sich ging. Welche Lektion haben Menschen zu lernen, wenn mehr als eine Million Tiere, die niemandem als Nahrung dienen, unter würdelosen Bedingungen abgeschlachtet werden?

Nancie LaPier stellte den Kontakt mit dem Sprecher für das vereinte Bewusstsein der Hühner her.

„Die Hühner sagen, dass sie sich sehr gern von dem Leben trennten, zu dem sie von den Menschen gezwungen worden waren. Die Massentötung war zwar nicht die erwünschte Lösung für die Probleme, die ihnen aus der gefühllosen Missachtung ihres Lebens und Lebenszwecks durch den Menschen erwachsen waren. Auf einer tieferen Ebene war jedoch geplant worden, sie von der irdischen Dimension zu befreien."

Die Beziehung zwischen menschlichen Wärtern und Tieren hat sich so sehr verschlechtert, dass es ohne einen solchen Prozess kein Erwachen geben kann. Solange wir und unsere Gaben nicht gewürdigt werden und wir keine anständigen Lebensumstände zugebilligt bekommen, werden Krankheiten wie diese auch den Menschen bedrohen. Das Leben in Verschlägen ohne Kontakt zur Natur und ohne Freiheit zerstört unser Immunsystem, und das übertragen wir auf den Menschen. Unsere Bewegungsfreiheit garantiert euch mehr als nur chemiefreie Ernährung. Ihr nehmt Freiheit, Freude, Gesundheit und die Heilkräfte der Natur - Sonne, Wind, Wasser, Luft - in euch auf, wenn ihr das Fleisch frei laufender Tiere esst.

Eure Nahrung entbehrt gegenwärtig der Spiritualität, und das ist einer der Gründe, weshalb eure spirituelle Verbindung so schwach geworden ist. Die Tiere, die ihr esst, verbinden euch spirituell mit der Erde, solange ihr ihnen die entsprechende Umwelt zugesteht. Weil ihr sie aber buchstäblich von ihrer eigenen Verbindung abgeschnitten habt, fehlt eurer Nahrung der spirituelle Anteil.

Was meinst du, warum man BSE auch als „Rinderwahnsinn" bezeichnet? Wir werden ein bisschen ärgerlich, weil unser spirituelles Wesen nicht anerkannt, gewürdigt und geachtet wird. Das heißt nicht, dass ihr kein Fleisch essen sollt. Es gibt Tiere, deren Zweck nur darin besteht, Menschen heilsame Nahrung zu liefern. Wenn ein Tier gute physische Lebensbedingungen hat, emotional im Gleichgewicht ist, ein Glaubenssystem und mentale Klarheit sowie eine Verbindung zur Erde besitzt, dann nährt es euch physisch, spirituell, emotional und geistig. Wenn ihr aber nicht dafür sorgt, nehmt ihr mit eurer Nahrung Negatives auf: die Angst der Tiere vor dem Schlachten, ihre fehlende Verbindung zur Erde.

Dies soll die Menschen aufwecken und aufmerksam machen. Was ihr einem von uns antut, tut ihr euch selbst an.

Nancie bemerkte: „Sie sagen, dass sie jetzt frei sind, aber ich spüre, dass wir etwas verloren haben. Der Verlust ihrer Energie und Weisheit auf unserem Planeten wiegt schwer. Ihre Art, sich auf der Erde zu bewegen, ist ein Geschenk, wenn wir die Lektion dahinter verstehen.

Sie fanden es ziemlich amüsant, dass wir glaubten, das Problem lösen zu können, indem wir sie alle töteten. ‚Ist dieser Umgang mit Problemen nicht typisch für die Menschen?‘ meinten sie. Es hätte nicht so kommen müssen. Es gab andere Möglichkeiten, aber schau, wie bei uns automatisch eine Angstreaktion einsetzt und wir auf den Abzug drücken: Am besten, sofort alles töten! Damit wird das Problem nicht gelöst. Es wird so lange wiederkehren, bis wir das kapieren.“

Die Hühner wiederholten die gleiche eindringliche Botschaft, die immer wieder von Tieren zu hören ist: Wir sind alle verbunden, einer mit dem anderen. Was einem widerfährt, widerfährt letztlich allen.

Der Hinweis auf den Rinderwahnsinn und auf die Tatsache, dass die Übertragung vom Tier auf den Menschen nicht als Einzelfall zu verstehen ist, sondern vielmehr ein tieferes Muster sichtbar macht, appelliert an unsere Bewusstheit. Die menschliche Reaktion auf diese Krankheiten - die Tiere abschlachten, den Boten töten - riecht nach Verleugnung. Glauben wir wirklich, dass das Problem verschwindet, wenn wir uns des Beweismaterials entledigen?

Der Rinderwahnsinn, medizinisch als „bovine spongiform encephalopathy“ (BSE) bezeichnet, machte 1996 weltweit Schlagzeilen, als Wissenschaftler einen Zusammenhang zwischen diesem Syndrom und der tödlich verlaufenden Creutzfeldt-Jakob-Krankheit (CJD) feststellten. Mehrere Menschen, die offenbar infiziertes Rindfleisch gegessen hatten, starben an CJD. In Großbritannien stieg die offizielle Zahl der an BSE erkrankten Rinder auf fast eine Million.

Nachdem Nancie mit den Hühnern gesprochen hatte, kontaktierte sie das Gruppenbewusstsein der Kühe. Sie begannen:

Habt ihr uns jemals wirklich in unsere schönen großen braunen Augen geblickt und unser Wesen wahrgenommen? Meint ihr, dass es auf der Erde je wieder dazu kommen wird, dass ihr uns tief in die Augen blickt, bevor ihr uns tötet, und unseren Geist und die Gaben würdigt, die wir euch mit unserem Leben schenken?

Wisst ihr denn nicht, dass wir Gefühle haben? Wisst ihr nicht, dass wir Angst empfinden? Ihr habt uns entspiritualisiert. Unser Leben hat auf eurem Planeten keine Würde mehr, denn seit langem wird unsere Spiritualität nicht mehr anerkannt und geschätzt. Niemand sieht uns in die Augen. Wir schicken unsere Geister nicht in Vieh, das nur zum Verzehr gezüchtet wird. Und wenn die Geister nicht mehr im Körper eines Tieres wohnen, kann sich das Tier nicht vor Krankheit schützen. Ja, wir sind wahnsinnig, denn wir sind von allen guten Geistern verlassen. Ist es nicht sonderbar, dass wir ausgerechnet den Rinderwahnsinn manifestiert haben? Wo der Geist zu lange vernachlässigt wird, kann er nicht bleiben. Und wo der Geist fehlt, stellt sich Wahnsinn ein.

Physische Gestalt ohne Geist? Irgendetwas muss den Körper doch beseelen!

„Es gibt ein Bewusstsein", erklärte Nancie, „aber es ist nicht mit dem Körper verbunden. Und es scheint fast, als wollten sich die Kühe gar nicht darin verankern. Nach schamanischer Theorie verlässt ein Teil des Geistes den Körper, wenn ein Mensch oder ein Tier traumatisiert ist oder etwas erlebt, was dem Geist Schaden zufügt, und begibt sich an einen sicheren Ort, weil er das Trauma nicht ertragen kann. Bei der Bergung der Seele wird dieser Teil des Wesens zurückgeholt und wieder im Körper verankert. Die Kühe spüren, dass seit langer Zeit ein wichtiger Aspekt ihrer spirituellen Natur nicht mehr hier ist."

Das Muster des traumatisierten Verstandes/Körpers/Geistes und die damit verbundene Aufsplitterung in verschiedene Persönlichkeiten findet man beispielsweise bei missbrauchten Kindern. In gewissem Sinne sprachen die Kühe vielleicht vom Missbrauch einer ganzen Spezies.

„Und das ist es auch", meinte Nancie. „Aber das Problem besteht nicht darin, dass wir die Körper der Tiere als Nahrung nutzen, sondern dass wir das nicht feiern. Die Kühe scheinen emotional viel stärker traumatisiert zu sein als die Hühner, weil sie von den Menschen nicht mehr als spirituelle Wesen anerkannt werden. Den Hühnern ging das nicht so nahe. Kühe fühlen sich den Menschen sehr verbunden und grämen sich über die Beziehung zwischen Menschen und Kühen."

Ich fragte mich, ob alle Kühe das so empfinden. Gilt es beispielsweise auch für Milchkühe?

„Hier ist die Beziehung fürsorglicher; die Milchkühe durchleben keine Angstzustände", sagte Nancie. „Aber sie meinen, dass die Leute, die sie melken, oft nicht wissen, wie empfindlich der Prozess ist, wenn die Milch einschießt. Manche Menschen tragen nicht dazu bei, den nährenden Effekt zu erhöhen."

Ich fragte, ob damit die rBGH*[3]-Hormonspritzen gemeint waren, die eine Steigerung der Milchproduktion bewirken sollen.

---

[3]* Das rekombinierte Wachstumshormon für Rinder (rBGH) ist ein genetisch verändertes Hormon, das Milchkühen injiziert wird und die Milchproduktion um 10 bis 15 Prozent steigert. In den USA wurde rBGH 1993 von der FDA (Food and Drug Administration) zugelassen, doch bestehen viele Einwände gegen seinen Einsatz in der Milchwirtschaft. Wie selbst der Hersteller einräumt, kann es bei den behandelten Kühen zu einer Reihe gesundheitlicher Probleme kommen. Viele befürchten, dass auch der Genuss der Milch mit gesundheitlichen Gefahren verbunden sein könnte.

Die Kühe bestätigten es. Stressfaktoren seien aber auch die industrielle Produktion, die Melkmaschinen und der Entzug menschlichen Kontakts in allen seinen Formen. Wie Buddy, das Pferd, empfanden auch die Kühe das ganz normale Verhalten der Menschen als höchst beleidigend.

Hatten die Milchkühe ihren Geist noch?

Nancie seufzte. „Sie sagen: ‚Nicht vollständig, aber es gibt viele Menschen auf der Erde, die ihren Geist auch nicht bei sich haben.'" Hier vollzog sich eine Veränderung in Nancies Stimme, und gleichzeitig änderte sich die Energie unseres Gesprächs.

Wir können unser größeres Selbst noch nicht ganz halten, denn wir haben noch Arbeit zu leisten, damit die nötige Erdung eintreten kann. Was jetzt in unserem Universum zwischen Menschen und Tieren geschieht, soll die Punkte aufzeigen, auf die wir bewusster achten müssen, wenn wir einen größeren Teil unseres Bewusstseins halten wollen. Das dient dem Prozess, der uns letztlich an den Ort bringt, wo wir den Himmel auf Erden haben. Das wissen wir tief in unserem Zellsystem, denn wir haben es selbst geplant. In dem Maße, in dem sich unsere Wahrnehmung verfeinert, helfen uns unsere Probleme, Korrekturen vorzunehmen, und erlauben uns, in der Beziehung miteinander mehr präsent zu sein.

„Hast du jetzt gerade gesprochen, oder waren es die Kühe?" fragte ich.

„Wir alle", sagte Nancie. „Das sind wir alle."

Und wieder einmal wurde ich daran erinnert, wie nahtlos dieses großartige Netz des Lebens ist. Die Kühe sprachen von Zyklen, Wechselwirkungen und unserer gegenseitigen Verbundenheit in einem viel größeren Plan. Welche Rolle spielen aber nun wir, wenn die Kühe uns helfen, den spirituellen Wert unserer Nahrung bewusster zu würdigen? Helfen wir den Kühen, spirituell präsenter in ihren Körpern zu werden?

Nancie bejahte dies. „Zuerst müssen wir verstehen, dass sich der Geist der Kuh nicht mehr im Körper der Kühe befindet und dass unsere Nahrungskette deshalb aus dem Gleichgewicht geraten ist. Die Kühe rütteln ein wenig an unserer Sensibilität und unserem Bewusstsein, und sie tun es mit Hilfe ihrer Krankheit, denn leider reagieren viele Menschen nur auf Angst und Drohungen. Sobald wir das von einer höheren Warte aus verstehen - und die menschlichen Wächter der Erde tun es bereits -, können wir unsere Vorgehensweisen ändern und uns nützlich machen. Wenn wir den Tieren helfen, einen größeren Anteil ihres spirituellen Wesens im Körper zu erden, werden auch wir dies schaffen, und zwar allein dadurch, dass wir sie essen."

Welch außergewöhnlicher Plan! Indem wir die Rückkehr des spirituellen Bewusstseins in den Körper der Kühe und anderer Tiere unterstützen, gewinnen wir ein tieferes Verständnis von unserer Verbindung mit allem Leben. Der Verzehr von Fleisch, das die erwachte spirituelle Essenz hält, verhilft uns zu einer tieferen spirituellen Erdung und verwandelt das Essen in eine wahrhaft heilige Handlung. Wir können viel tiefer und viel bewusster am Geben und Nehmen des Lebens teilhaben. Durch die Nahrung werden wir eins, denn wir werden das, was wir essen.

Für manche Tiere ist die Beziehung zwischen Raubtier und Beute kein Problem, sondern vielmehr ein Tanz, eine Zelebration des Lebens, das sich selbst genießt. Wenn wir die Essenz eines anderen Lebewesens in uns aufnehmen, nehmen wir die Essenz des Göttlichen in uns auf.

Eines Morgens machte ich unerwartet Kontakt mit einem Tiergeist namens Kayla, einer Katze aus der Geistwelt. Kayla vertraute mir Folgendes an:

Die Beziehung zwischen Raubtier und Beute kann uns eine Menge lehren. Viele Menschen werden überrascht sein zu hören, dass sie sehr liebevoll ist. Es liegt etwas Spirituelles im Aufnehmen der Essenz eines anderen Wesens. Eine solche Beziehung beruht auf Vertrauen und einem stillschweigenden Einverständnis, das nicht immer - und inzwischen sogar nur noch selten - bei Menschen anzutreffen ist.

Die meisten Menschen haben das Abkommen, das der Beziehung zwischen Raubtier und Beute zugrunde liegt, gebrochen und entehrt. Wie dir die Kühe erzählten, investieren viele Schlachttiere ihre Seelen nicht mehr in ihre physische Gestalt. Ihr esst totes Fleisch, und das ist etwas grundsätzlich anderes, als wenn wir einen Vogel oder ein anderes Tier jagen und sein Fleisch essen und dabei den Geist der Jagd und der Beute würdigen.

In manchen menschlichen Stammesgemeinschaften weiß man, dass beim Verzehr von Fleisch bestimmter Tiere oder sogar Menschen die Essenz des Gegessenen auf den Essenden übergeht. Das ist ein Aspekt der Wahrheit, dass wir alle eins sind. Wer Religionen studiert, weiß, dass sich viele Symbole um das Essen und Trinken des Göttlichen ranken.

Es gibt eine spirituelle Lebendigkeit in der Beziehung zwischen Raubtier und Beute. Wenn du nicht echt bist und die Beziehung nicht würdigst, entgeht dir das Wesentliche daran. Dann wirst du das Göttliche in diesem Tanz nicht sehen und in deinem Leben und deiner Erfahrung der Welt nicht am Göttlichen teilhaben. Die Beziehung zwischen Raubtier und Beute ist eine Lektion für den ganzen Planeten. In Verbindung mit Pflanzen oder anderen Lebewesen und der Erde im allgemeinen geben wir ihr andere Namen und kommen ihr damit in vielerlei Hinsicht näher, denn wenn du tiefer blickst, wirst du sehen, dass es bei „Raubtier und Beute" letztlich um Austausch geht, insbesondere um den Austausch von Essenzen. Ein anderer Aspekt davon ist die Sexualität, bei der es um den Austausch lebenskräftiger Flüssigkeiten, lebenskräftiger Essenzen geht.

Hier gibt es kein Richtig oder Falsch. Was es zu gewinnen gibt, sind die Erfahrung und das Durchleben aller dieser Beziehungen - das Gefühl für die wahre Würde aller Wesen in dem Tanz, worin dieser Tanz auch bestehen mag.

Was empfindet ein Tier, wenn das Raubtier zum Sprung ansetzt? Was empfindet das Raubtier für seine Beute? Worin besteht die Wechselwirkung, die den Tanz der Raubtier-Beute-Beziehung ausmacht, und wie werden Raubtier und Beute in diesem Tanz gewürdigt?

Nedda Wittels führte ein Vierer-Gespräch mit dem Pferd Echo, der Katze Violet und dem Kater Sunshine, der in Neddas Scheune die Aufgabe der „Rattenpolizei" wahrnimmt. Jedes Tier bietet eine einzigartige Perspektive: Echo ist von Natur aus Vegetarier, Violet war einmal Jägerin, lebt aber jetzt im Haus und ist nicht mehr auf die Jagd angewiesen, und Sunshine ist ein aktiver Jäger.

Man muss essen, um zu leben. In freier Wildbahn werden Pferde von Wölfen, Berglöwen und anderen Räubern gejagt.. Was empfindest du bei dem Gedanken, dass du jemandem als Mahlzeit dienen könntest?

[Echo:] In diesem Leben bin ich beschützt, aber in anderen Leben wurde ich gejagt. Natürlich möchte jeder leben. Die Gestalt, die wir wählen, hat einen Sinn, und wir wollen diesen Sinn erfüllen, bevor wir unseren Körper aufgeben. Natürlich enthält die Genetik der physischen Gestalt das Programm der Selbsterhaltung, aber auf spiritueller Ebene sind wir alle miteinander verbunden und dienen einander. Wenn ich Fleischessern in die Falle gehen sollte, würde ich das Opfer meines Körpers ehren. In Wahrheit bin ich mein Geist, und der wird weiter leben.

Das klingt ja sehr nobel. Empfindet das Beutetier dem Räuber gegenüber denn keine Angst und keinen Ärger?

[Echo:] Angst schon, aber Ärger nicht. Die Angst dient der Selbsterhaltung in physischer Form, denn sie veranlasst den Körper, sich zu verteidigen. Doch wenn ein Raubtier das Leben um des eigenen Überlebens willen fordert und dabei respektvoll vorgeht und seine Beute würdigt, bedeutet das Anbieten des eigenen Körpers als Nahrung für den anderen ein großes Geschenk.

Welche Form nimmt die Würdigung zwischen den Tieren an?

[Echo:] Das Raubtier fragt etwa Folgendes:

„Edles Wesen, ich bin hungrig und auf der Suche nach Nahrung.

Wirst du mich ehren und mir als Speise dienen?"

Die Beute wird etwa so antworten:

„Edler, ich biete mich dir an und gebe dir meinem Segen.

Möge die Nahrung meines Körpers dich stärken."

Zu welchem Zeitpunkt findet dieses Gespräch statt?

[Echo:] Sobald die Beute gesichtet ist, manchmal auch noch während der Jagd oder wenn der Fang gemacht ist. Meistens ist das Übereinkommen zu diesem Zeitpunkt jedoch schon erfolgt.

Sunshine, du ernährst dich in dem Stall, in dem Echo lebt, von der Jagd. Ich habe gesehen, wie du Vögel, Kaninchen und Maulwürfe zur Strecke gebracht hast. Entspricht Echos Beschreibung vom Austausch zwischen Raubtier und Beute deiner Erfahrung als Jäger?

[Sunshine:] Ja. Manchmal singe ich ein Lied zu Ehren der Beute. Ich habe für jede Spezies ein eigenes Lied. Am Anfang weiß ich nie, wer zur Verfügung steht, deshalb warte ich, bis ich meine Beute gesichtet habe. Dann singe ich. Dann greife ich an.

Würdest du eins dieser Lieder singen?

[Sunshine:] Das ist mein Lied für die Kaninchenjagd. Ich esse sehr gern Kaninchen.

Kaninchen, edles Kaninchen,

du rennst so schnell und ausdauernd.

Ehre diese hungrige Katze mit deiner schmackhaften Nahrung.

Ich danke dir, dass du mich einen weiteren Tag am Leben erhältst.

Ich schicke dir und deiner Familie Segen, Liebe und Licht,

auf dass wir alle die Erde für alle Zeit miteinander teilen.

Das ist ein wunderschönes Lied. Singen die Kaninchen auch für dich?

[Echo:] Manchmal. Manche antworten einfacher.

Die Menschen sind oft entsetzt, wenn Katzen mit ihrer Beute spielen. Warum macht ihr das?

[Sunshine:] Wir „spielen" nicht. Wir zeigen unsere Beute gern, und manchmal schütteln wir sie zu diesem Zweck hin und her. Manchmal üben wir auch unsere Geschicklichkeit. Wenn man von der Jagd lebt, braucht man ein klares Auge, sichere Fänge und Kraft beim Zuschlagen.

Violet, du lebst im Haus und brauchst nicht zu jagen. Aber du spielst trotzdem gern mit Spielzeugmäusen.

[Violet:] Als ich noch allein war, bevor ich zu dir kam, war ich auf die Jagd angewiesen. Es war nicht einfach, genügend geeignetes Futter im Müll zu finden. Meine Mutter brauchte nie zu jagen, deswegen musste ich mir alles von den anderen Katzen abschauen. Ich beobachtete ihre Rituale und erfuhr auf diese Weise, wie sie ernsthaft auf Jagd gehen. Ich hatte schon viel mit Spielsachen geübt, aber das ist etwas ganz anderes, als wenn man hinter einem Ziel her ist, das zu entwischen versucht.

Warst du erfolgreich?

[Violet:] Ja, nachdem ich gelernt hatte, richtig loszustürzen und Worte der Würdigung zu sprechen. Die Beute opfert sich lieber, wenn du die richtigen Worte wählst und wenn du bei der Jagd geschickt vorgehst. Um Erfolg zu haben, braucht man beides.

[Sunshine:] Das stimmt. Wenn ich nicht so höflich wäre, hätte ich mit Sicherheit nicht so viel Erfolg. Auch alte Beutetiere, die bereit sind zu sterben, machen es einem schwer, wenn man nicht respektvoll mit ihnen umgeht. Als ich noch ein Lehrling war, bestand meine Mutter darauf, dass wir das beherzigten. Sie war eine vortreffliche Jägerin und eine sehr gute Lehrerin.

[Echo:] Nur sehr wenige Menschen würdigen die Tiere und Pflanzen, wenn sie sich ihrer bemächtigen. Die meisten gehen davon aus, dass ihnen das Leben hier dienstbar ist, aber das ist nicht automatisch der Fall. Wir sind hier, um die Erde miteinander zu teilen. Pflanzen und Tiere sind Ausdruck von Intelligenz und Geist. Würden die Menschen die Tiere bitten, ihren Körper zu opfern, dann würden die Tiere das gewiss gern tun. Aber zu nehmen, ohne zu bitten, ist Diebstahl, und Speisen, die auf solche Weise gewonnen werden, sind weniger nahrhaft und können dem Esser sogar schaden.

Würdigen denn die Tiere die Pflanzen, die sie fressen?

[Echo:] Selbstverständlich. Auch wenn wir Pferde gierig in unsere Körnereimer eintauchen und unser Gras oder Heu förmlich zu verschlingen scheinen, sprechen wir immer ein Gebet über die Nahrung, die wir zu uns nehmen. Meine Mutter lehrte mich dieses:

> Geist der Gräser, Hülsenfrüchtler, Sträucher und Reben,
> Deine Süße und Säfte sind köstlich wie Wein.
> Dank dir für Gesundheit und gutes Leben,
> Möge dein Sommer üppig sein.

> Geist der Gräser, Hülsenfrüchtler, Sträucher und Reben,
> Deine Schönheit, deinen Großmut besinge ich.
> Ich will dir Dank und Wertschätzung geben
> Endlosen Segen, Liebe und Licht.

Löwen in Afrika – Foto von Dawn Brunke

Teil Sechs

Im Schatten
und jenseits des Schattens

Das Schattenreich erforschen
Tiergeister: Gespräche mit Coyote, Jaguar und Krähe
Die Moskitogeschichte
Wenn die ganze Welt weise ist

Absichtserklärung

Ihr fragt uns nach unserem Daseinszweck im größeren Plan der Dinge; das finden wir amüsant. Die Menschen bilden sich ein, dass jede Lebensform einem „Zweck" dienen muss und irgend eine wichtige Rolle bei der Gestaltung ihres Leben und Schicksals spielt.

Dir Natur - und dazu gehören alle Tiere, Insekten und auch das, was ihr Wetter nennt (Wind, Regen, Sonne, Stürme), kommuniziert auf Wegen, die ihr nicht begreift, auf Ebenen, die ihr nicht wahrnehmen könnt. Ihr versucht, uns besser zu verstehen, doch wir wüssten gern, warum. Weil der Planet stirbt und ihr von uns lernen wollt? Wir sind ein bisschen arrogant. Ihr kommt zu uns, weil ihr euch retten wollt. Wäre der Planet größer und hätte er mehr Ressourcen, würdet ihr uns womöglich nicht fragen.

Das größte Geschenk für euch wäre, wenn wir euch dazu brächten, euch selbst als Individuen zu sehen und zu erkennen, welche Rolle ihr - nicht wir - im großen Plan spielt. Wenn sich jeder von euch heilt, wird das auf alle von uns Auswirkungen haben, von denen ihr euch noch gar keine Vorstellung machen könnt.

Wir Löwen leben in jedem Herzen, so wie ihr Menschen in unseren Herzen, in jedem Herz lebt. Man leidet nicht allein, niemand leidet allein. Wir alle spüren den Hunger, den Schmerz und suchen gegenseitig Heilung und Hilfe. Wir schreien unseren Schmerz hinaus, während eine Spezies nach der anderen aus dieser Dimension verschwindet. Doch die meisten von euch hören uns nicht. Ihr seht uns in Wirklichkeit nicht. Ihr kennt uns in Wirklichkeit nicht.

Wir könnten euch sagen, welchem Zweck wir dienen, doch käme dabei nur Eindimensionales heraus - als würde man sich einen Baum auf einem Stück Papier anschauen. Statt dessen haben wir eine Warnung für euch.

Viele Menschen empfinden sich als den Apex der Evolution, als die Krönung der Schöpfung. Aber ihr isoliert euch von eben der Essenz, die euch Leben spendet. Ihr wisst nicht, was es heißt, ein ganzes menschliches Wesen zu sein und in Harmonie mit der Umwelt zu leben, in die ihr eingetaucht seid und mit der ihr untrennbar verbunden seid.

Wenn Menschen Löwen sehen, denken sie an Macht, Stolz, Königswürde. Ihr seht uns ganz oben in der Hackordnung, denn ihr seht uns durch die eigene Brille von Herrschaft, Kontrolle und Hierarchie. Alle Eigenschaften, die ihr uns zuschreibt, sind auch am Zaunkönig und an der Spitzmaus zu beobachten. Nur wenn ihr wirklich bereit seid, euren größten Kummer auszustehen, euren größten Verlust zu erdulden, werdet ihr auch eure größte Freude und eure größte Liebe erfahren können.

Die wahre Heilung der Welt, von der ihr ein bedeutender Teil seid, fängt immer beim Einzelnen an. Wenn ihr aus ganzem Herzen liebt, ist jedes Wesen auf diesem Planeten gesegnet. Je mehr ihr liebt, desto mehr sind wir gesegnet. Der Rest liegt bei euch.

24

Das Schattenreich erforschen

Man kann viel gewinnen, wenn man sich in den Schatten begibt. Der Schatten ist der dunkle Spiegel des Seelenbewusstseins. Anstatt das Geheimnis des Universums von anderen erklärt zu bekommen, siehst du selbst im Schatten die Geheimnisse am Werk, denn der Schatten ist das, was zwischen Licht und Dunkelheit ist. Stell ihn dir vor wie die Krypten, die Diamantenminen, wie das Heiligste des Heiligen, in dem alle Geheimnisse sicher versenkt sind.

Lunar

Lunar ist ein ungewöhnlicher Kater, der bei meinen Freunden Jackie und Brian Rahm lebt. Eigentlich hatte ich gar nicht vor, mit ihm zu reden, doch zufälligerweise ergab sich ein Gespräch mit ihm ausgerechnet zu dem Zeitpunkt, als ich das Schattenkapitel für dieses Buch zusammenstellte.

Lunar sagte mir, er sei ein „Schattengänger" und damit ein Ausgleich zu den oberflächlichen „Leicht-und-Lichtköpfen", die bei ihm lebten.

Ich bin eine sehr bewusste Katze und bewege mich flink und behende von Ort zu Ort, bin aber in dieser Hinsicht ziemlich verschwiegen. In der Vergangenheit war ich mehrmals ein Panther und weiß, wie man sich an Tiere, Menschen und andere Wesen anpirscht. Ich mag die Herausforderung und schleiche mich gern an meine Beute an. Zu meiner Natur gehört es, andere zu erschrecken und anzugreifen. In diesem Sinn sorge ich für einen Ausgleich in dieser Familie, die nämlich ausschließlich aus Leicht- und Lichtköpfen besteht.

Ich war schon oft im Leben eine große Katze (Panther, Löwe). Ich habe nicht die Toleranz und die Geduld einer Hauskatze. Am glücklichten bin ich, wenn ich streunen kann und frei bin. Ich könnte dir ein paar unangenehme Lektionen über die Natur der Freiheit zum besten geben, die sich nicht alle Leicht-und-Lichtköpfe gern anhören.

Ich bin nicht das, was ihr unter bösartig versteht, aber ich brauche den Schatten. Ich liebe es, mich an seiner Dunkelheit zu erfrischen, und fühle mich dadurch außerordentlich bereichert. Das heißt nicht, dass ich finster oder böse bin; ich genieße einfach das Schattenreich, das Land zwischen Licht und Dunkelheit.

Als ich Lunar fragte, ob er zu diesem Buch beitragen würde, bot er mir die folgende „Abhandlung über den Schatten" an. Ich sagte ihm, sie käme mir sehr gelegen, denn ich arbeitete zufälligerweise gerade an den Schattenkapiteln. Amüsiert erwiderte er: „Es fällt nicht viel unter die Rubrik Zufall. "

Wenn ich an Schatten denke, beschwöre ich den Schatten des Panthers herauf, der sich verstohlen im Dschungel bewegt, kriecht, schleicht, wartet, horcht. So ist das Leben mit dem Schatten. Der Schatten hält, was unterdrückt und gefürchtet wird. Und wird deshalb gefürchtet. Nur ein mutiges und listiges Tier wird sich in die Schatten begeben, sich unter den Schatten bewegen und sich das Schattenland zur Heimat machen. Das ist die Natur mancher Katzen.

Lunar Foto von Jackie Rahm

Ich möchte für die Menschen klarstellen, dass das nichts mit Ehre oder Tapferkeit zu tun hat. Im Schatten zu Hause sein ist etwas eher Weibliches, etwas eher Kätzisches. Es ist das dunkelrote Blut, das durch die Eingeweide der Erde fließt. Es ist die Berührung mit der Energie der Wut, der Gewalt, der entfesselten Emotionen. Es ist das Warten und Beobachten am Rande des Wahnsinns.

Wenn du einen Blick ins Schattenreich wirfst, kommt es dir vielleicht riesig und unergründlich vor. In Wirklichkeit sind der Pfad durchs Schattenreich und die Natur des Schattens selbst jedoch Messers Schneide. Der Schatten erscheint tief, aber in der körperlichen Welt eurer Realität erweist er sich letztlich mehr als eine Art Leinwand.

Ich rate niemandem, sich ohne versierten Führer ins Schattenreich hinein zu wagen. Es ist gefährlich, und viele Leute haben dort nichts verloren. Und doch ist es wichtig, dass einige den Schatten verstehen und verkörpern, denn das ist die Natur dieser Welt.

Für mich ist der Schatten ein faszinierender Ort, in dem alle Spielarten des Bewusstseins ihren Ursprung haben. Wer telepathisch kommuniziert, muss mit dem Schatten vertraut sein, um wahrhaft sehen und hören zu können und um diejenigen zu würdigen, die sich dort aufhalten. Ohne die Schattengänger könnten sich die Leicht-und-Lichtköpfe wohl kaum auf der Erde halten, denn erst die Schattengänger sorgen für die nötige Erdung und Schwerkraft zur Erforschung des Lichts. Genauso ermöglichen andererseits aber die Leicht-und-Lichtköpfe den Schattengängern die Ergründung des Schattenreichs, ohne dass diese fürchten müssen, in die Tiefen der Dunkelheit gesogen zu werden.

In Wahrheit sind wir alle eins. Man kann das nicht oft genug sagen, und es muss euch so lange eingehämmert werden, bis dieser Ort zwischen und jenseits von Licht und Dunkel, wo alles wahrhaft eins ist, eine Heimat in euch finden kann.

Das Problem mit Lunar und seiner Familie bestand unter anderem darin, dass Lunar gern streunte. Mehr als einmal war er in Schwierigkeiten geraten, und Jackie, die sich ständig Sorgen machte, war langsam am Rand der Verzweiflung. Obwohl Lunar bei seiner Familie bleiben wollte, stellte er Jackie gegenüber fest: „Es wäre viel harmonischer, wenn du Geist und Herz öffnen würdest und mich verstehen könntest, denn ich bin genauso ein Teil von dir wie alles andere auch. Ich habe kein Interesse daran, dich zu ändern, es sei denn dadurch, dass ich dir mein Wesen zeige, das auch zu dir gehört. Wenn du darauf bestehst, dass ich im Haus bleibe, dann tust du dir das letztlich selbst an. Wenn du Angst hast, dass ich weglaufe oder von der Polizei eingefangen werde, dann bist du es selbst, die damit zurecht kommen muss.“

Lunar schlug Jackie vor, ihn einmal auf eines seiner Abenteuer zu begleiten, um mehr zu erfahren, doch Jackie zögerte. „Ich spüre Widerstände gegen diesen Plan“, sagte sie zu mir. „Ich respektiere seine Schattenseite, aber was geht die mich an? Ich habe mich anders entschieden als er und bin dann wohl so ein „Leicht-und Lichtkopf“, wie er es nennt. Ich sehe es kommen, dass er mich stehen lässt, wenn ich ihn begleite, und genau das macht, was ihm gerade einfällt.“

„Hier ist mal wieder Angst pur am Werk“, erwiderte Lunar. „Wenn du glaubst, dass ich dich stehen lasse, dann öffnest du mir damit Tür und Tor, wegzurennen und mich über dich lustig zu machen.“

Jackie hatte zunächst an eine Situation gedacht, aus der beide als Gewinner hervorgehen würden, kam später dann aber mit einem Kompromissvorschlag. Darüber konnte Lunar nur lachen. „Kompromiss? Das sagst du einer Katze?“ fragte er. „Beim Kompromiss gibt es sicherlich nicht zwei Gewinner, oder? Die Antwort kann kein Kompromiss sein. Hier gilt es, durch das ,Was Ist‘ zu gehen, ohne dass dein Selbst schaden leidet.“

„Was bedeutet das?“ fragte ich.

„Es heißt, dass du dich von deinen tieferen Glaubensanschauungen leiten lässt, anstatt von Panik und Kompromissen, wo dann oberflächlich gesehen alles paletti erscheint.“

„Aber Lunar“, sagte ich, „Jackie hat doch auch Recht, wenn sie nicht will, dass du dich verletzt, und wenn sie keine Lust hat, Geld auszugeben, um dich wieder aus dem Tierheim herauszubekommen.“

„Es ist mein Leben“, erwiderte Lunar im schneidenden Ton amüsierter Arroganz, zu dem wohl nur eine ganz bestimmte Katzenart fähig ist. „Ich bin nicht naiv oder ungebildet. Hier geht es um Vertrauen, und zwar nicht nur um Jackies Vertrauen in mich, sondern auch um ihr Vertrauen in sich selbst.“

Nach weiteren Überlegungen und Diskussionen mit Lunar erzählte Jackie: „Es wird mir jetzt, wo ich mit Lunar arbeite, klarer, dass er sich selbst gehört. Er ist nicht mein Eigentum. Wir können uns niemals fühlendes Leben aneignen, und deshalb habe ich beschlossen, die Konsequenzen zu ziehen. Er ist willkommen, hier zu essen und zu schlafen und es sich gemütlich zu machen, aber er kann tun, was er will. Er sagt selbst, dass er intelligent ist und sich nach niemandem richten wird. Ich finde, dass wir hier etwas Wichtiges von den Tieren lernen können. Tiere entwickeln sich und wollen ihre eigene Tagesordnung aufstellen und eigene Erfahrungen machen."

Jackie wollte den Mechanismus des Schattens verstehen und fragte sich, was es mit der Auffassung derer auf sich hatte, die an der Erhöhung des Bewusstseins arbeiten. Sie glauben, dass wir uns auf das Licht hinbewegen und dabei dunklere, dichtere E-nergien in die helleren Schwingungsfrequenzen von Freude und Liebe umwandeln.

„Wenn wir den Schatten negieren, negieren wir damit auch Teile unserer selbst, doch wenn wir nach Hause zurückkehren wollen, müssen wir dann in unserem Leben nicht ganz bewusst das Licht in Ehren halten?" fragte Jackie. „Erklärt sich die gegenwärtige Betonung des Lichts einfach damit, dass wir gegenwärtig nur ein bestimmtes Ende des Spektrums erforschen? Willst du sagen, dass es gar nicht darum geht, in einem der Aspekte zu leben, sondern vielmehr am Rand von beiden?"

„Jackie hat viele Fragen", sagte ich zu Lunar. „Wie sollen wir vorgehen?"

Worte, Worte, Worte. Viele Worte, und die Dinge werden auseinander klamüsert. So kommt man dem Schatten nicht bei.

Ich seufzte. Das Gleiche hatte ich schon von Zak gehört, als er mir sagte, dass ich mich von Gedanken und Worten lösen müsse, um wirklich etwas zu erfahren. Gedanken und Worte seien mein Lieblingsschutz gegen die Erfahrung.

Die Welt ist ein komplexes Aufeinandertreffen von Licht und Dunkelheit. Die Leicht- und Lichtköpfe, die da glauben, das Licht sei irgendwie besser als die Dunkelheit, sind Snobs. Auch die Idee, dass sich alles zum Licht hin entwickelt, ist eine Verurteilung der Dunkelheit.

Dunkelheit ist. Licht ist. Schatten ist das Zusammenspiel der beiden, sowohl in der manifesten Realität als auch im spirituellen Sinn. Wer sich in den Schatten begibt, begibt sich in alles Ungelöste und Ungeklärte. Im Schatten trifft man die eigene tiefere Natur.

Wenn die Leicht- und-Lichtköpfe sagen, das sei nur eine „Phase" und schließlich würde alles zu Licht werden, dann drücken sie sich um diese Wahrheit herum und leugnen die Existenz des Schattens. Hier bescheinigt sich das Licht selbst, dass es im Recht ist. Übrigens macht es die Dunkelheit nicht anders.

Auf einer anderen Ebene existiert die Lichtfrequenz jedoch tatsächlich in anderer Form. Das ist komplex, und die menschliche Sprache ist beschränkt.

[Pause.] Möchtest du eine Kostprobe?

Es ist schwer in Worte zu fassen, was genau geschah, weil die Erfahrung hauptsäch-lich auf Gefühlen beruhte. Anfangs waren da Gefühlswellen, von denen eine jede mit unzähligen Variationen von Bildern, Formen, Mustern, Klängen und Tönen verbunden war. Ich spürte, wie ich in jede beliebige Variation tiefer einsteigen und dort etwas vollkommen Neues und Ganzes vorfinden könnte, denn jede war eine Erfahrungswelt in sich selbst. Es war mir selbst unfassbar, doch wusste ich, dass ich mehrere dieser Welten gleichzeitig erforschen konnte.

Lunar bemerkte, dass die Menschen in unserer normalen Realität den Kontrast widersprüchlicher Gefühle brauchen, dass andere Realitäten jedoch als Gefühlseinheit erfahren werden können. Tatsächlich unterschieden sich die Gefühle in meiner Erfahrung eher durch ihre Schwingungsebene als durch polare Kontraste. Ich empfand dies zunächst als subtilen Unterschied, der allerdings einen starken Bewusstseinsumschwung bewirkte. Lunar machte mich darauf aufmerksam, dass die „Realitäten" die gleichen seien und sich nur die Erfahrungen unterschieden. „So ist das mit Licht und Dunkelheit", erklärte er.

Als ich mir die Erfahrung noch einmal durch den Kopf gehen ließ, war mir gar nicht so klar, ob ich sie auch wirklich verstand.

Das kommt daher, dass es sich hier nicht um einen mentalen Vorgang handelt, sondern um einen emotionalen. Bei einem der endgültigen Tests geht es darum, dass wir uns von der Notwendigkeit, alles zu verstehen, lossagen.

Die Welt verlagert sich schnell in den Schatten hinein. Was die Beurteilung des Schattens betrifft, so wird es viele Tests geben. Die Lichten werden die Dunklen testen und umgekehrt. Löse dich von der Vorstellung, dass alles zu Licht wird. Nicht alles möchte Licht werden.

Von der Schwingung her ist Liebe wohl das bessere Wort, obwohl auch hier so viel menschliches Urteilen mit im Spiel ist: wahre Liebe, schädliche Liebe, fehlgeleitete Liebe. Wenn ihr euch von Worten und Kategorien lösen könntet, wenn jeder von euch einfach nur der eigenen Schwingungsenergie folgen könnte, ginge es euch gut.

Während Lunar noch weitere Informationen zum Thema Schatten feilbot, kam ich auf seine Bemerkung zurück, dass das Schattenreich gefährlich sei. Ich hatte das so verstanden, dass wir das Schattenreich nur vorbereitet aufsuchen sollten, nicht einfach aus Lust und Laune, so wie man einen Vergnügungspark besucht.

Interessanter Vergleich. Es gibt im Schattenreich tatsächlich viel Spannendes, und Vergnügungsparks, besonders Volksfeste und dergleichen, enthalten auch das Element des Schattens. Wir können uns übrigens das Schattenreich als mobilen Ort vorstellen, der im herkömmlichen Sinn gar nicht an die Körperlichkeit gebunden ist.

Wer dieses Land „betritt", muss es vorbereitet und mit ernsthafter Absicht tun. Niemand würde auf die Idee kommen, ohne vorheriges Training einen Sechstausender zu besteigen, und so könnte man auch an ein inneres Training vor einem Besuch im Schattenreich denken. Das Training muss einem aber nicht unbedingt bewusst sein. Wer beispielsweise in einer gestörten Beziehung ist, in der die Partner Missbrauch miteinander treiben, trainiert sich ständig und lernt bereits, mit dem Schatten zu leben.

*Als ich sagte, dass das Schattenreich gefährlich ist, meinte ich, dass es nichts für die
Arglosen ist, obwohl gerade die Arglosen auf einem riesigen Haufen Schatten sitzen.
Auf bestimmten Ebenen ist alles miteinander verbunden. Und das Auseinanderklamüsern der Information hört an einem bestimmten Punkt auf, nützlich zu sein.*

Wenn wir den Reichtum dessen erforschen, was der Schatten bietet, öffnen wir uns
einer größeren Erfahrung. Wir dehnen uns aus und nehmen nicht nur Licht und Dunkelheit in uns auf, sondern auch die Widersprüche, die dieser Polarität innewohnen.
Wir erkennen, dass das Schattenmaterial nicht immer groß und monströs ist; manchmal ist der Schatten auch klein und trügerisch. Er kann ganz unschuldig erscheinen,
verborgen im Ritual, in gesellschaftlichen Höflichkeiten, in der Gewohnheit. Was für
den einen Schattenmaterial ist, braucht es für den anderen übrigens gar nicht unbedingt zu sein. Das Gelände ist kompliziert. Es gibt im Schattenreich keine festen Regeln, die sich schnell aus dem Ärmel schütteln ließen.

Wie Lunar bemerkt, bietet der Schatten gegenwärtig ein Erwachen für Alles-Was-Ist.
Das heißt jedoch nicht, dass es nicht auch ehrenwert wäre, den Pfaden von Licht und
Dunkelheit zu folgen. Die beiden haben ihre eigenen Lehren.

*Ich glaube weder, dass alles zu Licht wird, noch dass alles dunkel wird. Meiner Meinung nach ist der so genannte Kampf zwischen Gut und Böse eine Abteilung des
Selbst, eine Form, das aufzulösen (oder zu verleugnen), was grau ist. In mancher Hinsicht richtet sich dieser Kampf gegen den Schatten selbst, denn wenn man Licht gegen
Dunkelheit ausspielt, erklärt man, dass das Leben entweder das eine oder das andere
ist. In dieser Hinsicht schützt uns der Kampf vor dem Schatten.*

*Der Schatten ist das Verleugnete, das Ungeklärte. Er ist in den Ritzen von Kultur und
Individuum zu Hause und hält gerade deshalb den Schlüssel zu dem Reichtum, der wir
sind. Das gilt ganz besonders für die gegenwärtige Zeit, da wir auf diesem Planeten
eingehüllt in die Dualität sind.*

*Ich biete euch Menschen an, tiefer zu gehen, mehr von dem Reichtum zu sehen, der ihr
seid, und vom Reichtum der gesamten Schöpfung auf diesem Planeten. Die Erde ist
ein bemerkenswerter Ort. Hier wird mit den Extremen vieler Polaritäten gespielt, und
daraus kann man lernen. Als Grat zwischen Licht und Dunkelheit ist der Schatten etwas Einzigartiges. In ihm lässt sich die Energie erforschen, die dem Licht und der
Dunkelheit zugrunde liegt. In ihm offenbart sich eine vollkommenere Wertschätzung
von Allem-Was-Ist.*

*Ich finde nicht, dass jeder den Schatten erforschen sollte. Für manche ist es nicht
notwendig und für andere sogar gefährlich. Wer kann sagen, welches Leben welche
Lehren zu welcher Zeit braucht - außer die Betreffenden selbst?*

Ich danke allen, die bereit sind, hinter die gefälligen Paradigmen des Denkens zu spähen. Denen, die auf ein Abenteuer aus sind, biete ich meine Dienste an. Das ist nicht jedermanns Sache. Aber euch, die ihr den Ruf hört, heiße ich im Schatten und jenseits des Schattens willkommen.

Balance

Tiergeister (Gruppe) - Diana Roth

Hört endlich damit auf, den Planeten und alle seine Bewohner heilen zu wollen. Heilt euch selbst und bemüht euch, die eigene Mitte und die eigene Balance zu finden. Dann wird sich alles andere von allein ergeben. Arbeitet in eurer Gemeinde und macht sie zu einem besseren Ort für alle Seelen, besonders für die jüngsten und die ältesten. Achtet die Grenzen aller Dinge und ihr Recht, auf der Erde zu leben.

25

Tiergeister: Gespräche mit Coyote, Jaguar und Krähe

So weit Diana Roths Erinnerung zurückreicht, hat sie sich immer schon mit Tieren unterhalten. 1997 wurde Diana, eine pensionierte Chemikerin, die für den Staat Florida arbeitete, zum menschlichen Bindeglied für eine beispiellose Webseite, die ausschließlich von Tiergeistern betrieben wird.[1] „Die Leute müssen wissen, dass diese Site von Tieren angelegt wurde," sagt Diana. „Ich öffne mich ihnen, und sie sprechen. Sie haben alles unter ihrer Leitung. Es ist ihr Werk, nicht meins. In unserer Beziehung herrscht uneingeschränktes Vertrauen."

Als ich mich das erste Mal an Diana wandte, weil ich Tiergeister für dieses Buch interviewen wollte, sagte sie, die Tiere hätten Gefallen an dem Projekt gefunden, sie wisse jedoch nicht, welche Geister sprechen würden. „Auch das ist Vertrauenssache", erklärte sie. „Vertrau darauf, dass sie jederzeit die benötigte Information liefern."

„Was meinst du, warum die Tiere dich ausgewählt haben?" fragte ich.

„Sie sagten, sie haben mich gewählt, weil ich sie nicht nach den Gründen ihres Handelns frage. Sie bestanden darauf, dass die Site weltweit sein soll und nicht nur nordamerikanische Tiere berücksichtigt. Außerdem sollte sie frei von menschlicher Präsenz sein, und vor allen Dingen muss die Information allen Interessierten kostenlos zugänglich gemacht werden. Die Site soll die Menschen in die Lage versetzen, ihren Weg mit Geist/Gott zu gehen."

Die Tiergeister wählten drei Tiere aus, die in diesem Kapitel zu Wort kommen sollten. Die Interviews wurden zu unterschiedlichen Zeiten mit Hilfe eines Internet-Programms durchgeführt, das Botschaften auf direktem Wege weiterleitet. Ich schickte meine Fragen aus Alaska, und Diana übermittelte mir die Antworten der Tiergeister aus Florida, doch unser Gespräch wickelte sich genauso schnell ab, wie jede von uns tippen konnte. Manchmal las ich ein paar Worte von der Antwort und war dann erstaunt, plötzlich Gedanken und Gefühle zu erhalten, die offenbar ebenfalls Teil der Botschaft waren. Vielleicht ist das nur ein weiteres Zeichen der Verbindung aller mit allen in unserer Zeit.

COYOTE: DIE MASKE FALLEN LASSEN

Zuerst sprach Yotee, ein Coyote-Geist. Wie mir Diana sagte, „sehen viele Menschen in Coyote einen Possenreißer, der ständig den eigenen Schwanz jagt, doch seine Weisheit geht viel tiefer." Und mit dieser einfachen Einleitung begann Yotee:

Ich versuche die Leute dazu zu bringen, den Humor in sich zu entdecken, sich nicht so ernst zu nehmen - besonders bei der „spirituellen" Arbeit. Die kann nämlich auch Spaß machen. Vor allem möchte ich euch beibringen, dass ihr nichts weiter zu tun braucht als euch zu öffnen. Habt Selbstvertrauen, dann werdet ihr alles, was ihr wissen müsst, vom Geist oder von Gott bekommen - oder wie ihr das große Mädchen/den großen Kerl sonst noch nennt.

Keine Gruppe verdient es, mehr Wissen zu haben als eine andere. Wissen ist ein Geschenk des Universums. Es steht allen zur Verfügung und ist leicht zugänglich. Ihr braucht euch nur zu öffnen und es empfangen. Aber die Menschen sind so sehr damit beschäftigt, die Sache zu erschweren, dass sie sich das nicht zutrauen.

Ich versuche deshalb, die Barrieren mit meinen Possen niederzureißen. Und obwohl kaum jemand davon Notiz nimmt, gebe ich die Hoffnung nicht auf. Ich lehre, dass alles und gleichzeitig nichts heilig ist.

Bist du der Geist eines Coyoten oder der Geist der Spezies?

Ich bin ein Coyote-Geist, bin aber mit allen Coyoten verbunden, vernetzt sozusagen.

Kannst du deine Bemerkung, dass der Humor den Menschen hilft, sich zu öffnen, etwas ausführen?

Humor entkrampft und macht es einfacher, Gaben zu empfangen. Wer lacht, denkt nicht so viel und errichtet nicht ganz so starre Barrieren.

Alles ist mit allem verbunden, das verdanken wir Großmutter Spinne, die das Netz des Universums gewoben hat. Alle Energien sind miteinander verbunden. Wir alle sind Schwingungsenergie, und jeder von uns ist unverwechselbar. Wir erkennen einander - ohne Augen - an der Schwingung.

Wie siehst du die gegenwärtigen Veränderungen auf der Erde?

Die Erde wandelt sich ständig. Sie ist Teil des Netzes wie du und ich. Aber sie ist sehr groß, und wenn sie sich verändert, schlägt das hohe Wellen.

Die Veränderungen auf der Erde sind Teil der Gezeiten aller Dinge. Sie wollen mit Staunen betrachtet werden, nicht mit Furcht. Wenn die Dinge sterben, kommen sie zurück. Seelen sterben nie. Und alles hat eine Seele - Steine und Pflanzen und du und ich. Deshalb geht in Wahrheit nichts verloren.

Es geht hier aber eigentlich nicht um die Veränderungen auf der Erde, sondern um Vertrauen: um das Vertrauen, dass alles so geschieht, wie es geschehen soll. Alles wird gut werden. Es ist nicht wichtig, wer lebt und wer stirbt. Wichtig ist, wie alles Leben auf der Erde jetzt behandelt wird.

Das hat mehr mit der Seele des Einzelnen zu tun als mit der Menschheit allgemein. Die Leute sollten die Zyklen beobachten, die sich im Augenblick vollziehen - wie sich die Erde reguliert. Das ist kein Grund zur Traurigkeit. Es geht um Lernerfahrungen und seelisches Wachstum. Wir nähern uns neuen Ebenen.

Und du, Yotee? Warst du einmal ein echter Coyote?

Ja, ich war einmal „echt" und ich werde es wieder sein. Jetzt bin ich Lehrer. Ich bin ein ganz normaler Coyote....keine höhere Schulbildung oder dergleichen.

In der menschlichen Mythologie wird der Coyote oft als Taschenspieler dargestellt.

Ja, ich bringe die Menschen dazu, sich selbst zu offenbaren. Ich lasse auch die Masken fallen und zeige anderen, wie man Masken und Blendwerk durchschaut.

Finden die Menschen neue Aspekte an sich, wenn du deine Tricks ausspielst?

Ja. Sie sind dann gezwungen, die Maske fallen zu lassen, die sie tragen, und müssen eine andere aufsetzen. Und in der kurzen Zeit zwischen den Masken kannst du einen Blick auf die echte Person werfen. Du musst still sitzen und beobachten können. Der oder die Betreffende muss sich vom Ego lösen und sich selbst vertrauen. Das geht viel tiefer als die Maske. Ich gehe also immer tiefer, wenn ich die Leute lehre, sich selbst anzuschauen. In dieser Hinsicht bin ich raffiniert.

In welcher Beziehung stehen der Taschenspieler Coyote, Coyote-Geist und der Coyote aus Fleisch und Blut?

Der Taschenspieler Coyote ist ein Mythos. Es heißt, Coyoten sind raffiniert, aber in Wirklichkeit sind wir sehr klug, denn wir haben gelernt, wie man mit euch Menschen lebt, oder etwa nicht? Alle sprechen ständig über Wölfe. Wie cool Wölfe sind, und jeder liebt Wölfe - Wölfe, Wölfe, Wölfe... Aber schau mal, wie viele Wölfe es im Vergleich zu den Yotees noch gibt! Wir haben vom Rand aus zugesehen und haben eure Tricks gelernt und sie uns zunutze gemacht. Wir haben uns ständig ausgebreitet. Verzeih mir wegen der Wölfe, aber die wachsen mir langsam aus den Ohren raus.

Hast du eine Botschaft speziell für dieses Buch?

Nur dass Wissen nichts kostet. Und dass es allen zur Verfügung steht, die lernen, sich mit ihm zu verbinden. Man kann etwas daraus lernen, wie das Wissen zum Besten aller eingesetzt wird und wie die Menschen mit ihrer persönlichen Macht allgemein umgehen. Ich denke, das war's.

Danke für das Gespräch, Yotee.

Keine Ursache. Hat mir auch Spaß gemacht.

JAGUAR: ÜBER DIE DUNKELHEIT

Ich arbeite in der Dunkelheit. Dunkelheit und Schatten sind das Gleiche. Um im Gleichgewicht zu sein, muss man sich in beiden Welten bewegen können, im Licht und im Dunkeln. Dunkelheit und Licht sind gleich. Ich kann im Dunkeln sehen, und die Menschen können das auch lernen. Es gibt dort Straßen und Strudel und Wirbel. Wenn die Menschen ihre Angst überwinden können, werden sie in der Dunkelheit das lernen, was ihre Seele auf der Erde zu lernen hat.

Meinst du mit Dunkelheit die Schatten unseres Bewusstseins, unserer Ängste? Oder gibt es tatsächlich einen solchen Ort?

Beides. Ich werde versuchen, das zu erklären. Die Schatten unseres Bewusstseins sind tatsächliche Orte, doch in anderen Dimensionen. Sie sind echt, aber in Echtzeit nicht zugänglich. Man bekommt Zugang zu ihnen in der so genannten veränderten Zeit.

Unsere Ängste sind Lektionen, die wir zu anderer Zeit und an anderem Ort nicht gelernt haben. Um sie nicht anschauen zu müssen, lassen wir sie gern im Dunkeln, und aus diesem Grund macht uns die Dunkelheit Angst. Wir fürchten uns nicht vor dem, was von Natur aus dort anzutreffen ist, sondern vor dem, was wir selbst dorthin gebracht haben.

Unser „Erdenwandel" findet dann also zwischen dem hellen und dem dunklen Ort statt?

Ja, in der Mitte, aber beide sind gleichermaßen real. Wenn wir am hellen Ort sind, ist dieser real; wenn wir am Ort unseres Erdenwandels sind, fühlt sich dieser real an. Und das gleiche gilt für den Ort der Dunkelheit. Sie sind alle real.

Ist Realität da, wo unser Bewusstsein ist?

Genau! Wo unsere Seele ist. Unsere Seele erzeugt die Realität. Dunkelheit ist nur ein Ort unter vielen. Aber die Menschen wissen das nicht mehr und fürchten sich nun davor. Sie fragen sich ständig, warum sie sich so unausgeglichen fühlen. Warum? Weil sie das Gegengewicht abgehauen haben.

Ich lehre, in der Dunkelheit, im Chaos zu sehen. Im Chaos formiert sich die Energie. Es kann verwirrend sein, wenn man das erste Mal dorthin gelangt.

Wie gehst du vor, wenn du anderen in der Dunkelheit hilfst?

Ich lasse sie auf dem Boden Platz nehmen und setze mich daneben, so dass sie mich berühren können. Wir beobachten, bis sie sehen können, wie die Dunkelheit fließt. Das erfordert Übung und Zeit. Dann sehen sie etwas, was an Flüsse erinnert, und dann spüren sie, wie diese Flüsse fließen. In Wirklichkeit sind es Schwingungsmuster. Man sieht dort nicht mit den Augen, sondern indem man Schwingungsmuster spürt.

Dann sind sie in der Lage, Seelen und andere Dinge zu sehen. Die Seelen sind aus verschiedenen Gründen dort. Manche lernen genauso wie wir, manche sind verloren und verängstigt. Ich arbeite mit ihnen und zeige ihnen den Weg hinaus.

Ist es dein wichtigstes Ziel, anderen zu helfen, ihre Angst anzunehmen, und die eigenen dunklen Orte zu sehen?

Ja. Es ist sehr wichtig, dass die Menschen die Lernerfahrung verstehen, die uns die Angst bietet.

Kannst du etwas über dich erzählen? Hast du schon einmal auf dieser Ebene gelebt?

Ich bin ein schwarzer Jaguar. Ich bewege mich hin und her. Manchmal bin ich hier in Echtzeit, aber meistens bin ich ein Führer in anderen Welten. Manchmal möchte ich im Wald sein, dann komme ich für ein Leben. Alles bewegt sich hin und her, selbst Steine, Sand und Luft. Alles, was Energie ist, kann sich hin- und herbewegen. Nur die Länge der Lebensdauer ist unterschiedlich; Planeten leben viel länger als Bienen.

Arbeiten die Jaguare in den Wäldern genauso wie du?

Ja.

Kommunizierst du mit ihnen?

Ja, ich kann mit allem kommunizieren. Dabei entstehen Bilder in meinem Kopf. Gedanken formen sich auch.

Wie siehst du in Geistform aus?

Ich sehe wie eine Lichtkugel aus, aber wenn ich zu den Menschen komme, sehe ich wie ein Jaguar aus. Jede Lichtkugel hat ihr unverwechselbares Energie- oder Schwingungsmuster. Daran kann man mich erkennen.

Jaguare kommen oft in Träumen vor. Ist das auch ein Aspekt von dir? Ach, soeben fällt mir ein Traum ein, in dem ein Jaguar zu mir kam. Ich hatte das völlig vergessen. Es war ein schwarzer Jaguar, und er hatte etwas mit dem Element der Transformation zu tun.

Ja, Transformation, die Dunkelheit verstehen. Ich kann meine Gestalt wechseln. Ich mag die Traumwelt. Da ich eine Lichtkugel bin, kann ich im Geist anderer jede beliebige Form annehmen. Im Traum kann ich zeigen, was in anderen Welten geschieht.

Es überrascht mich, dass ich vergessen habe, wie eindrucksvoll dieser Traum war.

Aber du hast dich zur rechten Zeit daran erinnert. Ich lege Samen im Geist und warte, bis die Saat aufgeht.

In meinem Traum kam ein Jaguar aus dem Dschungel. Ich war in einem Haus, das eine Tür zum Dschungel hin hatte. Ich wusste, dass der Jaguar da draußen war und dass es mir freistand, die Tür zu öffnen. Ich tat es und lud damit den Jaguar ein. Das machte mir ein bisschen Angst, aber ich hatte das Gefühl, dass ich das Richtige tat. Ich denke, es hat etwas damit zu tun, auf die richtige Zeit warten zu können - genug Mut aufzubringen und gleichzeitig die Herausforderung genau im richtigen Augenblick anzunehmen.

Ja, du brauchst Mut und musst daran glauben, dass du dir das Ganze nicht einfach ausdenkst. Das ist eine wichtige Botschaft an euch Menschen: Vertraut euch mehr und kümmert euch weniger um die Meinung der anderen.

Menschen, die mit dem Schatten vertraut sind, können das, denn sie haben sich der Angst gestellt und Mut aufgebaut. Selbstzweifel gehen auf Angst zurück, und die Angst will konfrontiert werden. Kein Geld der Welt und kein beruflicher Erfolg können die Menschen davor bewahren, Bekanntschaft mit dem Schatten zu machen. Diese Lernerfahrung ist nicht schlimmer als jede andere.

Selbstzweifel gehen auf Angst zurück - Angst wovor? Dass man sich selbst nicht traut? Dass man der eigenen Macht, also der göttlichen Macht in einem selbst nicht traut?

Vor beidem. Wenn du dir vertraust, bist du mächtig. Persönliche Macht entspringt dem Vertrauen in die eigene Seele und dem Mut, öffentlich zu sprechen.

Zweifel entspringen dem Ego. Das Ego mag es nicht, wenn die Dinge nicht seinen Vorstellungen entsprechen. Wenn es Zweifel in dir sät, hörst du nicht auf deine Seele, weil dir die Zweifel Angst einflößen. Das Ego schützt immer das Ego und sonst nichts. Auch die Gottesfurcht entspringt dem Ego und den ständigen Wenn und Aber, die im Ego ihren Ursprung haben. Wenn du die göttliche Macht in dir spürst, verliert das Ego die Kontrolle.

Durch Selbstzweifel schützt sich das Ego vor Kontrollverlust?

Ja.

Existiert das Ego auch in der Geistwelt?

Ja, ich habe auch eins. Das Ego ist ein Schutz für alle. Es schützt, wenn es notwendig ist, aber wenn man es zulässt, läuft es Amok.

Ist es dann eine Art Barometer für alles mögliche?

Ja. Aber viele Menschen verstehen das nicht. Wie alles, was aus dem Gleichgewicht geraten ist, reißt es alles an sich, wenn man es lässt. Du verstehst das sehr gut.

Viele Tiere haben mir dabei geholfen. Hast du noch mehr Information?

Nein, ich habe alles gesagt. Ich möchte nur, dass die Menschen die Dunkelheit und den Schatten und das Ego ein bisschen besser verstehen.

Danke, Jaguar.

KRÄHE: WIE MAN VERLORENE SEELEN FINDET

Ich bin eine Krähe und arbeite mit Seelen. Ich bewege mich mühelos zwischen der Seelenwelt und dieser Welt und reise zwischen der Zeit. Dort gehen oft jüngere Seelen verloren, denen es schwerfällt, den Weg zurück in die Seelenwelt zu finden. Deshalb lasse ich sie auf meinen Flügeln nach Hause reiten. Ich arbeite auch mit Seelen, die Schaden genommen haben.

Heute spricht man gern von einer Bergung oder Rückgewinnung von Seelen, die sich von der großen Seele abgespalten haben und verloren gingen. So etwas kann zwar vorkommen, ist aber sehr selten. Eher passiert es, dass jemand einen Teil seiner Seele beiseite räumt - so wie man etwas in einen Karton packt und dann im Schrank aufbewahrt. Dann braucht man sich nicht mit dem Teil zu befassen, den man an sich nicht leiden kann.

Ich kann in diese Kartons hineinschauen. Ich weiß, wo die Seelenteile verstaut sind, und kann sie aus ihrem Karton herausholen. Sie sind sehr verängstigt und traurig da drinnen in ihrer Box, und aus diesem Grund ist die ganze Seele unausgeglichen und nicht in ihrer Mitte. Wenn die Leute dann den verstoßenen Teil ihrer Seele anschauen und sich mit dem Problem auseinander setzen, fühlen sie sich erneuert. Er war aber nur weggeräumt, nicht abgespalten.

Meinst du, die Leute glauben lieber, dass ihre Seele verloren ging oder gestohlen wurde, damit sie diesen Teil nicht annehmen müssen?

Ja, genau. Es ist leichter, die Seele als abgespalten und verloren gegangen wahrzunehmen.

Ich kenne einen Papagei, der mit ein paar Krähen befreundet ist. Sie helfen ihm, verloren gegangene Tiere zu finden. Ist das eine Eigenschaft von Krähen - verirrte Tiere oder Seelen aufzuspüren?

Ja, ich kann sie finden, weil ich ihre Seelen sehe. Daran erkenne ich die Tiere. Jede Seele hat eine andere Schwingung oder „Handschrift", und ich kann sie sehen.

Warst du schon einmal eine Krähe in dieser Welt?

Ja, manchmal komme ich in der Erdenzeit. Es macht Spaß zu fliegen und den Wind auf den Federn zu spüren. Ich kann auch meine Gestalt wechseln und mich in andere Tiere verwandeln, ihre Gestalt annehmen. Aber das ist leicht, das können viele Tiere.

Wechselt man seine Gestalt, weil man sich eine andere Perspektive aneignen möchte?

Ja. Du verstehst das gut. Manchmal muss ich mit anderen Augen sehen.

Was möchtest du den Menschen mitteilen?

Hört auf, eure Ängste wegzupacken und diesen Teil eurer Seele so einsam und traurig zurück zu lassen.

Wie können wir mit unseren Ängsten offener umgehen? Was rätst du uns?

Ihr müsst verstehen, dass Angst eine Lektion ist, die ihr noch nicht gelernt habt, und müsst sie entsprechend angehen. Blickt eurer Angst ins Gesicht und seht, was sie euch lehren will. Wenn ihr sagt, dass ihr euch vor etwas fürchtet, dann packt ihr es weg und braucht euch nicht damit auseinander zu setzen.

Räumt man mit der Angst vielleicht auch sich selbst beiseite?

Ja, und die Seele kann dann nicht lernen, was sie zu lernen hat. Ich arbeite sehr eng mit Seelen zusammen. Ich bringe sie nach Hause, befreie sie aus ihrem Karton.

Kannst du uns mehr über dein Zuhause in der Geistwelt erzählen?

Ich nenne es den Ort vor dem Dasein. Es ist der Ort, wo die Lichter sind. Alle Seelen sind Lichter - winzige Lichter. Und es gibt dort auch ungeformte Energien, wie Sternenmaterial. Es gibt keine Zeit. Es ist sehr schön.

Krähen spüren Seelen auf. Sind sie aber nicht auch Boten?

Ja, ich spreche mit den Leuten über ihre Kartons. Ich versuche, sie an ihre Aufgabe hier zu erinnern. Ich weise sie auf zukünftige Ereignisse hin und helfe ihnen dadurch, sich an ihren Spielplan zu erinnern.

Meinst du den Spielplan, warum wir in diesem Leben hierher gekommen sind?

Ja. Die Eule beschäftigt sich aber mehr damit als ich.

Wie steht es mit der Beziehung zwischen Krähen und Raben? Sind ihre Botschaften ähnlich?

Sehr ähnlich. Wir sind Brüder und verrichten die gleiche Arbeit. Wir arbeiten beide mit Wölfen und anderen Tieren auf der Jagd. Das macht Spaß. Wir sind wie große Familien.

Wölfe? Wie arbeiten Krähen und Wölfe miteinander?

In der Geistwelt sind wir alle zusammen. Die Menschen mögen Wölfe, deshalb sind sie die Lehrer. Wir arbeiten im Hintergrund.

Willst du damit sagen, dass die Wölfe die Aufmerksamkeit auf sich ziehen, weil die Menschen sie im Augenblick so toll finden?

Ja. Wen interessiert schon eine Krähe? Die Wölfe kommen, damit wir uns zu ihnen gesellen und unsere Arbeit tun können. Das hilft uns.

Was sagen die Wölfe dazu, dass sie als Köder dienen?

Sie mögen das nicht. Im Moment kommen nicht viele. Sie haben sich irgendwie zurückgezogen. Sie finden, dass sie ihre Schuldigkeit getan haben.

Die Menschen sind verwirrt und lernen ihre Lektionen nicht besonders gut. Der Wolf hat beschlossen, einen Schritt zurückzutreten, und überlässt die Arbeit mit den Menschen jetzt anderen. Der Tiger übrigens auch. Diese Tiere werden die Erde möglicherweise verlassen, wie andere es schon getan haben. Sie hoffen, dass der Mensch dann erkennt, wie er die Tiere behandelt, und wütend auf sich selbst wird. Aber darüber müssen Wolf und Tiger selbst sprechen.

Viele Menschen wären traurig, wenn diese Tierarten ausstürben.

Darum geht es ja gerade: Wenn sie einmal verschwunden sind, kann man sie nicht zurückholen. So wird anderen das gleiche Schicksal erspart.

Würdest du mehr über die Beziehung zwischen Krähe und Sprache sagen?

Wie sprichst du mit den Menschen?

Ich bin sehr clever. Ich kann sie verstehen und Gedanken in ihrem Geist formen. Sie fürchten mich oder sie lieben mich, aber ich spreche von Geist zu Geist, von Seele zu Seele. Ich berühre mit meinen Worten Seelen.

Hilfst du auch Menschen, die Gestalt zu wechseln? Vielleicht im Traum?

Ja, ich helfe ihnen, sich in mich zu verwandeln. Eigentlich kreise ich sie ein, und sie sehen durch meine Augen. Ich fliege mit ihnen. Durch meine Augen sehen sie die Kartons und die Seelen von anderen, von denen Seelenteile versteckt sind. Sie können den Leuten helfen, die Teile aus dem Karton zu holen und mit der Heilung zu beginnen. Man wechselt die Gestalt nie ohne Grund. Entweder will man eine Lektion lernen oder den Heilungsprozess verstehen.

Die Menschen träumen oft, dass sie fliegen oder mit neuen Augen sehen, und obwohl uns das inspiriert, tun wir es später manchmal ab. Kannst du uns sagen, wie man vom Zweifel loskommt und lernt, der eigenen Erfahrung zu vertrauen, sie zu würdigen und sie mit anderen zu teilen? Das scheint ein ziemlich harter Brocken zu sein!

Ja, das ist es auch. Es erfordert Mut, der inneren Stimme zu vertrauen. Es ist leichter, sie zu verleugnen, als sich mit ihr auseinander zu setzen. Botschaften abzutun ist eine bequeme Art, sie loszuwerden, eine faule Art.

Wir brauchen den Mut, unserer inneren Stimme zu vertrauen und mit anderen darüber zu sprechen.

Ja. Die Dinge offen aussprechen ist alles andere als einfach.

Ich glaube, es ist bei uns Menschen üblich, die eigene Stimme zu missachten und zu hoffen, dass sie sich in Wohlgefallen auflöst oder gar nie da war.

Klar. Pack sie in den Karton, versteck sie. Da muss erst eine arme, müde alte Krähe kommen, um ihr wieder raus zu helfen.

Du meinst also, dass wir unsere Kartons zurückfordern sollen?

Genau!

Ich musste gerade an die alten Krähen in dem Film „Dumbo" denken. Als sie Dumbo zum ersten Mal begegnen, geben sie ihm eine Feder und sagen, es sei eine Zauberfeder, damit er denkt, dass er fliegen kann. Komische Wahrheit, oder? Wir suchen alle unsere Zauberfeder, die uns zum Fliegen verhilft.

Ganz schön praktisch, diese Zauberfeder!

Alle Tiere sagen im Grunde dasselbe, oder? Vertrau dir, sieh das Göttliche, sei das Göttliche....werde erwachsen und flieg! Nicht, dass ich die Medizin von irgend einem Tier schmälern möchte, aber weist ihr uns letztlich nicht alle in die selbe Richtung?

Es ist immer die gleiche Botschaft, nur jedes Mal anders verpackt, damit das Verstehen von vielen Seiten zum gleichen Ort kommen kann. Alles läuft an einem Ort zusammen. Die vielen Pfade führen zu einer größeren Komplexität der Seele.

Danke, Krähe. Ich freue mich darauf, heute Nacht zu fliegen, am Traum teilzuhaben.

Bis dann.

Eine andere Sicht

Moskito-Wesen - Morgine Jurdan

Die Menschen meinen oft, sie hätten die Welt in der Hand und könnten sie nach Belieben manipulieren. Wir wollen der Menschheit zeigen, dass etwas so Kleines wie ein Moskito ungeheure Macht haben kann. Das ärgert euch, aber es kann euch auch inspirieren, zum Beispiel wenn ihr merkt, dass ihr in der Welt nicht ganz so wichtig seid. Wir sind dazu da, die Menschen an ihre Verletzlichkeit zu erinnern.

Wir kamen von einem anderen Ort in diese Dimension. Wir wurden gerufen und dienen dem Gleichgewicht der Natur und ihrer Bewohner. Wir werden gebraucht - mit unserer Energie, unserer Liebe, unserem Sein. Wir haben ein Loch gestopft, das gestopft werden wollte.

Wir reisen zwischen den Dimensionen hin und her und gehen in unterschiedlichen Realitäten ein und aus. Dort würdet ihr uns nicht erkennen. Wir leben in der Vergangenheit und in der Gegenwart, und ihr werdet uns auch in eurer Zukunft wieder finden. Wenn wir nicht mehr gebraucht werden, gehen wir.

Die Menschen hassen schnell, was sie nicht verstehen. Wenn ihr etwas nicht versteht und als Ärgernis empfindet, versucht ihr es zu kontrollieren oder zu vernichten. Als Lösung eines Problems fällt euch oft nur das Töten ein - bei Pflanzen wie bei Insekten, Tieren und Menschen. Aus unserer Sicht hat das nichts mit Liebe zu tun.

Wir möchten euch eine andere Sicht der Dinge zeigen. Jeder von uns spielt - unabhängig von seiner Größe - seine Rolle im großen Plan. Vertraut darauf, dass die Welt mehr umfasst, als ihr in einem Leben verstehen könnt.

Wir hoffen, dass ihr eines Tages die Dinge schätzen könnt, so wie sie in Wirklichkeit sind und unabhängig davon, ob ihr sie versteht. Bedingungslose, reine, einfache Liebe bedarf keiner Erklärungen, Bewertungen oder Abwehrmechanismen. Sie ist unerreicht.

26

Die Moskitogeschichte

Es war einmal ein kleiner Moskito, der mir eine sonderbare Geschichte erzählte. Oberflächlich gesehen war es ein völlig abgefahrenes Stück Science Fiction, eine faszinierende, aber gleichzeitig auch beunruhigende Geschichte von Wissenschaftlern aus einer anderen Welt, Mutationen menschlicher DNA, Insekten-Schöpfern und einem multidimensionalen Portal. Ich fragte mich, wie ich dazu kam, eine so unwahrscheinliche Botschaft zu empfangen.

Dass ich die Geschichte zu Ohren bekam, war in erster Linie mein eigenes Werk, sagte mir der geduldige Moskito später. Ich saß in der warmen Frühlingssonne auf der Veranda und fand mich ziemlich toll, weil ich alle möglichen Tierbotschaften zusammengestellt hatte. Beiläufig fragte ich: „Was kann mich jetzt eigentlich noch umhauen?"

Auf meinen Touren durch die Außenbezirke des Schattenreichs wurde ich immer wieder gewarnt: „Sei vorsichtig, wenn du Fragen stellst." Dieser Warnung liegt die Vorstellung zugrunde, dass sich unsere Gedanken materialisieren und dass wir genau das bekommen, worum wir bitten.

Der kleine Moskito schoss heran und gab einen ausdauernden, lebhaften hohen Summton von sich. Das Bild eines großen, in Bernstein eingeschlossenen Moskitos, das ich aus dem Film „Jurassic Park" kannte, kam mir in den Sinn.

Wir gehören nicht in der Weise zum Tierreich wie andere, mit denen du gesprochen hast. Du hättest gern, dass ich mich in dein Szenario vom Netz des Lebens einfüge und mich und meine Spezies erkläre, aber das ist schwieriger, als du denkst.

Ja, wir sind seit langer Zeit hier. Aber wir waren einmal anders. Wir waren größer. Wir haben viele Veränderungen durchgemacht und existierten - und existieren noch - in Realitäten, die dir nicht bewusst sind.

Ein zweites Bild nahm in meinem Geist Gestalt an - das Bild einer wunderschönen sonnengesprenkelten grünen Lichtung. Es erinnerte mich an eine Szene aus König Arthus' Zeit, als der Zauber der Sage noch die Wälder Englands erfüllte. Im Spiel von Sonne und Schatten flitzten Feen umher, und inmitten der Feen flogen große Moskitos mit Feenflügeln.

Ein ganzes Bündel von Gedanken und Empfindungen verschaffte mir die Einsicht, dass in der Realität dieses Waldes die Moskitos die Schöpfer waren. Sie waren dafür zuständig, neue, verschiedenartige Geschöpfe zu kreieren, und dazu benutzten sie das Blut, d.h. sie arbeiteten mit der Anordnung der DNA.

„Wir hatten schon immer eine Verbindung mit Blut und DNA", bestätigte der Moskito. Ich sah nun zwei Welten nebeneinander existieren, vielleicht waren es auch zwei Dimensionen einer überlagerten Realität, die durch etwas getrennt waren, was wie ein Spiegel aussah, der aber nur in eine Richtung funktionierte. Auf der einen Seite sah ich das uns vertraute Bild von den Bewohnern des Planeten Erde. Auf der anderen Seite des Spiegels waren außerirdische Wesen. Sie saßen an einer Schalttafel und erweckten den Eindruck, als experimentierten sie schon seit geraumer Zeit mit unserer Welt.

Außerirdische? Ich musste ein wenig lachen und fragte mich, ob ich das Bild überhaupt richtig verstand. Ich hatte nämlich das Gefühl/den Gedanken, als würden uns die fremden Wissenschaftler beobachteten und mit uns experimentierten, ähnlich wie menschliche Wissenschaftler das mit Tieren tun. Außerdem hatte ich den Eindruck, dass die Moskitos den Wissenschaftlern aus anderen Welten als lebende Werkzeuge bei ihrer Untersuchung des menschlichen Blutes dienten.

Genau! Jeder Blutstropfen, den wir einsaugen, kann von ihnen ausgewertet werden. Du siehst sie vielleicht als gefühllose Wissenschaftler, aber sie haben auch eine Verbindung mit einer untergegangenen Zivilisation auf unserem Planeten. Sie gingen durch gewaltige Veränderungen und sterben nun.

Ich seufzte. Das hast du nun davon, dass du dir dauernd solche Filme anschaust, sagte ich mir irritiert und wechselte schnell das Thema.

Sind alle Moskitos so gesprächig wie du?

Nein. Ich reagiere auf deinen Wunsch, mehr über unsere Art zu erfahren. Wir sind nicht, was ihr denkt. Wir sind viel mehr, als ihr seht. Ein Teil unserer Gruppe lebt in anderen Dimensionen.

Ein weiteres Informationsbündel entfaltete sich in meinem Kopf und setzte mich davon in Kenntnis, dass Moskitos nicht nur untereinander, sondern auch mit Moskitos auf anderen Ebenen und in anderen Dimensionen kommunizieren. Ich begriff, dass die meisten von ihnen viele Leben lang bei der eigenen Spezies bleiben, dass viele für eine bestimmte Zeit der Moskitogruppe angehören wollen, dass sie in diesem Dienst eine recht geschlossene Gruppe darstellen und dabei weniger Wert auf die individuelle Seele legen als unter Menschen üblich.

Ich seufzte wieder, vermutlich war es eher ein Stöhnen. Ich konnte mein Urteil nicht mehr zurückhalten, das jetzt durch die oberste Bewusstseinsschicht brach und wild protestierte. Diese Geschichte war einfach zu abwegig. Doch der Moskito ließ sich davon nicht bremsen.

Die Rolle der Moskitos wird sich ändern, wenn die Menschen die fremden Wissenschaftler treffen. Bei dem Erwachen, das die Begegnung von Angesicht zu Angesicht auslöst, werden Menschen und Außerirdische lernen, einen in hohem Maße mentalen und wissenschaftlichen Aspekt ihres Selbst in einem größeren emotionalen und spirituellen Körper zu vereinigen.

Nach dieser Antwort suchen die anderen schon die ganze Zeit. Sie dachten, sie könnten euren emotionalen Körper verstehen, indem sie die Zusammensetzung eures Körpers studieren. Ihr macht nichts anderes, wenn ihr ein Tier verstehen wollt und dazu seinen Körper seziert. Ihr seid wie die fremden Wissenschaftler, die das Blut von Tieren stehlen, um Emotionen zu begreifen. Das passt einfach nicht zusammen; die Rechnung geht nicht auf. Und trotzdem versucht ihr es immer weiter.

Wenn ihr lernt, euren emotionalen Körper richtig einzusetzen, besonders im Hinblick auf die Schöpfung, werdet ihr anderen helfen können. Die Situation entbehrt nicht des Humors, denn manche von euch erwarten Hilfe von den anderen. Mehr als euch bewusst ist, werdet ihr aber auch den anderen helfen. Es geht um den Ausstieg aus unserem Drama, aus unseren verschleierten Rollen. Es geht darum, dass wir uns entwickeln und zu einem viel klareren Ausdruck dessen finden, wer wir in Wahrheit sind.

Was werden die Moskitos dann tun?

Vielleicht werden wir auf einen anderen Planeten oder in eine andere Dimension ziehen. Unser Aufenthalt hat sich viel länger hingezogen als ursprünglich angenommen. Als Gruppe wünschen wir uns wieder kreativere Unternehmungen. Die Feenmoskitos, die du gesehen hast, sind auch ein Aspekt unseres größeren Seins. Vielleicht werden wir zu einem Planeten gehen, wo es noch nicht viel Leben gibt und wo wir eine neue Schöpfung beginnen können.

Überleg mal, wie die Tiere auf diesem Planeten entstehen. Wir zum Beispiel werden im Wasser oder nahe am Wasser geboren und leben dann in der Luft. Wir sind „Zwischenkreaturen", und so arbeiten wir auch auf der Erde. Wir tun unseren Dienst zwischen den Spezies, zwischen den Schichten der Realität, zwischen den Dimensionen.

Die Menschen könnten durch einfaches Beobachten einiges über Tiere lernen - was sie tun, wie sie leben und wie sie entstehen. Wir sind alle lebende Symbole der Manifestation unseres individuellen Geistes und gleichzeitig auch der Manifestation des Geistes.

Danke, dass du mir zugehört und dich für andere Möglichkeiten geöffnet hast. Vergiss nicht, dass das nur ein kleiner Ausschnitt vom Ganzen war. Nimm es als Fiktion, wenn dir das lieber ist. Vielleicht möchtest du uns nicht in dein Tierbuch aufnehmen, aber du könntest eine Geschichte über uns schreiben. Der Kontext ist nicht so wichtig für uns. Wir hätten nur gern, dass man draußen von uns hört.

Und damit war der kleine Moskito verschwunden.

Ich wusste nicht, was ich mit der Moskitogeschichte tun sollte, denn wenn ich an ihre Tragweite dachte, war mir ziemlich mulmig zumute. Am besten war es wohl, dem Rat des kleinen Moskitos zu folgen und die Geschichte als frei erfunden zu betrachten.

Doch selbst wenn die Geschichte frei erfunden war, störten mich ihre Einzelheiten. Wenn es so ist, dass wir immer die Botschaften erhalten, die wir gerade brauchen, was spiegelte mir dann diese Geschichte? Warum ausgerechnet Außerirdische? Warum keine nette, lichterfüllte Botschaft über Spiritualität und planetare Evolution? Ich schmollte. Was für Schattenmaterial trieb da sein Spiel mit mir?

In einem Versuch zu verstehen, notierte ich Assoziationen und Muster und ging die Geschichte noch einmal durch, als wäre sie ein Traum. Eine vorläufige Skizze ihres Symbolgehalts gab mir ziemlich zu denken.

So weist beispielsweise die anfängliche Erklärung, Moskitos würden sich von anderen Tieren unterscheiden, darauf hin, dass das vorgelegte Material ungewöhnlich und besonders ist, eine echte Ausnahmeerscheinung sozusagen.

Oberflächlich gesehen ist der Zusammenhang zwischen Moskitos und Blut klar; das bestätigt sich mit jedem Moskitostich. Die besondere Verbindung mit der DNA weist jedoch darauf hin, dass das tiefere Geheimnis von Blut als schöpferischer Kraft noch erforscht werden muss. Das führt uns zu der Rolle der Moskitos als Schöpfer neuer Kreaturen (wie sich das bei den Feen ausdrückte) sowie als Vermittler und Wieder-Erschaffer (wie in „Jurassic Park" kurz angedeutet). [4]* Die Verbindung von Moskitos und ferner Vergangenheit verweist auf eine gewisse Zeitlosigkeit dieser Spezies.

Das Bild zweier Welten, die durch einen Spiegel getrennt sind, beschwört die Themen Dualität und Trennung herauf. Dies wird verstärkt durch die Gegensatzpaare menschlich/außerirdisch, Erde/andere Welt, Bekanntes/Unbekanntes. Dass der Spiegel nur in eine Richtung funktioniert, deutet auf eine scheinbare Ungleichheit zwischen den beiden Welten hin.

Die Wechselbeziehung zwischen fremden Wissenschaftlern, die mit Menschen experimentieren, und Menschen, die mit Tieren experimentieren, ist möglicherweise eine Projektion kulturbedingter Schuldgefühle. Die fremden Wissenschaftler (die als emotionslos beschrieben werden) könnten uns den „inneren Wissenschaftler" in unserer Gesellschaft spiegeln, der emotional von der Psyche und vom Netz des Lebens abgetrennt ist. Dass sich die Außerirdischen mit wissenschaftlichen Versuchen beschäftigen (anstatt mit Krieg oder mit der Übernahme des Planeten) zeigt den Wunsch nach

---

[4]* In dem Roman von Michael Crichton werden Moskitos auf einzigartige Weise zu Bewahrern der Vergangenheit, denn aus dem Blut eines in Bernstein eingeschlossenen Moskitos wird die DNA eines Dinosauriers gewonnen, die dann zur Wiedererschaffung lebendiger Dinosaurier verwendet wird.

Wissen (statt nach Zerstörung). Doch auch das Schattenelement der Rationalisierung wird hier sichtbar, da sowohl außerirdische als auch menschliche Wissenschaftler auf ihr „Recht" pochen, anderen Schaden zuzufügen, um Wissen zu erwerben.

Dass die Moskitos als Werkzeuge dargestellt werden, mit deren Hilfe das Blut analysiert wird, unterstreicht ihre Rolle als Vermittler und bringt sie noch einmal mit dem eindringlichen Geheimnis des Blutes in Verbindung. Die Bemerkung, Moskitos seien „nicht, was du denkst" und „mehr als du siehst" zeigt, dass tieferes Wissen nicht durch bloßes Denken oder Sehen gewonnen werden kann. Irgendeine Art Sprung wird hier vonnöten sein.

Dem Moskito zufolge wird sich ein größerer Plan realisieren, wenn Menschen und Außerirdische einander begegnen. Vermutlich wird dann das, was einmal getrennt wurde - Welten, Tierarten, Bewusstseinsaspekte -, in einen Dialog eintreten, in dem Information ausgetauscht wird. Das Resultat wird letztlich eine klare Sicht sein. Die Schleier werden fallen, und alle werden von ihren Rollen in diesem Drama entbunden sein, auch die Moskitos.

Die abschließende Bemerkung des Moskitos, dass die Menschen allein durch Beobachten viel lernen können, erinnert uns daran, dass die Antworten auf alle unsere Fragen immer schon hier sind, genau vor uns. Wir müssen nur den Wunsch - und den Mut - haben, sie zu sehen.

Mit dieser kurzen Analyse bekam ich die Geschichte zwar auf verstandesmäßiger E-bene etwas in den Griff, doch mit meinen Emotionen war ich keinen Schritt weitergekommen. Das Muster war mir nur zu gut vertraut: Just in dem Augenblick, in dem ich etwas Selbstvertrauen entwickelt hatte, wurde ich wieder in die Abgründe des Selbstzweifels und der Unsicherheit zurückgeschleudert.

Ich saß auf der Veranda und war völlig frustriert, als Zak daherkam, sich vor mir hinplumpsen ließ und mir dabei geradewegs in die Augen sah. Ich lachte. Ach Gott, wie ich diesen Hund liebe!

Wie ist das mit der Moskitogeschichte, Zak? Ist die wahr?

Im größeren Plan der Dinge ist das, was dir der Moskito erzählt hat, doch gar nicht so abwegig. Es gibt gegenwärtig viele Wesen von vielen verschiedenen Orten auf diesem Planeten. Oft nehmt ihr an diesen Wesen nur einen einzelnen Aspekt wahr.

Ich glaube, dass du nur eine Seite der Geschichte hörst. Das ist nicht die ganze Geschichte, obwohl dir der Moskito eine Wahrheit mitteilte und versucht hat, in kurzer Zeit eine Menge zu erklären.

Du musst bedenken, dass du immer nur einen beschränkten Blickwinkel erhältst, wenn du ein Tier nach seiner eigenen Spezies befragst. Sagen wir mal, eine andere Präsenz nähme mit dir persönlich Kontakt auf und würde dich nach der Geschichte der Erde fragen. Wie viel könntest du vermitteln? Oder wenn du auch nur nach deiner persönlichen Geschichte gefragt würdest? Wie viel könntest du erklären?

Tiere in Geistform oder anderen Bewusstseinsbereichen können dir allerdings oft viel mehr brauchbare Information geben, weil sie sehen, was in deinen Bewusstseinsrahmen passt. Dabei gilt: Je allgemeiner die Frage und je vager die Antwort, desto leichter schluckst du sie. Das ist keine Kritik, nur eine Beobachtung.

Zaks Beobachtung leuchtete mir ein. Hätte der Moskito allgemeiner gesprochen, hätte er beispielsweise gesagt: „Wir kommen aus anderen Dimensionen und stellen den Kontakt zwischen den Spezies her" - dann hätte ich die Botschaft womöglich gar nicht erst hinterfragt.

Und welche Rolle spielt nun der Moskito dabei?

Der Moskito, mit dem du gesprochen hast, ist ein sehr bewusster Vertreter des Moskitoreichs. Die Geschichte über Außerirdische, Wissenschaftler und besonders über Manipulation und Kontrolle ist wahr, auch wenn es nicht die vollständige Geschichte ist. Der Moskito wollte dir das verständlich machen, aber du kamst gleich ins Urteilen und hast dir die Frage gestellt, ob und wie du das anderen mitteilen kannst.

Du wusstest nicht, dass damit dein Leben zum offenen Buch würde, nicht wahr? Es gibt da aber auch noch einen anderen Punkt zu klären. Wenn wir von einer „Invasion" durch andere sprechen (und Fremde sind immer „andere", ob sie nun aus anderen Ländern oder von anderen Planeten kommen oder einer anderen Spezies angehören. Fremde sind einfach Aspekte unseres Selbst, die wir nicht integriert haben), dann muss es immer auch ein Tor geben, wo das Bewusstsein diese Invasion zulässt. Von einem bestimmten Blickwinkel aus kann es so aussehen, als würde eine Spezies eine Invasion und eine Verfolgung durch eine andere erleben. Und das ist eine Realität. Ich möchte dich und alle Leser aber ermutigen, jedem Szenario, das sich als „Invasion" darstellt, erst einmal auf den Grund zu gehen. Macht euch klar, dass es in Wahrheit viele Realitäten gibt und dass diese einander oft überlagern. Manche überlagern einander, manche sind in anderen enthalten.

Daraufhin schickte mir Zak das Bild eines Gemäldes von Salvador Dalí, mit dem ich nur vage vertraut war. Es zeigt ein kleines Kind, das den Rand des Ozeans hochhebt und unter die Oberfläche blickt. (Der erstaunliche Titel lautet: „Dalí, im Alter von sechs, als er sich für ein junges Mädchen hielt, das die Haut des Wassers hochhebt und einen Hund beobachtet, der im Schatten des Meeres schläft.")

Sagen wir einfach, dass der Moskito dir ein sehr lebhaftes Bild vor Augen führt, ein Bild vieler Realitäten allerdings. Er zeigt dir eine Version der Realität, wie du sie vom Science-Fiction-Kanal im Fernsehen kennst. So gesehen dienen die Moskitos den „Fremden" beziehungsweise einem Aspekt der Menschheit, der noch nicht integriert ist. Ihr integriert also nicht die Außerirdischen als solche, sondern den Bewusstseinsaspekt, den sie euch spiegeln.

Der Moskito spielte auf dieses Tor an, als er sagte, dass es zu einem Verstehen - einer Integration - kommt, wenn die Menschen aufwachen, den Außerirdischen begegnen und sie unterweisen, während gleichzeitig die Menschen von den Außerirdischen unterwiesen werden. Dann sind die Moskitos ihrer Aufgabe entbunden. Ihre Rolle in dem Drama ist zu Ende, und sie können von der Bühne abtreten.

Und damit stand Zak auf und ging. „Nur ein Aspekt des Ganzen", erinnerte er mich.

Zak überließ mich meinen eigenen Gedanken. Als ich am folgenden Tag wieder auf der Veranda saß, fragte ich ihn, warum wir immer eine bestimmte Art Botschaften erhalten.

Das Beispiel mit dem Science-Fiction-Kanal ist ein guter Ausgangspunkt. Sagen wir mal, der Empfang einer Botschaft kommt vom Fernsehen (obwohl wir auch sagen könnten, dass er vom Gehirn kommt). Der Kanal ist das Programm (oder der Bewusstseinsfilter), durch den du die Projektion siehst und die Sendung verfolgst. Nehmen wir mal eine historische Gestalt - zum Beispiel Königin Victoria.

Merkwürdiges Beispiel. Warum ausgerechnet die?

Sie war witzig. Sie wiederholte so oft, dass sie etwas nicht amüsant fand, dass sie sich weigerte, ihren eigenen Humor zu sehen und damit zum Beispiel für unterdrückten Humor wurde.

In mir regte sich der Verdacht, dass Zak sich auf meine Kosten amüsierte.

Der historische Kanal wird einen Aspekt der Königin präsentieren und vielleicht ihre Regentschaft in den Mittelpunkt stellen. Der Kanal für Kunst und Unterhaltung wird sich auf einen anderen Aspekt konzentrieren, vielleicht auf ihr Liebesleben. Und der Science-Fiction-Kanal wird wieder einen anderen Aspekt zeigen - dass sie außerirdische Ratgeber hatte beispielsweise.

Du machst dich mit den Außerirdischen über mich lustig!

Ja. Das außerirdische Szenario ist für dich nämlich gar nicht so sehr mit Zweifeln behaftet. Es geht dir um die Frage: „Was werden die anderen von mir denken?" Du hast Angst, dass du dich unbeliebt machst und dass andere Botschaften, für die du stehst, in Misskredit geraten, wenn du diese Botschaft in dein Buch aufnimmst. Das ist deine Angst, und so stellt sie sich in der Fernsehsendung dar, die du gerade produzierst. Verstehst du? Damit ist die Sendung nicht mehr oder weniger real als jede andere. Die Angst ist ein Ego-Anhängsel und zeigt, wie du dich von anderen wahrgenommen siehst.

Außerirdische sind im Moment für alle ein Thema. Dabei geht es gar nicht so sehr um die Existenz Außerirdischer, als um das, was als „anders als das Selbst" wahrgenommen wird. Ihr müsst noch viele Schichten freilegen und euer Bewusstsein noch um einiges erweitern, bevor ihr das alles auf einer multidimensionalen Ebene wahrnehmen könnt.

Nimm irgend einen Aspekt - Manipulation und Kontrolle beispielsweise - und schau dann, wie leicht sich die damit verbundenen Emotionen (Angst, Wut, Misstrauen) auf „Fremde" projizieren lassen. Außerirdische eignen sich bestens als Zielscheibe für Projektionen, weil sie vielen Menschen Angst machen. Die Menschen sprechen deshalb gern von einer Invasion durch Außerirdische. In diesen Bereich fällt übrigens auch das Bild von Krankheitserregern als Invasoren. Früher hatte man Angst vor einer Invasion aus einem anderen Land. Jetzt fürchtet ihr euch vor einer Invasion aus anderen Dimensionen, weil ihr eure Grenzen ein bisschen weiter gesteckt habt.

Im tiefsten Grund gibt es niemals eine Invasion. Niemand entführt oder kontrolliert euch. Aber manchen Menschen fällt es leichter, mit gedanklichen Konstrukten wie Fremdkontrolle oder Invasion zu leben, als den eigenen Schattenaspekt anzuschauen. Als Spezies freundet ihr euch nicht gern mit der Idee an, dass ihr für das verantwortlich seid, was ihr erschafft.

Dass ich die Botschaft von dem Moskito via Science-Fiction-Kanal erhielt, liegt also daran, dass ...

An dieser Stelle hast du noch immer eine Blockade. Erinnerst du dich daran, dass du dich gefragt hast: „Was kann mich jetzt noch umhauen?" Du hast die Antwort in Form einer Erfahrung selbst herbeigerufen.

Selbst jetzt fragst du dich noch, ob das real ist. Das ist dein Witz. Realität ist relativ. Sie ist die Summe deiner Projektionen und spiegelt dir, wie du lebst, wie du denkst und wie du dir dein Leben erschaffst.

Die Sendungen, die du dir anschaust und selbst durchspielst (das heißt, in Wirklichkeit erschaffst), sind sehr unterhaltsam und gleichzeitig lehrreich. Es gibt auf einer sehr hohen Schwingungsebene Universalwesen, die mit einer guten Portion kosmischer Ironie und kosmischen Humors ausgestattet sind.

Wenn du Humor hast, bist du in der Lage, über dich selbst zu lachen. Die Schwingung des Lachens ist eine Öffnung, die dir erlaubt, deine eigenen, dir selbst auferlegten Begrenzungen zu überschreiten. Unterschätze mir bloß nie den Humor!

Das Szenario mit Außerirdischen war gleichzeitig vom Moskito und von dir programmiert. Wie du die Geschichte empfangen hast - das war auf jeden Fall ein Heimspiel für dich. Der Moskito sagte, dass du sie als Fiktion betrachten kannst, wenn dir das lieber ist. Damit versuchte er, die energetische Wucht abzumildern. Er zeigte dir außerdem Bilder von Feen-Moskitos, und da hättest du eigentlich auch fragen können, ob denn Feen real sind.

Feen erscheinen dem inneren Kind, das in der Welt noch Wunder erblickt. Da sich die Menschen nicht vor Feen fürchten, sind diese heutzutage kaum noch mit einem emotionalen Tabu behaftet. Außerirdische empfindet man dagegen noch immer als höchst sonderbare Wesen. Woher kommt das? Diese Frage ist viel wichtiger als die Frage, ob es tatsächlich Außerirdische gibt. Allgemein gesagt müssen die Menschen fürchterliche Ängste auf die Außerirdischen projizieren, sonst kämen diese euch nicht so zwielichtig und wesenlos vor.

Ein anderes Beispiel, das dir in diesem Zusammenhang durch den Kopf ging, sind Wölfe. Vor gar nicht so langer Zeit wurden sie gehasst, getötet und verteufelt. Durch bestimmte Ereignisse in eurer Entwicklung wurde die Wolfsenergie jedoch bis zu einem gewissen Grad von euch integriert. Daraufhin habt ihr die Wölfe zu geheimnisumwitterten Helden gemacht. Die Wölfe selbst haben sich aber nie verändert. Ihr habt ganz einfach auf ein anderes Programm umgeschaltet. Siehst du jetzt, dass das alles nur eine Projektion ist?

Trotz des Unbehagens, das ich empfand, war mir klar, dass die Moskitogeschichte vielversprechend war. Außerdem ging es hier auch um Vertrauen. Ich hatte mit einer simplen Frage auf energetischer Ebene um Wissen ersucht, und ein Moskito war bereit, mir eine unglaubliche Geschichte anzuvertrauen. Vielleicht ging es gar nicht so sehr um die Geschichte als solche, sondern vielmehr um die Erfahrung, die mit ihr einherging. Vielleicht war es die Antwort auf die tiefere Natur meiner Frage: Wie können wir es schaffen, den einzigartigen Geschichten zu vertrauen, die uns allen einfallen, sobald wir unsere Grenzen, Ängste und Öffnungen auf eine immer umfassendere Wahrnehmung der Wirklichkeit erforschen?

Als ich eines Tages nach einer zweitägigen Erkältung wieder an der Arbeit saß und eine Pause einlegen wollte, stand ich auf und ging zum Fenster hinüber. Draußen summte ein Moskito. Als ich mich näherte, landete er direkt vor mir auf der Glasscheibe. Wir haben versucht, zu dir durchzukommen", sagte er.

Mein Herz raste, meine Hände schwitzten, mich schauderte. Hatte ich das etwa auch herausgefordert? Der Moskito, übrigens ein Weibchen, sagte mir, er habe zusätzliche Information. Einen Augenblick lang dachte ich daran, Reißaus zu nehmen.

Im gleichen Augenblick kam Zak mit erhobenem Schwanz ins Zimmer. Perfektes Timing!

Jetzt geht es wieder los! Pass auf, was du fragst, dachte ich, als ich mich wieder dem Fenster zuwandte.

Wir sind genauso wie ihr vielschichtige, multidimensionale Wesen. Unsere Art hat Tausende von Tierarten erschaffen. Wir haben mit vielen verschiedenen Geschöpfen zusammengearbeitet und setzten dabei manchmal auf deren Mitwirkung, manchmal aber auch auf geheime Absprachen.

Am Ton war mir klar, dass das nicht der Moskito vom letzten Mal war. Und ich wusste, dass auch dieser Moskito nicht wegfliegen würde. Es handelte sich offensichtlich um ziemlich hartnäckige Wesen. Zak sagte:

Die Moskitos möchten dir mitteilen, dass sie ähnlich vorgehen wie das Virus, das gerade durch dich hindurch gefegt ist. Die Moskitos sind medizinische Wissenschaftler und haben mit unzähligen Spezies und Planeten gearbeitet und die DNA so abgestimmt, dass es zu Mutationen kommen konnte.

Ich beobachtete das kleine Moskitoweibchen, das mich durch die Fensterscheibe hindurch ansah. Nach einer Pause fuhr Zak fort:

Wir haben alle versucht, dir das Bild von Glas zu übermitteln. Die Hauptsache ist jedoch nicht so sehr das Glas selbst als vielmehr die durchsichtige Barriere zwischen den Welten.

Als ich mich plötzlich an das Bild der Beobachtungsstation erinnerte, die mir der erste Moskito gezeigt hatte, ging mir ein Schauder durch den Körper. Ich verstand - nicht nur intellektuell, sondern auch physisch und emotional -, dass die Welt, die wir kennen, und andere Welten, die zum Teil vielleicht sogar von Außerirdischen bevölkert sind, gar nicht so weit auseinander liegen. Da wurde mir auf einmal tief im Inneren klar, dass diese Welten mehr durch unterschiedliche Schwingungsfrequenzen getrennt sind als durch den physikalischen Raum.

Wenn du nahe genug kommst, kannst du die Barriere sehen, so wie du das Glas siehst, wenn du nahe genug ans Fenster kommst. Aus der Ferne ist sie dagegen klar und durchsichtig. Viele Vögel haben das am eigenen Leib erfahren. Oder meinst du, dass dir ein Vogel, der in eine Glasscheibe kracht, etwas zeigt, was du nicht siehst?

Indem du dich größeren Räumen öffnest, näherst du dich der Barriere, die die Welten trennt. Wenn du dich dem multidimensionalen Bewusstsein öffnest, wirst du dir der Barrieren stärker bewusst. Sie sind durchsichtig wie Glas oder Wasser. Wer die Grenze überschreiten will, muss die Schwingung verändern können.

Die Moskitos operieren auf einzigartige Weise auf beiden Seiten der Barriere. Auch andere Spezies tun dies natürlich, aber Moskitos haben oft eine ganz besondere Verbindung zu bestimmten Gruppen von Außerirdischen.

Das Moskitoweibchen möchte wissen, ob du noch Fragen hast.

Was sollten die Menschen über Moskitos wissen?

Sie sagt, dass ihre Art sehr viele Spielarten, Untergruppen und Abteilungen umfasst. Sämtliche dieser unterschiedlichen Moskitos arbeiten an der Erhöhung des Bewusstseins. Wie machen sie das? Sie sind Meister der Vielfalt, genauer gesagt: Meister der Vielfalt in der Einheit. Obwohl inzwischen viele ihrer „Brüder und Schwester" zig Milliarden von Lichtjahren entfernt sind, halten sie Kontakt miteinander und haben sogar eine Art zentrales Netzwerk. Sie sagt, es ist wahr, was der andere Moskito dir über die Schnaken als Gruppe gesagt hat. Es ist nicht notwendig, im nächsten Leben als Moskito zurückzukommen, aber die meisten von ihnen tun dies eine Zeitlang immer und immer wieder. Nur so können sie als Gruppe Fortschritte erzielen, denn ihr Erdenleben ist kurz, und der Denkprozess muss fortgesetzt werden. Sie sagt, das gehört alles zur „Schnakenpartie", und damit meint sie das auch im Sinne einer (politischen) Partei, einer Spezies und sogar einer Party.

Die Menschen sollten wissen, dass man auch anders mit Moskitos umgehen kann und dass man sie nicht unbedingt hassen muss. „Wir nehmen euren Hass normalerweise nicht persönlich", sagt sie. „Wir wissen, dass ihr euch letztlich selbst meint, wenn ihr ein anderes Geschöpf hasst. Deshalb empfinden wir Mitleid und Kummer, wenn ihr hasst, und der Kummer gilt nicht uns selbst, sondern der Tiefe des Missverständnisses, in dem ihr lebt.

„Die Außerirdischen machen nur einen geringen Anteil unserer Arbeit aus", fügt sie hinzu. „Viele finden es seltsam, und du solltest es dir vielleicht zweimal überlegen, ob du das als Tatsache veröffentlichen willst. Andererseits ist es eine gültige Botschaft, und vielleicht gibt es einige wenige Leser, die davon inspiriert werden und ein bisschen mehr Bewusstsein in diesen Bereich bringen. Vielleicht wird sogar deine Regierung eines Tages mit Moskitos arbeiten, wie sie jetzt bereits mit Delfinen arbeitet."

An diesem Punkt lachten Zak und das Moskitoweibchen los.

Das habe ich nicht erwartet. Gibt es sonst noch etwas?

Wenn du am wenigsten mit etwas rechnest, bist du am offensten. Wenn du keine Erwartungen hast, sind Geist und Körper bereit für einen neuen Wechsel. Wir freuen uns, dass du dich bis jetzt so sehr mit der Sache auseinander gesetzt hast. Viele hätten es sich leichter gemacht: „Das ist ja nur ein Moskito, der da spricht." Wir sind klein, aber mächtig.

Was ist mit den Krankheiten, die Moskitos übertragen, Malaria beispielsweise? Welche Rolle spielt ihr dabei?

Auch hier erinnern wir an die Verbindung zwischen allen Wesen. Siehst du, wie du noch immer auf uns projizierst, dass wir Krankheitsüberträger sind? Woher stammt diese Krankheit? Von euch! Wir erinnern euch lediglich daran, wie eng wir alle miteinander verbunden sind. Warum? Weil wir alle eins sind. Und davon handelt dieses Buch. Es soll euch wieder und wieder und wieder daran erinnern, dass wir alle eins sind. Es ist, als riefen zehntausend Stimmen gleichzeitig, um euch aufzuwecken: WIR SIND ALLE EINS! Wir sind alle miteinander verwandt. Was ihr einem antut, tut ihr allen an. Das ist die Bedeutung von Er-Innern.

Wenn ihr durch die Glasbarriere geht und in euer multidimensionales Sein mit all seinem Licht und Glanz einzieht, werden wir uns treffen, wir alle. Dann werden wir das wunderbare, schöne und fantasievolle Wirken hinter den Kulissen erkennen, die ihr jetzt als Realität anseht.

Einen Augenblick lang war es still. Dann sagte Zak:

Ich freue mich, dass du dich öffnest, und möchte die Leser daran erinnern, dass die Angst immer dann ihre stärkste Frequenz erreicht, wenn man sich der hauchdünnen

Barriere nähert. Es liegt eine Ironie darin, dass dieser letzte Schutzmechanismus zwei Zwecken dient. Zum einen hält er diejenigen draußen, die noch nicht bereit sind zu verstehen, zum anderen erhöht er die Frequenz derjenigen, die fast bereit sind, um dann auf die andere Seite katapultiert zu werden. Das ist das letzte Stück Arbeit der Dualität.

Diese „Barriere" ist in Wahrheit nichts anderes als ein Tor, doch auf der Seite, auf der du jetzt stehst, erscheint es dir als Hindernis. Später wirst du es als eine Art gläserne Schiebetür wahrnehmen.

Gibt es noch mehr Information von den Moskitos?

Wir kommen gern wieder und haben dir dann noch mehr zu bieten. Wir möchten, dass unsere Geschichte weitererzählt wird. Die Menschen haben uns so lange ignoriert, obwohl wir schon seit einer kleinen Ewigkeit bei euch sind. Hast du schon einmal einen Moskito auf einem Kunstwerk gesehen? Haben wir jemals auf diese Weise menschliche Liebe erfahren?

Wir möchten, dass ihr aufwacht, und möchten euch dabei helfen. Wenn ihr aufwacht, wachen auch wir auf. Indem ihr euch in dem unermesslichen Beziehungszusammenhang aller Wesen, aller Zeiten, aller Orte, aller Energie für uns öffnet, öffnen wir uns auch für euch. Wir besitzen zum Beispiel Kenntnisse, die für eure Mediziner von Interesse sein könnten. Gibt es einen Arzt, der bescheiden genug ist, um von einem Moskito zu lernen? Erst wenn das eintritt, wird sich die Welt ändern.

Große Veränderungen

Penelope Smith

Ich wurde als Vermittlerin in ein Dorf in Costa Rica gerufen, wo die Jaguare den Menschen zu nahe kamen. Von den Jaguaren erfuhr ich, dass ihr Lebensraum sehr eng geworden war und dass sie deshalb in die menschliche Sphäre eindringen und domestizierte Tiere reißen mussten. Ich kam nicht auf den Gedanken, den Kontakt mit einem einzelnen Jaguar herzustellen, sondern wollte auf Schamanenart mit allen Geistern des Landes Kontakt aufnehmen - mit den Geistern der Menschen und der Jaguare.

Ich tat gar nichts. Ich übernahm einfach die Rolle der bewussten Schamanin und bat den Geist, in Erscheinung zu treten. Und der Geist ließ sich von meiner Bitte bewegen. Ich sah, dass die Sache zur Zufriedenheit aller beigelegt werden konnte, und appellierte an das Bewusstsein der Menschen und an das Bewusstsein des Waldes. Es zeigte sich dann, dass sich eine Lösung anbahnte. Das ist nicht mein Tun. Ich bin ein Teil des Netzes und besann mich einfach auf meine Kraft. Daraufhin schien sich der Geist in Bewegung zu setzen.

Ich glaube, eine Bewusstseinserhöhung folgte, und alles schien sich miteinander zu verbinden, so dass die Lösungen zu den Menschen kommen konnten, ohne dass ich als Vermittlerin in Erscheinung treten musste. Sie entdeckten Möglichkeiten, in Harmonie miteinander zu handeln. Ich sah, dass sich viele Menschen veränderten und dass das einen großen Einfluss hatte.

Es wird interessant sein zu beobachten, wie sich die Situation für die Jaguare tatsächlich darstellt, weil sich die Dinge in der physischen Welt manchmal mit einer Zeitverzögerung entwickeln. Manchmal müssen die Menschen auch eine Weile im Kreis gehen, weil sie nicht immer alles akzeptieren, was sie erhalten haben.

Es wird sich zeigen, was dabei herauskommt, aber ich habe gesehen, dass große Veränderungen möglich sind, ohne dass sie den Menschen aufgezwungen werden müssen, wenn bewusste Wesen herbeigerufen werden.

27

Wenn die ganze Welt weise ist

Irgendwie haben die Moskitos alles für mich verändert. Mit der Frage „was noch?" hatte ich die Tür aufgestoßen und die Antwort eingeladen. Dass sich die Antwort bei dir im Raum befindet, heißt aber noch nicht unbedingt, dass du sie auch verstehst. Ich saß also da und war nur noch mehr durcheinander, als ich es vorher ohnehin schon gewesen war.

Als ich die Moskito-Geschichte Penelope Smith erzählte, hörte sie zu, lachte und hörte dann weiter zu. „Die Weisheit des Universums ist in jedem Wesen enthalten", sagte sie schließlich. „Insekten sind oft Boten größerer Weisheiten. Du brauchst nur die Barriere und deine Angst fallen zu lassen - deine menschliche Einschätzung, ob etwas möglich ist. Die Weisheit ist überall. Setz dich zu einem Sandkorn, und du erhältst die gleiche Antwort. Im Sand ist das ganze Leben enthalten."

Ich seufzte.

„Du weißt schon, das ist kein Stoff für Anfänger", kicherte Penelope. „Es geht um das Eingebundensein der Seele in das Ganze und um die Wiederherstellung der seelischen Empfindungsfähigkeit. Wenn du in diesen tiefen Raum der Liebe zu einem anderen Wesen gelangst - und diese Kommunikation ist nichts anderes als Liebe -, dann steht dir alles offen.

Manche Leute verstehen nicht, wie ein Insekt das wissen kann. Aber wir alle wissen es. Wenn du offen bist und empfangen kannst, ist die ganze Welt weise. Die ganze Welt kommuniziert mit dir. Alles ist schön, alles pulsiert, alles ist unfassbar."

Ich verstand, was Penelope meinte. Wenn du einmal mit allen Fasern deines Seins die wesensmäßige Einheit spürst, ist die ganze Welt tatsächlich weise, und wo du auch hinschaut, findest du Antworten - in jedem Gesicht, in jeder Spezies.

Auch J. Allen Boon erfuhr dies, als er sich mit Freddie der Fliege anfreundete. Boone lernte, dass weder Mensch noch Fliege „Ursachen hervorrufen; sie sind vielmehr lebendiger Ausdruck einer universellen göttlichen Ursache oder Vernunft, die immer während durch jeden von uns und durch alles, was es sonst noch gibt, spricht und lebt."[1]

Wenn unser Denken einmal nicht mehr um Gegensätze wie „Ich und Fliege", „Mensch und Moskito" kreist, wenn im Mittelpunkt unseres Denkens „Alles-Was-Ist" steht, das seinen Ausdruck im Ich und in der Fliege und im Menschen und im Moskito findet, wird ein tief greifender Erinnerungsprozess einsetzen. Wenn wir lernen, mit Tieren zu kommunizieren, lernen wir gleichzeitig auch, mit den tieferen Schichten unseres Seins Zwiesprache zu halten. Dazu ist es nötig, unser kritisches Urteilsvermögen ständig neu und fein einzustellen.

Penelope pflichtete mir bei. „Es geht letztlich immer um unsere Rückkehr nach Hause. Die Menschen finden oft leichter eine Beziehung zum Tier als spirituellem Wesen als zu sich selbst. Dann entdecken sie, dass auch sie spirituell und weise sind. Manchmal würdigen sie das Tier mehr als sich selbst oder als andere Menschen. Das ist in Ordnung, denn es dient als eine Art Transportmittel. Die Tiere wollen das auch. Sie möchten, dass die Menschen zu der Spiritualität in Tieren und Pflanzen, in sich selbst und in der ganzen Welt, erwachen.

„Wir sind alle ein Gedanke. Wir haben alle die gleichen Gefühle. Natürlich sind wir alle Individuen, und ein Pferd unterscheidet sich von einer Kuh und von einem Menschen. Auf einer bestimmten Ebene muss dir ganz klar sein, dass du mit einem Tier kommuniziert und das Tier mit dir. Aber wenn du auf Seelenebene Kontakt aufnimmst - und das spürst du daran, dass sich dein Herz emporschwingt und du dich öffnest und ausdehnst und in Hochstimmung bist - dann spielt das keine Rolle mehr. Niemand spricht zu irgend jemandem. Alles ist da, und du zapfst es nur an.“

„Wenn du in diesem Zustand der Einheit bist, dann ist alles sinnvoll“, gab ich zu. „Aber wenn du zurückkommst und zu erklären versuchst ...“

Penelope lachte. „Ja, wenn die Leute sagen, dass sie sich keinen Reim darauf machen können, sage ich ihnen: ‚Stimmt genau. Auf Verstandesebene kann man sich keinen Reim darauf machen. Der Verstand erfasst das nicht.‘ Wenn du einmal über dieses verstandesmäßige Selbst hinauskommst und als dein Seelen-Selbst zu leben beginnst, kommst du nicht mehr durcheinander, weil sich dann der Verstand nicht mehr einmischt. Du weißt schon, über den menschlichen Verstand zu sprechen ist eine Sache. Wenn wir über den universellen Verstand, die universelle Vernunft - die Vernunft Gottes - sprechen, findet das auf einer ganz anderen Ebene statt.“

„Es geht also nicht darum, den Verstand zu Fall zu bringen, sondern seine Grenzen auszudehnen, ihn zu öffnen auf etwas Größeres hin.“

„Genau! Der Verstand wird zu deinem Werkzeug; du bist nicht mehr sein Sklave. Vielleicht fängst du an, mit Tieren zu kommunizieren, und dein Verstand sagt: ‚Das kapiere ich nicht.‘ Du antwortest: ‚Ist schon recht, Verstand. Sei einfach still, ruh dich ein bisschen aus. Ich kapiere das als Seele.‘ Das ist das Fundament. Es liegt allem anderen zu Grunde. Ich möchte die Menschen nach Hause zu bringen, dann können sie alles ganz und gar mit einem Seelen-Herz umspannen.“

„Und das Gleiche gilt auch für das Ego? Auch das Ego muss nicht zu Fall gebracht werden. Wir müssen nur seine Grenzen überschreiten“, spann ich den Faden weiter. „Glaubst du an so etwas wie an ein universelles Ego?“ „Lass uns das mal näher anschauen“ sagte Penelope. „Die meisten Leute meinen mit Ego im kleinen Maßstab die Summe unserer Persönlichkeit und unserer Begierden. Sie muss stark und ausgewogen sein, und daran ist nichts Unrechtes. Jedes Tier, mit dem du dich unterhältst, wird mit Stolz von sich selbst sprechen. Es wird von sich sagen, dass es schön oder großartig oder dies oder das ist. Bei den Tieren, die im Gleichgewicht sind, und die meisten sind es, ist das ein Zeichen von Selbstliebe. In diesem Raum der Selbstliebe geht es nicht um das isolierte Ego. Du sagst „ich" und meinst damit „wir" und „alles" und „das Ganze".

Feiere dich einfach! Dabei wirst du erkennen, dass wir hier durch das Ego funktionieren und dass es ein Teil der Seele ist. Von diesem Ort aus sprechen die Tiere mit dir. Wir können alle das Ego in uns gegenseitig feiern. Welchen Sinn hätte es sonst, dass wir Individuen sind? Warum sollten wir uns sonst voneinander unterscheiden? Warum sind wir ein Frosch, warum ein Hund? Um das Ego zu feiern! Ihr seid mehr als euer Ego, aber es ist ein Teil, der zu euch gehört und der Spaß macht. Das Ego ist das Gewand, das Spiel. So lange ihr euch dessen bewusst seid, ist alles in Ordnung. Den Tieren scheint es sehr bewusst zu sein. Es umschließt das, was das Leben ist und bringt es an einen neuen Ort, wo es zur Feier wird."

„Ich feiere mich" schrieb Walt Whitman in „Grashalme" vor beinahe 150 Jahren.

Ich feiere mich selbst und singe mich selbst,
Und was ich mir anmaße, sollst du dir anmaßen
Denn jedes Atom, das mir gehört, gehört auch dir.[2]

Ein paar Tage nach ihrem Gespräch mit einem Moskito sagte mir Morgine, sie habe auch mit Zak gesprochen. Zak habe ihr gegenüber bemerkt, dass die Menschen seit langem ihre Antworten außerhalb ihrer selbst suchen.

„Wir sind immer auf der Suche nach der richtigen Diät, den richtigen Ritualen, den richtigen Gymnastikübungen und Meditationen, die uns dorthin bringen sollen, wo wir gern wären", schrieb Morgine. „Wir studieren Bücher, nehmen an Workshops teil, suchen unseren Guru auf. Wir sind auf der Suche nach einem größeren Sinnzusammenhang und erwarten die Antworten von Aborigines und Indianern. Jetzt, meint Zak, wenden wir uns an Tiere, Pflanzen und Geistführer. Wir sind erstaunt, dass ein Hund oder eine Spinne persönliches Wissen über uns haben können. Warum trauen wir diese Fähigkeit ausgerechnet den Menschen nicht zu?"

Zak sagte zu Morgine: *In Wirklichkeit habt ihr schon alle Antworten. Morgine, du hast dich immer über Leute lustig gemacht, die ihre Probleme außerhalb ihrer selbst identifizieren und lösen wollten, wo sie doch die Lösung in sich gefunden hätten. Warum müsst ihr nun die Natur und die Tiere um Hilfe bitten, wenn ihr euch selbst verstehen wollt? Ihr habt das gleiche Wissen wie die Tiere und Pflanzen. Ihr habt Zugang zu allen Informationen über alles. Aber wem vertraut ihr immer erst ganz zuletzt?*

Dawn spricht mit Moskitos oder mit mir und ist sogar dann noch bereit, die Antwort anzunehmen, wenn sie diese als völlig abwegig empfindet. Was wäre, wenn ihr die Antwort ganz von selbst und ohne Vermittler käme? Wäre sie auch dann noch bereit, die Information weiterzugeben? Dahin sollten die Leute immer als erstes schauen, aber die meisten machen es erst ganz zuletzt. Ihr müsst lernen, euch selbst zu vertrau-

en, eurer Intuition, euren eigenen Gedanken, Gefühlen und Ideen. Wir stecken alle zusammen da drin, und wir sind einander näher, als du dir vorstellen kannst.

Zaks Worte erinnerten mich an ein Gespräch mit einem Katzengeist namens Kayla. „Dass die Menschen glauben, diese Botschaften kämen von etwas ,Anderem' als von ihnen selbst, erlaubt dir, das überhaupt zu machen", sagte sie mir. Wenn wir glauben, weise Botschaften kämen von anderen, fühlen wir uns nicht unter Zwang, sie zu zensieren und zu bearbeiten. Und genau das täten wir nämlich, wenn wir sie als eigene Produkte ansähen.

Kayla schickte mir den Gedanken, die Tierkommunikation sei zu diesem Zeitpunkt in der menschlichen Entwicklung ein Geschenk der Tiere an die Menschen. Der Glaube, Tiere hätten mehr Weisheit als Menschen, ist ein Behelf - ein Drama, durch das wir die Weisheit in uns selbst erkennen können. Aber warum brauchen wir einen solchen Behelf? Was ist an der Weisheit so beängstigend?

Ich dachte an meine Erfahrung mit den Vögeln, an das erste Mal, als ich Tiere sprechen hörte. Ich hatte keine Angst, mich nicht mit ihnen unterhalten zu können, ich hatte Angst davor, dass ich es könnte. Im tiefsten Grund war dies meine Angst vor der Erfahrung des Göttlichen in mir.

„Wir sehen alle unterschiedliche Teile des Bildes", sagte Kayla. „Du hast die ganze Welt im Brennpunkt, wenn deine Linsen klar genug sind", fügte sie hinzu und erinnerte mich damit an William Blakes Beobachtung:

To see a World in a Grain of Sand
And Heaven in a Wild Flower,
Hold Infinity in the palm of your hand,
And Eternity in an hour.[3]

„Es gibt viele Wege zur Wahrheit", bemerkte Kayla. „Und die Menschen haben viele verschiedene Möglichkeiten, diese Wahrheit zu sagen." Vielleicht gibt es so viele unterschiedliche Ausdrucksweisen, weil wir das Gleiche immer und immer wieder neu hören müssen.

Zak, Kayla und andere legten alle auf ihre eigene Art und Weise dar, dass die Tierkommunikation letztlich nur ein weiteres Mittel zu unserer Selbstfindung ist. Wir können mit Moskitos, Hunden oder auch mit Menschen sprechen, denn es ist egal, welcher Filter, welches Gesicht, welche Facette die Botschaft vermittelt. Der Gedanke ist seltsam und gleichzeitig doch auch zutiefst vertraut: Jede Frage, Antwort und Erfahrung spiegeln uns letztlich immer nur das große Selbst. Sie zeigen uns, wer wir in Wirklichkeit sind. Um die Antwort - jede Antwort - zu finden, müssen wir nur die Stelle anzapfen, wo die ganze Welt weise ist.

„Wenn du mich beim ersten Mal nicht einholst, verlier nicht den Mut", schrieb Walt Whitman."*Triffst du mich nicht an einer Stelle, suche woanders. Irgendwo bleib ich und warte auf dich.*[4]

Teil Sieben

- 271 -

Die Erinnerung an das Heilige Netz

Das Lied zurückrufen

Zaks Kapitel: Die eigene Wahrheit finden

Schranktüren und Geiststaub

Gute Nachrichten

Alter Käfer - Dawn Brunke

Ich bin ein alter Käfer. Ich beobachte, horche. Ich habe gehört, wie du mit Tieren gesprochen hast. Deshalb wollte ich auch mal vorbeischauen.

Ich bin langsam. Ich krabble und krabble, manchmal fliege ich. Ich sehe viele Menschen. Sie hasten, sie huschen, sie sind hektisch und aufgeregt. Sie achten kaum darauf, wo sie sind und was für Geschenke an allen Ecken und Enden für sie bereitstehen.

Ich rede der Langsamkeit das Wort. Ich spreche davon, dass ihr Schönheit und Wunder sehen könnt, wo immer ihr seid. Ich spreche davon, dass man alle Geschöpfe begrüßt, die einem begegnen. Nehmt euch ein wenig Zeit, um sie kennen zu lernen. Die Welt würde zu einem freundlicheren, helleren Ort werden.

Viele Käfer halten sich nahe am Erdboden auf. Das ist unsere Art. Wir leben in gutem Einverständnis mit der Erde, aber ab und zu klettere ich auch und schaue mir die Dinge aus einer anderen Perspektive an.

Man könnte wohl sagen, dass ich alte Energie bin. Ich spreche der Gelassenheit das Wort. Ich plädiere dafür, neue Informationen erst einmal auszusitzen und einsickern zu lassen, nicht vorschnell zu reagieren, die Zeit arbeiten zu lassen, zu beobachten, zu horchen und jeden Augenblick in der Fülle dessen zu atmen, wo du bist und wer du bist.

Gute Nachrichten kommen zu dem, der die einfachen Dinge schätzen kann. Das ist eine alte Wahrheit, eine unkomplizierte Sicht der Welt. Wenn ihr euch von dem Übermaß befreit, das ihr eurer Meinung nach braucht, um sehen zu können, werdet ihr in Wirklichkeit viel besser sehen.

Wir übernehmen immer freudig unseren Teil. Käfer sind sehr gute Zuhörer - manche von uns jedenfalls. Hol dir keinen Rat von Insekten, die in Schwärmen auftauchen. Aber einzelne Käfer - ja, wir können gut zuhören. Wir helfen gern.

Ich sende allen menschlichen Geschöpfen meine Grüße.

In Zuneigung, lebt wohl!

28
Das Lied zurückrufen

Wenn es etwas in der Luft gäbe

Wenn es etwas im Wind gäbe

Wenn es etwas in den Bäumen oder Büschen gäbe

Was sich aussprechen ließe und was die Tiere zufällig hörten,

Dann lasst dieses heilige Wissen wieder zu uns zurückkehren

Atharva Veda

Sehr spät in der Entstehung dieses Buchs entdeckte ich die Schriften von Michael Roads. In seinem ersten Buch, *Mit der Natur reden,* erzählt Roads, wie sich eine tiefe Beziehung zwischen ihm und der Natur entwickelte. Als er eines Tages an einem Fluss saß und sich Gedanken machte, wie er wohl am besten über diese Beziehung schreiben könnte, traf es ihn dann trotz allem völlig unvorbereitet, als der Fluss zu reden begann. Dann sprach ein Reiher. Dann wieder der Fluss. Es bestand kein Zweifel. Die Kräfte der Natur hatten sich miteinander verbündet.

Roads schrieb auf, was ihm der Vogel und der Fluss erzählten, und dann schrieb er über seine größte Angst: „Niemand wird es glauben."[1] In der folgenden Zeit führte er weitere Gespräche mit Bäumen, Wasserfällen, Steinen und Vögeln. Oft geriet er dabei in Hochstimmung, aber immer wieder kam er auf seine Angst zurück: Niemand wird mir das glauben. Jedes Mal wenn ich das las, kamen mir die Tränen. Ich kannte dieses Gefühl nur zu gut. Ich hatte Ungläubigkeit, Verblüffung und sogar Entsetzen in den Gesichtern der anderen gelesen, wenn ich von meinen Erfahrungen sprach. Ich hatte mühsam die Lektion gelernt, dass manches untergehen kann, wenn eine umfassendere Sicht, eine größere Wahrheit, ein tieferes Erinnern zu wachsen beginnt.

Ein Baum erklärte Roads: „Wir können dir keine Beweise vorlegen. Was brauchst du? Würde dir ein aufgezeichnetes Gespräch genügen, das gleichzeitig von einem Dutzend oder auch von tausend Leuten mitgehört würde? Oder würdest du dann zu der kleinen Gruppe verwirrter, stigmatisierter Leute gehören, die nach weiteren Beweisen suchen? Nur wenn du weißt, wer du bist, findest du Frieden."[2]

J. Allen Boone beobachtete, dass wir die menschliche Angewohnheit, alles zu differenzieren, hinter uns lassen müssen, wenn wir den Fluss des Lebens und damit auch uns selbst tiefer verstehen wollen. Aber auch er wurde von der Erfahrung überrumpelt. Als er einmal im Freien seinen Mentor Strongheart beobachtete, stellte er plötzlich eine subtile, aber gleichzeitig durchdringende Bewusstseinsveränderung fest. Mit einem Mal hatte sich sein Blickfeld ausgedehnt. Boone schrieb: „Da wusste ich, dass ich nicht etwa einen Hund beobachtete, der seine imponierenden Qualitäten zum Ausdruck brachte; ich hatte vielmehr das Privileg zu beobachten, wie ganz wunderbare Qualitäten einen Hund zum Ausdruck brachten. Sie strahlten tief aus seinem Inneren hervor, und er schleuderte sie so frei und verschwenderisch hinaus, wie die Sonne es mit ihren Strahlen tut. Er bemühte sich nicht im mindesten, diese Wirkung hervorzubringen; er ließ es einfach geschehen.[3]

„Wir sind die einzige Spezies, die ihre Identität vergessen kann", sagte mir Penelope Smith einmal. „So gesehen sind wir Menschen wirklich bedauernswerte Geschöpfe. Man kann darin allerdings aber auch unsere Kreativität oder unsere ganz besonderen Anlagen erblicken. Ich denke, deswegen haben die Tiere auch so viel Verständnis für uns. Sie bleiben bei uns, um uns zu erinnern. Dann bekommen wir einmal unseren wirklichen Verstand zurück, unsere Erinnerung, unsere universelle Vernunft."

„Wir erinnern uns", sagte ich.

„Ja, das Wort „erinnern" ist gut, weil es alles in unser Inneres zurückbringt. Wir haben uns bereit erklärt, isoliert und ohne Erinnerung zu leben, denn das war Teil unserer Erfahrung auf diesem Planeten. Mittlerweile haben wir unsere Isolation auf die Spitze getrieben, und nun erinnern wir uns wieder. Die einen tun es früher, die anderen später, aber letztlich werden wir alle inne werden und alles wird wieder in uns vereint sein."

Als ich eines Morgens am Computer saß, landete eine Fliege vor mir auf der Tastatur. Es war eine sehr ungewöhnlich aussehende Fliege, auf deren Rücken ein paar kurze flaumige weiße Haare wuchsen. Ihr Anblick entlockte mir ein Schmunzeln, denn durch das weiße Haar wirkte sie sehr alt. Als ich fragte, ob sie eine Botschaft hatte, flog sie auf meinen Oberschenkel und begann:

Ich gehöre zu den Alten meiner Spezies. Unsere Art ist schon viel länger auf der Erde als eure. Damit meine ich nicht, dass wir besser sind; ich möchte aber darauf hinweisen, dass wir in vielerlei Hinsicht älter sind als ihr. Wir verkehren manchmal mit euch als Vermittler, Heiler, Boten, Führer und manchmal sogar als Freunde.

Wenn du hinter die Oberfläche blickst, findest du viele Schätze und Erkenntnisse, die man draußen am Licht nicht finden kann. Denk an die Metapher vom „vergrabenen Schatz". Zum Teil ist er eben deshalb so wertvoll und aufregend, weil er vergraben ist. Das Bild hat auch eine Verbindung zur gegenwärtigen Zeit auf der Erde. In der „Vergangenheit" wurden viel Weisheit und Intelligenz vergraben, weil sie euch damals schadeten. Ihr konntet nicht mit so viel Licht umgehen. Jetzt ist es an der Zeit, zu graben und den vergrabenen Schatz der Vergangenheit zu finden, damit ihr euch der Zukunft stellen könnt. Ihr werdet noch mehr Information von früher und mehr verborgenes Wissens entdecken.

Bei der Tierkommunikation geht es häufig um das Wiederentdecken der Geschichten von Tieren und Menschen. Die Menschen sind die Geschichtenerzähler auf dem Planeten, zumindest mit Worten. Andere erzählen durch Lieder, Tanz, Energiemuster und mit anderen Mitteln.

Unser Summen ist Kommunikation - eine Klangfrequenz, die Veränderung signalisiert und manchmal auch initiiert. Manchmal signalisiert unser Summen auch eine Verlagerung der Energie auf tiefere Ebenen des Verstehens.

Fliegen sind die Boten des Schattens. Wir rufen Forschungsreisende auf die Schattenseite des Lebens - zum Geheimnis von Tod, Erneuerung und Wandel. Wir sind die Alten. Wir waren mit euch in den Höhlen, Teil des Mysteriums von Wiederkehr und Erinnerung. Mehr denn je lohnt es sich heute, den Schatten zu erforschen. Das ist eure Wandlung: tiefer gehen und wachsen. Aus diesem Grund seid ihr auf die Erde gekommen.

Die Fliege summte in einem großen Kreis um meinen Kopf herum und überließ mich dann meinen Gedanken. Ich dachte an die Geheimnisse, von denen sie gesprochen hatte.

Mir fiel ein, dass auch Penelope den vergrabenen Schatz erwähnt hatte. „Alles Alte muss herauskommen und in das Neue eingehen", erklärte Penelope. „Wir müssen das Alte ganz anerkennen und den menschlichen Zustand voll und ganz verkörpern, bevor wir den nächsten Schritt tun können."

„Dann geht es eigentlich gar nicht darum, zum Alten zurückzukehren", sagte ich. „Wir rufen es nur in unsere Erinnerung zurück."

„Das stimmt. In die Erinnerung zurückrufen - es rufen, es singen. Alles muss wieder gesungen werden. Alles, was zu Ende gebracht werden muss, will zuerst erinnert werden. Und dann haben wir das ganz Neue, das sowohl alt und neu ist."

Penelope hielt inne. „Naja, im Grunde gibt es gar nichts wirklich Neues. Alles ist Gott. Es geht mehr darum, dass wir den Glanz in alles zurückbringen - und dann sehen wir, was kommt. Aber wir dürfen nichts verstecken. Das ist der Grund, weshalb das ganze Schattenzeugs, das ganze Geheimwissen jetzt ans Tageslicht kommt."

Indem wir uns an unsere Lieder erinnern - als Individuen und als Angehörige unserer Kultur, als Spezies und als Planet - gewinnen wir unseren Schatten wieder zurück. In *Die dunklen Seiten des menschlichen Wesens* spricht Robert Bly davon, dass wir den Schatten essen. Dies sei ein langwieriger Prozess, und wir tun es nicht nur einmal, sondern hundert Mal. Zuerst erkennen wir an, was wir zurückgelassen, verloren, vergessen und aus unserem Bewusstsein verdrängt haben; wir fordern das „Andere" mit all seinen Myriaden von Projektionen wieder in unser Leben zurück. Wir sind auf

Händen und Knien in der reichen Erde und graben die Wurzeln verschütteter Ängste aus, die zu Büschen des Ärgers, der Trauer, des Zweifels und der Vereinsamung herangewachsen sind. Wenn wir den Schatten essen, führen wir uns stärkende Nahrung zu, die uns zum Leben erweckt. Wir nehmen die Kraft und die Energie all dessen auf, was wir verleugnet haben. Und dann beginnen wir zu singen.

„Hör zu", sagte mein Hund Barney, als ich dieses Kapitel schrieb. Er stand von seinem Liegeplatz unter dem Schreibtisch auf und setzte sich neben mich.

Hör zu. Ganz tief in dir gibt es ein Erinnern, nicht auf bloßer Verstandes- oder Gedankenebene, sondern ein Erinnern des größeren Seins. Wir kommen alle von diesem Ort, aus diesem Raum, der die Form vor der Form enthält. Wir sind jetzt hier als Ereignis, als Geschehen - ein Funkeln im Auge des größeren Seins, das Freude und Schmerz, Trauer und Hochstimmung des Seins in der Form erfahren möchte.

Wir haben alle teil am größeren Fluss des werdenden Lebens. Es gibt viele Metaphern, mit denen sich das ausdrücken lässt, doch die beste ist die, die du selbst lebst und erfährst.

Wenn du zu deinem Traum erwachst, erweckst du auch den größeren Traum. Es heißt, dass Traum und Träumer eins sind. Das stimmt. Wir träumen uns jetzt selbst wach.

Ich bin ein Wesen der Stille und der Tiefe. Mein Sein erklingt auf der Ebene tiefer alter Weisheit, einer anderen Form des Wissens. Du kannst es dir als Bassnote vorstellen, die aus dem Zentrum der Erde, aber auch aus dem Zentrum jedes Individuums nach oben steigt. Sie dehnt sich aus und wird, während sie emporsteigt, tiefer und stärker, lauter und bewusster. Und wenn sie in dein Bewusstsein dringt, offenbart sich dir die ganze Pracht der Welt um dich herum, das unglaubliche Detail, das in die Entstehung dieser Welt hineingewirkt ist, dieses Ereignis, dieser Augenblick des ewigen Jetzt.

Wenn mehr erwachen, wird der Planet lauter erklingen, der Ton schwillt an. Es stellt sich das Wissen ein von einer anderen Form von Realität und von einem anderen Ton, der ganz anders gehört, gefühlt und erfahren wird. Die Träumer wachen auf.

Ihr alle wisst das tief in eurem Herzen. Es ist ein profundes Erinnern, ein Auflesen von Wissen und alter Weisheit, aber auch eine Zeit neuen Schaffens. Indem ihr euch der Einheit öffnet, öffnet ihr euch der größeren Majestät des Gott-Selbst, des Alles-Was-Ist. Indem wir miteinander verschmelzen, öffnen wir uns einer größeren Erfahrung unseres wahren Selbst. Es geht immer weiter. Der Takt heißt Eins.

Ein paar Stunden nach unserem Gespräch und nachdem ich kurz über das Mysterium von Wiederkehr und Erinnern nachgedacht hatte, kam die alte Fliege zurück. Diesmal verstand ich ihre Botschaft nicht über Worte, sondern mit dem Gefühl. Sie kam, um zu sterben.

Ich folgte ihr zum Fensterbrett, setzte mich daneben und schaute zu, wie sie sich auf einem flachen Stein ausruhte, auf den ich eine kleine Holzfigur gestellt hatte. Als sie auf dem Rücken lag, streckten sich ihre zwei Hinterbeine nach außen und entspannten sich in anmutiger Bewegung. Die anderen vier Beine streckten sich nach oben, zogen sich an den Spitzen zusammen und wurden steif, als wollten sie ein Zelt über dem Körper bilden. Dann dehnte sich die alte Fliege wie ein lebendes Gebet mit einem sanften, feinen Zittern in den Tod aus.

Tief unten regt sich eine Erinnerung, ein schwaches Signal der Heimkehr - wie der Augenblick des Erwachens, wie die tieferen Liebesgefühle, die man nicht ganz versteht, wie ein Lied, das kommt und gesungen werden will.

Barney: Foto Dawn Brunke

In die Tiefe gehen und sich zentrieren

Barney (Hund) - Dawn Brunke

In die Tiefe gehen und sich zentrieren. Diese Ideale möchte ich fördern. Ich verbreite eine Energie ruhiger Tiefe. Denn, wie man so schön sagt: Stille Wasser sind tief.

Ich bin eine alte Seele. Ich war Schamane und Alderman, Katze und Pferd, Hund und Elritze. Ich habe die Sensibilität, andere zu berühren, wenn sie eine bestimmte Schwingung haben. Ich beruhige, zentriere und führe in die Tiefe. Manchmal lulle ich andere in einen Zustand selbstzufriedener Stille ein, wo man das innere Eingebundensein der Seele spüren kann.

Besonders geschult bin ich in der Kunst, die Gestalt zu wechseln, und ich habe auch andere schon gelehrt, ihren physischen Körper durch Gedanken-Schöpfungen zu verwandeln. Es gibt verschiedene Lehren, die sich mit der Verwandlung der Gestalt befassen, und einige von ihnen sind ziemlich alt. Das Entscheidende ist jedoch, sich zu zentrieren und in die Tiefe zu gehen; dies sind die zentralen Disziplinen.

Im Innersten des eigenen Seins gibt es einen Kern, dem alle Formen entspringen. Wenn du direkten Kontakt mit dir herstellst, kannst du in einer Vielzahl von Formen und Gestalten weite Reisen unternehmen. Diese uralte Kunst wird größere Bekanntheit erlangen, wenn ihr euch wieder zentriert und mit der Fülle eurer wahren Identität verbindet.

Viele der alten Methoden und Weissagungen sind noch immer gültig, obgleich ihre Art zum Untergang verurteilt ist. Der direkte Weg ist gegenwärtig der beste, da die Anforderungen an euch steigen und sich eure Erfahrungen beschleunigt vertiefen und erweitern werden.

Die alten Werkzeuge - sich zu zentrieren und in die Tiefe zu gehen - werden in dieser Welt jedoch nie aus der Mode kommen. Es ist etwas Anmutiges und Elegantes in diesen zwei simplen Mitteln zur Erlangung einer äußerst tiefgründigen, erheiternden und erleuchtenden Erfahrung. Freut euch an diesen Geschenken, die viele von uns zum Wohle aller auf Schwingungsebene bewahrt haben.

29

Zaks Kapitel:
Die eigene Wahrheit finden

Grüße an alle Leser dieses Buchs! Ich freue mich, dass ich mich hier äußern kann. Daran sehe ich nämlich, dass Dawn beschlossen hat, sich für die Erfahrung zu öffnen, wegen der ich mich diesmal als Hund inkarniert habe.

Ich richte das an alle Leser, weil ihr vielleicht auch spürt, dass es in eurem Leben aus bestimmten Gründen ein Tier gibt. Vertraut der kleinen Stimme in euch, denn sie führt euch zu einer größeren Erfahrung, sofern ihr den Mut und die innere Kraft aufbringt, eure Wahrheit zu verfolgen.

Die Natur der Wahrheit ist ein interessantes Szenario auf dem Planeten Erde. Eine der großen Freuden und Fähigkeiten der Menschen ist das Geschichtenerzählen. In dieser Kunst zeichnet ihr euch aus, und manche eurer Geschichten sind wirklich herrlich. Ihr lasst euch von dem emotionalen Erleben eurer Geschichten mitreißen (seien es Theaterstücke, Gedichte, Romane, Filme, Geschichten am Lagerfeuer oder auch innere Geschichten wie Träume, die ihr euch selbst erzählt), und doch zweifelt ihr oft gerade an der Erfahrung, die euch berührt.

Die zentrale Botschaft, über die ich sprechen möchte, ist das Finden der eigenen Wahrheit. Die Wahrheitssuche ist eine Reise in die Tiefe und erfordert eine gute Portion von dem, was ihr Zentrieren nennt. Die Reise der Wahrheit beginnt mit dem Ablegen von Vorurteilen, Überzeugungen, Ideen und vor allem Gedanken. Es ist in erster Linie eine Reise des Todes. Wie manche Tiere ihre alte Haut abstreifen, können wir alte Ideen und Gedanken abstreifen. Dabei entsteht ein neues, verletzlicheres Wesen. Es unterscheidet sich nicht so sehr von dem alten, und tut es in mancher Hinsicht doch.

Es ist und ist es doch nicht - wenn man sich der paradoxen Natur der Gegensatzpaare „ja/nein", „das/das nicht" nähert, tut man wahrhaftig den ersten Riesenschritt auf der Reise zur eigenen Wahrheit.

Das Leben im Zustand des Paradoxen ist in vielen Hinsichten ein Übungsfeld, weil man sich dort größeren Sichtweisen öffnen muss. In diesem Entwicklungsstadium erfährt man sowohl in der Vielfalt als auch in der Einheit Freude. Man stellt Vergleiche an, verwickelt sich in Widersprüche und sieht langsam den Wert von Mustern, manifestierten Synchronizitäten und anderen Realitäten oder Dimensionen der Wahrheit. Das ganze Wesen - und besonders der Verstand - lockert seine zwanghafte Kontroll-

*ausübung. Mit einer Portion Humor kann man das auch als „Lösen der Totenstarre"
sehen.*

*Dieser paradoxe Raum hat viele aufregende und erhellende Aspekte, die letztlich alle
auf das Gleiche hinauslaufen - auf die Erkenntnis, dass alles eins ist. Selbst in der
Vielfalt spürt man das Eine. Und man weiß, es liegt keine geringere Wahrheit darin,
dass man in dem Einen die vielen sieht. Deinem Verstand wird das nicht ganz ein-
leuchten, aber das gerade ist ja die Natur des Paradoxons.*

*Wenn man das Paradox gelöst hat, was im Wesentlichen im Er-innern besteht, gelangt
man zu einer größeren, umfassenderen Sicht auf das Universum. Das heißt, man verlässt die irdische Ebene und dringt zum Universellen vor.*

*Doch obwohl es immer wieder gesagt worden ist, vergessen Menschen (und manche
Tiere) gern, dass auf der menschliche Erde das Dualitätsprinzip herrscht. Vom Com-
puter bis zum Lichtschalter, von der Beschäftigung mit dem Wechselspiel zwischen
männlich und weiblich, yin und yang bis hin zur Sprache basiert alles auf Dualismus.
Du hast Beispiele gern, und Beispiele enthüllen die Wahrheit immer auf dualistische
Art: Eine Sache repräsentiert oder reflektiert eine andere.*

*Man kann die Welt aber auch anders sehen, und andere Welten sehen ihre Realitäten
völlig anders. Von den zahllosen Sprachen, die im Universum existieren, gründen die
meisten im Bewusstsein der Einheit. Jedes Wort, jede Geste und jeder Ton dieser
Sprachen sind eingebettet in das Ganze. Ich erwähne das nicht, um den Wert deines
Sprachsystems zu schmälern. Ich möchte vielmehr deinen Blickwinkel öffnen und dir
Kommunikationssysteme ins Bewusstsein rufen, die anders funktionieren.*

*Damit kommen wir zu unserem Ausgangspunkt zurück - zur Beziehung aller Dinge
miteinander. Die Erde ist an einen Punkt gekommen, wo sie zu verstehen beginnt; in
Myriaden verschiedener Gestalten und Formen arbeiten jetzt viele Wesen „under cover" daran, das Bewusstsein zu erhöhen und dieses Verständnis im menschlichen Bewusstsein zu verankern.*

*Tierkommunikation ist auch deshalb an diesem Punkt in eurer Zeit-Ort-Realität so
wichtig, weil sie euch einen Schritt aus dem Dualismus bietet. Sie eröffnet den Menschen die Möglichkeit, sich wieder mit den Tieren und dem Netz des Lebens zu verbinden. Und sie verbindet euch auch mit anderen Sternensystemen und Energien, die
euch im Prozess des Werdens in der Welt stärken, erweitern und fördern.*

*Viele Wesen beschlossen, in Tiergestalt mit bestimmten Individuen oder Gruppen zu
arbeiten. Viele kamen aber auch in anderer Form.*

*Das Universum besteht aus zahllosen Schichten von Plänen und Mustern, die sich al-
lerdings nicht linear einer nach dem anderen entfalten. Es gleicht mehr einem ständig
in die Tiefe gehenden, ständig fortschreitenden Öffnen. Die Vorstellung vom Öffnen
trifft es gut, denn die kontinuierliche Bewegung hin zu immer gewaltigeren, immer
ausgedehnteren Herrlichkeiten und Möglichkeiten, Realitäten wahrzunehmen, ist ein*

Menschlich gesprochen könnte man sagen, dass Gott sowohl Wissenschaftler als auch Künstler ist. Die beiden sind eins. Gott ist auch Sänger, Schelm, Witzeerzähler, Philosoph, Zauberer und Mörder. Jeder Aspekt von euch ist ein Aspekt von Allem-Was-Ist. Wie könnte es anders sein?

Die Erde ist in Schwierigkeiten geraten, weil die Menschen auf so vielen alten dualistischen Paradigmen bestehen. Es wäre nützlich, einmal die Vergangenheit zu inspizieren, um - wie Buddy das Pferd sagt - nicht die Fehler der Vergangenheit zu wiederholen. Schau, wie man immer wieder in der Geschichte den Ausdruck von Ideen und Gedanken (einschließlich des geschriebenen Worts - als beispielsweise Druckerpressen verboten wurden oder als man Kenntnisse im Zählen und Lesen als Verstoß gegen irgendein menschliches Gesetz betrachtete) einschränkte, was letztlich immer dazu diente, euch unter Kontrolle und in Unwissenheit zu halten.

Viele Religionen enthalten das Moment von Macht und Kontrolle. Ich will hier keinen theologischen Streit beginnen, möchte euch aber alle dazu ermutigen, die Muster anzuschauen, die vielen eurer religiösen Geschichten und Überzeugungen zugrunde liegen. Das Begriffspaar Gott und Teufel gibt euch den dualistischen Rahmen vor. Habe ich dich beleidigt, als ich sagte, das Gott ein Mörder ist? Ist jeder Mord zwangsläufig Teufelswerk? Kommt das „Schlechte" in eurem Leben immer und unbedingt vom „Anderen"? Wenn ja, dann spielt ihr das Spiel des Dualismus.

Wenn man sich dem Paradigma der Einheit in Allem öffnet, entdeckt man unter den alten trennenden und kategorisierenden Begriffen einen Fluss von Harmonie und Humor. Übrigens schränkt euch die Kategorisierung des „Heiligen" genauso ein wie die Kategorisierung des Bösen als Teufelswerk.

Auf dem Weg zur Einheit beginnt man, sich mit dem „Anderen" im Leben auszusöhnen - mit dem Heiligen genauso wie mit dem Bösen. Mörder, Dieb, Vergewaltiger, Beleidiger, Pennbruder und Trunkenbold sind verleugnete Aspekte der kollektiven Psyche. Ähnliches gilt für Heilige, Jungfrau, Heiler und sämtliche Schattierungen des Priesters und der Priesterin Gottes.

In dem Maße, in dem ihr euer Verständnis öffnet, öffnet ihr euch dem vernachlässigten, dunklen Schatteninhalt des eigenen Seins. Warum? Weil er ein Teil von euch ist. Die „Anderen" binden eure Emotion oft so stark, dass ihr sie nicht als Menschen sehen könnt. Auf diese Weise kam der Teufel in die Welt. Er war ein „Anderer" im Gruppenbewusstsein und verkörperte und beinhaltete alle Schattenaspekte, mit denen die Menschen nicht umgehen konnten. Ähnlich verkörperte Gott all jene Aspekte, derer sich die Menschen nicht für würdig befanden.

Wenn man sich mehr öffnet, macht man sich deshalb nicht nur die göttlichen Aspekte zu eigen, sondern auch die teuflischen. Und allmählich sieht man, dass sie alle eins sind. Das ist die Natur von Allem-Was-Ist.

Kommen wir kurz noch einmal auf die Geschichten zurück. Kannst du die Gesamt-summe der menschlichen Zeit auf der Erde als eine Geschichte von ungeheurem Aus-maß begreifen, in der du Schauspieler, Schriftsteller, Produzent und vielleicht sogar Publicity-Manager bist. Und während sich diese Geschichte hier auf der Erde entfal-tet, gelangst du von dem Punkt, an dem du nicht weißt, dass du ein Teil von ihr bist, zu dem Punkt, wo du verschiedene Rollen aufdeckst und wo du schließlich verstehst, dass du die Geschichte selbst bist. Sie handelt vom Werden, von deiner Erinnerung an dei-nen göttlichen Plan und Ort, indem du die Geschichte bist.

Denk an alle Rollen, die ihr Menschen freiwillig übernommen habt: Wissenschaftler und Gelehrter, Zauberer und Diktator, Freund und Feind. Es sind die zahllosen As-pekte des Einen - die immer und ewig fließenden, ineinander verschlungenen Hand-lungen und Nebenhandlungen, Rollenwechsel, Geschlechterwechsel. Und auf allen Ebenen transformierst du dich, während die Geschichte erzählt wird.

Es ist jetzt an der Zeit, dass du dich an alle deine Rollen er-innerst. In den menschli-chen Sozialwissenschaften spricht man viel von der Entdeckung des inneren Künstlers, des Patriarchen, der Matriarchin, des Narren, des wilden Mannes oder der wilden Frau. Und was kommt dann? Ihr fordert euer Schatten-Selbst zurück, euer verloren gegangenes inneres Kind - aber was werdet ihr damit anfangen? Wohin wird es euch führen? Wenn ihr beim Lesen dieses Buches überlegt, ob ihr mit Tieren sprechen sollt, dann kommt euch irgendwann vielleicht auch die Frage, wohin euch das schließlich führt.

Alle Wege führen zu dir. Wenn du dich als göttlichen Stückeschreiber erkennst, wird dir klar, dass alle Figuren dir entsprangen und deshalb du sind. Führe sie einander zu, Wissenschaftler und Gelehrte, das verloren gegangene Kind und die weise Frau im Wald, Mörder und Heilige. Sie haben viel Information miteinander auszutauschen, viele Geschichten zu erzählen.

Es ist Zeit, alle diese Geschichten noch einmal zu erzählen. Wenn du hinter die Worte blickst, zwischen den Zeilen liest und durch die Zeit schaust, wirst du sehen, wer die Figuren sind, die dich an diesen Ort im Sein gebracht haben, wo sich nun endlich et-was auftut, eine Offenbarung, ein Erinnern. Sie sind du. Das „Andere" bist immer du.

Die Geschichte hat sich verändert, ist auf bewusstere Art lebendig geworden. Du bist am Ende der Geschichte angelangt und beginnst zu verstehen, wie du diesen viel-schichtigen Traum erschaffen hast, der dich jetzt aufweckt. Du meditierst über den Traum und siehst, wie wunderbar alle Teile ineinander verwoben sind, wie ungemein fein ein Element mit dem anderen zusammenhängt, und diese Erinnerung bewegt dich, verändert dich, bringt dich im richtigen Augenblick und am richtigen Ort zu einem immer tieferen Verständnis , so dass die Gestalt der Synchronizitäten auf dich fallen kann, dich umhüllen, erheben, öffnen kann, bis du dich schließlich daran erinnerst, wer du wirklich bist.

Willkommen zu Hause.

Zak: Foto Dawn Brunke

Weben

Spinnen - Dawn Brunke

Wir sind die Weberinnen der universellen Muster. Die alten Völker wussten das und rankten Geschichten um uns.

Wir sind bei dir, seit du mit diesem Buch begonnen hast, und helfen dir, die vielen Fäden von Wissen, der Idee, Darstellung und Gedankensubstanz zusammenzuschweißen, die für die Leser und für die Menschheit allgemein von Nutzen sind.

Man verbindet uns oft mit dem Bild der alten Frau (Großmutter Spinne). Das beschreibt, wie unsere Präsenz in der ganzen Welt wahrgenommen wird. Wir sind alte, weibliche Energie. Wir sind eins und waren immer eins, doch im Geist des Forschens und Schaffens haben wir unsere Existenz in ihre Bestandteile zerlegt. Durch Gewebe aller Art schaffen wir wieder Muster der Einheit und Interdimensionalität. Mit Geweben - oder Netzen - lassen sich Ideen und flüchtige Gedanken einfangen, kann man sich verbinden (am Computer und im Netz des Lebens), kann man sich schneller durch die ganze Skala schöpferischer Möglichkeiten bewegen.

Wir sind ein Schlüsselsymbol für Verbundenheit und Bewegung. Wir kommen, wenn ihr anfangt, die losen Fäden zusammenzufügen. In diesem Werk wird alles wie in einem Netz miteinander verwoben sein, obgleich auch mehrere Fäden sozusagen unversponnen bleiben. Andere können dann dort weitermachen, wo du aufgehört hast. Dies soll das neue Modell des Schaffens sein: kein Werk in und für sich selbst, sondern viele miteinander verbundene Werke, die alle Teil eines viel größeren Werks sind.

Da die Menschheit nun erwacht, werdet ihr gefordert sein, euch das größere Bild anzuschauen, die weiter reichenden, umfassenden Ideen, die uns alle miteinander verbinden. Viele Schlüsselworte, die im letzten Jahr auftauchten - Vertrauen, Verletzlichkeit, Offenheit - sind zum Verständnis notwendig, so dass du und alle, die das lesen, eine umfassendere Wahrnehmung unseres gemeinsamen Ortes und Anteils im universellen energetischen Muster bekommt.

30
Schranktüren und Geiststaub

Als Kind fürchtete ich mich vor der Dunkelheit, und besonders vor der Dunkelheit, die hinter meiner Wandschranktür lauerte. Jeden Abend bevor ich ins Bett ging, vergewisserte ich mich, dass die Tür fest verschlossen war. Trotzdem verursachten mir die unheimlichen Dinge im Schrank, die sich so laut und lärmend und schattenhaft gebärdeten, manchmal Alpträume. Wenn die Tür geschlossen war, konnten sie nicht herauskommen, aber manchmal riefen ihre Stimmen nach mir.

Eines Nachts träumte ich, dass eine Stimme aus dem Wandschrank herausschlüpfte und sich im Zimmer versteckte, bevor ich die Tür schließen konnte. Die Stimme rief mich. Sie sagte, ich solle zum Schrank kommen, dann würde sie mir zeigen, wie man fliegen kann. Noch im Traum schob ich die Bettdecke beiseite und bewegte mich langsam durch das Zimmer. Ich hatte Angst, aber ich wollte unbedingt fliegen. Als ich den Wandschrank erreichte und das tat, was mir die Stimme sagte, entdeckte ich zu meiner großen Freude, dass ich tatsächlich fliegen konnte. Vom frühen Morgengrauen bis zu den ersten Sonnenstrahlen flog ich im Zimmer umher, während mir die Stimme Anweisungen gab und mir beibrachte, wie man beschleunigt und langsamer wird, wie man nahezu bewegungslos schwebt, in den Fußboden eintaucht und sich über die Decke hinaus erhebt. Später erfuhr ich, dass die Stimme einem Lehrer gehörte, dem ich in zukünftigen Träumen wieder begegnen sollte.

Ich war damals sieben Jahre alt und hätte gern gewusst, ob ich tatsächlich fliegen konnte. Am Morgen versuchte ich, die gleichen Bewegungen zu machen, die mein Traumkörper gelernt hatte. Es funktionierte nicht, aber ich wusste trotzdem, dass etwas Zauberhaftes geschehen war. Ich wusste, dass sich die Dinge verändert hatten.

Meine Angst vor der Dunkelheit legte sich, aber noch immer träumte ich von dem, was sich hinter der Schranktür verbarg. Als ich älter wurde und mich mit Träumen und mit den Mustern des Unbewussten befasste, verstand ich, dass mir meine Traumschreiber mit dem Bild von der Schranktür ein Zeichen an die Hand gaben. Sie zeigten mir eine Schwelle - den Übergang vom Alltäglichen in nichtgewöhnliche Realitäten. Beim Überschreiten dieser Schwelle begleitete mich oft eine Mischung aus Angst und Hochgefühl.

In meiner Collegezeit träumte ich einmal von lauten Geräuschen, die aus dem Wandschrank kamen. Noch im Traum stand ich vom Bett auf und sah einen hellen Lichtschein, der durch die Spalten der durchbrochenen Tür drang. Noch immer empfand ich meine alte Kindheitsangst, doch die Neugier siegte. Ich stieß die Tür auf.

Da sah ich, dass das Licht von oben kam. Im Schrank fand ich eine Leiter und stieg auf ihr zu einer Öffnung an der Decke hinauf. Ich gelangte in einen riesigen hellen und sauberen Raum, an dem noch gebaut wurde. Überall um mich herum waren Arbeiter am Werk. Stuckarbeiter und Schleifer, Maler und Elektriker riefen einander fröhlich zu. Alle waren sehr geschäftig und verrichteten ihre Arbeit mit Freude. Sie lächelten mich an, während ich in Verwunderung dastand.

Ich erwachte aus dem Traum mit der gleichen tiefen Begeisterung, wie ich damals aus dem Traum erwacht war, in dem ich fliegen konnte. Der große helle Raum war ein Ort der Kreativität, voller Schönheit und Leben. Er war ein Teil von mir, das wusste ich, und dass ich ihn gefunden hatte, signalisierte eine Gelegenheit für Wachstum und neues Schaffen. Doch um dorthin zu gelangen, musste ich erst einmal meinen ganzen Mut aufbringen. Ich musste die Schranktür öffnen.

Immer wieder müssen wir uns unseren Ängsten stellen. Vielleicht sind diese Erfahrungen, die sich oft in so unerhörter Weise einstellen, immer gerade dann fällig, wenn wir fast bereit sind, die nächste Schranktür zu öffnen.

Mir hat dieses Buch gleich mehrere Schranktüren aufgetan, von denen ich noch nicht einmal gewusst hatte, dass es sie gab. Die Erfahrung forderte mich heraus und veränderte mich. Ich lernte die Güte, die Weisheit und vor allem den Humor der Tiere schätzen. Ich bin dankbar und erstaunt ohne Ende, wenn ich sehe, wie schön, geheimnisvoll, amüsant und herzlich sich Beziehungen aller Art entwickeln.

Mehrere Leute haben mich gefragt, was ich nun eigentlich aus all dem gelernt habe.

Ich habe gelernt, dass Zuhören oft produktiver ist als Sprechen. Ich habe gelernt, dass Erfahrungen aus guten Gründen zu uns kommen, und dass es an uns liegt, was wir mit ihnen anfangen - ob wir sie vergessen, ihren Wahrheitsgehalt leugnen, sie verändern, bis sie sich in unser Bild einfügen, oder sie würdigen und mit ihnen arbeiten. Ich habe gelernt, dass es viele Antworten auf unsere Fragen gibt und dass sich meine Antworten nicht unbedingt mit deinen decken müssen. Ich habe gelernt, dass an einem bestimmten Punkt Erklärungen kein Ersatz mehr für Erfahrung sein können, und dass man es nie bereut, wenn man sich den Sinn für das Wunderbare im Leben bewahrt. Ich habe gelernt, dass Worte und Denken auch dazu benutzt werden können, um sich vor tiefen Empfindungen zu schützen. Und doch habe ich auch gelernt, dass wir in unserer gegenwärtigen Welt unsere Gefühle und unsere Authentizität manchmal am besten ausdrücken können, wenn wir unsere Geschichten erzählen.

Eines Morgens im Sommer sah ich einmal einen schwarzweißen Falter auf der anderen Seite meines Bürofensters. Ich fühlte mich sofort zu ihm hingezogen und empfand dabei ein unaussprechliches Glücksgefühl, denn es sah ganz danach aus, als hätte er auf mich gewartet. Als ich fragte, ob er eine Botschaft für mich hatte oder einfach nur den Morgen genoss, begann er eine Art Tanz. Er bewegte sich im Kreis, zuerst mit der Oberseite nach oben, dann nach unten und wieder zurück. Dann sprach er:

Wir transportieren Gedanken. Wir bringen mühelos und kunstreich Energien, neue Ideen und Inspiration zu Menschen und anderen Wesen. Wir sind in ständiger Wechselbeziehung mit unserem Lichtkörper.

Der Falter zeigte mir dies als fortwährend wechselnde, fließende Bewegung eines gelblichen Schimmers um seine Flügel herum. Der Schimmer bewegte sich, als tanzte er mit dem Falter, loderte in eine Richtung und rundete sich dann zu einer Lichtkugel, die den Falter einhüllte. Ich bewegte mich, um mich zu vergewissern, dass ich keiner Luftspiegelung aufsaß, und sah, dass tatsächlich ein goldener Lichthof um den Falter herum pulsierte. Der Falter fuhr in seinem kreisförmigen Tanz fort und sprach:

Wir transportieren Gedankenformen, die Licht und Energie und Gedanken miteinander verschmelzen. Wir sind mit den Schmetterlingen verwandt; sie sind unsere Brüder und Schwestern. Schmetterlinge bringen Schönheit in die Welt und erinnern die Menschen an die Farben aus anderen Welten, die in Wechselbeziehung mit eurer Welt stehen. Sie schlagen eine dimensionale Brücke zur Schönheit und zum Wechselspiel mit dem Licht und zu anderen Welten.

Falter transportieren eine etwas schwerfälligere Energie. Wir bringen Transformationen. Man sieht in uns oft ein Omen, denn wir sind für viele Menschen eine Brücke zur Psyche. Wir können helfen, euch mit anderen Formen der Wahrnehmung zu verbinden. Wenn ein Falter kommt, um mit euch zu arbeiten, so wie ich zu dir gekommen bin, will er im allgemeinen eure Wahrnehmung verändern und euch sanft ermutigen, euch zu öffnen und die Dinge neu zu sehen.

Gibt es etwas, was ich neu sehen sollte?

Du tust es bereits.

Sei immer offen für alle Möglichkeiten, die dich umgeben, und sei bereit, deinen Verstand auszudehnen. Das heißt nicht, dass du alles für bare Münze nehmen sollst; finde lieber heraus, was für dich funktioniert. Manchmal passt etwas erst später, manchmal passt etwas sofort, funktioniert aber später oder an einem anderen Ort nicht mehr. Energie verlagert und verändert sich ständig, und die Interaktion ist ein Tanz, ein Spiel. Es macht große Freude, mitzumachen und damit eins zu werden. Das ist Teil unserer Lehre.

Wir lehren auch die Balance. Bei mir geht es ganz besonders um Balance, denn ich bin schwarz, weiß und grau. Ich bin symmetrisch, doch sind meine Hälften so verbunden, das ich ganz eins bin.

Was die Lichtkörper betrifft, so sind sie die subtileren Energiekörper, die alle Lebewesen besitzen. Die besondere Verbindung der Falter zum Lichtkörper lässt sich in unse-

rer Geschichte weit zurückverfolgen. Einmal waren wir sehr groß, so groß wie die Menschen, und es gibt nicht nur bei den Menschen viele Geschichten darüber. Auch Falter haben eine Mythologie.

Eine Mythologie! Ich war sehr interessiert, eine Faltergeschichte zu hören, und der Falter ging bereitwillig auf meine Bitte ein:

Es war einmal - wie man bei euch sagt - eine Welt, in der riesige falterartige Geschöpfe in nächster Nähe zum Land lebten. Trotz unserer Größe schwebten wir übers Land. Wir wogen fast nichts und konnten nahe am Boden dahin treiben, um das wir uns kümmerten wie eine Mutter. Damals war das Land dort rot wie eine Wüste. Es gab kaum Vegetation.

Die falterartigen Geschöpfe waren Schöpfer und hatten die Aufgabe, die Sonnenenergie (das heißt die erleuchtete Energie des universellen Geistes) auf das Land herunter zu bringen, um die Geschöpfe und Pflanzen mit Geist zu erfüllen.

Bestimmte Falter waren dazu ausersehen, zur Sonne zu reisen. Dort schluckten sie Teilchen der Sonnenenergie und flogen damit zum Planeten zurück. Die Sonne arbeitete sich ihren Weg durch die Körper der Falter hindurch und tauchte als Staub auf ihren Flügeln wieder auf. Und während die Falter über das Land flatterten, fiel der Staub als Geist auf alles herab, und alles wurde zum Leben erweckt. Und deshalb seht ihr auch heute noch Staub auf den Flügeln von Faltern.

[Pause.] Das ist eine Schöpfungsgeschichte, eine unserer ältesten. Sie ist ein Mythos und muss in diesem Licht betrachtet werden. Wir haben wie ihr eine reiche Mythologie und können wunderbare Geschichten erzählen.

Möchtest du noch etwas sagen?

Ich hoffe, deine Leser werden offen sein für die Geheimnisse, die überall um euch herum sind. Wo du auch hinschaust, gibt es Geheimnisse und Wunder. Und solltest du jemals Hilfe brauchen, dann bitte einfach einen Falter darum.

Ich bedankte mich, und der Falter flog weg. Aber das war noch nicht das Ende.

Auf eine plötzliche Eingebung hin stand ich auf und musterte die Bücherregale. Meine Augen wurden zu einem alten Taschenbuch von Carlos Castanedas „Der Ring der Kraft" geführt. Ich fischte das Buch aus dem Regal und musste lachen. Auf dem Buchumschlag war eine Zeichnung von einem großen Falter! Der physische Körper des Falters war von einem gelblich schimmernden Lichtkörper umgeben. Er hatte die gleiche Form und die gleiche Farbe, die ich gerade an dem Falter am Fenster gesehen hatte.

Ich schwamm noch im Fluss der Synchronizität, als ich das Buch aufschlug - auf genau der Seite, wo Don Juan Carlos sagt, es sei an der Zeit, über Falter zu sprechen:

„Falter sind Boten oder, besser gesagt, die Wächter der Ewigkeit", sagte
Don Juan... „Aus irgend einem Grund oder vielleicht auch ohne Grund
sind sie das Lagerhaus für den Goldstaub der Ewigkeit."

Die Metapher war mir fremd. Ich bat ihn, sie zu erklären.

„Die Falter tragen Staub auf ihren Flügeln", sagte er. „Einen dunklen
Goldstaub. Dieser Staub ist der Staub des Wissens."

„Was hat Wissen mit dem Staub auf den Flügeln von Faltern zu tun?"
fragte ich nach einer langen Pause.

„Das Wissen schwebt heran wie Körnchen von Goldstaub, vom gleichen Staub, der die Flügel der Falter bedeckt. Falter sind seit undenkli-
chen Zeiten die Vertrauten und Helfer der Zauberer", sagte er. „Ich habe
dieses Thema bisher nicht angesprochen, weil du nicht darauf vorbereitet warst."

„Aber wie kann der Staub an ihren Flügeln Wissen sein?"

„Du wirst es sehen."[1]

Drei Tage später kam der Falter wieder an mein Fenster. Er hatte noch eine Geschichte, sagte er mir. Meine Pläne für seine letzte Geschichte gefielen ihm, und deshalb
wollte er mir noch eine erzählen. Und so begann er:

*Am Anfang war ein zentrales Feuer. Es brannte in der Mitte des Landes, wo wir Fal-
ter lebten. Das Feuer ging nie aus. Am Tag verband es sich mit der Sonne und zog
Strahlen der Lichtenergie auf den Planeten. Nachts flatterten wir um das Feuer herum. Du kannst es dir wie ein Lagerfeuer vorstellen, um das man im Kreis sitzt, lacht,
singt und sich Geschichten erzählt. So war es bei uns. Feuer und Kreis sind uralte
Symbole, denn Licht und Kreis stellen eine Verbindung zu dem Einen her.*

*Nachts schwebten wir unter dem großen schwarzen Sternenhimmel nahe am Feuer
und träumten die Geschichten unseres Volkes. Das Feuer (als Verbindung zwischen
Land und Sonne) bewahrte die Geschichten. Diese waren nicht im Feuer und nicht bei
uns, sondern in der Beziehung zwischen dem Feuer und uns. Wir empfanden große
Liebe für das Licht, so große Freude, dass wir kaum an uns halten konnten, und deshalb kamen einige von uns dem Feuer zu nahe. Sie gingen in Flammen auf und kehr-
ten auf diese Weise ins Licht zurück.*

*Der Mythos von den Faltern und dem Feuer oder dem Licht ist ein Teil unserer Identi-
tät. Es hat mich gefreut, dass du eine Verbindung zu anderen Geschichten über unser
Volk, unsere Art gefunden hast. Wir würdigen dein Schreiben. Wir sind selbst auch
Schreiber. Wusstest du, dass unsere persönlichen Geschichten auf unsere Flügel geschrieben sind? Es geht, wie du erfahren hast, immer um Muster. Wir bewahren unsere Geschichten in den Gemälden auf unseren Flügeln auf, so wie ihr eure Muster in
den Zellen und in der DNA aufbewahrt.*

Bevor ich eine Frage stellen konnte, fuhr der Falter in seinem Gedankenfluss fort. Während ich zuhörte, musste ich innerlich schmunzeln.

Wir sind Geschöpfe des Lichts und der Bewegung. Wir sind eine Brücke von der Erde zur Sonne, zum Licht, zum Universellen. Ich möchte euch klar machen, dass Kommunikation immer Beziehung ist. Es ist gut, wenn die Menschen offen sind für die Tiere und ihrer Weisheit vertrauen. Aber es ist auch wichtig, dass ihr versteht, dass Kommunikation immer Wechselbeziehung ist.

Erinnerst du dich an die Form sich verlagernder und verändernder Energie, die ich dir gezeigt habe? Ich möchte, dass du das an die anderen weitergibst: Energie ist immer in Veränderung. Es gibt kein Absolutes. Absolut ist der statische Wunsch, zu besitzen und zu kontrollieren. In Wirklichkeit verlagert und verändert sich alles fortwährend. Wenn du das erfährst, findest du Beziehung - ein Zusammentreffen von Bewusstsein, Energie, Licht, Form und Geist. Dort findest du die Wahrheit deines Seins.

Ich bringe dir die Botschaft der Bewegung. Bleib in Bewegung, verändere dich, dehne dich aus. Vertrau den Begegnungen des Herzens, der Seele, in denen Gedanken, Verstand und Dimension zusammengeschweißt sind. Dort findest du die Spirale, die dich zum All führt.

Der Mythos, den ich dir von Faltern und vom Feuer erzählt habe, steht für den Wunsch nach Einheit. Es geht aber nicht darum, sich im Feuer zu verbrennen, wie manche Menschen irrtümlicherweise meinen. Wir bringen euch die Beziehung von Faltern und Feuer, das heißt die Beziehung zwischen euch und der göttlichen Natur dessen, was ihr wirklich seid.

Unser Flügelschlagen ist euer Herzschlag. Er ist ständige Bewegung, ein Trommelschlag. Man kann ihn im Stampfen der Elefanten hören, in den Echos der Wale, im Heulen der Coyoten, im Lied der Vögel. Alles ist Bewegung, alles ist Werden.

Du gehst nirgendwo hin, denn du bist bereits hier. Die Tiere sagen, du brauchst nirgendwohin zu gehen. Komm in den Tanz. Aufwachen, singen, rufen und lachen, mit den Flügeln schlagen, so dass Geiststaub auf alle hinunter flattert, denen du begegnest: Das ist der Tanz. Das ist die Freude. Das ist die Liebe.

Anhang
Wie man beginnt

Manchmal öffnen sich Menschen für die Kommunikation mit der Tierwelt völlig un-vorhergesehen und erwerben ihre Kenntnisse im Umgang mit einem bestimmten Tier oder einer Gruppe von Tieren. Wenn ein Tier zu deinem Lehrer wird, kannst du dich wirklich glücklich schätzen!

Viele Menschen lernen die Grundkenntnisse der Tierkommunikation jedoch von ande-ren Menschen, oft auf Workshops oder über Bücher. Durch Kultivierung der inneren Stille lernt man, den Verstand zum Schweigen zu bringen und das Herz zu öffnen, um auf tieferen Ebenen sehen, hören und fühlen zu können. Viele Kommunikatoren beto-nen auch die machtvolle Gabe der Imagination (Vorstellungskraft) als Mittel, die Ver-bindung wieder zu entdecken, die zwischen Menschen, Tieren und der ganzen Natur immer vorhanden ist.

Folgende Übungen und Tipps verschiedener Tierkommunikatoren sind als Orientie-rungshilfe gedacht. Die Information ist keineswegs erschöpfend, bietet sich aber als Ausgangspunkt für alle an, die sich diese wunderbare Verbundenheit mit der Tierwelt erschließen möchten. Weitere Informationen von Kommunikatoren dieses Buchs über: www.animalvoices.net.

DIE GRUNDLAGEN

Carole Devereux - Kommunikation mit Haustieren

Wenn du mit einem Haustier telepathisch kommunizieren möchtest, dann versuche es mit den folgenden einfachen Schritten.

Setz oder stell dich an einem ungestörten, ruhigen Ort still neben dein Tier. Sei offen, zuzuhören, ohne zu bewerten, bis das Geplapper in deinem Verstand langsam ver-stummt. Sobald du dich in dieser tiefen Stille (wie in einer meditativen Stille) wohl fühlst, bist du bereit zu empfangen und kannst deinen eigenen Gefühlen trauen.

Bevor du dein Anliegen vorbringst, musst du erst die Verbindung zu dem Tier herstel-len. Wenn du die Dinge überstürzt, fühlt sich das Tier nur vor den Kopf gestoßen. Pass auch auf, dass du deine eigenen Sorgen nicht überträgst. Sei geduldig, gelassen und entspannt. Atme sanft und ruhig.

Wenn du spürst, dass die Verbindung hergestellt ist, beginne mit einer einfachen Frage oder sprich bedächtig ein Problem an. Sei geduldig, wenn du nicht gleich beim ersten Mal Erfolg hast. Es erfordert Disziplin und einen klaren Fokus.

Du kannst deine Frage beispielsweise folgendermaßen formulieren: „Du isst heute nicht. Gibt es etwas, was du mir sagen möchtest?" Schließ deine Augen für einen Moment und „sieh", ob dir das Tier eine visuelle Botschaft schickt. Wir erhalten oft Botschaften in Symbolsprache. Gute Kommunikation ist die geglückte Kombination aus Worten und Bildern. Das gilt für alle Spezies und ist der Kern dieser Universalsprache.

Wenn du eine Botschaft sendest, kannst du mit ihr ein mentales Bild projizieren, das deinen Worten, Gedanken und Empfindungen entspricht.

Es muss uns klar werden, dass wir unseren Tieren manchmal aus Frustration oder Unwissenheit ein Gespräch aufzwingen. Weiser wäre es, einfach zu lächeln und Flexibilität zu kultivieren. Menschen sind in ihren Bemühungen um schnelle Ergebnisse oft unerbittlich. Wir müssen lernen, ganz präsent und geerdet zu sein, wenn wir uns diese neue Fertigkeit aneignen wollen.

Wenn du die Botschaft deines Tiers nicht hören kannst, frag noch einmal. Warte und prüfe, ob du negative Gedanken, Zweifel oder Unsicherheiten hast, und sorge dafür, dass du positiv denkst. Löse dich von allen konventionellen Vorstellungen über die Verbindung zwischen Mensch und Tier. Wenn du Bilder erhältst, die du nicht verstehst, bitte um Klärung. Mit etwas mehr Erfahrung wird es dir dann gelingen, diese Bilder zu deuten. Lass jede Form der Kommunikation zu, sofern du sie als natürlich empfindest. Es kann ein Gefühl, ein Wort, ein Gedanke oder auch eine Empfindung sein. Wir erhalten unsere Botschaften auf unterschiedliche Weise.

Wenn wir ein Tier lieben und bereit sind, zu lernen und Tiere so zu akzeptieren, wie sie sind, kann sich unsere Fähigkeit entwickeln. Selbst bei den größten Skeptikern wird es mit der Zeit und mit einiger Übung zu einem tieferen Verständnis und zu einer Verbindung kommen... (aus: Buddy und Carole Devereux, Spirit of the Horse)

Chrys Long-Ago - Die Grundlagen der Tierkommunikation

Die Grundlagen der Tierkommunikation sind einfach. Wie bei vielen Dingen im Leben ist auch hier Erfahrung der Schlüssel. Anfängern empfehle ich, die folgenden Schritte immer wieder durchzugehen. Mit etwas Übung lernt man, die eigene innere Stimme wahrzunehmen, und die Fähigkeit, mit Tieren zu kommunizieren, zu verfeinern.

<u>Vorbereitung</u>

1. Es ist wesentlich, zunächst die Absicht zu formulieren. Gib folgende Erklärung ab: „Ich habe die Absicht, mit (Name des Tiers) zu sprechen.

2. Nimm dir Zeit und zentriere dich. Beruhige und kläre deinen Geist. Beginne mit der Meditation der Achtsamkeit (s. unten) und lass es zu, dass dir Zweifel, Ängste und bange Gedanken durch den Kopf gehen, ohne dass du sie bewertest.

Meditation der Achtsamkeit

„Man sitzt einfach.“

Chogyam Trungpa

Die Meditation der Achtsamkeit ist über 2.500 Jahre alt. Es geht dabei hauptsächlich um die Atmung. Ihr Zweck liegt in der Aufrechterhaltung einer heiteren Bewusstheit, indem man Gedanken und Gefühle kommen und gehen lässt, ohne sich von ihnen ablenken zu lassen. Diese Achtsamkeit ist dein wahres Selbst, dein Wesen.

- Setz dich in aufrechter, respektvoller Haltung und mit geschlossenen Augen bequem hin; halte deinen Rücken möglichst gerade.

- Lass deine Aufmerksamkeit auf deiner Atmung ruhen.

- Wenn Gedanken, körperliche Empfindungen oder Geräusche von außen auftauchen, erkenne sie einfach an und akzeptiere sie. Lass sie durch dich hindurch ziehen, ohne sie zu bewerten.

- Wenn du bemerkst, dass dein Geist wandert, führe ihn behutsam zu deiner Atmung zurück und fahr fort.

<u>Kommunikation</u>

1. Senden: Am besten stellst du dich zuerst vor. Übermittle deine Botschaft dann als detailliertes Bild zusammen mit Emotionen und Worten, so dass ein mehrschichtiges Paket entsteht.

2. Empfangen: Entspanne deine Visualisierung und bleib offen für das, was gesendet wird. Tierkommunikatoren stehen sich mit ihren eigenen Gedanken und mit ihrem Wunsch nach Bestätigung manchmal selbst im Weg. Mach dir klar, dass deine Befürchtungen auf keine tatsächliche Gefahr hinweisen, sondern deiner eigenen Unsicherheit entspringen. Entschuldige dich, dass du unterbrochen hast und bitte bescheiden darum, dass die Information wiederholt wird. Entspanne deinen Geist von neuem. Bedanke dich für alles, was du empfängst.

3. Beenden: Es ist ärgerlich, wenn jemand unvermittelt aus einem Gespräch aussteigt. Besser tut man daran, sich höflich zu verabschieden. Beende das Gespräch mit einem deutlichen „Dankeschön" und sende ein Gefühl der Wertschätzung und des Dankes.

FEINARBEIT

Anita Curtis - Der Wert der Imagination

Viele Leute haben Angst, dass sie sich die empfangenen Botschaften „nur einbilden". Du brauchst aber deine Imagination für diese Arbeit. Wenn du dir nicht vorstellen kannst, dass du etwas kannst, dann wirst du es nie können. Wenn du mit jemandem zusammen arbeitest, kannst du Bestätigung für die erhaltene Information bekommen. Du wirst bald lernen, deinen Fähigkeiten zu vertrauen. Kommuniziere mit möglichst vielen Tieren. Wenn du viel übst, wirst du glauben können, dass du sie tatsächlich hörst. (aus: Anita Curtis, How to Hear the Animals)

Jane Hallander - Entspannung und Meditation

Lern, dich zu entspannen und eins mit dem Tier zu sein.

Werde in deinem Geist zu dem Tier, das du dir ausgesucht hast. Spüre, wie es sich bewegt, atmet, wie sich Fell, Haar oder Federn für dieses Tier anfühlen.

Lerne, mindestens eine halbe Stunde lang mit leerem Kopf zu meditieren.

Werte keine Botschaft ab, von der du denkst, du könntest sie von einem Tier empfangen haben. Meistens ist deine Wahrnehmung richtig.

Marcia Ramsland - Selbstvertrauen aufbauen

Ich schlage vor, dass du deine Fragen und die empfangenen Antworten aufschreibst. Das hat verschiedene Vorteile. Vor allem ist deine linke Gehirnhälfte (mit Schreiben) beschäftigt und hat keine Zeit, dich zu kritisieren. Der logische Verstand wird sich immer wieder bemerkbar machen und dir sagen, dass du das nicht tun kannst, dass du verrückt geworden bist oder auch, dass andere Leute das vielleicht können, aber du nicht. Und die meisten interessierten Leute denken tatsächlich, dass es möglich ist, aber dass sie selbst es nicht können. Ich weiß es, denn mir ging es genauso. Du musst dein Selbstvertrauen aufbauen.

Penelope Smith - Bewunderung und Wertschätzung

Die Bereitschaft, zu kommunizieren und neue Dimensionen liebevollen Verstehens zu erschließen, lässt sich steigern, wenn man den Tieren Bewunderung und Wertschätzung sendet. Setz dich ruhig hin und bewundere alle schönen - physischen und spirituellen - Eigenschaften, die du an deinem Tier finden kannst. Du kannst deine Gefühle der Wertschätzung und des Respekts auch täglich in Worte fassen. Euer gegenseitiges Vertrauen und eure Zuneigung werden wachsen, und das ist unser Ziel. Du kannst nicht verlieren. Übe deshalb mit möglichst vielen Haustieren und auch mit wilden Tieren. Ich wünsche dir jede Menge Spaß dabei! (aus: Penelope Smith, Gespräche mit Tieren)

Anmerkungen

Kapitel 1: Der Weg nach Hause
1. J. Allen Boone, Die große Gemeinschaft der Schöpfung. Gespräche zwischen Mensch und Tier.
2. T.S. Eliot „Little Gidding," aus Collected Poems (New York: Harcourt Brace Jovanovich, 1970.
3. J. Allen Boone, Die große Gemeinschaft der Schöpfung. Gespräche zwischen Mensch und Tier, 9.
4. Ibid., 27 – 28.
5. J. Allen Boone, Adventures in Kinship with All Lie (Josua Tree, Calif.; Tree of Life Publication, 19990),46.

Kapitel 2: Wie es funktioniert
1. J. Allen Boone, Die große Gemeinschaft der Schöpfung, 46.
2. Ibid.
3.Ibid.52.
4. Ibid.53

Kapitel 3: Die Vögel
1. Ted Andrews, Animal-speak, Teh Spiritual and Magical Powers of Creatures Great and Small (St Pau: Llewellyn Publications, 1993), 141.

Kapitel 8: Violet
1. Mehr über das Orange Katzen Contigent, siehe Penelope Smith, Gespräche mit Tieren, 2001 Verlag

Kapitel 9: Vergangene Leben, zukünftige Leben und das Leben im Jetzt
1. Penelope Smith,Gespräche mit Tieren, 246.
2. Anita Curtis, Animal Wisdom: Communications with Animals (Gilbertsville, Penn.:Anita Curtis, 1996) 161-162 mehr über BB.
3. Ibid.9.
4. Ibid. 127-128.
5. Stephen Hawking, Die illustrierte kurze Geschichte der Zeit, Rowohlt, 2002.....
6. Abgeleitet von Burton Watson, Chuang Tz: Basic Writings (New York: Columbia University Press, 1964),45.

Kapitel 13: Das innere Netz
1. W.Brugh Joy, Avalanche: Heretical Reflection on the Dark and the Light (New York: Ballantine, 1990) 185
2. Marcia Ramsland, "Jarvi and the Animal Communication Network" in Penelope Smith, Animals… Our Return to Wholeness, 151. Für vollständige Geschichte siehe 145-151

Kapitel 14:Buddy, Ellie und Ahne Pferd. Willkommen im Wissen
1. Mehr Information zu den Ochsenbildern bei Philip Kapleau, TheThree Pillars of Zenn (Boston Press, 1967) und Katsuki Sekida, Zen Training (New York: John Weatherhill, 1975)

Kapitel 15: Manifestation eines Wunders
1.Brooke Medicine Eagle, „Ist a miracle" unter www.medicine-eagle.com/6-5.html.
2. Da Fools Crow 1989 in der Pine Ridge Reservation in Süd Dakota starb, 5 Jahre bevor Miracle geboren wurde, war ihm die Gegenwart des weißen Büffelkalbes unbekannt. Er sprach jedoch mehrere Male über Weiße Büffelkalb Frau oder (wie er sie nannte) Calf Pipe Frau. Fools Crow erzählte, dass Calf Pipe Frau viele Male seit ihrem ersten Erscheinen auf der Erde wiedergekehrt sei. Ferner sagte Fools Crow, dass die Orginalpfeife, die Calf Pipe Frau den Sioux gegeben hatte, von Hütern zu Hütern bewahrt werde und sich jetzt im Südwesten befände. Fools Crow erzählte Mails, er hätte die Pfeife gesehen und nannte diesen Tag den „Höhepunkt seines Lebens". Mehr bei Thomas Mails, *Fools Crow* (Lincoln Nebr.: Reprint by University of Nebraska Press, 1990)

Kapitel 17: Delfine, Wale und das multidimensionale Jetzt
1.Joan Ocean, Dolphins into the the Future (Kailua, Hawaii: Dolphin Connection, 1997),
2.Ibid., 67
3. Ibid., 162
4. Ibid., 163

Kapitel 18: Meeressäuger: allumfassende Liebe
1. Mehr über die Dogon bei Robert K. G. Temple, The Sirius Mystery, (Rochester, Vt.: Inner Traditions International 1987)

Kapitel 20: Haustiere
1. Alle Zitate über Geisha stammen aus Chrys Long-Agos „Guinea Pig Seminar", Alaska Wellness Magazine, November/Dezember 1997, 8-9

Kapitel 21:Ungziefer
1.J. Allen Boone, Kinship with all life, 124-125
2.J. Allen Boone, Adventures in Kinship with all life, 111
3.J. Allen Boone, Kinship with All Life, 144. Siehe Seiten 129-157 für die ganze Geschichte über Freddie die Fliege.
4.Joanne Lauck: The Voice of the Infinite in the Small: Revisioning the Insect-Human Connection (Mill Spring, N. C: Swan-Raven & Company, 1998, 61
5.Ibid, 60

Kapitel 23: Tiere fressen Tiere
1. Joseph Campbell, The Way of the Animal Powers (London: Suimmerfiled Press, 1983)152

Kapitel 25:Tiergeister
1.die Webseite „Shamanism:Working with Animal Spirits" kann unter www.animalspirits.com aufgesucht werden.

Kapitel 27: Wenn die ganze Welt weise ist
1. J. Allen Boone, „Kinship with all Life, 136
2. Walt Whitmann, "Song of Myself", Grashalme, Zeilen 1-3
3. William Blake, "Augurines of Innocence, "Poems" (Orginaltext, Dante Gabriel Rossetti editor, 1863) Zeilen 1-4
4. Walt Whitman, "Song of Myself", Grashalme, Zeilen 1,334-1,336

Kapitel 28:Das Lied zurückrufen
1.Michael Roads: Mit der Natur reden (Tiburon, Calif. H. J. Kramer, 1987)23
2. ibid, 98
3. J. Allen Boone: Kinship with All Life, 59

Kapitel 30:Schranktüren und Geiststaub
1. Carlos Castaneda, Ring der Kraft (New York: Simon & Schuster, 1974, 35 – 36 (Die Zeichnung der Motte ist auf dem Cover der 1974 Broschurausgabe.zu sehen.)

Bibliographie

Abbey, Lloyd: *The last Whales*, New York: Ivy Books/Ballentine, 1989

Andrews, Ted. *Zauber des Feenreiches – Begegnung mit Naturgeistern,* Silberschnur 1997

Ayres, Toraya, *Messages from the Animal Kingdom.* www.spiritweb.org/Spirit/animal-kingdom-ayres.html, 1997

Bach Richard. *Die Möwe Jonathan*, Ullstein 2002

Bly, Robert. *Die dunklen Seiten des menschlichen Wesens.* Droemer/Knaur 1988

Boone, J. Allen. *Kinship with all Life.* New York, Harper & Row, 1954

- *Adventures in Kinship with All Life.* Joshua Tree, California: Tree of Life Publication, 1990 (Ursprünglich erschienen als *The language of Silence.* New York: Harper & Row, 1970

- *Letters to Strongheart.* Harrington Park, New Jersey: Robert H. Sommer Publisher, 1977

- *You are the Adventure!* Harrington Park, New Jersey: Robert H. Sommer Publisher, 1977

Braden, Gregg. *Walking between the Worlds*: the Science of Compassion. Bellwue, Washington: Radio Bookstore Press, 1997

Broomfield, John. *Other Ways of Knowing. Recharting our Furtue with Ageless Wisdom.* Rochester, Vermont: Inner Traditions International, 1997

Campbell, Joseph. *Der Flug der Wildgans*, Piper 94

Casteneda, Carlos. *Ring der Kraft*, Fischer 2000

Connelly, Dianne. *All Sickness is Home Sickness.* Columbia, Maryland: Cetre for Traditional Acupunture, 1986

Curtis, Anita. *Animal Wisdom: Communications with Animals.* Gilbertsville, Pennsylvania: Anita Curtis, 1996

- *How to hear the animals.* Gilbertsville, Pennsylvania: Anita Curtis, 1998

Devereux, Carole und Buddy. *Spirit of the Horse.* La Center, Washington: Centaur Publications, 1999

Dillard, Annie. *Teaching a Stone to Talk.* New York: harper & row, 1982

Eagele Brooke Medicine, *Buffalo Woman Comes Singing*. New York: Ballantine, 1991

Eliot, T. S. Collected Poems. New York: Harcourt Brace Janovich, 1970

Getten, Mary. *The Orca Pocket Guide*. San Luis Obispo, California: EZ Nature Books, 1996

Gurney, Carol. *The Language of Animals: Seven Steps to Communication with animals*. New York: Bantam-Dell, 2001

Hiby, Lydia. *Conversations with Animals*, Troutdale, Oregon: New Sage Press, 1998

Joy, W. Brugh. *Avalance: Heretical Reflections on the Dark and the Light*. New York: Ballantine, 1990

Kapleau, Philip. *3 Pfeiler des Zen, Lehre Übung, Erleuchtung*. Bath, 2002

Kharitidi, Olga. *Das weiße Land der Seele*, Lübbe, 1999

Kowalski, Gary. *The Souls of Animals*. Walpole, New Hamsphire: Stillpoint Publisher, 1991

Lauck, Joanne Elizabeth. *The Voice of the Infinite in the Small: Revisioning the Insect-Human Connection*. Mill Spring, North Carolina: Swan-Raven & Company, 1998

Lee, Patrtick Jasper. *We Borow the Earth*, London: Thorsons, 2000

Mails, Thomas E. *Das Leben des Fools Crow*, Fischer, 1996

McElroay, Susan Chernak. *Animals as Teachers und Healer*. New York: Ballantine, 1997

- *Animals as Guides for the Soul*. New York: Ballentine, 1998

Müller, René K. webmaster, editior of „Spirit Web", www.spiritweb.org/.

Myers, Arthur, *Zwiesprache mit Tieren*, Frankh-Kosmos, 2000

Ocean, Joan. *Dolphins into the Future*, Kailua, Hawaii: Dolphin Connection, 1997

Pickering, Robert B. *Seeing the White Buffalo*. Denver: Denver Museum of Natural History Press, 1997

Pogacnik, Marko. *Elementarwesen*, Droemer, 2000

Pope, Raphaela und Elizabeth Morrison. *Wisdom of the Animals: Communication between Animals and the People Who Love Them*. Holbrook, Massachusetts: Adams Media Corporation, 2001

Quinn, Daniel. *Ismael*, Goldmann 94

Rasmussen, Knud, *Die Gabe des Adlers*, Zerling Verlag, 1988

Reynolds, Rita M. Blessing the Bridge: *What Animals Teach Us About Death, Dying and Beyond*. Troutdale, Oregann: New Sage Press, 2001

Roads, Michael, J. *Mit der Natur reden*, Integral 2001

- *Im Reich des Pan*, Ludwig Verlag, 1994

- *An der Pforte der Unendlichkeit*, Ludwig 1995

Robbins, Dianne. *The Call Goes Out: Messages from the Earth´s Cetaceans.* Livermore, California: Oughten House, 1997

Sams, Jamie, und David Carson. *Karten der Kraft,* Winpferd 2001

Schul, Bill. *Wunderbare Tier- und Pflanzengeheimnisse*, Ludwig, 1995

Schweitzer, Albert. *Aus meinem Leben und Denken*, Fischer, 95

Sekida, Katsuki. *Zen Training*, Herder 2000

Smith, Penelope. Gespräche mit Tieren, 2001 Verlag

-*Animals... Our return to Wholeness.* Point Reyes, California: Pegasus Publication, 1993

St. John, Patricia. *Beyond Words: Unlocking the Secrets to Communicating*: Walpole, New Hamspire: Stillpoint, 1994

Tobias, Michael und Kate Solisti-Mattelon, editors. *Kinship with the Animals*, Hillsboro, Oregon: Beyond Words Publishing, 1998

Turner, Victor. *The Forest of Symbols*, Ithaca, New York: Cornell University Press, 1967

Van Lippe-Biesterfeld, Irene. *Dialog mit der Natur*, Hugendubel, 1997

Watson, Burton. *Chuang Tzu:Basic Writings.* New York: Columbia University Press, 1964

White, E.B. *Wilbur und Charlotte*, Diogenes, 2000

Whitman, Walt. *Grashalme.* Diognes

Whitman, Walt. *The Complete Poems*, New York: Penguin Books, 1979

Wright, Machaelle Small. *Behaving as if the God in All Life Mattered.* Jeffersonton, Virginia: Perelandra Ltd. 1997

Wyllie, Timothy, Delphine, Engel und Außerirdische. Das Phänomen der Telepathe, Silberschnur, 1998

Schlüssel zum göttlichen Selbst
Der aufgestiegene Meister in Dir
von Joanna Cherry, 214 Seiten, 14,5 x 21 cm

ISBN 3-926388-45-5　　　　　　EURO 15,25

Die Autorin lässt uns in Neuland vorstossen, von dem wir bisher keine Vorstellung hatten und gibt uns ein Gefühl von unserem wirklichen Wert und unserer wirklichen Grösse.

Karma auflösen

von Joanna Cherry,
280 Seiten, 14,5 x 21 cm, broschiert

ISBN 3-926388-47-1　　　　　　EURO 15,24

Willst Du Dich vom Karma vergangener Leben und von gegenwärtigen Verstrickungen befreien? Willst Du ein völlig neues Leben mit unbegrenzten Möglichkeiten?

Du bist MIND
Heilweisen für das 3. Jahrtausend
von Frank Alper, aus dem Amerikanischen, 216 Seiten, geb., 14 x 20,5 cm, ISBN 3-926388-52-8　　EURO 15,24

Die Kraft unserer Gedanken erschafft unsere Muster von Gesundheit und Verhalten. Frank Alper gibt Hinweise, wie man seine unbewußten Programme verändern kann, um gesund zu werden und zu bleiben.

Der Ruf der Seele

von Josiane Antonette,
Übersetzung aus dem Anerikanischen,
112 Seiten, 14,5 x 21 cm

ISBN 3-926388-51-X　　　　　　EURO 10,74

G. Reichel Verlag, Reifenberg 85, D-91365 Weilersbach, Tel. 09194-8900, Fax 09194-4262
Internet: www.reichel-verlag.de　　　E-Mail: info@reichel-verlag.de

Tierisch gute Sprüche
mit 65 Farbfotos
von Heidegund Leithe und Katrin Weber
Constans-Verlag, 144 Seiten,
ISBN 3-9808707-0-7   EURO 12,50

Seelenbilder unserer Tiere
Anleitung zum Deuten der Aura
von Gudrun Weerasinghe
144 Seiten, geb., 15 x 21,5 cm
ISBN 3-926388-66-8   Euro 13,50

Entschlüssele Deine Träume
und verstehe die Botschaften Deiner Seele
von Stephan Schumann
168 S., 14,5 x 21 cm
ISBN 3-926388-48-X   EURO 13,29

Tierisch gute Gespräche
**Lerne mit Tieren zu sprechen -
sie antworten Dir**
von Amelia Kinkade, aus dem Amerikanischen
247 Seiten, geb., 14 x 20,5 cm
ISBN 3-926388-57-9   Euro 18,41

Energie der Zukunft
**Die Ballard Brennstoffzelle und der Weg zum
sauberen Elektroauto**
von Tom Koppel, 255 Seiten,
14,5 x 21 cm , ISBN 3-926388-58-7   Euro 19,94

G. Reichel Verlag, Reifenberg 85, D-91365 Weilersbach, Tel. 09194-8900, Fax 09194-4262

Das Lebenselixier

von Edward Bulwer-Lytton, Übersetzung aus dem Englischen, 440 Seiten geb., 14 x 20,5 cm

ISBN 3-926388-50-1   EURO 15,24

Mystischer Roman um ein geheimnisvolles Lebenselixier.

Alles ist Eins

von V. Subramaniam

75 Seiten, gebunden, 11,5 x 18 cm

ISBN 3-926388-61-7   EURO 10,10

Erkenne und erreiche Deinen wahren Zustand.
Bisher unveröffentlichte alte indische Weisheiten.

Neue Therapien

mit Bach-Blüten, ätherischen Ölen, Edelsteinen, Farben, Klängen, Metallen

von Dietmar Krämer & Hagen Heimann

144 S., 14,5 x 21 cm

ISBN 3-926388-65-X   EURO 14,00

Das geheime Wissen Guru Gorakhnaths

von Gorakvhani / Babaji,
103 Seiten, gebunden, 15 x 21,5 cm

ISBN 3-926388-59-5   EURO 11,00

Babaji gibt die Lehren und Reden Gorakhnaths wieder.

Kontakte mit Körperzellen

von Dorothea Geradis-Emisch

94 Seiten geb., 15 x 21,5 cm

ISBN 3-926388-62-5   EURO 13,30

Eine Anleitung zur Kontaktaufnahme mit den eigenen Körperzellen und den Körperzellen anderer Menschen.